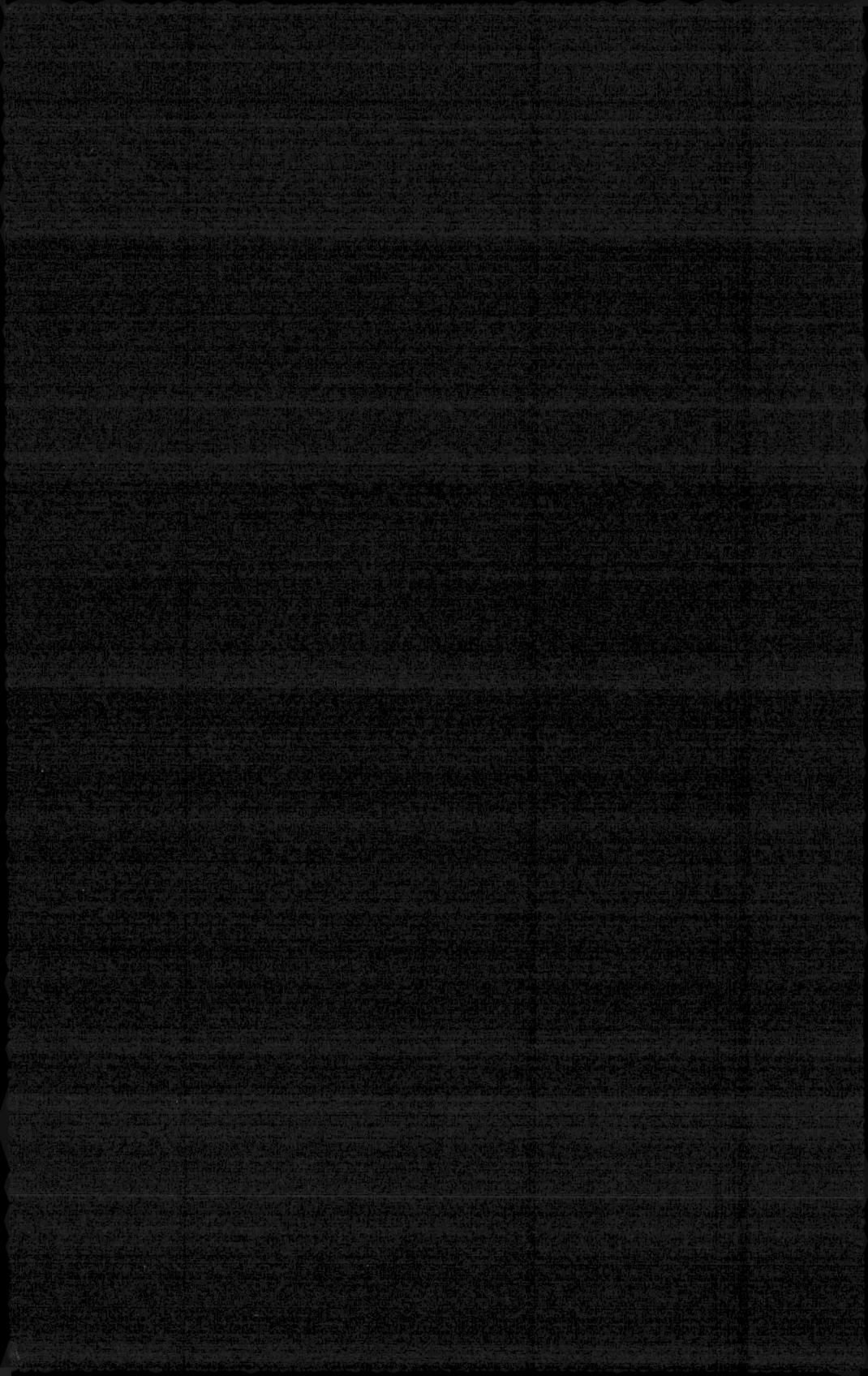

정부의 **유전자**를 **변화**시켜라
· 성공하는 정부의 新공직인사론 ·

정부의 유전자를 변화시켜라
성공하는 정부의 新공직인사론

2009년 1월 12일 초판 1쇄 발행
2017년 6월 30일 초판 5쇄 발행

지 은 이 │ 김태유 · 신문주
펴 낸 곳 │ 삼성경제연구소
펴 낸 이 │ 차문중
출판등록 │ 제1991-000067호
등록일자 │ 1991년 10월 12일
주   소 │ 서울특별시 서초구 서초대로74길 4(서초동) 삼성생명서초타워 30층
전   화 │ 02-3780-8153(기획), 02-3780-8084(마케팅), 02-3780-8152(팩스)
이 메 일 │ seribook@samsung.com

ⓒ 김태유 · 신문주 2009
ISBN │ 978-89-7633-392-6   03350

- 저자와의 협의에 의해 인지는 붙이지 않습니다.
- 이 책은 저작권법에 따라 보호받는 저작물이므로 무단전재와 무단복제를 금지하며, 이 책 내용의 전부 또는 일부를 이용하려면 반드시 저작권자와 삼성경제연구소의 서면동의를 받아야 합니다.
- 가격은 뒤표지에 있습니다.
- 잘못된 책은 바꾸어 드립니다.

삼성경제연구소 도서정보는 이렇게도 보실 수 있습니다.
홈페이지(http://www.seri.org) → SERI 북 → SERI가 만든 책

정부의 유전자를 변화시켜라

성공하는 정부의 新공직인사론

김태유·신문주 지음

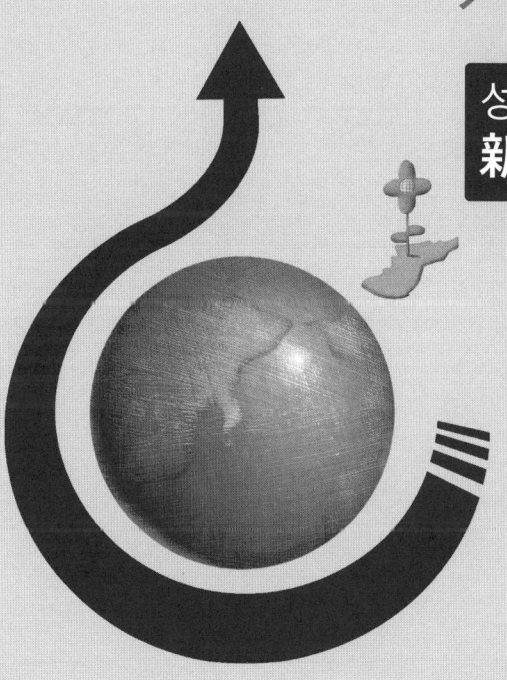

삼성경제연구소

한국전쟁이 한창이던 1951년에 태어난 필자는 후진국 사회의 가난을 피부로 느끼며 유년기를 보냈다. 청소년기에 접어들어 역사 관련 서적에 몰두하면서, 인류역사를 통해 수많은 민족과 국가가 흥·망·성·쇠를 반복해왔음을 알게 되었다.

반만년의 유구한 역사를 통해 크게 한 번 흥하지도, 성하지도 못한 우리 역사에 대한 회한(悔恨) 때문이었는지, 아니면 국토도 작고 인구도 적은 나라가 겪는 힘거운 투쟁과 갈등의 역사에 대한 연민(憐憫) 때문이었는지 모르지만, 청년 시절 필자의 뇌리를 지배한 화두는 단연 '국가 발전'이었다. 국민 개개인의 능력은 대동소이(大同小異)한데 왜 어떤 나라는 선진 강대국이 되고, 또 어떤 나라는 후진 약소국을 벗어나지 못하는가? 부유한 나라와 가난한 나라의 차이는 과연 무엇인가? 선진국들은 어떻게 그토록 발전하고 번영할 수 있었을까?

역사와 국가 발전이라는 화두에 집착했던 필자가 공학도의 길을 걷게 된 데에는, '생산적인 일을 하는 사람이 바로 나라를 발전시키고 국민을 잘살게 하는 사람'이라는 아버지의 철학이 절대적인 영향력을 미쳤다. 역사상 더없이 암울했던 시대에 청년기를 보내면서도 안정된 직장과 남부럽지 않은 삶이 보장된 의학도의 길을 버리고 중도에 공학도로 변신한 아버지의 뜻과 삶 그 자체가 필자에게도 거역하기 어려운 운명처럼 느껴진 까닭이다.

이후 재학 중에 일어난 제1차 석유파동(1973년)은 필자에게 해외 유학을 결심하게 한 사건이었다. 당시 산업화 초기 단계에 있던 한국 경제는 석유파동으로 심각한 위기 상황에 처할 수밖에 없었다. 석유 한 방울 나지 않는 한국이 위기를 극복하고 선진국으로 발돋움하기 위해서는 에너지 자원을 수입에 의존할 수밖에 없고 이를 위해서는 자원공학에 경제학을 접목하는 공부를 더 해야겠다는 이상론(理想論)에서 선진국 유명대학에 수없이 문의한 결과 당시 한국 대학에는 소개된 적이 없었던 자원경제학(Mineral & Energy Economics)[1]을 선택하게 되었다. 필자가 전공한 자원경제학은 학문의 속성상 기술경제학과 상당 부분 중첩되어 있고 자원과 기술이 만나면 생산이 이루어지기 때문에, 자원경제학과 기술경제학에 대한 연구는 자연스레 국가 발전론 연구로 이어졌다. 비록 연구 주제는 석유, 전력, 광물 등 에너지자원정책에서 정보통신, 부품소재 등 첨단기술정책으로, 그리고 산업 및 경제성장 등의 경제발전정책으로 바뀌어왔지만 '국가 발전'이라는 화두만은 단 한 번도 필자의 연구를 떠난 적이 없다.

그런데 아무리 훌륭한 정책이 연구되고 수립되었다 하더라도 이를 실제 국가정책으로 채택하고 추진하여 국민을 행복하게 만드는 것은 정부요 공무원들이다. 국가 발전을 위한 정책 연구가 그 효과를 제대

---

[1] 석유, 석탄, 가스, 전력, 광물 등 고갈성 자원에 관한 경제학으로서, 농·수·축·임산물 등 재생 가능한 생물학적 자원에 관한 농업 경제학과는 구별된다.

로 발휘하기 위해서는 먼저 효율적인 정부와 유능한 공무원이 육성되어야 한다. 이는 경제발전이론상 선진국의 경우 시장과 민간이 발전을 주도하지만, 우리나라와 같은 후발산업국의 경우 선진국을 추격하기 위해서는 정부와 공무원이 주도적 역할을 할 필요가 있기 때문에 더욱 그러하다. 따라서 효율적인 정부를 만들고 유능한 공무원을 육성하기 위한 연구야말로 국가 발전을 위한 정책 연구로 반드시 선행되어야 하는 연구라고 할 것이다. 이것이 인사행정학에는 문외한이었던 필자가 정부개혁을 연구하고 인사정책서인 이 책을 집필하게 된 이유이자 변명이다.

이 책은 '유능한 관료를 정부조직 내에서 최대한 육성해야 한다'는 사실에 초점을 맞추고 있다는 점에서 단순히 민·관에서 적임자를 찾아내서 활용만 하려는 기존의 공무원 인사 정책서들과는 뚜렷이 차별화된다. 실제로 우리나라에서는 최고의 엘리트들이 고급 공무원으로 진출해왔다. 한편 산업계, 학계, 연구계 그 어디에서도 당장 고위 공무원으로 영입했을 때 자신의 능력을 십분 발휘할 만큼 준비된 인재를 찾기가 어려운 것 역시 사실이다. 이 같은 객관적인 현실 인식과 함께 대한민국 공무원에 대한 필자의 주관적인 신뢰 또한 정부 내에서 유능한 공무원을 육성하는 제도에 주목하게 된 이유다.

필자는 평생을 정책 연구에 몰두해온 까닭에 그간 상당수 공무원이 보여준 불합리한 행태를 모르려야 모를 수 없고 또 직접 당사자로 그 불합리함을 여러 번 경험하기도 했다. 그럼에도 불구하고 필자가 공무원에 대한 신뢰를 버릴 수 없는 것은 열악한 여건에서도 묵묵히 맡은 바 소임을 다하고 국가와 국민을 위해 헌신하는 훌륭한 공무원들이 훨씬 더 많음을 알기 때문이며, 동시에 온전히 공직에 일생을 바친 아버지의 영향 때문이기도 하다.

어린 시절 필자가 기억하는, 공직자로서의 아버지[2]는 휴일에도 대부분 사무실에 출근하셨고 퇴근 후에도 서류뭉치에서 눈을 떼지 않을 만큼 항상 저 멀리 계셨다. 해외 출장에서도 선물은 고사하고 오히려 출장비를 절약해서 국가에 반납하셨으며, 업자와의 식사를 피하기 위해 매일 도시락을 준비할 만큼 냉엄하신 모습이었다. 당시 건설부에서 고위 공무원으로는 '명예퇴직 1호'라는 친지들의 찬사가 진정 가슴에 와 닿은 것은 필자가 장성한 후의 일이다.

늦은 밤 칠흑 같은 어둠이, 그리고 휴일의 적막이 캠퍼스를 감쌀 때 연구실에서 책과 논문에 몰두하다 보면 문득 필자에게 투영된 아버지의 모습을 발견하곤 한다. 한 소년의 아버지에 대한 치기 어린 불만이 존경으로 바뀌고 또 큰바위얼굴[3]처럼 어느덧 닮아가기까지는 오랜 세월이 걸렸다. 그리고 그동안 대한민국 공무원에 대한 필자의 신뢰 또한 확고히 굳어져왔다.

오늘날 자랑스런 대한민국이 있기까지 일신과 가족의 희생을 감수하며 국가 발전과 국민의 행복을 위해 젊음과 인생을 다 바친 전·현직 공무원 여러분께 이 기회를 빌려 감사의 마음을 전하며, 존경하는 아버지 영전에 이 책을 바친다.

---

[2] 검촌 김용회(儉村 金瑢會) 박사는 대구의전(현 경북대 의대)을 중퇴하고 유학을 떠났다. 일본에서 토목공학과를 졸업하고 귀국한 뒤, 내무부에서 공직을 시작하였다. 이후 건설부 국·실장과 정부 제1종합청사 건설사무소장을 거쳐 관리관(管理官)으로 공직을 마쳤다. 퇴임 후에는 한국도로공사 초대 부사장과 삼성, 삼환, 쌍룡그룹 계열사 대표이사를 역임하였다.

[3] 미국 소설가 너대니얼 호손(Nathaniel Hawthorne, 1804~1864)의 작품 제목.

인사행정 분야에 대한 지식과 경험을 두루 갖춘 공저자 신문주 국장과 함께하지 않았더라면 필자의 연구가 이렇게 한 권의 인사행정정책 제안서로 완성되기 어려웠을 것이다. 공직사회의 현황 및 기존의 제도 분석과 관련된 내용(이 책의 1부와 2부)은 상당 부분 공저자의 도움에 의존하였다. 필자의 주장이 주로 담긴 새로운 공직인사제도와 관련된 정책 중에서 혹시라도 인사행정 이론상의 흠결이 있다면 이는 전적으로 필자의 책임임을 밝혀둔다.

이 책의 숨은 공로자는 오영민, 이성남, 정연백, 이재완 이상 네 명의 젊고 열정적인 행정학도와 임영미 조교이다. 이들의 헌신적인 도움이 없었더라면 이 책의 완성 또한 기약하기 어려웠을 것이다.

바쁘신 중에도 귀중한 시간을 할애하여 부족한 초고를 검토하고 수정, 보완할 수 있도록 조언해주신 행정학자 김신복 서울대 부총장, 김중양 영산대 법경대학장, 남궁근 서울산업대 교수, 임도빈 서울대 교수, 허미숭 건국대 행정대학원장과 인사행정 전문가인 김명식 중앙인사위원회 국장께 진심으로 감사드린다. 아울러 이 책이 발간될 수 있도록 도와주신 삼성경제연구소에도 고마움을 전한다.

2009년 1월
대표 저자 김태유

저자 서문   5

프롤로그 | '작은 정부 만들기'는 왜 실패했는가   15

'큰 정부' 대물림의 악순환 17 | 공무원보다 공직환경을 먼저 바꾸어야 한다 29
제도를 바꾸면 조직이 바뀐다 33 | 이 책의 구성 37

1부 | 공직사회, 무엇이 문제인가   43

01 이제는 변화해야 한다 ·· 45
02 정부관료제의 문제점과 유형 ··· 47
　　공무원의 전문성 부족과 자질 시비 47 | 신나게 일할 수 있는 제도와 여건의 부재 64
　　후진적인 행정관행과 문화 73 | 미흡한 자기개발 여건 88
03 새로운 시대는 새로운 관료를 원한다 ··· 96

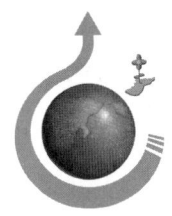

2부 | 그동안 정부는 어떤 노력을 해왔는가   101

01 정부개혁의 핵심, 인사정책 ·· 103

02 인사제도 개혁사례 분석 ·· 109
    인사제도 인프라 구축 109 | 채용제도 개선 126 | 보직관리(전보)제도 143
    평정 및 승진제도 148 | 능력개발 및 역량개발 183 | 신분보장제도 188

03 새로운 처방을 위한 종합평가 ·· 192

3부 | 미래형 공직인사, 어떻게 할 것인가   197

01 새로운 제도적 처방을 내놓으며 ·· 199

02 공직분류체계 개편 방안: 직무군·직무렬제도 ································ 203
    직무군·직무렬 공직분류체계의 의의 203 | 새로운 공직분류체계 예시안 214
    직무군·직무렬 체계의 운영 방안과 기대효과 221

03 Y형 경력발전제도: 정책관료와 전문관료 ················· 228
　Y형 경력발전제도 도입의 의의 228 | Y형 경력발전제도의 내용 233
　Y형 경력발전제도의 기대효과 247

04 정책조정 메커니즘의 도입: 조정실장제도 ················· 254
　조정실장제도 도입의 필요성 254 | 조정실장제도의 내용 255
　조정실장제도의 기대효과 275

05 교육훈련제도의 확충: 정부출연연구기관 활용 ············· 292
　교육훈련제도 개혁의 필요성 292 | 정부출연연구기관의 기능 조정 296
　교육훈련제도의 개편 299 | 새로운 교육훈련제도의 기대효과 300

06 미래형 공직 인사개혁이 가져올 선진적 변화 ··············· 311
　공무원의 전문성 부족과 자질 시비 극복 311 | 신나게 일할 수 있는 여건 조성 319
　후진적인 행정관행과 문화 극복 323 | 안정적인 자기개발 여건 제공 329

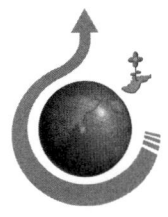

| 에필로그 | **공무원,** 그 안에 잠든 **거인**을 깨우자 | 333 |

'각개약진(各個躍進)이 빚은 누더기 개발' 새만금사업 337
공직사회의 문제점을 총체적으로 드러낸 외환위기 342
정부불신을 조장한 한일어업협정과 한중마늘협상 348
같은 실패의 반복, 아직도 끝나지 않은 방폐장 건설 353
국가경쟁력의 발목 잡는 '정부 효율성' 360
공무원, 그 안에 잠든 거인 깨우기 365

부록1 미래형 공직인사제도에 대한 Q&A ·················· 371
부록2 직무군·직무렬 분류체계 예시 ························· 388
부록3 연구기관과 유관부처의 업무연계 분석 ············· 415

참고문헌   419

'작은 정부 만들기'는 왜 실패했는가

프롤로그

'작은 정부 만들기'는 왜 실패했는가

'큰 정부' 대물림의 악순환

"작고 효율적인 정부", 듣기만 해도 참으로 가슴 설레는 구호다. 이는 지난 20여 년간 가장 바람직한 정부의 미래상으로 사람들의 머릿속에 각인되어왔다.

1981년 10월 제5공화국의 조직 개편은 정부기구의 축소를 통해 작은 정부에 다가서려는 노력이었다. 조직 개편의 대상은 중앙정부로부터 지방자치단체에 이르기까지 유사·중복 기관 등 매우 광범위하였다. 국무총리실 소속 기획조정실과 행정개혁위원회는 폐지되어 그 기능이 경제기획원과 총무처로 이관되었다. 국가안전보장회의 사무국과 경제과학심의회의 사무국 등도 폐지되었고, 경제기획원의 경제협력 기능도 재무부로 이관되었다. 이처럼 대대적인 조직 정비를 단행하여 부처별 실·국 규모를 축소함으로써 총 599개 직위가 폐지되고, 4급 이상 직위의 11.8%가 감축되었다.[1] 공무원 수도 2만 명 이상 줄어들었다. 그러나 이후 5·6공화국에 걸쳐 공무원은 매년 지속적으로 증원되었다. 노태우 정부가 집권한 5년 동안 공무원 및 정부기구의 수와 규모가 크게 증가하여 약 16만 명의 공무원이 증원되었으며,[2] 6공화국 말에는 56만 명에 이르게 되었다.

1993년 3월 김영삼 정부는 문화부와 체육청소년부를 통합하여 문화체육부로 개편하였고, 상공부와 동력자원부를 통합하여 상공자원부로 개편하였다. 그 결과 장관급 2개, 차관급 3개, 국장급 7개, 과장급 12개 직위가 축소되었다. 1994년 12월의 개혁에서는 건설부와 교통부를 통합하였고, 재무부와 경제기획원을 통합하여 재정경제원을 만들었다. 그러나 임기 말에 경제 활성화를 강조하면서 작은 정부를 지향했던 3차에 걸친 조직 개편의 효과는 무산되었고, 공무원 수는 오히려 4.41% 증가하였다.[3]

1998년 2월 김대중 정부는 총무처를 내무부와 통합하여 행정자치부를 신설하였다. 또한 공보처를 축소하고, 재정경제부 장관과 통일부 장관을 부총리에서 장관급으로 격하하였다. 한편, 기획예산위원회를 분리하여 장관급으로 하였으며, 예산청과 식품의약품안전청을 독립시키는 등 장관급 자리와 청을 늘리기도 하였다.[4] 김대중 정부는 1, 2차 조직 개편을 통해 약 1만 명의 공무원을 감축하였다. 하지만 인원 삭감

[1] 정정길 외(2007), 《작은 정부론》, 부키, pp. 152-154.
[2] 정정길 외(2007), 위의 책, pp. 204-206.
[3] 정정길 외(2007), 위의 책, pp. 211-212.
[4] 김근세(2000), "국정관리체계의 갈등: 관리 개혁을 중심으로", 《한국행정학회 하계학술대회 발표논문집》, pp. 24-26.

을 부처별로 할당했기 때문에 제대로 된 직무 분석을 바탕으로 이루어진 개혁이었다고 보기는 어렵다. 더욱이 임기 후반에 들어서 폐지했던 제도나 조직들을 되살리면서 기존의 개편 방향에 역행하는 개편을 단행하였다. 경제부총리와 교육부총리가 부활하였으며, 공보처가 국정홍보처로 되살아난 데 이어 여성부가 신설되었다.[5]

김대중 정부는 외환위기를 수습하기 위한 노력의 일환으로 신자유주의적 원리에 따라 개편을 단행하였다. 이같이 국가위기 상황을 타개하기 위한 절체절명의 개혁 요구에도 불구하고 임기 말에는 결국 조직 개편 전보다 더 큰 정부를 다음 정권에 물려주고 말았던 것이다.

지난 십수 년간 역대 정부는 점점 더 비대해져서 작은 정부를 추구하는 정부조직 개편 방향에 역행해왔다. 재미있는 사실은 이러한 현상에 대해 이미 오래전부터 여론과 언론의 집중적인 비난을 받아오면서도 역대 정부가 하나같이 정부규모(size of government)[6]를 키워왔다는 것이다. 새 정부가 들어설 때마다 여론의 지지를 배경으로 작은 정부를 향한 개편에 과감하게 돌입했지만, 사실상 정부가 축소된 적은 아직 한 번도 없다.[7]

민주적 절차에 따라 국민이 뽑은 대통령, 그들 모두는 비록 방법론에서는 약간의 차이가 있을지어정 국가 발전과 국민 복지를 극대화하겠다는 애국애족 정신만큼은 하나같이 충만하였다. 새 정부를 구성했

---

[5] 정정길 외(2007), 앞의 책, pp. 162-164.
[6] 정부규모를 판단하는 합의된 기준은 없으나 정부의 재정규모, 인력규모, 인건비 비중, 영향력(규제 정도) 등을 중심으로 비교하는 것이 일반적이다. 그런데 재정규모는 대체로 국가경제의 팽창에 따라 세입·세출 예산이 지속적으로 증가하는 경향이 있고, 영향력이나 규제 정도는 정부의 그림자 영역에 속한 것으로 그 파악이 용이하지 않다. 따라서 비교적 측정 가능하고 타당성을 갖는 것은 인력규모와 인건비 비중이라 할 수 있다. 그런 까닭에 이 책에서는 인력규모를 바탕으로 정부규모를 논의하고자 한다.

던 경륜과 식견을 갖춘 각료 및 고위관료들 모두 한마음 한뜻으로 벅찬 꿈과 희망을 가지고 시작했던 정부였을 것이다. 그럼에도 불구하고 의욕과 개혁의지에 불타던 역대 정부가 한결같이 작은 정부(small government)보다는 큰 정부(big government)로 임기를 마쳤다.

이러한 현상이 발생한 근본 원인은 무엇보다 작은 정부에 관한 오해, 공직사회의 저항, 그리고 시대환경 변화에 대한 적응 문제에서 찾을 수 있다.

◎ 작은 정부에 관한 오해와 진실

간단명료하게 축약된 "작고 효율적인 정부"라는 말이 본래 뜻하는 바는, 비록 규모는 작지만 정부 및 공무원의 역량을 획기적으로 개선하여 큰 정부보다 더 효율적으로 국가를 발전시키고 국민의 삶의 질(quality of life)을 향상시킬 수 있는 정부라고 할 수 있다. 국가와 국민이 추구하는 목표는 국가 발전과 국민의 삶의 질 향상이고, 그 수단은 정부기구와 공무원의 전문화 및 능력 향상에 의한 대국민 행정서비스의 효율화이다. 작은 정부는 단지 그 결과로서 나타나는 현상에 지나지

7 표 공무원 정원의 연도별 증가 추세

역대 정부 집권 초와 말		공무원 정원(명)	증감(출범 초 대비, 명)	증감률(%)
노태우 정부	1988년	737,225	–	–
	1992년	886,179	148,954	20.2
김영삼 정부	1993년	899,826	–	–
	1997년	935,759	35,933	4.0
김대중 정부	1998년	888,334	–	–
	2002년	889,993	1,659	0.19
노무현 정부	2003년	915,945	–	–
	2006년	957,208	41,263	4.5

자료: 행정자치부, (2007년 통계연보), p. 77의 '공무원 정원의 연도별 증가 추세'를 재정리.

않는다. 다시 말해, 듣기 좋게 축약된 구호가 원래 의미하는 바는 '효율적인 정부를 만들자'인데 단순히 '작은 정부를 만들자'로 오해되고 있는 것이다.

　예를 들어, 정부의 어떤 민원부서에서 10명의 공무원이 일할 때 민원인이 30분을 기다려 민원을 처리할 수 있었다면, 5명의 공무원만 일하는 경우에는 민원인이 최소 1시간을 기다릴 수밖에 없을 것이다. 즉, 큰 정부는 작은 정부보다 훨씬 더 효과적으로 행정서비스를 제공할 수 있다. 다만 민원부서에서 손으로 기록하고 문서로 처리하던 행정절차를 정보화하여 컴퓨터로 처리한다면, 공무원 수를 반으로 줄여도 민원처리 시간이 길어지지 않고 오히려 빨라질 것이다. 따라서 작은 정부란 정부와 공무원의 능력이 향상되고 전문화되어 대국민 행정서비스가 대폭 개선된 결과, 더 이상 큰 정부가 필요 없어졌을 경우에 이루어지는 현상이다. 이러한 사실은 비단 민원부서뿐만 아니라 정책부서 등 정부행정조직 전반에 공통적으로 나타나는 현상이다.

　결국 작고 효율적인 정부란 정부시스템과 공무원이 전문화되고 그 능력이 향상된 정부를 뜻한다. 따라서 역대 정부는 '작은 정부 만들기'에 실패한 것이 아니라 '효율적인 정부 만들기'에 성공하지 못한 것이다. 정부는 효율화되지 못했는데 국민이 요구하는 행정서비스의 양은 증가하니 필연적으로 정부규모가 커질 수밖에 없다. 그리고 효율적인 정부를 만들지 못한 근본적인 이유는 정부가 공무원의 전문성과 능력을 향상시킬 수 있는 제도적 장치를 마련하지 못했기 때문이다.

　혹자는 이제 세상이 변했기 때문에 큰 정부는 더 이상 필요 없다고 주장한다. 과거 개발연대 시절에 정부가 하던 역할을 이제 자유경쟁시장, 다시 말해 민간의 자율에 맡겨야 한다는 것이다. 물론 이러한 신자유주의적 논리에 대해 학문적으로나 사회적으로 합의가 도출된 것은 아니다.

정부의 역할을 강조하는 이들은 더 말할 것도 없겠지만 신자유주의적 작은 정부론에 동의하는 이들 역시 정부가 국방과 치안 외에 다른 역할들을 모두 포기하다시피 하는 야경국가로 돌아가자고 주장하는 것은 결코 아니다. 이들도 1960년대 초 1인당 국민소득이 100달러도 채 안 되던, 지구상에서 가장 가난한 농업국 중 하나를 오늘날 신흥공업국(NIEs) 또는 예비선진국 대열에 진입할 수 있도록 이끌어온, 경제개발 5개년 계획으로 대표되는 정부의 개발연대식 계획경제 기능이 꼭 필요했던 시절이 있었음을 인정한다. 그러나 이제 1인당 국민소득이 2만 달러에 이르고, 세계경제가 WTO 체제하의 글로벌 경쟁시대에 진입했기 때문에 정부의 경제기획 및 산업진흥 기능을 점차 줄여나갈 때가 되었다는 것이다. 다시 말해, 민간에 대한 불필요한 정부 규제를 최소화함으로써 기업 활동을 자유롭게 하고 국민복지를 극대화하자는 것이다.

이처럼 신자유주의에 동조하는 사람들도 결국 정부 기능 중에서 불필요한 규제 부분을 축소하여 국가를 발전시키고 국민복지를 증진하자는 것이지, 국가와 국민은 어찌되든 무조건 정부의 덩치만 줄이자고 주장하는 것은 아니다. 다만 정부의 다양한 기능 중에서 기업 및 경제 활동에 관한 규제 기능이 축소되어야 한다는 주장이 마치 정부 전체가 축소되어 무조건 작은 정부가 되어야 한다는 주장으로 오인, 또는 오용되고 있을 따름이다. 정부의 불필요한 규제를 줄여 부분적으로나마 작은 정부를 실현하기 위해서는 먼저 공무원의 전문성을 강화하고 능력을 향상시켜 국민이 만족할 만한 행정서비스를 제공하는 효율적인 정부를 만들어야 할 것이다.

◉ 공직사회의 '이유 있는' 저항

노태우 정부 시절 행정개혁위원회의 감축 지향적인 조직 개편 권고안은 관련부처와 이익집단들의 조직적인 반발을 불러왔다. 건설부, 교통부의 기구 축소에 관료들은 집단 항명파동으로 맞섰고, 항만청 폐지와 철도청의 공사화 계획은 경제기획원, 내무부, 건설부 등의 저항으로 실패하였다.[8] 그리하여 마침내 채택된 권고안은 조직 확대에 관한 것으로 작은 정부 구현과는 상치되는 것이었다.

김영삼 정부가 출범과 동시에 조직 개편에 나서자 관료사회가 동요하기 시작했고, 계속되는 사정 바람 속에서 관료들은 복지부동으로 맞섰다. 결국 공무원 사회의 동요를 우려한 김영삼 대통령은 1993년 가을 더 이상의 정부조직 개편은 없다고 선언하기에 이르렀다.[9]

김대중 정부의 제1차 정부조직 개편 때도 각 부처의 이해관계가 걸린 문제들이 국회의 정부조직법 개정 과정을 통해 일부 바뀌게 되었다. 이때 조직 폐지가 논의되었던 해양수산부 관료들은 30여 개 산하단체에 업무 연락 사항을 보내 호소문, 성명, 건의문 등을 일간지에 게재하여 폐지 반대를 주장하였다.[10] 또 정부는 예산실을 떼어내어 재무

---
[8] 정정길 외(2007), 앞의 책, pp. 204-206.
[9] 이종수(1996), "행정개혁안의 집행실태 조사", 《한국행정연구원 연구보고》, p. 54.
[10] 안병철(2003), "조직 개편의 정치적 합리성과 어그러짐", 《한국정책과학학회보》, 7(1), p. 115.

부에 소속시키고 예산정책권만을 가진 기획예산위원회를 만들었는데, 이것은 기형적인 조직 개편의 대표적 예이다. 인사위원회안의 폐기는 행정자치부를 과부하된 거대부처로 만들기도 했다.[11] 제2차 정부조직 개편 때는 과감한 조직통폐합안들이 포함되어 있었으나, 현실론에 따라 대부분의 경우 완화되거나 점진적인 안이 채택되는 선에서 마무리되었다.[12]

공무원이 작은 정부를 지향하는 정부조직 개편에 저항하는 이유는 우선 정부규모를 줄이면 기존에 공직사회가 제공해오던 대국민 행정서비스가 위축될지 모른다는 공직자로서의 책임감 때문이다. 혹자는 공무원이 유지하고자 하는 대국민 행정서비스의 실체가 대부분 불필요한 규제이며, 기득권 유지를 위한 변명에 지나지 않는다고 비난하기도 한다. 만일 그것이 사실이라면 공무원 숫자만 줄인다고 해서 좋은 서비스는 유지되고 나쁜 규제만 줄어들 것이라고 누가 보장할 수 있겠는가. 대부분의 과도한 규제는 공직에서 살아남을 만큼 유능하고 경쟁력 있는 공무원의 역량이 잘못된 방향으로 표출된 것이지, 도태될 만큼 무능한 공무원의 실수는 결코 아니었다. 따라서 그것은 민원창구의 비리를 없애기 위해서 민원창구의 숫자를 줄이겠다는 것만큼이나 허망한 발상이다. 그리고 그 피해는 모두 선량한 시민의 불편과 부담으로 전가될 수밖에 없을 것이다.

평생직장으로서 공직을 선택한 사람들은 기본적으로 경제적 실익보다는 명예를 선택한 사람들이다.[13] 모든 공무원이 다 훌륭하고 헌신적

---

[11] 송하중(1999), "현 정부 개혁의 평가와 과제: 현 정부의 행정개혁 추진체제 평가", 《한국행정연구》, 8(4), p. 16.
[12] 김판석(2000), "김대중 정부의 정부 개혁과정연구", 《행정논총》, 38(2), pp. 226-227.

이지는 않겠지만, 공무원 전체를 집단이기주의적 수구집단이라고 일방적으로 매도해서는 안 된다. 공무원의 능력이 향상되고 전문화되어 대국민 행정서비스의 질이 높아지면 불필요한 규제는 자연히 줄어들 것이며, 행정 효율화에 따른 잉여인력 감축 문제도 공직사회가 자체적으로 해결해나갈 것이다. 그렇게 되면 공직사회가 정부조직 개편에 저항할 이유도 명분도 모두 사라져버릴 것이다.

공직사회가 변화에 저항하는 또 다른 이유는 공무원의 신상에 관한 문제 때문이다. 조직생활을 하는 사람이 신상의 변동에 막연한 불안감을 느끼거나 저항감을 갖는 것은 비단 공무원이 아니더라도 현대사회에서 누구나 공통적으로 느끼는 현상[14]이다. 그러나 공무원이 자신의 능력과 전문성에 확신을 갖게 되면, 조직이 개편되어도 새로운 직책에 잘 적응할 수 있다는 자신감에서 조직 개편에 저항하지 않게 될 것이다. 다시 말해 정부조직이 축소되는 경우라 할지라도, 본인이 공직에서 쌓은 전문성과 경륜을 기반으로 민간에서 만족할 만한 직장을 구할 수 있다는 확신을 갖게 되면 맹목적인 저항은 줄어들 것이다. 실제로 변호사, 변리사, 회계사 등의 자격증을 갖고 있어 공직 생활 이후에도 안정된 직장이 사실상 보장되어 있는 공무원들은 정부조직 개편과 같은 변화 속에서도 초연하게 본연의 임무에 집중하는 모습을 보인다.

공무원을 전문화하고 그 능력을 향상시키기 위한 제도적 장치를 마

---

13 이러한 동기에 있어서의 차이에 대해 Perry & Wise는 '공직봉사동기(PSM, Public Service Motivation) 수준이 높은 사람들이 공공부문에 진출할 가능성이 높다'는 가설을 주장하였다. 우리나라의 공직자의 공직봉사동기에 관한 연구는 이근주(2005), "공사부문 종사자간 동기요인의 차이분석: PSM을 활용하여", 《한국행정연구》, 14(2), pp. 71-99를 참조할 것.
14 IMF 외환위기 이후 우리나라의 4대 부문 개혁을 반추해보면 공공부문은 물론이거니와 민간부문에 속하는 기업·금융·노동부문의 조직적인 저항은 이러한 신상에 대한 변동을 두려워하는 현상을 반증한다.

련해준다면 공무원은 정부조직 개편에 협조하게 될 것이다. 결국 공무원의 전문화와 능력 향상은 작고 효율적인 정부를 만드는 필요충분조건이라고 할 수 있다.

◎ **시대가 요구하는 새로운 행정**

정부규모가 지속적으로 커져온 또 다른 이유는 정부도 시대환경 변화에 적응할 수밖에 없었기 때문이다. 이는 곧 시대적 요구에 부응한 결과로, 여기서 시대환경 변화라 함은 국민소득 증가에 따른 복지사회로의 변화, 첨단과학기술의 발전, 특히 정보기술혁명에 의한 지식기반사회로의 변화를 의미한다.

복지사회로의 변화 때문이라 함은 민주화와 탈권위주의 시대가 도래함에 따라 사회적 욕구의 분출 및 갈등 해소, 국민소득 증가와 양극화, 노령화 등에 따른 복지수요의 증대 등 과거 억압되거나 돌볼 여유가 없어 무시되었던 대국민 행정 및 복지서비스를 위해서 기존의 정부조직을 확대하거나 새로운 조직을 만든 경우를 의미한다.

예를 들어, 개발중심 전략을 통해 경제성장에 성공한 우리나라는 성장의 부정적 산물인 환경오염 문제가 발생하자 1980년대부터 환경 관련법을 제정하고 전담부처를 설립하는 등의 대응을 시작하였다. 환경문제가 심각해지기 시작한 1980년에 보건사회부 외청으로 환경청을 신설했고, 1990년에는 환경처, 1994년에는 환경부로 승격시켰다.[15]

또한 1984년에 이미 출산율이 1.76명으로 인구대체 수준을 밑돌기

---

[15] 염재호 외(2007), "행정조직 통합의 논리와 대안분석-환경행정체제 개편을 중심으로", 한국정책학회 동계학술대회 발표논문, p. 132.

시작했지만 1995년까지도 여전히 출산억제정책을 펴오던 정부는 저출산의 징후가 심각해지고 노령화가 급격히 진행되면서 대통령 직속으로 저출산고령사회위원회를 출범시켰고,[16] 보건복지부에 저출산고령사회정책본부를 설치하였다.[17]

지식기반사회로의 변화 때문이라 함은 전통 산업사회에는 존재하지 않았던 첨단과학기술, 즉 IT, BT, NT 등과 관련된 업무의 범부처적 확산으로 인한 행정 수용의 확대를 의미한다. 이를테면 인터넷, 가상공간, 디지털 게임 등 ICT 기술의 비약적인 발전으로 인해 창출된 신산업이 신제품과 신서비스를 세상에 쏟아내면서 새로운 사회현상이 나타나고 새로운 문화가 형성되었다. 그 과정에서 이를 관리하고 규제하기 위해 기존 정부조직의 확대나 새로운 조직의 신설이 요구되는 것이다.

IMF로 인한 국가경쟁력 위기 상황은 경제위기를 극복하기 위한 다양한 대안 마련을 요구하였다. 또 과학기술 및 기술혁신의 중요성에 대한 국민적 공감을 확신시키는 계기가 되었다. 김대중 정부는 과학기술행정의 위상을 높이기 위해 과학기술부 승격을 단행하였고, 과학기술 관련 분야를 벤처기업 육성 등의 영역으로 확장하였다. 노무현 정부에 들어 정부 내 과학기술의 위상에도 급격한 변화가 나타났다. 청와대 비서실에 정보과학기술보좌관제도를 만들었으며, 과학기술부 장관을 부총리로 승격하고, 과학기술 관련 범부처적 종합조정 및 총괄기획 관리기능을 강화하기 위해 과학기술혁신본부를 신설하였다.[18]

---

16 정책기획위원회(2006), 〈국정과제위원회 무슨 일을 하나?〉.
17 대한민국정부(2007), 〈정부혁신, 대한민국의 희망을 열어갑니다: 참여정부, 혁신의 결실〉, p. 111.
18 김미나(2005), "과학기술행정의 시스템 전환 및 컨텍스트의 변화: 과학기술부의 역사적 형성과정을 중심으로", 〈행정논총〉, 43(2), pp. 97-130.

한편, 지식정보화사회에 걸맞은 정부조직을 만들기 위한 노력도 지속되었다. 전자정부 구축은 정부혁신의 중요한 목표인 동시에 수단인데, 2004년 3월 전자정부 업무를 통일적·통합적으로 추진하고자 행정자치부의 행정정화계획관을 전자정부국으로 개편하고, 정보자원관리 기능을 보강하였다.

과학기술의 발전과 함께 정보통신기술의 비약적인 발전을 뒷받침하기 위해 정보통신 관련 정부조직도 지속적으로 확대되었다. 지난 1994년 체신부는 정보통신부로 거듭나면서 2실 5국으로 확대 개편되었다. 정보통신부는 무선통신서비스 산업의 발달, SW 산업의 발전, 온라인 디지털 콘텐츠 산업의 육성과 인력 및 기술 개발 등의 업무를 수행하면서 다시 5본부 3단 4관 26팀으로 확장되었다. 이처럼 정보통신기술의 비약적 발전은 정보통신부를 확대시키는 결과를 가져왔다. 또한 더욱더 새로운 기술이 나타나면서 이전과는 다른 정책 수요에 대응하기 위해 방송통신위원회가 발족되기도 했다.

이상에서 살펴본 바와 같이 개발국가(Developmental State)가 복지국가(Welfare State)로 발전하는 과정에서, 그리고 산업사회(Industrial Society)가 지식기반사회(Knowledge Based Society)로 발전하는 과정에서 추가적으로 발생하는 대국민 행정서비스를 충족시키기 위해서는 정부의 기능을 일부 확대하는 것이 불가피했다.

결론적으로 말해, 시대환경은 급격히 변화하고 발전하는데 공무원의 전문성과 능력은 시대에 뒤떨어져서 새로 발생하는 대국민 행정서비스의 수요를 정부의 효율화로 충분히 상쇄할 수 없었기 때문에 역대 정권은 작은 정부 만들기에 실패하고 말았던 것이다.

공무원보다 공직환경을 먼저 바꾸어야 한다

작고 효율적인 정부를 만들기 위해서는 우선 공무원이 전문화되고 그 능력이 향상되어야 한다. 그렇다면 공무원의 전문화와 능력 향상은 국가와 국민에게 어떤 의미를 지니는 것일까. 그것은 바로 공급자 중심의 행정서비스를 수요자 중심의 행정서비스로 바꾸는 발상의 일대전환을 의미한다.

기존의 공직제도는 대국민 행정서비스의 공급자인 공무원을 중심으로 설계되어 있다. 공무원 본인이 어떤 학문적 배경을 가지고 있는가, 어떤 경로를 통해서 공직에 진출했는가, 어느 부처에 소속되어 있는가, 어떤 보직으로 영전되기를 원하는가 등이 바로 그것이다. 실제 대국민 행정서비스의 수요자인 국가와 국민에 대한 고려는 찾아보기 어렵다. 공급자 중심으로 형성된 공직사회에서 공무원 개개인의 생존전략은 출세, 즉 승진이라는 한 가지 목표에 맞추어질 수밖에 없다. 이러한 공직환경에서 학연과 지연 등의 파벌주의, 정부 내·외부를 막론한 줄대기, 인기에 영합하는 이벤트성 정책 남발 등 승진 일변도의 불합리한 행태가 나타나지 않기를 기대하는 것은 참으로 순진한 생각이다.

공무원 중심의 기존 공직사회에서 맡은바 직무에 충실하여 국가 백년대계를 준비하는 훌륭한 공무원은 발 빠른 순환보직으로 명목상의 요직을 두루 거친 자들에게 밀려 결국 고위관료가 되지 못할지도 모른다. 또 수요자 입장에서 국민을 먼저 생각하고 잘못된 관행과 제도적 모순을 해결하려고 노력하는 공무원은 국민을 규제하고 국민 위에 군림함으로써 부처의 이익과 인사권자에게 맹목적으로 충성하는 자들에 의해 도태될지도 모른다. 그렇다고 해서 공무원들을 일방적으로 매도하는 것은 옳지 못할 뿐 아니라 문제해결에 아무 도움도 되지 않는다. 왜냐하면 이러한 모순은 공무원 개개인에 의해 형성된 것이 아니라 잘못된 공직인사제도가 공직사회를 이러한 방향으로 유도하였기 때문이다.

인간을 만물의 영장으로 발전할 수 있게 한 원동력은 환경에 적응하는 능력이다. 우리나라의 엘리트 공무원들도 공급자 중심의 공직인사제도에 적응하기 위해 최선을 다한 결과 존경과 신뢰보다는 불신과 비판의 대상으로 전락한 측면이 강하다. 따라서 공무원을 바꾸려 할 것이 아니라 공직환경을 바꾸어야 한다.

바꾸어야 할 공직환경이란 바로 공직인사제도를 의미한다. 예컨대 공무원을 부처가 아니라 직무군[19]에 소속시키면 보직경로를 통해서 직무에 대한 전문성을 축적해나갈 수 있을 것이다. 그리고 고위공직자를 육성하기 위한 맞춤교육(custom-made education)[20]은 중견 실무공무원에게 미래지식기반사회에 적응할 수 있는 능력과 소양을 제공하고, 고위정책관료(generalized specialist)나 고위전문관료(specialist)로 도약할 수 있는 기회를 부여할 것이다.

직무군별 보직경로에 따른 공무원의 전문화와 고위공직자 전문교육에 의한 능력 향상이 상승작용을 하여 시너지 효과를 발휘하면, 공급자 중심의 대국민 행정서비스는 수요자 중심으로 바뀌고 자기 중심적·출

---

19 직무군은 정부 내 여러 부처에 산재하고 있는 유사직무들을 통칭하는 말로서 자세한 내용은 이 책 3부의 "02 공직분류체계 개편 방안: 직무군·직무렬제도"를 참조할 것.
20 맞춤교육은 직무군·직무렬별 수요에 대응한 교육으로서 자세한 내용은 이 책 3부의 "05 교육훈련제도의 확충: 정부출연연구기관 활용"을 참조할 것.

세 지향형 공무원상은 고객 중심적 서비스 지향형 공무원상으로 변화될 것이다.

◉ 공무원의 전문성 확보

공무원의 전문성과 행정서비스는 불가분의 관계에 있다. 행정학자들은 행정무능의 가장 큰 원인으로 전문성 부족을 꼽는다. 공직 전문성의 핵심은 자신이 담당하는 업무 분야에 관한 전문지식의 지속적인 습득에 있다. 따라서 공무원은 고도의 전문성을 갖추고 정확한 정보를 확보해야 한다. 이는 올바른 의사결정을 위한 필수조건이며, 행정관료의 힘의 원천이기도 하다.[21]

공무원 전문화는 특별한 지식과 기술을 보유하는 것에 그치지 않고 그것을 언제, 어디서, 어떻게 적용할 것인가 하는 실행능력을 높이는 것까지도 포함한다. 즉, 교육으로 습득한 전문지식과 기술뿐만 아니라 경험에 따른 실무지식이 전문성을 결정짓는 핵심 요소라는 뜻이다.[22] 이것이 바로 직무군제도의 특징인 직무 연속성을 통해 축적되고 발현될 공직 전문화의 실체이다.

공무원의 전문성은 '업무 자체에 대한 숙련도, 전문지식 및 기술(expertise)'에 초점을 맞춘 경우와 '분야별 특수성이나 전공 분야(speciality)'에 초점을 맞춘 경우[23]로 나눌 수 있다. 이를 정책관료[24]와

---

[21] 정정길(2003), 《행정학의 새로운 이해》, 대명출판사, 증보판, p. 153.
[22] 전수일 외(2000), 《공무원 관리론》, 대영문화사, p. 48.
[23] 진재구 외(1993), 《행정의 전문성 제고를 위한 공무원 임용체계 개선》, 한국행정연구원, p. 7.
[24] 정책관료란 직무군으로 전문화된 범위 내에서 정책을 분석·평가할 수 있는 능력에 더하여 거시적 시각으로 범부처적 관련정책을 기획·조정할 수 있는 능력을 가진 관료를 말한다. 보다 자세한 내용은 이 책 3부의 "03 Y형 경력발전제도: 정책관료와 전문관료"를 참조할 것.

전문관료[25]로 이원화하여 그 전문성을 강화하면 대국민 행정서비스 또한 크게 향상될 것이다.

◎ 공직사회에 고객 중심 행정문화 강화

수요자 중심의 시장경쟁은 보다 싼 가격으로 보다 좋은 품질의 상품을 보다 많이 판매하려는 기업들 사이의 경쟁으로, "고객이 왕"이라는 슬로건이 보여주듯 고객을 가장 중요시한다.[26]

공무원의 전문화는 보다 좋은 품질의 공공서비스를 보다 많이, 보다 효율적으로 국민에게 제공하려는 정부의 노력이다. 따라서 공무원을 전문화하는 것은 곧 수요자 중심의 행정서비스를 제공하는 것이라고 할 수 있다. 이렇게 국민을 왕처럼 모시는 고객 중심 행정서비스는 "국민을 위한 행정"이라는 민주주의 원리를 다른 형태로 표현한 것이기도 하다.

◎ 공무원의 지식관료화

민주사회에 더하여 지식기반사회가 요구하는 공무원상은 바로 지식관료이다. 지식관료란 불확실한 환경을 정확하게 인지하고 필요한 지식을 창조하여 국민을 만족시키는 관료라고 할 수 있다.[27] 환경의 불확실성이 매우 높아진 행정환경에서는 그러한 환경에 적절히 대응하기 위해 정확히 인지할 수 있는 능력이 필요하다.

따라서 지식관료에게는 다음과 같은 능력이 요구된다. 첫째, 불확실

---

[25] 전문관료란 자신의 직무군 내 해당 직무렬에서 오랜 기간 근무하며 해당 분야의 전문성을 축적한 관료를 말한다. 보다 자세한 내용은 이 책 3부의 "03 Y형 경력발전제도: 정책관료와 전문관료"를 참조할 것.
[26] 정정길(2003), 앞의 책, p. 433.
[27] 고려대 정부학연구소(1999), 《지식정부를 준비하기 위한 인사제도의 기반구축》, p. 23.

성이 높은 환경을 정확하게 인지하여 무엇이 문제인가를 발견하기 위한 환경인지능력이 필요하다. 둘째, 불확실한 환경에서는 업무처리의 기준이 되는 선행모델이 없기 때문에 새로운 대응모델을 유연하게 구축해나갈 수 있는 지식창조능력이 필요하다. 셋째, 지식을 통해 국민에게 필요한 부가가치를 제공하는 고객만족능력이 필요하다.

지식관료야말로 시대환경 변화에 따라 맡은바 직무에 대한 지식과 전문성을 기반으로 수요자 중심의 행정서비스를 제공하는 21세기 선진 공무원의 모습이라고 할 수 있다.

제도를 바꾸면 조직이 바뀐다

◎ 하드웨어에서 소프트웨어로

역대 정부가 작고 효율적인 정부 만들기나 수요자 중심의 행정서비스 구축하기에 실패한 이유는 정부를 혁신하기 위한 방법이 잘못되었기 때문이다. 새 정부가 들어설 때마다 정부조직 축소와 인력 감축, 즉 하드웨어 개혁이 최우선 목표로 설정되었다. 모두들 권력누수 현상이 생기기 전인 대통령 임기 초기에 강력하게 추진하지 않으면 정부조직 개편에 성공할 수 없다고 조언했다. 그래서인지 모든 역대 정부가 초기에 정부조직 개편을 열심히 밀어붙였다. 그렇지만 어떤 정부도 결국 성공하지 못했다.

역대 정부는 초기에 정부조직을 축소하고 공무원 숫자를 줄여 정부 규모를 축소했다. 그런데 국가와 국민이 필요로 하는 행정서비스는 늘어나는 데 반해 공무원의 숫자는 줄고 능력은 향상되지 않으니 국정 곳곳에서 문제가 발생하기 시작했다. 이러한 문제를 해결하고 국민의 불만을 잠재우는 가장 빠르고 현실적인 방법은 공무원 숫자를 늘려 당면한 문제를 해결하는 것이었다. 결국 정부는 갖가지 명분을 내세워 슬그머니 공무원을 증원하고, 이로 인해 더욱 확대된 조직의 정부를 다음 정권에 물려주게 되었다. 이것이 바로 정부조직을 줄이면 다시 늘어나고, 줄이면 또다시 늘어나는 "정부조직 개편의 요요현상"이다.

이는 열병(熱病), 예컨대 말라리아에 걸린 환자에게 해열제를 주사하면 잠시 열이 내렸다가 다시 고열이 나는 증상이 반복되는 현상과도 같다. 병의 근원을 치료하지 않고 증상만 없애려는 노력이 성공할 수 없음은 지극히 당연한 결과다.

◎ 공직을 둘러싸고 있는 환경 : 인사제도

공직인사제도는 공무원이 일하는 환경이다. 환경을 바꾸면 공무원도 환경에 적응하며 진화하게 된다. 공무원이 부처에 소속되어 맡은바 직무의 성격과는 무관하게 Z형 순환보직[28]을 하는 현행 인사제도에서는 직무보다는 승진을 위해 물불을 가리지 않는 출세지향적 공무원이 될 수밖에 없다. 그러나 공무원이 직무군에 소속되어 범부처적으로 유사 직무군을 따라 보직경로가 형성되는 Y형 인사제도[29]에서는 맡은바 직무에 최선을 다하는 성과지향적 공무원으로 진화할 수 있다.

---

[28] 이와 관련된 자세한 내용은 이 책 232쪽을 참조할 것.
[29] Y형 인사제도란 공직을 중견간부와 고위관료로 수직적으로 나누어 이모작(二毛作)하되, 고위관료는 전문관료와 정책관료로 다시 수평적으로 양분하여 각기 다른 임무와 역할을 부여하는 것이다. 보다 자세한 내용은 이 책 3부의 "03 Y형 경력발전제도: 정책관료와 전문관료"를 참조할 것.

출세지향적 공무원은 규제하고 군림한다. 본인의 출세를 위해서는 규제가 많을수록 안전하기 때문이다. 직무에 전문성이 없을수록 자기보호 본능에 따라 더 강력하게 규제하게 된다. 그리고 민원인의 저항을 막기 위해 국민 위에 군림할 수밖에 없다. 이것이 바로 오늘날 공급자 중심의 행정서비스를 제공하고 있는 크고 비효율적인 정부의 실상이다.

반면, 성과지향적 공무원은 희생하고 봉사한다. 희생적으로 일하고 국민에게 봉사함으로써만 맡은바 직무에서 최상의 성과를 올릴 수 있기 때문이다. 그러다 보면 공무원이 저절로 최고의 전문가가 될 수밖에 없다. 공무원이 민원인보다 더 잘 알아서 민원을 먼저 해결하면, 국민 위에 군림하는 공무원의 모습은 자연스럽게 국민을 섬기는 모습으로 바뀌게 될 것이다. 이것이 바로 소비자 중심의 행정서비스를 제공하는 작고 효율적인 정부의 참모습이다.

공무원이 부치기 아닌 직무군에 소속되도록 인사제도를 바꾸면 공무원이 전문화될 것이며, 공무원이 전문화되면 불필요한 규제가 없어져 작은 정부가 완성될 것이다. 그리고 정부조직 개편의 요요현상은 다시는 나타나지 않을 것이다. 제도(software)를 바꾸면 결국 조직(hardware)이 바뀌는데, 원인이 되는 제도는 그대로 두고 눈에 보이는 조직만 축소하려 했던 것이 그간 정부조직 개편이 실패를 거듭한 근본원인이다. 이는 바둑에서 수순(手順)을 그르침으로써 대마(大馬)의 생사가 바뀌는 것과도 같은 이치다.

◎ 제도의 수용성 확보

또 한 가지, 공무원의 소속을 직무군으로 하는 공직인사제도 개혁이 먼저 추진되어야 하는 이유는 제도의 수용성(acceptability) 때문이다. 다시 말해, 이러한 인사제도의 개혁은 다른 어떤 정부 관련 정책이나 개혁조치와도 상충되지 않을뿐더러 오히려 다음과 같은 측면에서 서로 보완적이다.

첫째, 공무원이 직무군에 소속되면 정부조직이 개편되더라도 공무원 개개인의 신상에 미치는 영향이 심각하지 않기 때문에 공직사회가 조직 개편에 저항하지 않는다. 따라서 국가사회적 필요에 따라 언제든 조직을 개편함으로써 경직된 정부조직이 민간의 기업조직처럼 탄력적이고 효율적으로 운용될 수 있다.

둘째, 대부처주의와 소부처주의, 계급제와 직위분류제, 공개채용과 특별채용 등 정부조직 및 공무원 신분에 대한 행정이론이 양립하고 있는 경우가 많은데, 공무원을 직무군에 소속시키는 인사제도는 어떤 경우에도 대등한 효과를 발휘한다. 따라서 앞으로 추진될 어떤 정부혁신 조치와도 상충되지 않는다.

셋째, 국가정책의 기획과 추진을 담당하는 실무부처의 장관과, 공무원의 인사 및 정책 조정 기능을 담당하는 직무군의 조정실장[30]으로 이원화된 체제는 균형과 조화를 통해 효과적인 국정 추진을 가능하게 한다. 대통령은 총리를 매개로 양측이 서로 견제하게 함으로써 국정 전반에 대한 장악력을 한층 높일 수 있다. 또한 대통령의 결심 여하에 따

---

[30] 조정실장은 해당 직무군별로 소속 공무원에 대한 인사심사권과 부처간 정책조정권을 행사하는 장관급의 정무직 공무원이다. 자세한 내용은 이 책 3부의 "04 정책조정 메커니즘의 도입: 조정실장제도"를 참조할 것.

라서 한 측의 권한을 사실상 총리에게 위임하고, 대통령은 다른 한 측에 전념하는 책임총리제를 시도해볼 수도 있다.

이처럼 공무원을 직무군에 소속시키는 인사제도는 현재 공직사회가 안고 있는 많은 문제를 해소할 수 있다. 더군다나 이는 다가오는 지식기반사회의 정부체제에 더욱 적합하도록 구상된 제도이다. 따라서 시대환경이 변해도 새로운 부작용이나 문제점이 발생하기보다는 이를 미연에 방지해주는 미래지향적인 선진 공직인사제도라고 할 수 있다.

작고 효율적인 정부란 바로 수요자 중심의 대국민 행정서비스를 제공하는 정부이며, 이를 위한 정부혁신은 공무원을 부처가 아닌 직무군에 소속시키는 인사제도의 개혁으로부터 시작되어야 한다. 이러한 사실에 논리적 타당성을 더하고, 인사행정이론과 실증적 사례에 대한 심층 검토를 거쳐 실천 가능한 정책 대안으로 제시하는 것이 바로 이 책의 목표이다.

이 책의 구성

이 책은 프롤로그와 에필로그를 제외하고 크게 3부로 구성되어 있다.

1부는 지식기반사회에서 작고 효율적이면서도 수요자 중심의 대국민 행정서비스를 제공할 수 있는 능력 있는 정부를 구축하기 위한 사전 작업으로서, 우리나라 정부시스템을 분석하여 가장 큰 문제점으로 네 가지를 지적하였다.

첫째, 공무원의 전문성이 부족하다. 행정직 중심으로, 필답고사에 전적으로 의존하는 전근대적이고 폐쇄적인 임용체제와 연공서열에 따른 승진 방식, 보통의 일반관료를 양산해내는 순환보직제, 능력 개발을 가로막는 후진적인 교육시스템 등은 변화하는 시대를 앞서나가는 창의적이고 능력 있는 전문관료를 양성하는 데 걸림돌로 작용하고 있음을 설명하고 있다.

둘째, 열심히 일하도록 하는 제도적 여건이 구축되지 못했다. 단기적인 성과에만 매달리고 장기적인 정책 결과에 책임을 지지 않아도 되는 허술한 정책실명제, 부처와 조직 간의 조정을 어렵게 만드는 집단이기주의, 개인의 목표를 조직의 목표에 근접시키는 제도적 장치의 현실적 부적합성, 형식주의와 절차주의의 만연 등은 공무원의 업무 의욕을 감퇴시키고 있다.

셋째, 농업사회, 산업사회의 후진적인 행정관행과 문화가 우리나라 관료제의 병폐가 되고 있다. 사회문제에 대한 근본적인 해결보다 정치적 이벤트에 초점을 맞춘 정책 추진과 시대환경 변화에 대한 반발 또는 저항적 태도, 전문성이 적어질수록 심해지는 공무원의 권위주의, 무사안일과 복지부동 및 폐쇄적 비밀주의, 인사청탁과 줄대기 같은 온정주의 문화, 성과평가에 대한 저항 등은 구시대의 잔존물로서 지식기반사회에 적합하지 않다.

넷째, 공무원이 자기개발을 할 수 있는 여건이 부족하다. 장기적인 경력 설계가 불가능한 인사제도와 민·관·정·학 간의 이동성 약화, 퇴직 후에도 공무원의 전문성을 활용할 수 있는 여건 부족 등은 평생에 걸쳐 축적된 공무원의 능력을 불합리하게 사장시키고 있어서 성과지향적이고 효율적인 정부를 만드는 데 걸림돌로 작용하고 있다.

2부에서는 역대 정부에서 도입한 조직·인사제도를 중심으로 제도 도입의 목적과 과정, 그리고 평가의 틀이 되는 제도들을 설명하고 있다. 정부관료제의 심각한 병리적 문제들을 치유하고 개선하기 위해 역대 정부는 많은 제도를 도입하였으나, 불행히도 상당 부분이 실패로 이어지거나 또 다른 부작용을 낳았다. 그 결과 우리나라의 정부시스템은 "작고 효율적인 정부, 수요자 중심의 정부"로부터 점점 멀어지게 되었다.

먼저, 중앙인사위원회는 우리나라 관료제의 인사를 총괄하는 인사관장기구임에도 불구하고 통합적 인사 기능을 제대로 수행하지 못했을 뿐 아니라, 독립성 문제가 지속적으로 제기되고 있었다. 더욱이 최근 중앙인사위원회가 행정안전부로 축소 통합되면서 인사의 부처 자율성과 독립성 훼손 우려가 제기되고 있다.[31]

둘째, 고등고시제도나 공직분류체계는 일반관료를 양산해내는 시스템으로서 지식기반사회에 적합한 전문적 인사를 충원하고 보직을 부여하는 데 근본적인 한계를 내포하고 있다.

셋째, 정부조직 운영의 유연성과 전문성을 확보하기 위해 도입된 팀제와 고위공무원단제도는 이를 뒷받침할 수 있는 조직 운영 방식과 조직문화 등으로 인해 제약을 받고 있다. 특히 행정자치부가 도입했던 팀제는 새 정부에서 종전의 과체제로 회귀하는 모습을 보이고 있으며, 고위공무원단제도의 도입 취지도 흐려지고 있다.

넷째, 채용과 승진, 전보 등 공무원의 인사와 관련된 제도들이 상당

---

[31] 중앙인사위원회는 이명박 정부 출범 후 2008년 2월 27일자로 행정안전부로 통합되었다.

수 개발되었다. 특별채용제도와 개방형임용제도가 대표적인 예이다. 그러나 이들 제도는 기존 공직사회의 과다한 경직성과 공직의 인센티브 부족 등 이상과 현실 간의 괴리로 인해 도입 효과가 의문시되고 있다.

다섯째, 공무원의 전문성을 강화하기 위한 전보제한제도와 경력발전제도 등은 공직 내부에서 정착되지 못하고 형식적으로 운영되고 있는 실정이다.

여섯째, 능력 있고 성실한 공직자가 성공할 수 있도록 다양한 성과평가제도가 도입되었다. 인사평정제도, 직무성과계약제, 목표관리제, BSC, 다면평가제가 그것이다. 그러나 이러한 제도들은 기존 정부관료제의 정실주의와 연고주의 같은 행정문화로 인해 효과적으로 작동하지 못하고 있다.

결국 정부관료제가 안고 있는 문제를 해소하기 위해 한때 무차별 도입되다시피 한 수많은 선진국의 사례와 이론에 치우친 인사제도들은 본래의 목적을 달성하지 못한 채 유명무실하게 되거나 폐기됨으로써, 작고 효율적인 정부를 구축하기 위한 공직 개혁은 좌초되고 개혁의 피로도만 가중되었다.

3부에서는 앞서 지적한 우리나라 정부시스템의 문제점을 해결하기 위한 구체적인 방안을 제시하고 있다. 2부에서 검토하였던 기존의 제도들이 선진국 제도의 모방에만 그치고 우리나라 공직인사제도의 근원적인 문제점을 해결하지 못했던 것을 거울삼아, 3부에서는 보다 미래지향적이며 근본적인 해결 방안과 우리 현실에 맞는 실행 가능한 처방들을 제시하고자 하였다.

첫째, 우리나라 공직시스템의 문제점을 개선하기 위한 방안은 공직분류체계의 개편으로부터 출발한다. 지난 몇 차례의 개편에도 불구하고 우리나라 공직분류체계의 문제점은 정부 수립 이래 거의 그대로 답습되고 있는데, 이를 치유하기 위해 새로운 직무군·직무렬 체제로의 개편안을 제시하고 있다.

둘째, 고위공무원 경력개발제도를 개선하기 위해 정책관료와 전문관료로 이원화된 Y형 경력발전제도의 도입 방안을 살펴보고 있다. 정책관료와 전문관료는 별도의 과정을 거쳐 선발되는 것은 물론, 전보 범위와 승진, 교육훈련과정까지 차별화해 관리되어야 한다.

셋째, 공직사회의 칸막이식 문화와 부처이기주의 및 할거주의를 제거하고, 공무원 인사관리, 정책영향평가, 정책실명제 등을 집행하기 위한 직무군별 조정실장제도를 도입할 것을 제안하고 있다.

넷째, 기존의 공무원 교육훈련제도는 시대환경 변화에 부응하지 못하고 유명무실하게 운영되어왔다. 따라서 지식기반사회에 걸맞은 고위공무원의 정책 능력 및 전문역량 확충을 위해 새로운 공직전문교육기관의 설립을 중심으로 한 교육훈련제도의 개편 방안을 살펴보고 있다. 이와 동시에 경제·인문·사회계 정부출연연구소의 효율적인 개편 방안을 제시하고 있다.

마지막으로 에필로그에서는 이 책에서 제안하고 있는 인사제도 개선방안들로부터 기대할 수 있는 효과를 그간의 정책실패 경험들에 비추어 설명하였다. 그리고 새로운 제도의 도입이 정부 효율성을 획기적으로 향상시킬 수 있음을 보여줄 것이다.

이 책에서는 무엇보다 우리나라 공직사회에 알맞은 '한국형' 공직인사제도이자 지식기반사회의 도래에 대응한 '미래형' 선진 공직인사제도를 제시하는 데 초점을 두었다. 동시에 그것이 지금 당장이라도 적용할 수 있는 '현실적인' 제도이어야 함을 전제로 집필되었다. 한 국가의 정부조직과 인사시스템을 선진화하는 데에는 오랜 준비 기간이 필요하다. 그것이 '정부 유전자'를 바꾸는 중차대한 일이기 때문이다. 먼저 범정부적 차원에서 태스크포스(task-force)팀을 구성하여 구체적인 세부 추진 방안을 마련하고, 각계 전문가와 공무원들의 합의를 바탕으로 적용해야 하는 것은 두말한 필요가 없을 것이다. 이 책에서 제시된 여러 방안이 누차에 걸쳐 반복과 실패를 거듭해온 정부개혁의 돌파구를 마련해줄 것으로 기대한다.

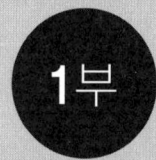

1부

공직사회,
무엇이 문제인가

01 이제는 변화해야 한다

 우리나라 공직사회의 문제점을 해결하기 위해서는 먼저 정부관료제가 가지고 있는 병폐부터 짚어볼 필요가 있다. 정부관료제에서 문제로 나타나는 행태들은 기본적으로 공공부문 조직이 갖고 있는 제도적 병리요인이 관료의 사고체계와 조직의 관행, 문화에 깊숙이 포진되어 발생하는 현상이다. 그에 따라 공직사회의 대표적인 문제를 공무원의 전문성 부족, 신나게 일할 수 있는 제도와 여건의 부재, 후진적인 행정관행과 문화, 부정과 부패, 공무원의 자기개발 여건의 불비 등으로 나누어 그 원인과 현상을 검증, 분석함으로써 우리나라 정부부문, 특히 공직자와 공직사회의 문제들을 근본적으로 해결하기 위한 정책 마련의 기초 자료로 활용하고자 한다.
 여기에 언급된 내용들은 우리나라 정부관료제의 병리현상에 관한 다양한 자료들을 재해석하고, 그에 기초하여 심층적인 토론과 연구를 함으로써 도출된 것들이다. 따라서 이 글은 공직사회의 행태적 차원의 문제점들과 이러한 문제를 야기한 제도적 원인을 밝히는 데 초점을 두고 있으며, 전체 연구의 밑그림이 될 것이다.

사실 공공부문 관료제(bureaucracy)의 병리현상에는 누적적인 측면이 존재한다. 발단은 과거의 제도가 시대환경 변화에 유연하게 적응하지 못했다는 단순한 사실에 있다 하더라도, 오랜 시간이 경과하면서 견고하게 쌓아올려진 관료제 문제는 자체적인 관성을 가짐으로써 그 특성을 더욱 공고히 만드는 측면이 있다. 그러므로 여기서는 관료제의 본질적이고 태생적인 특성과 더불어 그간에 켜켜이 쌓아올려진 우리나라 관료제의 독특한 특성을 중심으로 공공부문의 문제점을 짚어보고자 한다.

한편, 관료제의 모든 문제점을 나열하기보다는 핵심적이고 시급한 문제를 중심으로 논의를 집중하고자 한다. 지엽적인 문제들은 미래의 현명한 정부가 지속적으로 개혁을 추진해나가는 과정에서 개선될 수 있을 것이라고 믿기 때문이다. 그러므로 관료제의 문제로 제기된 것들 중에서 핵심적 문제로 꼽히는 공무원의 전문성 하락 문제, 헌신에 대한 평가와 보상을 충분히 반영하지 못하는 문제, 후진적인 행정관행과 전근대적인 행정문화, 고질적으로 제기되는 부정과 부패, 적절치 못한 공무원의 자기개발 여건에 대해서 세부적인 항목들을 도출해가며 논의를 진행하고자 한다.

우리나라 공공부문의 희망은 당면한 문제점들을 솔직하게 인정하고, '이제는 변화해야 한다'는 범사회적인 공감대를 이루었다는 데 있다. 변화는 문제를 인정하는 데서 시작되기 때문이다.

정부관료제의 문제점과 유형

공무원의 전문성 부족과 자질 시비

공무원 문제를 이야기할 때 가장 자주, 그리고 가장 강하게 비판되는 내용이 바로 전문성(professionalism)이 없다는 것이다. 즉, 공직자가 전문성이 없거나 무능해서 정책역량과 국가경쟁력을 약화시킨다는 지적이다. 이와 관련해 흔히 거론되는 사례가 바로 '일본과의 어업협상'이다.[1] 정부에 어업 분야 전문가와 대외협상 경험자가 없어서 국가적 이익을 제대로 지켜내지 못한 뼈아픈 실책을 우리는 기억하고 있다.

그러나 더욱 걱정스러운 것은 아이로니컬하게도 공직을 염원하는 수많은 공직 지망생이 있고, 공직에 입직한 후에도 역량과 전문성을 강화할 수 있는 많은 교육 기회가 있음에도 불구하고 전문성이 부족하다는 비판이 지속적으로 증가하고 있다는 사실이다. 그것은 전문성과 복잡

---

1 《한국일보》, 2002. 7. 22.; 이두원(1999), "국제협상 커뮤니케이션 문제의 탐색연구: 한-일 어업협상 신문기사 내용을 중심으로", 《한국커뮤니케이션학》, 7호.

성으로 대변되는 지식기반사회에서 공무원들의 더 심각한 문제점으로 지적될 수밖에 없다.

공무원이 전문성을 갖추지 못했다는 비판을 일단 겸허하게 수용하고, 제도적 개혁으로 공무원의 전문성을 강화시키는 방안을 마련하는 것이 바람직하다. 그러나 그에 앞서 공무원을 이해하는 입장에서 공무원의 전문성 결핍에 대한 변론을 할 필요가 있다. 왜냐하면 사회가 기하급수적으로 복잡해지고 공무원이 다룰 수 있는 범주를 넘어서는 사회문제가 지속적으로 발생하는 상황에서, 공무원이 전지전능한 신이 아닌 이상 현 제도와 여건 아래 모든 사회적 문제를 항상 효율적으로 해결할 수 있는 전문성을 갖추기를 기대하기는 어렵기 때문이다.

또한 우리나라 관료제가 가지고 있는 계급제적 특성, 즉 연공서열 방식의 승진과 순환보직시스템은 급변하는 사회에서 공무원에게 요구되는 전문성을 길러주지 못하는 요인이 되고 있다. 결국 공공 분야의 전문성 부족은 공무원 개개인의 능력이나 노력의 부족이라기보다 사회적 변화의 속도 증대, 사회적 문제의 난이도 상승, 전문성을 기르기 어려운 인사시스템에 기인한다고 볼 수 있다.

그럼에도 불구하고 국가 발전을 견인하고 사회문제에 적극적으로 대응해야 하는 위치에 있는 공무원에게 해당 분야에서의 전문성이 바탕이 되어야 함에는 이론의 여지가 없다. 그러나 불행히도 우리나라 공무원의 전문성이 시대에 뒤떨어지고 있는 것도 명백한 사실이다.

한편, 관료의 전문성은 사회적 문제의 난이도에 따른 상대적인 개념으로 파악해야 할 필요가 있다. 즉, 사회가 처리하길 요구하는 문제 수준보다 관료들의 해결 역량이 높을 때에 전문성이 있다고 볼 수 있다.

예를 들어, 1960~1970년대에 관료들의 전문성이 높았다고 평가되는 것은 당시의 사회적 요구를 충족시키기에 충분한 역량이 있었으며, 그들이 직면한 문제 수준이 상대적으로 낮았기 때문이라고 볼 수 있다. 근대화 시대의 공무원은 경제발전과 국가건설이라는 비교적 명백하고 단순한 목적을 수행하였다. 그러나 지금의 공직자는 지식기반사회의 도래에 따라 다원화되고 복잡해진 국제사회 문제부터 다양한 사회적 가치와 국민의 폭발적인 수요에 직접 대응해야 할 의무를 갖고 있다. 이전에는 경험하지 못했던 새로운 사회문제를 해결하기 위해 전통적 시각에서 공직의 범위를 넘어선 창조적인 접근을 시도해야 하는 상황에 노정되어 있는 것이다.

그렇다면 국가와 사회의 당면 문제를 해결하고 국민의 요구를 충족할 수 있는 전문성과 역량을 갖춘 공무원은 어떻게 만들어지는가? 공무원에게 요구되는 전문성이란 좁은 의미로 사회문제를 해결하는 데 필요한, 원인과 결과 사이의 인과관계에 대한 이론을 얼마나 알고 있는지에 달려 있다.[2] 사회가 복잡해지고 다양해질수록 개별 정책 분야별로 요구되는 정책문제의 복잡성과 난해함도 커지기 때문에 능력 있는 공무원이 되기 위해서는 고도의 전문지식과 더불어 다양한 분야에 대한 폭넓은 지식이 요구된다. 따라서 단순히 관련 업무에 다년간 종

---

[2] 정정길은 다음과 같이 설명하고 있다. "공급이 증가하면 가격이 하락하고 공급이 감소하면 가격이 상승하는 관계는 공급과 가격의 인과관계에 관한 이론이다. 이러한 이론을 알고 있으며, 쌀 가격이 갑자기 상승할 때에 이를 원상태로 하락시키기 위해서 정부가 보유하고 있는 쌀을 시장에 대량으로 공급하면 된다는 판단을 쉽게 할 수 있다. 쌀값 상승이 정책문제라면 이를 해결할 수 있는 수단을 쉽게 발견할 수 있게 하는 것이 전문지식이다." 쌀이라는 재화의 인과관계는 굳이 경제학 원론서를 읽지 않은 사람도 쉽게 알 수 있다. 그러나 FTA의 파급효과, 지역경제의 침체, 사회갈등의 조정 등 복잡한 사회문제를 파악하고 대처하기 위해서는 더 많은 지식, 즉 이론이 필요하다는 것이다(정정길(2003), 《행정학의 새로운 이해》, 대명출판사, 증보판, p. 19).

사한다고 해서 전문성이 자동적으로 길러지는 것이 아니며, 실천적 문제의식과 지속적인 지적 탐구 노력이 수반되어야만 한다.

개인의 노력만으로 전문성이 성취되는 것도 아니다. 제도에 의해 개발되고 사회의 투자를 필요로 하는 것이다. 특히 공무원의 전문성과 역량은 정부조직과 인사제도의 개혁을 통해 현 제도의 고질적인 장애요소가 해소되어야만 길러질 수 있다. 그리고 그로 인해 정부의 정책역량과 국가경쟁력도 강화될 것이다. 그렇다면 공직자의 전문성을 저해하는 제도적 요인은 무엇인지를 짚어볼 필요가 있다. 그러나 그 이전에 공직자 전문성의 행태적 문제가 어떤 양상으로 나타나는지 구체적으로 검토해보자.

◎ 시대 변화에 무감각한 공직사회

나이스비트(Naisbitt, John)는 《메가트렌드(Megatrends)》에서 현대사회의 주요 특징으로 "빠른 변화"를 들었다. 현대사회는 컴퓨터와 통신기술을 주축으로 하는 과학기술의 발달을 통해 지식정보사회를 촉진하였고, 이것은 동시에 하나의 세계적인 신경제 체제를 태동시켰다. 정부를 포함한 모든 조직이 분권화되고 네트워크 체제로 진화하면서, 개인의 자립과 참여가 촉진되고 다양한 선택이 가능한 고도의 민주사회가 출현한 것이다.[3]

그러나 기술 변동이 선도하는 급속한 사회 변동은 갖가지 혼란과 사회적 부적응을 일으키거나 그에 따른 위험성을 높이고 있다. 문화적

---

3 조성대(2003), 《정보사회의 인간관계》, 박영사(양영각), p. 159.

특성이 혼재하고 가치관 혼란의 위험이 커진 것이다. 도시화의 촉진, 사회적 분화와 유동성의 향상, 빈번한 사회적 전위, 문화지체, 인간소외, 비인간화, 공동체 의식의 상실, 정신적 긴장과 갈등, 그리고 범죄 증가에 대한 우려가 커졌다.[4]

공공부문 관료의 문제점은 이러한 시대 변화에 느리게 반응한다는 데 있다. 그뿐만 아니라 역사적·시대적 관점을 상실하여 사회의 발전과 진보에 역행하는 경우도 종종 나타난다. 특히 급속한 기술 진보에 따른 새로운 법 제정과 규정 신설 등의 측면에서 사회제도와 공직자의 행태적 준비가 뒤처져 마찰을 빚는 경우가 많다.

물론 공무원들도 급속한 사회 변화에 보조를 같이해야 한다는 당위성에 공감한다. 그러나 변화의 속도가 너무 빠르고 그 폭도 넓다면 이에 동조하기 위해서 노력하고자 하는 의지가 꺾이기 쉽다. 개혁과 혁신은 관료들의 가치체계에 많은 변화를 가져오는 동시에 상당한 기회비용을 지불하게 한다. 사회의 요구에 따르느냐, 따르지 않느냐는 근본적으로 변화의 위험에 대한 기회비용을 개인이 얼마나 지불해야 하는가에 달려 있다. 시대 변화에 대한 공무원의 적응성이 떨어진다는 지적은 변화에 대한 두려움 이면에 공무원 개개인이 지불해야 할 막대한 비용이 존재하기 때문이기도 한 것이다. 따라서 정부조직 개혁은 관료들이 지불해야 할 비용을 줄이는 방향으로 추진되어야 한다. 그래야 관료들 스스로의 변화 노력도 결실을 맺을 수 있다.

그렇다면 성공적인 정부관료제의 환경적응전략은 무엇인가? 오석

---

[4] 오석홍(1998), 《인사행정론》, 박영사, p. 59.

홍[5]은 우리나라 정부관료제의 환경적응전략으로 첫째, 환경 변화에 대한 정보를 신뢰성, 타당성 있게 획득하고 전달할 수 있는 능력을 구축하고, 둘째, 필요한 변동을 실현할 수 있는 내적 융통성과 창의성을 갖추며, 셋째, 자유롭고 지원적인 조직 분위기를 조성해 창의적 적응을 촉진시키고, 넷째, 건설적인 적응 활동이 이루어지도록 그것을 조직의 목적에 따라 통합시킬 수 있는 능력을 갖출 것을 제시한다. 특히 효율적인 조직을 만드려면 변동에 대한 적응성을 높여야 한다고 주장한다. 다시 말해, 조직 참여자들은 규칙에 경직되지 말고 상황의 변화에 따라 스스로의 행동을 적응시켜야 한다는 것이다.[6]

조성대[7]는 사회에서 일어나는 모든 상황들은 다양한 현실을 포함하고 있기 때문에 관료들이 사회문제를 이해하고 해석하는 과정에 관심을 가져야 한다고 주장한다. 또한 국민이 원하는 바를 충족시키기 위해서 공무원은 사회 각 계층에 속하는 고객집단의 관점에서 사회문제와 행정수요를 이해해야 하며, 국민은 공평한 공무원을 선호한다는 점을 철저히 인식함으로써 사익보다는 공익을 우선하여 행정수요에 대응해야 한다고 설득하고 있다.

◎ 창의성 없는 공무원

공무원의 자질로서 창의성은 매우 중요하다. 창의성 또는 창의력은 과거에 없었던 새로운 미래 상태를 그리고 그것을 달성해내는 능력이라

---

5 오석홍(1998), 위의 책, p. 139.
6 오석홍(1998), 위의 책, p. 536.
7 조성대(2003), 앞의 책, p. 161.

할 수 있다. 창의성은 창조적 정책목표를 수립하는 데 결정적으로 요구되는 능력일 뿐만 아니라 정책결정 과정에서 새로운 정책 수단을 개발하고, 새로운 정책의 집행 방법을 탐색하는 데도 필요하다.[8]

이전에 경험하지 못했던 새로운 과제를 해결하기 위해서는 논리적이고 이성적인 능력에 더해 상상력, 직관력, 예측력 등이 필요하다. 과거의 경험에서 재생산된 대안보다 사물을 뒤집어보고 새로운 아이디어를 창출해내는 것이 급변기의 문제해결에 더 필요한 까닭이다. 새로운 것을 이끌어내고 변화를 선도할 수 있는 이러한 능력은 미국 연방정부 고위공무원(국장급 이상)의 제1 자격 요건으로도 꼽히고 있다.[9]

그렇다면 우리의 공직시스템은 이러한 창의성을 길러주고 있는가? 우리나라 공무원은 시키는 일은 잘하지만, 스스로 해야 하는 일에는 미숙한 모습을 보여준다. 민간기업에서 15년차 근무자라고 하면 대부분 번뜩이는 아이디어로 회사를 이끌어가는 중추적인 역할을 맡고 있다. 이에 반해 공무원 15년차는 선례와 과거의 답습으로 일관하기 마련이다. 왜 그런가. 결코 부도나지 않는 정부에서, 노력하지 않고 열심히 일하지 않아도 생존할 수 있기 때문인가.

그것은 수험 지식의 반복적 암기에 입각한 선발 시험체제, 문제의 근원적 해법을 모색하기보다 주어진 법과 제도를 기계적으로 답습하는 보수적인 공직사회 문화, 무사안일한 공무원은 승진하고 스스로 문제를 찾아 열심히 일하는 공무원은 감사만 받는 공직평가체계, 공직자

---

[8] 정정길(2003), 앞의 책, pp. 22-23.
[9] 정정길(1999), "신국정관리와 인사개혁의 방향: 21세기의 지식혁명 시대에 대비하여", 중앙인사위원회 창립기념 한국행정학회 특별세미나 발표논문집, pp. 7-16.

개인의 역량을 개발해주지도, 창의적인 문제해결력을 길러주지도 못하는 교육시스템과 인센티브 부족 등에 기인한다. 이것이 바로 우리나라 관료제의 변화와 진보를 가로막는 원천적인 요인이다. 결국 창의성 없는 공무원의 탄생은 개인이 아니라 고착화된 공직시스템에서 비롯된 문제인 것이다.

◎ 좁은 시야와 짧은 시계: 미봉책의 양산

공무원이 산출한 정책이 종종 실패하는 이유는 공무원의 좁은 시야(narrow perspective)와 짧은 시계(time-horizon)에 있는 경우가 많다. 일반적으로 사회가 불안정할수록 사람들은 장기적인 관점에서의 선택과 행동보다는 단기적인 것을 선호하며 자신의 이익을 보전하는 데 몰두하게 된다.[10]

공무원도 환경의 변화에 적응하기 위해 유효기간이 짧은 대안을 자주 만들어낸다. 대표적인 경우가 부동산 정책이다. 서민의 집값 안정을 위해 정부가 만든 것이 주택공급 확대대책과 부동산 투기 억제대책이다. 부동산 관련 문제점이 나타나거나 지적될 때마다 정부가 단편적인 규제를 통해 개입하고 단기적 성과를 유도한 결과이다.[11]

집값을 안정시키기 위해 정부가 내놓은 대안들은 주택 시장에서 공급자와 수요자의 행태를 급격하게 변화시켜버린다. 이를테면 주택에 대한 수요를 줄이는 정책을 조금만 강하게 시행하면 주택 건설 경기가 급랭한다. 그러면 정부는 건설기업에 대한 지원 대책들을 쏟아내고,

---

[10] 이종수·윤영진 외(2005), 《새행정학》, 대영문화사, p. 221.
[11] 임도빈·유민봉(2007), 《인사행정론》, 박영사, 개정판, p. 55.

그 결과 주택 경기는 다시 살아난다. 동시에 주택 수요자들의 투기욕구도 상승한다. 투기심리는 점점 더 확산되고 집값은 폭등한다. 악순환(vicious circle)이 계속되는 것이다. 주택정책이 누더기가 되는 것은 이러한 단편적이고 반복적인 정책실패 때문이다. 주택시스템을 근본적으로 개선하지 못할 바에야 짧은 시간에 반복적으로 정부가 시장에 개입하는 것은 문제를 악화시킬 뿐이다.

우리나라 공무원의 평균에 해당하는 보통의 선한 공무원을 한번 살펴보자. 이들은 급변하는 환경에서 외적으로 주어진 문제를 해결하기 위해 '평균적' 노력과 에너지를 투입한다. 하지만 평균적인 노력만으로는 문제를 효과적으로 해결하기 어렵다. 현재 우리 사회의 문제들은 평균적인 노력으로 해결할 수 있는 차원을 넘어섰기 때문이다. 더욱이 이러한 문제들은 궁극적으로 해결하려면 대개 장기간의 시간이 필요하다. 과연 평범한 수준의 지적 역량을 지닌 보통의 공무원이 자신의 능력을 훨씬 뛰어넘는 그러한 문제들을 해결할 수 있을까. 또한 자신의 시계를 단기에서 장기로 전환시킬 수 있을까. 공무원 개인에게 이러한 능력과 관점을 모두 기대하는 것 자체가 잘못이다.

그럼에도 불구하고 우리 사회는 공무원이 처한 이러한 근본적인 한계를 고려하지 않는다. 정부관료제에 모두 문제를 떠넘기고 문제가 해결되지 않으면 공무원이 무능력하고 정부가 비능률적이라고 비난한다. 이에 보통의 선한 공무원들은 스트레스를 받고 심리적 탈진상태에 이르게 된다. 그리고 결국 무능하고 노력하지 않는 공무원으로 변모한다.[12]

---

[12] 김병섭(1994), 《현대조직의 이해》, 영남대학교출판부, pp. 1285-1286.

이들은 단기적인 대안을 양산하는 데 더욱 몰두하고, 근본적인 문제해결보다 여론의 향방에만 관심을 기울이는 정치적 관료로 변한다. 그와 동시에 정책의 실패는 점점 악화되고 장기화되어 치유하기 어려운 상태가 된다. 결국 누적된 정책실패는 국민이 정부를 신뢰하지 못하는 총체적 정부실패(government failure)로 귀결된다.

◎ 공무원의 전문성 약화 요인 1: 폐쇄적 임용과 연공서열의 승진 방식

그렇다면 공무원의 전문성 약화 요인에는 어떤 것들이 있을까? 특히 인사제도 차원에서 전문성 약화 요인을 살펴보자. 첫 번째 요인으로는 '공개채용 위주의 폐쇄적인 충원방식'[13]을 들 수 있다.

현행 직업공무원제도는 능력이 있는 것으로 판단되는 젊은 인재를 등용시켜 평생 공직에 근무하게 함으로써 안정적인 공직생활을 가능하게 만드는 장점이 있다. 그러나 급변하는 현 시대에서 적재적소에 적합한 인재를 때맞추어 임용하기에는 부적절한 면이 많다. 즉, 직업공무원제는 직위에 대한 전문지식(professional knowledge)에 입각해 직위 발령을 내는 것이 아니라, 적당한 시기에 연공서열(seniority)에 따라 보직과 직급을 부여하고 있어 시대가 요구하는 전문역량을 기를 수 있는 시스템은 아닌 것이다.

또한 현재의 공개채용방식에서 하위직 임용의 기준은 일반상식과 기본지식이다. 고위직은 공직적격성테스트(PSAT, Public Service Aptitude

---

[13] 정부가 공직에 폐쇄적인 충원방식의 흠을 보완하기 위해 다양한 특별채용을 운영하고 있다. 그러나 이러한 제도들이 형식적으로 운영되고 있어 여전히 폐쇄적인 충원방식의 흠을 보완하기에는 미흡하다.

Test)가 1차 시험으로 도입되어 창의력, 변화대응능력, 학습능력 등을 평가하고 있지만, 2차 시험의 경우에는 여전히 암기력과 주관식 문제에 대한 논리력이 선발의 기준이다.[14] 공직 등용시험 준비에 많은 시간과 노력을 투입함에도 불구하고, 시대환경이 급격히 변화하는 현 시대의 요구에 적절히 대응할 수 있는 전문성을 갖춘 공무원을 선발하기에는 개선해야 할 점이 많다.

먼저, 새로운 업무와 새로운 환경 변화에 능동적으로 대처할 수 있는 능력 있는 인재를 육성하고 충원하는 체제를 구축하고, 관료제 내부에서도 서로 경쟁하는 체제를 구축해야 할 필요가 있다. 현재 시행되고 있는, 외부 전문가를 정부부문에 충원하는 방식은 한계가 있다. 외부 전문가가 공직에 투신하기에는 대우 측면에서 공직의 매력이 상대적으로 약하고, 대부분 단기계약직이어서 현 관료제의 일원으로서 자신의 미래를 설계하고 능동적으로 업무를 수행할 수 있는 공무원 신분이 장기적으로 보장되지 않기 때문이다. 더욱이 공공부문이 가지는 특성과, 전문성을 길러온 시장과 시민사회가 가지는 특성은 자주 상반되어 충돌하는 경향이 있다.[15]

한편, 우리나라 공직체계는 기본적으로 계급제 피라미드 구조를 근간으로 하고 있기 때문에 승진을 통해 상위직으로 올라갈 수 있는 인원이 소수로 한정되어 있으며, 승진 대상 직위에 있는 공무원이 그 직위에서 물러나야만 상위직으로 이동하는 것이 가능하다. 또한 조직의 구성상 승진을 위해 반드시 거쳐야 하는 특정 직위가 있기 때문에 승

---

[14] 중앙인사위원회(2004), 《공무원인사개혁백서》, p. 118.
[15] 박천오 외(1999), 《비교행정론》, 법문사, 2판, pp. 111-112.

진하기 좋은 자리를 차지하기 위한 경합이 발생할 수밖에 없다. 예를 들어, 중앙부처 과장이 국장으로 승진하기 위해서는 총무과장을 거치는 것이 유리하기 때문에 총무과장 자리를 두고 승진 대상자들 간에 무한경쟁을 하는 악순환이 발생한다.

물론 승진 대상자들 간의 경쟁이 반드시 나쁜 것은 아니며 자신의 직위에서 제 역량을 발휘하고 최선을 다하게 만드는 긍정적인 결과를 이끌어낼 수도 있다. 높은 직급과 더 많은 권한을 갖고자 하는 관료들의 노력이 정책 품질을 높이고 국민의 요구를 충실히 집행하게 할 수도 있다.

그럼에도 불구하고 우리나라 관료제의 계급제적 특성과 승진을 위한 특정 직위의 유리함 또는 불리함, 좁은 승진 관문, 인사적체 문제는 조직구성원 상호 간의 불합리한 경쟁을 유도하며, 결과적으로 볼 때 승진이 공무원의 전문성이나 역량보다 연공서열에 입각해서 이루어지게 만든다.

공무원의 전문성과 능력, 그리고 실적을 평가할 수 있는 시스템만 잘 갖추면 연공서열에 입각한 승진 문제는 상당 부분 해소될 수 있다. 그러나 민간부문과는 달리 공공부문은 성과를 측정하기 어려운 무형적 공익(intangible public good)을 위해 직무를 수행한다는 점, 장기적인 정책효과를 정확하게 측정하기 어렵다는 점, 법규와 규율에 입각해 비탄력적으로 업무를 수행한다는 점 때문에 개별 공무원에 대한 적절한 성과평가가 쉽지 않다.

공무원의 전문성이 아니라 연공서열 등에 따라 승진이 결정되는 구조에서는, 모험정신과 사명감을 가지고 창의력을 발휘하는 공무원이 나오기 어렵다. 그 대신 문제를 만들지 않고 규정과 문구에만 충실하며 책임질 일은 회피하는 피동적인 관료가 승진하기 유리한 구조가 형성된다. 그리하여 무능한 인사가 막중한 책임이 부여되는 상위직급에 승진하는 부작용이 야기되며, 관료제의 복지부동이 조장된다.

따라서 승진에 대한 관료들의 무한경합을 줄이기 위한 인사제도와 근본적인 시스템 개혁이 필요하다. 즉, 장기적인 차원의 정책효과와 관료의 실적을 적실히 반영할 수 있는 공무원 인사평가제도를 구축하는 동시에 전문성에 근거한 보직과 승진을 제도화해나가는 방향으로 인사제도를 개혁해야 한다.

◎ **공무원의 전문성 약화 요인 2 : 순환보직으로 인한 폐해**

공무원의 전문성 약화요인 두 번째는 계급제 중심의 관료제에서 나타나는 '순환보직'의 문제이다.

공무원의 직위에 1번 순서로 승진하는 자리가 법으로 정해져 있지는 않다. 그러나 어느 부처이든 승진이 잘 되거나 승진하기 위해 반드시 거쳐야 하는 직위가 있다. 과거의 총무과장 직위가 바로 그러하다. 어느 자리에서든 자신의 전문역량을 최대한 발휘해 조직의 성과 제고에 기여하는 사람이 승진하는 것이 아니라, 자타가 인정하는 "승진 자리"라는 것이 있고 그 자리를 점하고 있는 사람이 승진하는 것이 관례화되어 있다. 따라서 모든 공무원은 자신의 전문성과는 관계없이 승진이 보장된 자리를 향해 계속 이동하려는 욕구를 갖게 된다.

순환보직시스템은 공무원의 전문성을 함양하고 역량을 갖추는 데 전적으로 역행하고 있다. 잦은 보직이동이 부처에서 특정 업무에 대한 경험을 축적하고 전문적 식견을 갖춘 전문가를 양성하는 데 결정적인 걸림돌로 작용하고 있는 것이다.[16] 그리하여 이런저런 경험을 한 공무원은 많지만 특정 영역의 전문성은 없는 "무능한 만능인(trained incapacity)"이 탄생하고 있다.

예컨대 2003년 이후 중앙부처 국제협력을 담당한 과장 80명 가운데 6개월 이내에 전출된 인사는 18명(22.5%)이었다. 또한 외교부의 경우 국장과 과장 250명의 재직 기간은 평균 437일로 17개 부처 평균(405일)보다 한 달 정도 길었으나, 6개월 이내에 타 보직으로 이동한 인사가 13명(5.2%), 1년 이내에 이동한 인사가 94명(37.6%)에 이르렀다. 이 같은 사실은 현재 우리나라 공직사회가 순환보직의 관행에서 벗어나지 못하고 있음을 여실히 보여준다.[17]

외교통상부를 제외한 각 부처의 국제협력 담당 국장의 직무 연속성이 없다는 점 또한 전문성 약화의 주범으로 꼽을 수 있다. 예를 들어, 국제직무를 맡고 있었던 국장이 전보 또는 승진을 통해 계속 담당할 수 있는 국제업무 관련 보직이 부처 내에는 존재하지 않기 때문에 국제담당 국장의 인사는 1년 정도의 자리를 채운 뒤 전혀 다른 업무를 하는 자리로 돌고 도는 회전문식 인사의 양태를 보여준다.

이러한 회전문식 인사의 또 다른 원인은 실무 부처의 통상·국제협력 분야의 과장이 국장으로 승진한 경우가 매우 드물다는 데 있다. 그래서 대부분의 부처 공무원들이 국제통상업무를 장기간 담당하는 것을 기피한다. 그럼에도 불구하고 순환보직에 따른 전문성 약화 문제를

---

[16] 조성대(2003), 앞의 책, p. 167.
[17] 《세계일보》, 2007. 2. 7., 5판 6면.

해결하기 위해 정부가 내놓은 인사제도들은 근본적인 개혁이라기보다는 단편적인 부작용 해소에 급급한 미봉책들로서, 부처의 반발과 집행기준 마련 등으로 인해 지지부진한 상태이다.

예를 들어, 2006년 초 정부는 한 직위의 최소근무기간인 '전보제한기간'을 늘리는 방침을 마련하였다. 그리고 이에 따라 중앙부처 과장급인 3~4급은 전보제한기간을 1년에서 1년 6개월로, 5급 이하는 1년에서 2년으로 늘리는 정책을 추진하였다. 그러나 부처들의 강력한 반발과 기획단이나 태스크포스팀 같은 특정 과제를 수행하는 임시적인 공무원 보직 변경으로 인해 효과를 거두지 못하고 있다. 경력개발제도(career development program)의 경우에도 기준 매뉴얼만 발표되었을 뿐, 부처별 직무 구분기준을 제대로 마련하지 못해 시범 시행마저 1년이 넘도록 표류 중에 있다.

순환보직은 공무원 개인의 역량과 적성을 무시한 직무 배치로서, 직무에 대한 흥미를 유발하지 못함은 물론이고 동기부여도 해주지 못하고 있다. 또한 직무 분석 결과에 따라 보임하여 순환보직을 방지하려는 시도는 작업량의 방대함에 더하여, 시대환경의 급격한 변화로 공직의 직무가 지속적으로 변화하고 복잡화되어서 장기적인 경력 설계가 근본적으로 불가능하다.

이처럼 근대화 시대에 일반직 공무원을 양성하기 위한 제도로서 발전된 순환보직제는, 지식기반사회에서는 공직자의 전문성을 고양하는 데 제약 요인으로 작용하고 있다. 따라서 순환보직제의 폐해를 막고 전문성을 고양하기 위해서는 공무원 직군을 새롭게 개편해 동일직군 또는 동일직렬 내에서 보직 및 승진 경쟁이 이루어지도록 하는 것이 바람직하다.

◎ 공무원의 전문성 약화 요인 3 : 후진적인 교육시스템

공무원의 전문성 약화 요인 세 번째는 현행 공직 내부 교육시스템에 상당한 문제가 노정되어 있다는 점이다. 교육훈련제도를 거론할 때면 언제나 전문교육 강화를 내세운다. 하지만 제도적으로 폭넓고 심도 있는 전문교육을 위한 장치가 마련되어 있지 않으며, 관행적으로도 고위직들의 전문교육에 대한 인식이 높지 않다.

중앙공무원교육원은 일반행정 중심의 소양교육이나 시책교육, 시국교육, 의식교육(변화관리교육이나 혁신교육 등)을 벗어나기 어렵다. 또한 최근에 도입한 고위직 역량교육도 고위직 공통의 관리역량(리더십) 강화 프로그램 성격이 짙다. 각 부처마다 설치된 교육훈련기관도 분야별 실무자들에게 기본적인 전문교육을 담당할 뿐, 보다 넓고 깊은 고위직 전문교육을 담당할 역량은 갖추지 못하고 있다.

다시 말해, 현 공직자에 대한 교육은 공직자의 전문성과 관련된 역량을 강화시키는 데 기여하는 바가 거의 없다. 전문관료로서 보직경로를 설계하고 발전할 수 없는 현실 때문에 공무원 스스로가 전문성 강화 교육을 원치 않는다. 공무원 교육기관도 교육수요가 없는 공직전문성 교육을 일방적으로 강요할 수 없는 상황이다. 결국 순환보직을 중심으로 이루어지고 있는 인사제도가 공직자의 전문성을 강화시키기보다 일반적이고 획일적인 교육으로 귀결될 수밖에 없는 교육훈련기관을 낳은 것이다.

그 결과 미래 지식기반사회에 요구되는 전문적이고 깊이 있는 보직별 공무원 교육의 기회는 제한되고, 피상적인 일반 교육과 형식적인 참여만이 남게 되었다. 난해하고 복잡한 사회문제를 해결하기 위해 창조적 대안을 마련해야 하는 공무원의 정책설계 및 관리능력을 향상시키는 전문교육은 기대하기 힘들게 되었다.

전문교육을 보완하기 위한 수단인 공무원 해외유학 프로그램과 국내 대학원 학위 과정은 정책 본연의 목표를 달성하지 못하고 있다. 먼저, 공무원 해외유학 프로그램은 공직에 필요한 전문지식의 습득과는 거리가 먼 학위 취득에만 초점이 맞춰져 있다. 학업보다는 여가활용의 수단으로 전락하는 경우도 많다. 한편, 공무원이 직무를 수행하면서 대학원 출석과 과제, 학위논문 등에 시간과 힘을 쏟기란 실제로 거의 불가능하다. 그 때문에 국내 대학원 학위 과정도 전문성 향상이라는 본래의 취지를 살리지 못하고 있다. 게다가 공무원에게 수여되는 학위와 정부지원 연구비가 연계되어 나타나는 연구비 집중의 문제, 논문 표절 시비 등의 부작용까지 나타나고 있다.

우리나라 공무원의 전문성 강화는 국가의 발전과 생존을 위해 가장 핵심적이고도 지체할 수 없는 과업이다. 그러므로 무엇보다도 먼저 순환보직의 문제를 해결하는 동시에 교육훈련제도를 근본적으로 개혁하는 작업을 실행해야 할 것이다. 그렇지 않으면 공무원의 비전문성과 무능으로 인해 정부는 제 역할을 다하지 못하고, 나아가 국가의 퇴행을 초래할 것이다.

신나게 일할 수 있는 제도와 여건의 부재

정부는 공무원의 공적 임무에 대한 책임성을 담보하기 위해 셀 수 없이 많은 제도적 장치를 구축했다. 승진과 성과급 같은 인센티브 시스템, 부정과 부패를 방지하기 위한 감사제도, 공무원이 추진한 정책의 책임성을 따지기 위한 성과평가 등이 그 대표적인 예이다. 이들 대부분은 공무원이 공적 업무를 공평무사하게, 제대로, 그리고 효율적으로 수행하도록 하기 위해 만들어졌다. 제도적 여건이 뒷받침되지 않는다면 공무원이 공공의 이익을 위해서 충분히 봉사하기 어려우므로, 공공관료제는 장기간의 시행과 착오를 거치면서 이러한 장치들을 발전시켜왔다.

그러나 공무원의 책임성을 확고히 확보할 수 있는 제도는 아직 구축하지 못했다. 부분적이고 국지적인 합리주의에 입각한 조직 원리도 조정을 어렵게 하고 있다. 공무원 개인의 목표와 조직의 목표를 통합하는 시스템의 구축은 물론, 공무원의 의욕과 창의성을 꺾는 무수한 제도와 절차들 또한 개선이 필요하다. 이러한 문제들은 공공관료제가 해결해야 하는 문제인 동시에, 미래 지향적이고 능동적인 공무원을 양성하기 위한 제도적 토대라는 점에서 심각하게 숙고할 필요가 있다.

◉ 유명무실한 정책실명제

현대 민주주의 사회가 지향하는 정부의 가장 큰 특징 중 하나는 "정부가 국민에 대한 무한책임을 지는" 방향으로 발전해가고 있다는 사실이다. 외적의 침입과 범죄 및 환경적 위해(危害)에서 국민들을 보호해야 할 뿐만 아니라, 국민복지와 경제발전에 대한 책임과 의무를 지고 있다. 그러한 역할을 수행하라고 국민은 국가에 '권력(authority)'을 부여하였다.[18] 따라서 공무원은 국가로부터 부여받은 권한을 국민들을 위해 효율적으로 사용하고, 그에 따른 도덕적·법적 책임을 져야 한다.

그러나 현대 관료제는 공무원 개인에 대한 책임을 조직 내에 분산시켰다. 즉, 특정 정책을 추진할 때 '문제인식-대안마련-정책결정-집행'하는 일련의 과정에서, 조직 내 많은 구성원이 부분적으로 참여함으로써 책임도 공동으로 나눠 갖는 것이다. 이때 발생하는 문제들과 정책실패에 대해 장관과 차관에게는 정치적 문책이, 직업관료들에게는 징계나 변상 등의 행정적 문책이 주어진다. 그렇지만 실무자로부터 장관에 이르는 기나긴 결재 라인에 서 있는 구성원들은 책임을 분담하면서 '이 정책의 책임은 나에게 있다'라는 책임감에서 멀어지게 된다.

지금까지 정부관료제의 안정성과 신뢰성을 보장하고 공무원이 소신껏 일할 수 있도록 정책이 성패에 대한 직접적 책임은 지게 하지 않았다. 이것은 공공관료제에 안정성은 부여하였으나, 정책의 장기적인 효과에 대해서는 누구도 책임을 지지 않는 문제를 야기했다. 특히 국가 주요 정책의 장기적 효과에 대해서는 해당 공직자에게 막중한 책임이 부여되어야만 성공에 따른 충분한 보상은 물론이고, 실패에 따른 책임도 엄격히 규명할 수 있다. 그러나 현재는 단기성과평가에 급급한 나머지 장기적인 정책 효과에 대해서는 책임을 물을 수 있는 제도적 장치조차도 전무하다.

---

[18] 로버트 푸트남(2000), 《사회적 자본과 민주주의: 이탈리아 지방자치와 시민적 전통》, 안청시 역, 박영사, p. 277.

이러한 맥락에서 정책실명제는 관료제의 무책임성에 경종을 울릴 제도라고 생각된다. 정책을 발의하고 추진한 관료들이 자신의 이름을 걸고 정책을 운용한다면, 해당 정책을 장기적인 관점에서 책임감 있게 추진하게 될 것이다. 현재와 같이 정책 추진 중간단계에서 단기적 중간성과를 인정받은 관료들은 승승장구하고, 장기적으로 발생하는 정책 성공과 실패의 결과에 대해서는 보상을 받지도, 책임을 지지도 않는 불합리한 상황을 타개할 수 있을 것이다. 그러나 현재 우리나라의 정책관리시스템에서 정책실명제는 아직 정착되지 못했으며 효과적으로 작동하고 있지도 않다.

더구나 지금은 국가의 의사결정 과정을 관료가 독점하지 않고 많은 참여자들이 분점하는 뉴거버넌스(new governance) 시대이다. 직업관료 못지않게 전문성을 가진 이해관계자, 시민단체, 대학교수 등 많은 정책관여자들이 국가의 정책결정 과정에 참여한다. 직업관료들이 때로는 국민 참여를 보장한다는 명분하에, 때로는 나중에 지게 될지도 모르는 책임을 분담하기 위해 이른바 전문가 집단을 정책결정 과정에 끌어들이고 있는 것이다.

그런데 아직 외부 정책관여자들에게 정책 관여 책임을 묻는 장치는 없다. 정책관여자들이 자신이 참여하여 성공한 정책에 대해서는 보람을 느끼고, 실패한 정책에 대해서는 책임감을 느끼도록 하는 제도도 필요할 것이다.

◎ 부처간, 부서간 집단이기주의와 갈등

가끔 우리는 정부를 하나의 단일한 객체로 가정하여(혹은 '단일한 객체였으면 좋겠다'라는 마음을 갖는 경우가 있는데, 이는 정부 내 정책혼선에 대한 실망 때문이다) 관료제를 인식한다. 그러나 실제 공공조직 내부를 들여다보면 무수히 많은 목소리가 있고, 조율되지 않은 톤과 음정이 있음을 알 수 있다. 개개인은 열심히 노래할지 모르지만, 지휘자 없는 합창을 듣는 듯한 기분이 드는 것이다.

공무원은 자기 보존 또는 세력 확장을 위해 그 업무량과는 상관없이 기구와 인력을 증가시키고, 권한 행사의 영역을 확장하는 경향이 있다. 공공조직 내 이러한 부처이기주의 현상을 관료제의 "제국 건설(building empire)"이라고 표현하기도 한다.[19] 관료제의 이러한 속성을 설명한 이론이 파킨슨 법칙(Parkinson's Law)이다. 파킨슨은 자신의 이론을 "상승하는 피라미드의 법칙(the Law of Rising Pyramid)"이라고 불렀는데, 관료들이 자신만의 영역을 만들고 세력을 확장하면서 타 부처 관료들과 관할권 다툼을 벌이는 것을 빗댄 말이다.

정책결정이론 중에 회사 모형이 있는데, 이에 따르면 회사 조직은 서로 다른 목표를 가진 구성원들의 연합체이다. 예컨대 농업정책 담당 부처에서는 잎담배를 재배하는 농민에게 보조금을 지급하는 정책을 추진하는 반면에, 국민보건 담당 부처는 담배 광고 금지를 위한 정책을 입안한다. 한 정부 내에서 모순적인 정책을 동시에 진행시키는 것이다. 한 부처 내에서도 관리부서와 정책입안부서처럼 성격을 달리하는 부서들 사이에 이해가 상충하거나, 책임 소재에 대해 상반된 견해를 내놓아 갈등으로 이어지는 경우가 빈번하다.

---

[19] 오석홍(1998), 앞의 책, pp. 539-540.

원래 행정조직은 큰 과제를 여러 하위과제로 분해하여 그것들을 하위조직에 분담한다. 하나의 큰 과제를 서로 복잡하게 관련되어 있는 구성 요소들로 분해하여, 독립적이고 단순한 하위과제로 전환시킨 후 나누어 처리하도록 하는 것이다. 이처럼 조직은 '국지적 합리성(local rationality)'을 도모함으로써 '전체의 합리성(global rationality)'을 도모하려는 속성을 갖는다.

다만, 이것이 통용되기 위해서는 하위목표들 사이에 일관성이 있어야 하지만, 하위조직 사이에 엄밀한 일관성을 구축한다는 것은 사실상 불가능하다. 그 결과 조직 내부의 갈등을 완전하게 해결하지 못한 채 항상 준해결(quasi-resolution)의 상태에 머물고 만다.[20] 이러한 상태에 놓인 정부조직에서 최적의 정책 효과를 기대하기는 어렵다. 정부 내에 수많은 정책 조정기구가 존재한다는 사실이 바로 이러한 갈등과 부처 간 이기주의가 만연하다는 증거이다.

특정 정책이 정부조직 내의 상층부로 올라감에 따라 정책의 결정보다는 조정(coordination)에 초점을 두고 있다는 사실은 조정 기능의 중요성을 말해준다. 정책을 어떻게 조정해나가느냐가 정책의 효율성을 좌우하기 때문이다. 그리고 이러한 부처 제국주의와 부서 이기주의를 방지하고 정책 조정을 원활하게 하려면, 무엇보다도 인사제도의 개혁이 선행되어야 할 것이다.

---

[20] 정정길(2003), 앞의 책, pp. 533-534; p. 552.

◎ 개인과 조직의 목표 불일치

공무원이 추구하는 절대적 가치는 무엇인가? 오로지 공익(public interest)인가? 공무원들은 공익을 위해 공직에서 공무를 수행한다. 하지만 직업인으로서의 공무원에게는 조직에서의 승진과 경제적 보상 또한 중요한 목표이다.

공직은 공무원 개인의 생(生) 전체로 볼 때 단지 일부분일 뿐이다. 매슬로(Maslow, Abraham)의 동기부여이론을 들먹일 필요도 없이 공직생활 중 인생 전체를 설계하기 위한 자기개발, 경력개발은 매우 중요한 삶의 목표이다. 이것이 공익 목표와 충돌하는 것이라고도 할 수 없다. 자기개발, 경력개발은 민간 분야에서나 공공 분야에서 구성원들에게 동기를 부여하기 위한 전략으로 널리 활용되는 것들이기 때문이다.

문제는 공익을 실현하기 위해 공무원에게 부여한 지위와 권한을 사적 이익을 위해 사용하는 경우이다. 욕망이 있는 사람이라면 누구에게나 이런 욕구가 있다. 이러한 맥락에서 볼 때 사익 추구라는 개인의 목표와 공익 실현이라는 조직의 목표가 심각하게 부딪히는 현상을 관료제의 근본적인 문제로 볼 수 있다.

직위나 직책을 이용해 사적 이득을 추구하고자 하는 욕망은 조직인이라면 누구나 갖고 있다. 문제는 공직자의 사적 목표 추구는 자칫 사회적으로 막대한 비용을 지불하게 만들 수 있다는 데 있다. 공무원들이 자신의 이익을 위해 법규를 무시하거나 자신의 행위를 정당화하는 방향으로 법규를 해석하는 것은, 행정기관이 법규를 위반하지는 않지만 합법적인 테두리 내에서 특정 이익을 옹호하는 경우에 해당한다. 예컨대 공무원이 환경보호 의견을 무시한 채 개발업자나 목재회사의 편을 들어 산림을 개발한다면, 입법 의도를 개발 중심으로 해석하고 환경적 가치는 무시하는 것이다.[21] 반대로 환경보호만을 우선시하여 국가기간산업과 SOC의 건설에 차질이 빚어진다면 그 비용 또한 실로 엄청날 것이다.

이러한 사회적 비용 문제가 아니더라도 공적 임무에 집중하지 않고 회피하는 등의 행태 역시 조직의 생산성을 저하시키고, 그 결과 불필요한 비용 손실을 야기한다. 요약하면 개인의 목표와 조직의 목표가 달라서 생기는 문제는 전형적인 주인-대리인 문제(principal-agent problem)로서 사회적·조직적 비용 손실 문제가 발생한다. 그렇다면 양자를 조화롭게 통합시키는 방법은 무엇인가?

조직은 개인들이 모여서 구성된 것이므로 개인의 목표와 조직의 목표 사이에 어떤 상관관계를 설정해야 한다. 개인의 목표와 조직의 목표가 대립하는 경우, 조직을 운영하는 사람들이 그러한 상태를 방치해서는 안 되기 때문이다.[22] 그런 이유로 인사관리 차원에서 다양한 목표 통합시스템이 도입되었다.

예컨대 인사제도에서 자주 거론되는 목표관리제(MBO)와 직무성과계약제도, 성과관리시스템(BSC 등)은 개인의 목표를 조직의 목표에 접근시키기 위해 인위적으로 만든 제도이다. 특징적인 것은 이 제도들 모두 조직의 목표를 달성하면 물적인 보상을 부여하는 구조를 주축으로 하고 있다는 점이다. 즉, 이 제도들은 개인의 목표와 조직의 목표 합치에 따른 외재적 보상에 입각해 있다. 이에 따르면 정부는 공무원에

---

[21] 이종수·윤영진 외(2005), 앞의 책.
[22] 오석홍(1998), 앞의 책, p. 165.

게 개인의 목표 성취에 도움이 되는 유인(incentive)을 제공하고, 공무원은 그에 대한 대가로 조직의 목표 달성을 위해 시간과 정력을 쏟게 된다. 이러한 교환적 형태의 제도들은 개인과 조직의 목표를 통합하는 방법이라기보다는 조직의 목표와 개인의 목표를 양립시키는 방법이라고 할 수 있다.[23]

물적 보상에 기초한 목표통합이 실효성을 갖기 위해서는 공직자의 명예에 대한 사회적·심리적 보상체계가 필요하다. 즉, 국가에 대한 헌신이 물적인 혜택으로 전환되는 것과 동시에 사회적인 존경과 조직에서의 심리적 만족이 함께 강화되는 것이 바람직하다. 그러나 이러한 형이상학적 보상은 물적인 보상보다도 얻어내기가 더 어렵다. 국민들의 지지와 조직 내의 만족을 동시에 얻기 위해서는 공직사회의 자각에 의한 변화와 혁신, 그리고 국가와 국민에 대한 헌신이 전제되어야 하며 더 많은 시간과 노력을 투입해야 하기 때문이다.

◎ 형식주의와 절차중심주의

공공관료제의 특기는 문서 생산이다. 셀 수 없이 많은 서류를 만들어 내고 또 폐기한다. 문서 생산은 관료제의 특징 중 공식화의 산물인데, 원래 공식화(formalization)는 사적으로 공무를 처리하거나 말로써 업무를 처리하는 것을 방지하기 위한 것이다.

그러나 문서 만들기(paper-work)에 몰두하다 보면 실효 없는 행정이 되기 십상이다. 즉, 형식주의(red-tape)적인 행정이 되는 것이다. 예컨

---

[23] 오석홍(1998), 앞의 책, pp. 167-168.

대 무의탁 노인의 건강상태를 확인하지 않았음에도 서류상으로 건강검진 보고를 올리고, 어선의 수를 실제로 확인하지도 않은 채 외국과의 어업협상에 나서고, 몇 년 전 자료를 이용해 보고서를 기안하는 등 형식주의적인 문서 만들기가 빈번하게 발생한다.

위의 예들은 공공관료제 내부에서의 형식주의를 보여준다. 한편, 외적 측면에서 관료제의 형식주의는 시민들에게 불필요한 절차적 규제를 요구하는 것을 말한다. 사실 이 부분의 악영향이 더욱 크다. 공장을 설립할 때 불필요한 규제를 하고 과다한 문서 제출을 요구하는 등의 절차주의가 그 대표적인 예이다. 결국 관료들은 목표보다는 그 수단인 규칙과 절차를 더 중요시하게 된다. 특히 규정이나 업무처리 절차가 비현실적인 경우 이러한 비판을 더욱 많이 듣게 된다.[24] 현재 행정서비스의 전산화와 전자정부 덕에 시민들에게 요구되는 문서는 상당 부분 줄어들었지만, 절차적 규제의 요소는 여전히 곳곳에 남아 있다.

형식주의와 절차주의의 만연은 공공조직의 구조적 경직성과 과다한 법 규정에 기인한다. 그것이 혁신과 발전에 대한 저항과, 고객과 환경의 요청에 적절히 대응하지 못하는 관료적 행태를 만들었다.[25] 그리하여 관료들이 필요한 정도를 넘어서서 법규적 요청을 하는 과잉동조(over-conformity) 현상과 목표와 수단의 대치(goal displacement) 현상이 발생하는 것이다.

이뿐만 아니라 형식주의의 강조는 외형적으로 관찰 가능하고 측정 가능한 활동 결과를 평가대상으로 하기 때문에, 관료들이 조직의 궁극

---

[24] 김병섭(1994), 앞의 책, p. 1280.
[25] 오석홍(1998), 앞의 책, p. 548.

적인 성공보다는 양적인 실적에만 몰두하게 되는 양적 종속(quantitative compliance) 풍조를 낳는다.[26]

이에 더하여 처벌을 피하려고 감사나 법적 책임을 따질 때 근거가 되는 각종 규정과 절차만 열심히 지키려고 하는 태도도 만연하게 된다.[27] 결국 형식주의는 형식, 절차, 선례에 지나치게 집착한 나머지 변화에 저항하고, 불필요한 예산의 낭비를 초래하며, 외형을 중시하여 실제 내용을 과장하는 문제를 발생시킨다.[28]

물론 공무원의 입장에서 법 규정과 표준적인 절차를 따르는 것은 당연하다. 그러나 법 규정과 표준 운영 절차는 말 그대로 표준일 뿐, 다양하고 복잡한 상황에 무조건 적용할 수 없다. 현실 상황에서는 많은 경우 맞지 않는다. 그런데도 절차만을 고집하여 원래 의도한 목적과는 전혀 다른 방향으로 행동을 하는 것은 분명 문제가 된다. 따라서 공무 처리에 있어서 공무원의 유연성을 키울 수 있는 장치가 인사제도 차원에서 마련될 필요가 있다.

후진적인 행정관행과 문화

공무원들이 일할 수 있는 충분한 제도적 여건이 마련되어 있다 하더라도, 그들의 혁신적인 아이디어가 실행 및 관리 단계에서 좌절되어 정

---

[26] 오석홍(1998), 앞의 책, p. 538.
[27] 정정길(2003), 앞의 책, pp. 141-142.
[28] 조계표(2004), 《신행정학》, 대영문화사, 개정판, p. 116.

책 성과를 내지 못하는 경우도 허다하다.[29] 관료제의 관행과 문화가 변화의 추동력을 막고 혁신적 아이디어가 산출되는 토양을 잠식해버리기 때문이다.

궁극적인 정부 혁신(government innovation)은 공공부문에서 형성된 불합리한 문화를 개선하는 데 있다. 그러나 주지하다시피 '문화'는 그 속성상 쉽게 변화하지 않는다. 특히 조직 외적인 충격요법이나 피하주사와 같은 주입식 개혁은 공무원 행태의 단기적인 전환조차 이루어내기 힘들다. 오히려 공무원의 저항과 복지부동을 초래할 뿐이다.

지난 60년간 우리나라의 공공부문 개혁은 대부분 이런 외과적 처방에 초점을 두었다. 정통성 없는 정권이 공무원을 길들이기 위한 조치로서 정권이 바뀔 때마다 대대적인 사정을 반복적으로 수행하였다. 그러나 공무원은 근본적으로 변화하지 않았다. 1997년에 닥친 IMF를 계기로 신공공관리론에 입각하여 공무원 수 축소, 고객제일주의, 행정업무의 아웃소싱, 효율성에 기반한 조직 개편 등 전에 보기 힘들었던 행정개혁을 강도 높게 실시하기도 했으나, 불합리한 조직 문화와 관행을 근본적으로 혁파하지는 못했다. 장기적인 효력을 가진 개혁 방안을 도출하기 위한 여러 노력들의 초점은 공공관료제 문화를 어떻게 바꿀 것인지에 대한 공통의 이해를 요구하고 있다.

◉ 한건주의: 단기성과와 이벤트 중심의 행정

앞에서 개인의 관점에서 공무원의 짧은 시계와 단견 때문에 사회적 문

---

[29] 마틴 A. 레빈·메리 B. 생거(1996), 《선진행정의 길: 공공적 책임을 효율적으로 달성하는 행정》, 삼성경제연구소 역, 삼성경제연구소, p. 175.

제가 근원적으로 해결되지 못하고 정부실패로 귀결된 과정을 살펴보았다면, 이번에는 공공관료제의 한건주의, 이벤트 중심의 행정문화를 살펴보겠다. 이 역시 정부실패에 원인을 제공하여 정부에 대한 국민들의 신뢰를 약화시킨다.

공무원 개인 능력의 한계로 인해 초래되는 미봉책보다 더 큰 문제는 관료제에 넓게 퍼져 있는 한건주의, 한탕주의적 문화이다. 이러한 문화는 특히 고위공무원 계층에 뿌리 깊게 자리하고 있다. 왜냐하면 고위공무원의 생존은 그 한 건을 했느냐, 못했느냐로 판가름 나기 때문이다. 여기서의 한 건은 정치권이 좋아하는, 즉 정상적 관리가 아니라 선거에서의 득표와 정치적 지지를 얻을 수 있는 매력적인 이벤트성 정책을 의미한다.[30]

우리는 일반적으로 공무원이 공직에서 경험을 쌓고 능력을 인정받아서 승진을 하면, 신중하고 원숙하며 건전한 이해에 바탕을 둔 정책 건토와 업무처리를 하리라 기대한다. 이들의 판단에 따라 구체화되는 정책은 국가적으로 막대하고 장기적인 영향력을 미친다. 그렇기 때문에 공직자는 정치적 영향력을 배제하고 지적 경험과 양심에 입각해서 정책을 결정하고 집행해야 한다. 법관의 사법적 판결과도 같이 공정하게 국가정책 결정에 임해야 한다.

그러나 현실은 이와 정반대의 모습을 보이곤 한다. 고위관료가 될수록 앞뒤 가리지 않고 타당성 없는 정책과 재원 마련이 어려운, 즉 실현 불가능한 정책과 이벤트성 정책들을 만들어내는 것이다. 고위공무원

---

[30] 마틴 A. 레빈·메리 B. 생거(1996), 앞의 책, pp. 80-83.

이 될수록 생존을 위해 정치세력과 연결되어야 하는 인사구조 하에서는 현실성 없는 정치적 구호와 공약(公約 또는 空約)을 가장 바람직한 정책상품으로 포장하여 내보여야 한다. 정치인들 입장에서는 이러한 공무원이 훌륭한 공직자이다. 그러나 그들은 국가 발전에 전혀 도움이 되지 않는 부담거리이다.

또한 현재의 성과평가시스템은 정책을 입안하였는가 또는 추진하였는가 등 정책의 성공이나 실패와는 무관하게 정책 추진 과정에서의 단기성과에 초점을 맞추고 있다. 그렇기 때문에 사회문제의 진정한 해소 여부와는 관계없이 대중에게 인기 있을 만한 정책을 급조해 추진하기만 하면 일단 해당 공무원의 승진이 보장된다. 장기성과평가시스템의 부재는 이처럼 우리 사회의 지속가능한 성장(sustainable growth)보다는 포퓰리즘(대중인기영합주의)에 의한 이벤트성 정책을 양산하게 만든다.

◎ 혁신과 변화에 대한 저항

공무원에게 자기성찰을 하고 스스로 변화하라고 하는 것은 무리일까. 정부개혁이 자체적으로 달성되기를 기대하는 것은 공무원이 자발적으로 수술대에 올라가서 악성 종양 부위를 자기가 직접 잘라내기를 기대하는 것과 같다. 이 경우 수술의 대상과 주체가 같다. 그리고 수술(개혁)의 고통도 혼자서 감수해야 한다. 이처럼 불가능해 보이는 공공부문 개혁을 스스로 해나가야 하는 존재가 바로 공무원이다.

사실 어떤 조직이라도 인위적인 개혁에는 저항이 따른다.[31] 현상유

---

[31] 오석홍(1998), 앞의 책, p. 712.

지 세력을 무너뜨리는 일에 동조하는 구성원은 일반적으로 소수이며, 개혁 찬성자는 조직을 위험에 빠뜨리는 적(enemy)으로 매도되는 경우도 종종 있다. 이미 구축되어 있는 시스템은 '위협 요인'이 등장하기 전까지는 효율적이고 성공적이었다는 사실을 기억할 필요가 있다. 대부분의 조직구성원은 과거의 성공 메커니즘을 정답으로 인식하므로 바꿀 유인이 없다. 그러나 과거의 성공시스템은 환경과 상황이 바뀌면 급속히 실패 요인으로 전락한다. 따라서 조직의 생존과 발전의 돌파구를 마련하기 위해서는 조직 전체가 새로운 전략을 도입해야 하는데, '조직 혁신'이 바로 그 대안이다.

변화는 많은 비용을 수반한다. 특히 공공부문 개혁이 공무원에게 요구하는 비용을 따져보면 그들의 저항은 충분히 이해할 만하다. 예를 들어, 개혁으로 인해 기존의 지위를 상실하거나 불이익을 받는 등 관료들의 기득권이 침해되는 경우나 개혁에 따른 재적응, 재교육 문제가 발생할 때 많은 비용 부담으로 인해 공무원은 개혁에 저항하게 된다.[32] 또한 개혁이 가져올 새로운 상황에 심리적 불안감을 느낄 때나 공직자로서 자존심이 손상될 때에도 저항하게 된다.[33] 더군다나 성과 없이 연례행사처럼 주기적으로 치러지는 진부한 개혁은 공무원들에게 피로감과 거부감을 더해줌으로써 개혁의 동력을 잃어버리고 현상 유지에 집착하는 행태를 더욱 강화한다.

그럼에도 불구하고 공공부문의 혁신과 변화에 대한 사회적 요구는 계속될 것으로 보인다. 시장경제의 확대와 시민사회의 발전으로 인해

---

[32] 이종수·윤영진 외(2005), 앞의 책, p. 676.
[33] 오석홍(1998), 앞의 책, pp. 729-732.

공공서비스의 질적 향상, 사회문제에 대한 공무원의 적절한 대처 등이 더욱 강하게 요구될 것이기 때문이다. 분명한 것은 공직사회의 지속적인 개혁 없이는 이러한 국민적 요구를 수용할 역량을 만들어낼 수 없다는 데 있다.[34] 능력이 없으면 정부의 실패와 신뢰 하락은 자명한 결과이다. 정부에 대한 개혁 요구와 공직사회의 저항은 힘겨루기 양상을 보이기도 하지만, 결국 공무원은 스스로 변화하는 길을 선택해야만 할 것이다. 외부로부터의 강제적 충격에 의한 변화보다는 내부로부터의 자발적 제도 개선에 의한 변화가 성과도 좋을뿐더러 더 적은 비용을 소모하기 때문이다.

◉ 공무원의 권위주의

민주화가 진행되면서 공무원의 권위주의적 행태는 많이 줄어들었다. 군사독재 시절 완장을 차고 무소불위의 권력을 휘두르는 공무원의 행태는 이제 찾아보기 힘들다. 구청이나 등기소에 가면 담당 공무원이 친절하게 인사하고 모르는 것을 물어보면 자세히 설명해준다. 10여 년 사이에 우리나라 공직사회가 변했음을 피부로 느낄 수 있다. 그러나 권위주의적인 행정체제는 여전히 지속되고 있다. 따라서 행정의 민주성 확보 차원에서 권위주의적 행정문화를 해소하는 것은 매우 중요한 과업이라 할 수 있다.[35]

권위(authority)는 사회의 질서를 유지하는 힘이라고 할 수 있다. 법적인 근거에서 부여된 권위와 특정 분야 전문성에 근거한 문제해결력 때

---

34 임도빈·유민봉(2007), 앞의 책, p. 54.
35 정정길(2003), 앞의 책, p. 148.

문에 사회의 질서가 유지되고 통합이 가능한 것이다. 권위가 무시되고 전문성이 존중되지 않는 사회는 무질서한 아노미(anomie) 상태와 매한가지이다.

이처럼 권위 그 자체는 사회의 질서 유지와 통합에 바람직한 기여를 한다. 하지만 이것을 맹종하는 사람들은 불합리한 권위주의를 만들어냈다. 권위주의란 공무원이 자신의 지위에 근거하여 일반 시민의 의지나 공익과는 관계없이 자신의 의사를 관철시키고자 하는 욕구를 갖고 행동하는 것을 말한다.[36] 특히 지배와 복종의 관계를 강조하는 정치문화에서는 관료적 권위주의가 맹위를 떨친다.

역사적으로 권위주의 시대의 집권적인 정책결정 경험에 대한 타성은 중앙정부에 대비한 지방정부, 행정부에 대비한 입법기관, 고위공무원에 대비한 하위공무원, 공무원에 대비한 일반 시민들에 대한 권위주의를 강화시켰다. 그리고 민주주의적 공무원상의 발달을 가로막았다. 실제로 최근에 이르기까지도 전문관료들의 권위주의적 행태나 의식은 크게 변화되지 않은 것으로 나타났다.[37] 시장주의는 강화되었지만 전문관료들의 권위주의는 여전한 것이다.

한편, 공무원의 전문성이 부족할수록 권위주의의 문제가 심각해지는 경향을 보인다. 조직에서 해당 분야의 전문성을 인정받은 관료는 정책을 추진할 때 조직원들의 찬성을 이끌어내어 성공할 가능성이 높다. 만일 반대에 부딪히더라도 이해를 구하고 설득하는 과정을 원활하게 해낼 수 있기 때문에 해당 정책의 이론적·실제적 기반은 견고해진다.

---

[36] 조계표(2004), 앞의 책, p. 116.
[37] 정정길(2003), 앞의 책, p. 150.

그러나 전문성이 없는 관료는 지위와 직책을 무기로 명령과 통제로 정책을 추진한다. 때문에 구성원들의 인정과 자발적인 참여를 이끌어내지 못하고 난항을 거듭하게 된다. 결국 공무원의 비전문성은 조직 내에 권위주의를 퍼뜨리고 정책실패를 양산하는 원인이 되는 것이다.

◉ 무사안일과 복지부동

무사안일과 복지부동은 공직자가 나태한 태도로 근무하며 업무성과를 내기 위한 노력을 최소한으로 하는 행태를 의미한다. 따라서 바람직한 공무원상에 해당하는 쇄신적·능동적 공직활동과는 정반대의 의미를 가진다. 최근 정부부처에서 경쟁적으로 도입하고 있는 성과평가시스템이 이러한 무사안일을 퇴출시키는 데 큰 역할을 한 것으로 보인다. 서울시에서 추진한 '현장시정추진단'도 이러한 제도의 일환이라 할 수 있다.

무사안일의 원인은 여러 차원에서 제기될 수 있다. 공무원의 능력과 전문성 부족은 물론이고, 순환보직과 연공서열에 기반한 승진시스템도 공무원으로 하여금 담당 업무에 매력을 느끼지 못하게 만든다. 성과와 연계되지 않는 보상과 관리층의 잦은 교체, 외부통제의 강화, 불명확한 성과평가기준, 능률의 경시, 다양하고 복잡한 목표 등이 무사안일에 영향을 끼치는 요인으로 꼽히며, 각 요인들 사이의 상호 작용도 공무원의 무사안일 행태에 영향을 미친다.[38]

역사적인 관점에서 보면, 과거 권위주의 정권 하에서 책임을 지지

---

[38] 김호정(1996), 《새조직 행태론》, 대명문화사.

않던 관료들이 민주화된 체제 속에서 책임을 지게 됨으로써 책임을 회피하고자 일을 하지 않은 탓도 있지만, 열심히 일한 데 따른 보상이 없어졌기 때문이라는 지적도 있다.[39] 민주화가 진행되면서 승진과 보직 등에서 공정성이 강조되었고, 가장 객관적인 기준으로 볼 수 있는 연공서열이 인사상의 기준이 되었다. 그 결과 열심히 일한 자에 대한 보상은 사라지고 책임만 남게 된 것이다.

구체적으로 살펴보면, 무사안일을 야기하는 첫째 원인은 공직자의 신분보장이 법적으로 규정되어 있다는 점이다. 공무원의 신분보장은 비위(非違)가 없는 이상 법률로써 공직의 안정성과 예측 가능성을 담보하고, 정치적 변동에 휩쓸리지 않도록 공직자를 보호하는 데 목적이 있다. 그렇지만 공직자의 신분보장은 현재 복지부동한 공무원을 퇴출시키는 데 걸림돌이 되고 있다. 더욱이 그러한 공무원을 처벌할 수 있는 제도적 방안도 거의 없는 실정이다.

둘째, 복지부동이 다른 원인으로서 공무원의 낮은 동기부여를 들 수 있다. 공무원을 움직이는 가장 효과적인 방법은 "성과에 수반되는 보상"이다. 그러나 공직은 보수와 승진 유무를 가름할 때 능력과 실적의 반영 정도가 상당히 낮은 편에 속한다. 그 결과 자발적이고 적극적인 모습보다는 오히려 대충대충 일하는 행태를 낳게 되었다.

셋째, 공공관료제는 실수나 실패에 대한 강한 비난과 처벌을 받는 구조를 갖고 있다. 때문에 새로운 일에 대한 도전을 꺼리고 선례를 답습하려고만 하게 된다. 또한 공무원의 일은 법규와 절차에 입각해 있

---

[39] 정정길(2003), 앞의 책, p. 140.

기 때문에 공공문제를 해결하기 위한 신기술이나 첨단장비 등을 도입하는 데 어려움이 있고, 그 결과 소신 있고 창의적인 업무 수행도 기대하기 어려운 실정이다.

넷째, 공무원이 수행하는 업무의 목표는 모호한 경우가 많을 뿐만 아니라 성과를 제대로 반영할 수 있는 기준도 모호하다. 성과를 제대로 평가할 수 없기 때문에 행정 내부의 법적 규제는 더 엄격해지고, 법규 준수만을 평가기준으로 삼게 되어 관료제의 형식주의가 더 강화되는 것이다.

정정길은 이러한 맥락에서 무사안일을 다음과 같이 지적하고 있다.

> 열심히 일을 했다가 잘못되면 문책을 당하는 것이 두려워 가능한 대로 일을 하지 않으려는 태도는 행정책임을 추구하는 법적, 행정적 제재가 심할수록 확대된다. 지나친 감독과 감사, 까다로운 지출 절차 등은 모두 무사안일의 원인이다.[40]

현재 시행되고 있는 공직사회의 성과급제도를 바람직하다고 보는 사람은 거의 없다. 왜냐하면 정부가 민간기업에서 제공하는 수준의 성과급을 지급할 만한 재원을 확보하지 못했기 때문이다. 설령 재원이 확보된다 하더라도 민간기업에서 제공하는 이윤배분 차원의 성과급을 공직사회에 그대로 도입하는 것은 불합리하고도 불가능한 일이다.

그렇다면 공무원의 무사안일을 해소하고, 능동적이고 창의적인 공직사회를 구축하려면 무엇을 준비해야 하는가. 대안은 지속적인 인사

---

[40] 정정길(2003), 앞의 책, p. 140.

제도의 개혁밖에 없다. 공정한 성과평가제도를 구축하고, 성과가 승진과 급여에 실질적으로 연계되는 인사시스템을 만들어야 한다. 그뿐만 아니라 공무원의 전문성과 역량 강화를 위한 제도 개선과 교육훈련제도도 확충해야 한다.

◎ 비밀주의: 정보공개에 대한 저항

1998년 공공기관 정보공개제도가 시행된 후 10년이 지났다. 이 제도는 국민의 알권리와 정부가 생산한 정보에 대한 접근권(access right)을 보장한다는 취지에서 마련되었다.

공공기관 정보공개제도가 국민의 정보접근권을 법으로 보장하고 있기에, 공공 분야의 투명성과 공개성을 높였다는 자체적인 평가는 일견 타당하다. 그럼에도 불구하고 여전히 관료주의적 비밀주의가 곳곳에서 눈에 띈다. 일례로 국민이 알고 싶어하는 정보를 얻기 위해서는 정보공개목록이 제대로 구축되어 있어야 하는데, 중앙행정기관들조차 그 목록을 적절히 구비하고 있지 못하다.[41] 게다가 정작 시민들이 관심 있어 하는 중요한 정보들은 제외한 채 물품구입이나 인사발령 등과 같은 일상적인 정보만을 공개하고, 애매모호하고 광범위한 비밀기록물 분류기준을 근거 삼아 비밀문서들만 더욱 양산하고 있다.

투명하고 책임 있는 공직사회를 구축하기 위한 정보공개제도는 대통령의 의지가 많이 반영되어서 비교적 일관되게 추진되어왔다. 그러나 국정최고책임자의 의지가 강력하고, 법적·제도적으로 뒷받침된 좋은

---

[41] 《세계일보》, 2007. 9. 10.

정보공개제도를 만들어놓고도 형식적으로 운영하는 이유는 무엇일까?

가장 큰 이유는 정보공개의 판단기준이 모호하고, 그 해석의 권한이 공무원에게 있다는 것이다. 반사적으로 공개를 하고 싶지 않은 욕구를 가진 공무원은 모호한 공개기준을 비공개 근거로 해석해버린다. 행정정보는 통상 공무원들이 생산하거나 가공한 문서 및 보고서들을 의미하는데, 그러한 정보들은 공무원들의 정책결정 과정에 큰 영향을 미친다. 공무원들은 다른 사람이 모르는 정보를 많이 알고 있는 것 자체가 힘이고, 그것이 다른 사람에게 영향을 미칠 수 있는 근거라고 믿기 때문에 정보 비공개를 통해 힘을 비축하려는 속성이 있는 것이다.

또한 다른 이유로서 정부관료제에는 외부세력의 의존도를 높이기 위해 독자적으로 얻은 정보를 공개하지 않으려 하는 문화가 있다. 국민들이 국가의 정보에 대해 의존적일수록 공무원은 정보원(information resource)으로서의 권한을 인정받을 수 있다. 때문에 비밀주의를 추구하면 할수록 공무원 스스로를 보호할 수 있게 된다.[42]

이러한 경향성은 국민에 대한 비밀주의뿐만 아니라 타 부처와 부서와의 관계에서도 동일하게 나타난다. 정보를 독점한다는 것은 해당 부처의 관할권을 명확히 하고, 부처의 이익을 극대화하는 것을 의미하기 때문에 결과적으로 타 부처와의 협력을 어렵게 한다. 이러한 부처이기주의는 타 부서와 정책 정보를 공유하지 않는 조직문화와 직접적으로 연결되며, 공무원의 보신적인 성향과 결합되어 공직사회 행정의 투명성과 책임성을 약화시킨다.

---

[42] 오석홍(1998), 앞의 책, p. 530.

◎ 온정주의와 연고주의: 인사청탁과 줄대기

공직사회에서는 객관적인 인사시스템을 통한 효율적이고 공평한 인사보다 인맥과 학맥을 이용한 부적절한 인사가 자주 이루어진다. 그러다 보니 정부조직의 구성원들은 영향력 있는 사람에게 청탁을 하게 되고, 속칭 줄을 대고 줄을 타는 비공식적·비합리적 인사가 빈번하게 이루어진다. 지연, 혈연, 동창관계, 파벌이 행정을 지배하여 공과 사의 구별이 명확하지 않은 연고주의 현상이 벌어지는 것이다.[43] 이러한 연고주의 문제에 대한 지적을 살펴보자.

> 실제로 우리나라 공무원들도 두 가지 상반된 불만을 토로하고 있다. 하나는 열심히 일을 하건 그렇지 않건 관계없이 똑같은 보상을 받고 있다는 불만이다. 다른 하나는 같은 업적이나 능력에도 불구하고 승진이나 보직 등의 인사에서 특정지역이나 출신학교가 지나치게 우대를 받고 또 다른 특정지역은 소외를 받는다는 비판이다.[44]

심지어 자기 사람을 조직에 심기 위해 폐쇄적으로 인사를 내정하기도 한다. 그 결과 인사편중과 불투명성, 그리고 공무원의 자질 시비 문제가 주기적으로 제기되고 있다. 또한 인사제도가 공정성과 신뢰성을 상실하고, 유능한 인물은 일하고자 하는 동기를 잃고, 부적당한 인물이 공직을 장악함으로써 정부 역량을 갉아먹는 폐해를 가져오고 있다.

---

[43] 조계표(2004), 앞의 책, p. 116.
[44] 김병섭(1994), 앞의 책, p. 1284.

승진 후보자의 인사청탁과 인사권자의 정실인사가 아직도 불식되지 않고 있다. 특히 3급 이상 공무원에로의 승진은 당해 부처장관의 판단이 절대적으로 영향을 미치게 되어 있다. [중략] 자의적 판단이 개입할 소지가 있고, 우리 현실에서 항상 청탁과 정실이 사실로 드러나는 경우가 많기 때문에 우려되는 바가 큰 것이다.[45]

인사청탁과 줄대기 문제를 '연줄문화', '가족주의', '정적 인간주의' 같은 사회문화적 정서와 풍토로서 설명하기도 한다.[46] 그렇지만 연고주의가 만들어낸 인사청탁 문제는 기본적으로 혼탁한 인사운영과 적절하지 못한 인사시스템이 만들어낸 부산물로 보는 것이 옳다. 즉, 인사청탁은 인사청탁자나 청탁을 수락하는 사람 모두 자신들의 사적 이익을 위해서 인사제도에 부적절하게 간섭한 것이며, 행정 권한을 잘못 사용한 결과물인 것이다. 때문에 사회문화와 같은 환경적 요소를 원인으로 진단해서는 해결책을 마련하기가 어렵다.

인사청탁의 가장 근본적인 원인은 최선의 공직자 선발, 승진, 전보 등을 가능케 하는 인사제도를 확립하지 못한 데 있다. 그러므로 공직자의 경력과 실적, 능력, 성실성 등을 종합적으로 고려하여 적재적소에 적임자를 선임하고, 능력과 실적에 따라 공정하게 선발하고 승진시키는 인사제도를 구축해야만 인사청탁 문제를 해결할 수 있다.

◎ 성과평가에 대한 저항

보편적으로, 인간은 평가받는 것을 두려워한다. 인간은 자신의 능력과

---

[45] 조성대(2003), 앞의 책, p. 173.
[46] 이종수·윤영진 외(2005), 앞의 책, p. 214; 김광웅(1994), 《우리는 신이 아니다》, 서울대학교출판부, pp. 307-308.

경험, 학습한 것 등이 타인의 잣대로 가늠된다는 것에 대해 저항하고 기피하는 속성을 갖고 있다. 특히 공무원은 이러한 경향이 매우 두드러지는 집단이다. 그 이유는 개인적·문화적·제도적 차원으로 설명할 수 있다.

우선 개인적인 차원에서 보면, 공무원 자신이 해당 업무와 지위에 대해 강한 자부심을 갖고 있는 경우나 성과가 장기적이거나 불확실한 경우에 평가를 받는 것을 거부할 유인이 커진다.

문화적인 측면에서는, 공공관료제가 권위주의적인 행정문화의 유산을 갖고 있는 경우나 평가제도 자체를 무효화하는 조직 풍토가 있는 경우에 평가를 거부한다. 평정자가 평정대상 공무원들의 우선순위를 미리 정한 다음, 거기에 맞추어 점수를 매기는 연역법적인 운영 방식을 당연하게 여기는 조직문화가 그 예이다.[47]

제도적인 차원에서는, 공무원들이 납득할 수 있을 정도로 엄밀하고 정확하게 실적을 평가할 수 있는 평가체계가 제도로서 구축되어 있는가 하는 문제가 있다. 공공부문의 특성상 계량화와 지표화가 어려운 중간재적 산출물이 많고, 장기간에 걸쳐 효과가 나타나는 경우가 많기 때문에 평가를 받는 공무원이 실적평가제도를 신뢰하지 않아 저항이 발생할 수 있다.

지난 10년 동안 공무원 실적평가제도는 지속적으로 보완, 발전되어 왔다. 근무성적평가제도, 목표관리제, 균형성과관리 시스템 등을 통해 공무원 또는 팀의 성과를 측정하여 공무원의 인사승급 및 연봉보수체

---

[47] 전수일 외(2000), 앞의 책, p. 290.

계와 연계함으로써 공직사회를 성과지향적으로 변화시키려고 노력했다. 그러나 그 성과는 현재까지 미지수이며, 회의적인 시각도 있다. 정부조직과 인사제도에 대한 근본적인 개혁 없이 부분적이고 단기적인 성과평가제도만 적용하는 것으로는 큰 개선 효과를 볼 수 없고, 공직자 또한 여전히 불완전한 평가에 따른 불이익을 받을까봐 이를 명분으로 성과평가를 거부하거나 폄하할 것이기 때문이다.

미흡한 자기개발 여건

우리는 앞에서 많은 지면을 할애해 공무원의 전문성 부족을 공직사회의 가장 심각한 문제로 보고, 그 원인을 폐쇄적인 임용과 연공서열, 순환보직, 후진적인 교육시스템에서 찾았다. 공무원은 우리 사회의 다양한 요구와 복잡다단한 문제들을 창의적이고 미래 지향적으로 해결해야 할 의무가 있음에도 해당 분야에 대한 전문적인 식견과 역량의 부족으로 국가사회 발전에 기여하지 못하는 난관에 봉착해 있다.

   공무원의 전문성 부족 문제는 공무원 개인의 자기개발 열의와 노력, 그리고 제도적인 지원이 결합되어야 해결될 수 있다. 그러나 공무원의 능력개발에 대한 정부의 지원은 비교적 형식적이며, 교육훈련을 받는 공무원도 그다지 적극적이지 않은 것으로 보인다. 정부는 공무원들의 능력개발을 위해 교육과 훈련에 소요되는 재원을 '투자'가 아닌 '비용'으로 인식하는 경향이 강하며, 피교육자인 공무원은 교육과 훈련을 승진을 위한 기초요건 혹은 의무로 보는 경향이 있다.[48] 그 결과 공무원에게 의무적으로 부여되는 교육은 해당 직무와 관련된 전문성을 길러주지 못한 채 형식화되었고, 기본교육과 시책교육만이 강조되었다.

그러나 우리나라와는 달리 북유럽 국가들, 즉 스웨덴, 덴마크, 핀란드는 공무원에 대한 장기적인 투자를 인적자원전략의 핵심으로 삼고 있다. 그들의 투자전략은 공무원의 능력개발에 집중 투자하여 개인과 조직의 역량을 증진하고 정부 성과를 높이는 데 초점이 맞춰져 있다.[49] 공무원 개개인의 역량개발과 전문성 향상을 투자로 보는 관점이 존재해야만 정부 역량과 성과의 향상도 기대할 수 있고, 형식적인 공무원 교육과 부실한 경력개발시스템으로부터의 탈피도 가능할 것이다.

전문성 부족 문제의 원인은 비단 공무원 교육훈련에만 있는 것은 아니다. 장기적인 경력 설계가 불가능한 현 인사시스템, 사회 타 부문으로의 이동이 제한되어 있는 폐쇄적인 공직구조, 그리고 퇴직 후 공무원의 전문성 활용 기회 부족 등은 모두 공무원의 전문성 부족 문제와 연결되어 있다. 여기서는 이러한 문제점에 대해 살펴보도록 하겠다.

◎ 유명무실한 경력개발제도

공무원의 발전과 정부 전체의 역량 증진을 어떻게 동시에 추구할 것인가? 이와 관련해 인사제도와 사기진작에 대한 많은 연구가 행해졌지만, 사실 해결책은 매우 간단하다. 즉, 공무원이 맡고 있는 직무와 적성을 일치시키고, 그 분야에서 장기적인 경력을 쌓도록 하면 된다. 본인이 잘

---

48 오성호(1997), "공무원의 능력발전 진흥방안: 행정개혁을 전제로 한 근무평정과 교육훈련제도의 개선", 《한국행정학회 하계학술대회논문집》, p. 82.
49 김상묵·남궁근(2005), "북유럽국가 정부인사개혁전략의 특징과 결과", 《한국행정학보》, 39(3), p. 238.

하는 일, 원하는 일을 직장에서 하게 하는 것이다. 예컨대 '교육훈련'에 관심이 있으면 그 분야에서 일하도록 하고, '정보통신'에 소질이 있으면 그 분야에서 경력을 쌓도록 하는 것이다.

이러한 조치는 공무원의 직무 몰입(job commitment)에 매우 중요하다. 왜냐하면 업무의 획기적 성과는 직무에 대한 공무원의 진정한 가치 추구와 몰입이 좌우하기 때문이다. 결국 핵심은 적성과 연계해 직무를 부여하고 장기적으로 공무원 경력과 연계시키는 것이다.

그러나 우리나라 공공부문은 직무 분석의 지연으로 인해 계급제에 바탕을 둔 인사관리를 벗어나지 못하고 있다. 개인의 역량과 적성이 무시된 직무 배치와 순환보직은 결과적으로 장기적인 경력 설계를 불가능하게 한다.[50] 부여된 직무가 자신의 적성에 맞지 않고, 경력 차원에서도 발전 가능성이 없다고 판단되면 업무 몰입도가 떨어지고 생산성이 약화되기 때문이다.

참여정부 때 보직경로제(경력개발제도)가 공공부문에 도입되었다. 보직경로제는 각 분야의 전문성을 겸비한 우수인력을 양성하고 관리하기 위한 제도로서, 전문 분야별 보직관리를 통해 공무원의 정책관리능력을 개발할 수 있는 기회를 제공한다.[51] 그러나 빈번한 조직 개편과 팀제의 시행, 그리고 고위공무원단제도를 동시에 추진하고 있는 우리의 실정상 공무원의 장기적인 경력개발이 가능한지에 대해서는 의문의 여지가 많다.

---

50 서원석(2003), "참여정부의 인사시스템 개혁방안", 《한국행정학회 추계학술대회논문집》, p. 615.
51 김판석·권경득(1999), "지방자치단체의 인사제도 개혁", 《한국행정학보》, 33(1), p. 105; 남궁근·서원석(2005), "팀제와 참여정부 인사개혁의 정합성 검토: 팀제, 고위공무원단, 총액인건비, 전보제한 및 경력개발프로그램을 중심으로", 《행정논총》, 43(4), pp. 444-445.

◎ 공직의 사회적 이동성 부족

현재 우리나라 공직시스템은 폐쇄적인 구조에서 '민간→정부'의 일방향적인 흐름으로 전환되었다. 과거에는 몇 가지 예외적인 경우를 제외하면 공직은 공개시험을 통해 폐쇄적으로 충원되었고, 직업공무원제는 평생직장으로 인식되어 외부로의 이동은 퇴직 이외에는 없었다. 그러나 최근에는 개방형직위제도, 계약직공무원 채용제도, 민간전문가의 공직파견제도 등을 통해 민간에서 공직으로의 이동을 시도하고 있다. 다만, 민간전문가를 공직으로 끌어들일 수 있는 인센티브의 부족과 전문성을 살리기 어려운 조직 분위기, 그리고 수많은 규제 등으로 인하여 제도의 실효성에 대해서는 아직까지 의문의 여지가 많다.

또한 우리나라의 공직시스템에서는 공직자가 민간부문으로 이동하는 것이 제한되어 있다.[52] 탄력적 인력관리체제 구축을 논할 때 민·관·정·학 간의 이동성 부족은 자주 지적되는 부분이다.[53] 공공부문과 민간부문의 인적교류는 양 부문 사이의 소통방식을 개선하고 급속히 변화하는 환경에 능동적으로 대응할 수 있게 하는 전략으로서의 가치가 있다.[54] 인적자원관리 개혁의 관점에서 공무원의 인사교류를 매우 강조하는 핀란드의 경우, 정부부처, 지방정부, 민간부문 및 국제지구와의 인사교류를 장려하고 공공부문의 인사교류를 증진시키기 위한 방안으로 특정 공무원 집단에 대해서는 계약직으로의 전환을 권고하고 있는 실정이다.[55]

---

[52] 중앙인사위원회(2004), 앞의 책, p. 248.
[53] 서원석(2003), 앞의 논문집, p. 619.
[54] 최순영(2005), "정부와 민간부문 인사교류 활성화 방안", 《한국행정학회 춘계학술대회논문집》, p. 633; 김판석·권경득(1999), 앞의 논문집, p. 108.

이러한 맥락에서 우리 정부도 2002년부터 민간근무휴직제도를 시행함으로써 공사 간의 인적교류의 장벽을 제거하는 제도적 기반을 구축하기 시작하였다. 민간근무휴직제도는 공무원으로 하여금 민간기업의 애로 사항은 물론이고 효율적인 업무수행방법, 최신 경영기법 등을 현장에서 직접 체험하고 습득함으로써 시장 지향적이고 현실적인 정책 수립에 공헌하고, 민간기업은 공무원의 전문지식과 기획능력, 경험 등을 기업 활동에 활용할 수 있게 하는 제도이다.[56]

그러나 민·관 교류에 따른 부작용으로 제기되는 문제도 만만치 않다. 실제로 민간교류의 활성화로 인한 정부와 민간기업의 유착 가능성에 대한 우려가 제기되고 있다.[57] 인사교류에 따른 승진이나 보직관리 등 인사상의 불이익에 대한 염려로 공무원의 참여율이 저조하여 제도 운영상의 난관에 부딪힌 상태이기도 하다.[58]

◎ 공무원 퇴임 후 활용 미흡

우리나라는 2000년부터 65세 이상 노령인구가 총인구의 7%를 상회하는 고령화사회(aging society)에 진입하였다. 2017년과 2027년에는 그 비율이 각각 13.8%, 21.8%에 이르며, 2037년에는 30.2%, 2047년에는 36.8%의 초고령사회(post-aged society)에 진입할 것으로 전망되고 있다. 노령화지수(0~14세 인구 100명당 65세 인구비율) 또한 2050년에 429에 이르러 세계 평균(82)의 5배로 전 세계에서 가장 높을 것으로 전망되고

---

55 김상묵·남궁근(2005), 앞의 논문집, p. 235.
56 중앙인사위원회(2004), 앞의 책, p. 247.
57 오성호(2000), "인사개혁의 목표와 대안", 《한국행정학회 추계학술대회논문집》, p. 227.
58 최순영(2005), 앞의 논문집, p. 643.

있다.[59]

　세계적으로 가장 빠른 고령화를 보이고 있는 우리로서는 현재 생산가능연령 인구의 감소에 대응해 국가적 차원에서 인적자원을 확보해야 하는 중요한 과업을 갖고 있다. 이러한 맥락에서 정부는 공무원의 퇴직관리 차원에서 미래생활설계 과정을 운영하거나 재취업, 창업 등의 전직 활동을 실질적으로 지원하기 위해 전직전문컨설팅 서비스인 퇴직지원프로그램을 시범적으로 운영하고 있다.[60] 그러나 퇴직공무원들이 자신의 공직 경험을 활용할 수 있는 방안 등의 근본적인 프로그램보다는 재테크나 건강관리프로그램 등에 머무르고 있는 실정이다.

　사실 이 부문에서 가장 중요한 것은 퇴직공무원이 오랜 행정 경험을 통해 축적한 노하우와 업무지식을 사회에 환원하는 것이다. 〈표 1-1〉에서 보듯이, 퇴직 후에 재취업한 공무원 수는 총 7,240명으로서 위원회 위원 1,782명(24.6%), 기간제 교원 1,936명(26.7%), 시간제 강사 1,714명(23.7%), 자원봉사단 250명(3.45%), 민원상담 및 모니터요원 122명(1.68%), 학교폭력예방도우미가 68명(0.9%)이었고, 민간취업자도 630명(8.7%)이나 되는 것으로 파악되었다.

　이러한 결과가 퇴직공무원의 활용 차원에서 바람직한 것은 분명 사실이다. 그러나 이는 공직에서 축적된 지식과 경륜을 사회에 환원함으로써 값지고 귀중한 사회적 자산을 사장시키지 않고 유용하게 활용한다는 근본적인 취지보다는 퇴직자의 여가활용 차원에서의 시도 정도로 보이는 일면이 있다.

59　통계청(2006), 통계청 국가통계포털.
60　행정자치부(2007), 《행정자치백서》, pp. 492–495.

표 1-1 ▶ 2006년도 퇴직공무원의 활용 실적

(단위 : 명)

구분	인원	구분	인원	구분	인원
계	7,240	민원상담 및 모니터요원	122	차량운전원	6
위원회 위원	1,782	시설관리	174	출산휴가 대체인력	19
기간제 교원	1,936	정책자문위원	78	학교폭력예방도우미	68
시간제 강사	1,714	산불감시원	42	기타	426
자원봉사단	250	위생원	13	민간취업	630
행정업무 보조	432	도로보수원	8		

자료 : 행정자치부, 《행정자치백서》, p. 493.

공직기간을 공직자 인생의 전반부라고 한다면, 퇴직 후 민간에서 공직 인생의 후반부를 활용 가능하게 하기 위해서는 우선 공직자가 민간에서 필요로 할 만한 수준의 전문가로 육성될 수 있는 조직과 인사상의 제도적 장치를 마련해야 한다. 또한 퇴직공무원 취업을 위한 제도적 보완이 필요하다. 예를 들어, 공직자윤리법과 부패방지법 등에 규정되어 있는 재취업 금지 규정은 그 입법 취지의 정당성이나 실질적인 효과에도 불구하고 때로는 우수공무원의 재취업을 막는 부작용을 가져와 퇴직공무원에게 이중고를 줄 수 있다. 우수한 인력이 정부와 민간을 넘나들면서 일할 수 있도록 인력시장의 개방과 유연화를 추진해야 할 것이다.[61]

무엇보다도 우리 사회의 최고 엘리트 계층이라 할 수 있는 고급공직자들이 축적한 경륜과 경험을 퇴직과 함께 사장시키는 것은 사회의 크나큰 손실이며, 공무원 개인에게도 큰 불행이다. 따라서 퇴직공무원은

---

[61] 김병섭·양재진(2003), "직공무원의 퇴직관리에 관한 인식 분석", 《행정논총》, 41(2), p. 46.

정부에서 수십 년간 투자하여 양성한 소중한 인적자본이라는 인식과 함께 공무원이 소외감을 느끼지 않고, 건강하고 생산적인 사회활동을 할 수 있도록 국가 차원에서 퇴직공무원 활용 기반을 마련할 필요가 있다.[62]

---

[62] 조창현(2003), "정부인사개혁 추진과제와 향후전망", 《한국행정학회 동계학술대회논문집》, pp. 123-124.

새로운 시대는 새로운 관료를 원한다

모든 문제제기는 해결의 시발점이다. 정확한 진단을 위해 다각도로 문제를 살펴보고 분석하는 것은 미래 지향적인 변화 창출을 위한 대안 도출의 밑바탕이 된다. 공무원과 공직사회에 존재하고 있는 문제점들 역시 마찬가지이다. 공무원의 전문성 부족, 열심히 일하고 노력하는 풍토를 만들지 못하는 낙후된 제도적 여건, 공직사회의 악성 종양과도 같은 부정과 부패, 창의적이고 자율적인 인재를 양성하지 못하는 조직 분위기 등은 우리나라 공직사회의 대표적인 문제들이자 개선해야 할 과제들이다.

사실 이 책에서 제기한 공무원 문제들은 역사성을 띠고 있다. 농업사회에서 성공한 정부 형태가 산업사회에서도 성공하는 것은 아니며, 산업사회에서 성공한 정부 형태가 지식기반사회에서 성공할 수 있는 것도 아니다. 현재 우리가 답습하고 있는 정부조직의 기본 형태는 제3공화국 시절에 정착된 것으로서, 선진국들이 수백 년에 걸쳐 이룬 산업화를 불과 30여 년 만에 성공적으로 실현한 정부 형태이다. 그리고 그 핵심에 공직제도가 있었다. 그러나 급변하는 시대환경의 변화로 인해 조국 근대화에 기여했던 공직제도의 장점들은 역사 속에 묻혀버리고, 앞서 살펴본 바와 같은 문제점들이 지식기반사회에 진입하고 있는 현실과 맞닥뜨렸다.

농경사회와 산업사회에서 관료들에게 요구되는 전문성은 분절화된 사회 속에서 특정 분야에 국한된 국지적인 지식과 능력이면 족했다. 산업사회에서는 하나의 지식이 컨베이어 벨트나 자동화시스템 속의 기계부품처럼 다른 것들과 맞물려서 사용되었기 때문에 전체를 알 필요가 거의 없었다. 그러나 그물망처럼 얽혀 있는 네트워크 체계를 특징으로 하는 지식기반사회에서는, 부분적인 지식보다는 전체를 아우르는 포괄적인 지식이 요구된다. 소품종 대량생산을 하던 시절과는 달리 다품종 소량생산으로 변화하면서 수요와 유행의 변화에 민감하게 대처해야만 살아남을 수 있게 된 것이다.

여러 분야의 전문성을 확보하는 것은 결코 쉬운 일이 아니다. 그러나 새로운 시대는 그런 능력을 갖춘 관료를 요구하고 있다. 지난 30년간 잘 해왔다고 앞으로도 그럴 것이라는 전망은 순진한 낙관론에 지나지 않는다. 지나친 낙관론이 한일어업협정에서와 같은 치명적인 정책 실패와 정부불신을 가져왔음은 앞에서 지적한 바와 같다. 변화하는 시대는 공직자에게도 새로운 능력을 요구하고 있다. 변화에 대한 저항은 순간적인 안정과 편안함을 줄지는 모르나, 언젠가는 더 큰 위협을 가져다줄 것이다. 미래에 대한 예측력을 갖추지 못했기 때문에 미래가 두렵고 변화가 더 부담스러울 것이다.

또한 관료들은 주어진 절차와 형식적인 틀 속에서 문제를 해결해왔다. 그에 따라 그들의 시야는 좁아지고, 그들의 시계도 짧아졌다. 먼 미래를 구상하고 정책을 펴는 것이 아니라 자신의 재임기간 중에 가시적인 성과를 보여주려고 섣부른 정책을 남발하기도 하였다. 정책 실패는 일찍부터 정부실패로 이어졌으며, 앞에서 본 바와 같이 반복되고 있는 실정이다. 임기응변식 정책은 순간순간의 위기는 모면하게 해줄 수 있으나 근본적인 해결책은 아니다. 돌려막기식 정책은 훗날 더 큰 문제를 야기한다. 정부가 계속해서 카드 돌려막기식 정책을 편다면 신용카드 대란과 같은 정부 위기가 올 것은 명약관화한 일이다.

이런 문제점들은 관료 개인보다는 관료제 자체의 문제에 기인하는 측면이 크다. 사회과학 지식 위주의 고시제도는 폐쇄적인 임용을 가져왔고, 연공서열식 승진 관행은 모험적이고 도전적인 업무 추진을 막아 공직자들을 수동적이고 피동적인 존재로 전락시켰다. 이제 국민은 성과를 합리적으로 측정할 수 있는 기준이 없기 때문이라는 궁색한 변명을 늘어놓으며 자기 합리화에 급급한 관료들의 모습을 그냥 두고 보려 하지 않는다. 오히려 더 많고, 더 빠르고, 더 강도 높은 개혁을 주장하며, 공직자를 개혁의 대상으로 내몰고 있다.

전문성을 쌓기 어려운 짧은 보직기간과 잦은 순환보직시스템, 그리고 후진적인 공급자 중심의 교육시스템은 공직자들에게 체계적인 지식과 장기적인 예측력을 제공하지 못한다. 이러한 제도적 결함이 그들이 공직사회에 들어갈 때 지니고 있었던 지식조차도 제대로 활용할 수 없게 만들고 있으며, 학습을 통한 성장 욕구도 충족시켜주지 못하고 있다. 지식기반사회를 선도하는 공직자를 키워서 선진국으로 도약하기 위해서는 잦은 순환보직과 후진적 교육시스템을 동시에 해결해야 함은 앞에서 지적한 바와 같다.

전문성을 배양하는 것은 둘째치고, 있는 지식마저 신명나게 활용하지 못하게 하는 것이 관료제의 또 다른 문제이다. 정책실명제를 형식적으로 운영하여 책임행정이 구현되지 못하고, 부처간 알력과 할거주의로 대표되는 부처이기주의는 범국가적인 정책의 실패를 부르고 있다. 공직자 개인의 목표와 소속 조직과의 목표는 적절한 유인구조의 부재로 인해 괴리되고 있으며, 형식주의와 절차중심주의는 번문욕례(繁文縟禮, red-tape)를 가져와 불필요한 행정력의 낭비를 부추기고 있다. 모난 돌이 정을 맞는 것처럼 공직사회에서는 튀면 혼자만 죽는다는 분위기가 만연하여, 복지부동이니 무사안일이니 하는 비판이 계속되고 있는 것이다.

공직자의 개인적인 문제나 관료제 자체의 구조적인 문제 외에도 후진적인 행정문화가 더해져 문제를 더욱 악화시키고 있다. 한건주의라든가 권위주의, 비밀주의, 온정주의, 연고주의 등은 부정적 전통문화 유산의 답습으로, 공직의 불신과 무능을 보여주는 대표적 사례로 인식되고 있다. 또한 이러한 문화들은 무사안일이나 변화에 대한 저항, 성과평가에 대한 저항을 초래하여 공직사회를 변화의 무풍지대나 철밥통의 신화가 존재하는 곳으로 인식되게 하였다.

관료제 문제를 해결하기 위한 개혁은 이제 장기적인 시계에서 근본적인 제도 개혁을 필요로 하는 시점에 이르렀다. 정치적인 이익에 따른 공직 개혁이나 피하주사 처방 같은 일회성 조치들은 공무원의 미래지향적 개혁 노력을 방해하고, 도리어 공직사회의 문제를 악화시키는 요인이 될 뿐이다.

　이상에서 살펴본 바와 같이 관료 개인, 관료제의 구조, 후진적인 문화가 삼위일체가 되어 정책실패와 무능을 배태하여, 관료를 은혜를 모르는 부패한 집단으로 매도하거나 심지어 공공의 적으로 인식하게 만드는 원인으로 작용하고 있다. 정부는 이러한 공직사회의 문제를 일반인들의 인식 수준을 넘어 보다 엄밀하게 진단하여 행정환경의 변화에 부응하고, 국민이 원하는 수준과의 격차를 파악하여 그것을 좁혀나가는 노력을 계속해야 할 것이다.

　2부에서는 지금까지 시도된 다양한 인사제도들을 다룰 것이다. 독자들은 여러 인사제도들을 하나씩 살펴보며, 이러한 인사제도들이 앞에서 논의하였던 공직사회 문제를 해결하기 위해 개발된 것임을 알게 될 것이다. 비록 성공적인 결실을 거두지는 못했지만 공직사회를 변화시키고자 시도된 많은 제도들의 물결 속에서, 더디지만 진화하고 있는 우리나라 공직사회의 개혁 노력만은 소중하게 봐주었으면 한다. '변화(change)'는 외형적이고 행태적인 것이지만, '진화(evolution)'는 본질적인 것이다. 변화에 대한 이렇게 수많은 시도와 노력이 시행착오를 겪으면서 결국 지식기반사회에 적합한 성공적인 정부조직과 인사제도를 탄생시킬 수 있는 진화를 완성하기 위한 밑거름이 되리라 생각된다.

2부

그동안 **정부**는
어떤 노력을 해왔는가

01 정부개혁의 핵심, 인사정책

앞서 우리나라 정부관료제의 문제점을 다양한 관점에서 구체적으로 살펴보았다. 공무원의 전문성과 자질 부족, 신나게 일할 수 있는 제도와 여건의 미흡, 후진적인 행정관행과 문화, 자기개발 여건과 사회적 이동성의 부족 등의 문제를 다루면서 그 원인이 무엇인지도 개괄적으로 살펴보았다. 이 과정에서 공무원들의 전문성 확보 문제가 공직사회 내의 제도적·문화적·관행적 숙제이자 난관이면서 다른 문제점들의 원인이 되고 있음도 알 수 있었다.

여기서 주목할 사실은 학계와 민간에서 이 문제에 끊임없이 비판을 제기해왔다는 점과, 정부가 이 문제를 개선하기 위해 지속적으로 제도 및 행태 개선 노력을 기울여왔다는 점이다. 주로 정권이 바뀐 직후에 공직사회 혹은 정부제도가 개혁의 대상으로 채택되어 대대적인 제도 개편과 물갈이가 이루어졌는데, 이것은 정부관료제의 문제점을 해결하기 위한 의지의 산물이라고도 볼 수 있다.

사실 공직사회의 문제점이라고 지적된 것들의 형성 과정을 살펴보면 제도적인 결함에서 야기된 것들이 많다. 하지만 지난한 세월을 거치는 동안 사회문화적인 요소와 화학작용을 일으키면서 형성되고 고착된, 즉 한국 공직사회 특유의 문화에 기인한 것들도 매우 많다. 양자가 함께 작용하여 형성된 문제점 또한 적지 않다. 그럼에도 불구하고 과거에 시행했던 정부 개혁들은 문화적·관행적으로 체질화되어 있는 문제점들을 근본적으로 해결하기 위한 방안이라기보다는 '외국 제도의 도입과 제도 개혁'을 통해 공무원들의 행태를 바꿔보려는 시도가 대부분이었다.

여기서는 역대 정부 개혁 가운데 인사부문의 개혁사례를 중심으로 살펴보면서, 공직사회의 부정적 유산들을 일신하기 위해 어떠한 제도를 도입하고, 어떻게 개선했으며, 또 그 결과는 어떠했는지를 분석해 보도록 하겠다.

역대 정권이 시행하였던 제도 개선 사례들을 살펴보면 크게 다음과 같은 세 가지의 기류를 감지할 수 있다. 첫째, 인사행정 개혁을 펼치기 위해 조직 및 기구 개편이 이루어졌다. 둘째, 권위주의 정권의 종식과 시대의 변화상에 발맞추어 권한의 위임 및 인사 관련 각종 규제 개혁이 급격히 늘어났다. 마지막으로, 관료제의 태동 시기부터 끝없이 제기된 문제의 하나인 성과관리제도를 개선하고자 하였다.

주목해야 할 것은, 이러한 노력들은 모두 그 근저에 공무원과 공직의 전문성을 강화하겠다는 의도를 담고 있다는 점이다. 공직분류문제, 고등고시제도 개편문제, 채용문제, 전보제도와 능력발전문제 등 모든 과제들이 공무원과 공직의 전문성 강화를 지향하고 있는 것이다.

그림 2-1 관료제의 문제점과 인사제도와의 연계성

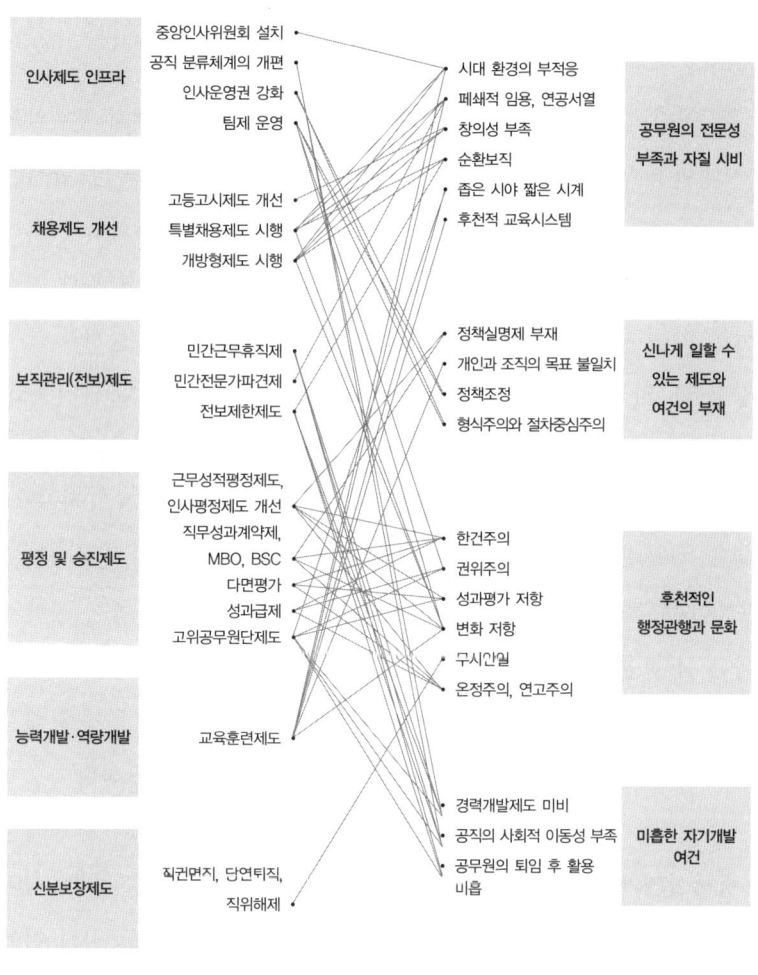

다른 측면에서 각각의 인사개혁 사례들을 세부적으로 살펴보기 전에, 먼저 관료제의 문제점과 인사제도 간의 연결고리를 밝혀보고자 한

다. 이 책의 기본 체제가 '관료제도의 문제점 확인-기존 제도의 검토 및 비평-새로운 대안 제시'이기 때문에 그 연결성이 매우 중요하다 할 것이다.

첫 번째, 〈공무원의 전문성 부족과 자질 시비〉와 관련해서 공무원의 '시대환경 부적응' 문제를 개선하고자 하는 인사제도에는 직·간접적인 특채제도와 개방형임용제도, 그리고 공무원 역량을 강화하는 교육훈련제도를 연결할 수 있다. 우리나라 관료제의 '폐쇄적 임용과 연공서열'의 문제점을 해소하기 위해서는 중앙인사위원회의 설치와 근무평정제도의 개선, 직무성과계약제와 MBO, BSC 등의 성과관리제도, 고위공무원단제도 등이 도입되었다. '공무원의 창의성의 부족' 문제를 해결하기 위한 제도로는 고등고시제도의 개선(PSAT의 도입)과 특채제도, 개방형임용제도를 들 수 있다. '순환보직'의 문제는 전보제한제도가 대표적인 문제해결 기제로 등장하였다. 공무원이 '좁은 시야와 짧은 시계'를 갖게 되는 문제를 해결하기 위한 것으로는 고위공무원단제도와 교육훈련제도를 들 수 있다. '후진적 교육시스템' 문제를 해결하기 위해서는 지속적인 교육훈련제도 개편과 보완이 필요하다.

두 번째, 〈신나게 일할 수 있는 제도와 여건의 부재〉와 관련해서 '정책실명제의 부재' 문제를 해결하기 위해서는 직무성과계약제와 MBO, BSC 같은 성과관리제도를 도입했으며, 성과급제도 역시 이에 해당한다고 볼 수 있다. '개인과 조직의 목표가 불일치'하는 문제에도 성과관리제도와 성과급제도가 이를 완화하는 장치로 도입되었다. 한편 '정책 조정의 문제' 해결에는 팀제와 고위공무원단제도가 일정 부분 기여한다고 볼 수 있다. 마지막으로 '형식주의와 절차중심주의'는 각 부처의 인사운영권을 강화하고 팀제를 운영하는 것과 연계성을 갖는다.

세 번째, 〈후진적인 행정관행과 문화〉와 관련해서 '한건주의 문화'를 개선하는 데는 근무평정제도와 인사평정제도, 직무성과계약제 같은 성과관리체계, 다면평가 등이 기여할 것으로 생각된다. '권위주의' 문제의 해결은 다면평가제도, 팀제, 고위공무원단제도와 같이 조직 내 서열 중심적 체계를 완화하는 제도적 장치와 연결되어 있다. '성과평가에 대한 저항' 문제의 해결은 근무평정제도, 직무성과계약제, 다면평가제 등과 밀접하게 연계되어 있다. '변화에 저항하는 문화'의 해소는 인사제도 중에서 특채제도와 개방형임용제도, 팀제, 근무평정제도의 개선, 직무성과계약제와 같은 성과평가제도, 교육훈련제도와 직간접적인 연계성을 갖는다. '무사안일의 문화' 해소는 신분보장제도의 직권면직과 직위해제제도와 직접적으로 연결되어 있다. 마지막으로 '온정주의와 연고주의' 문제의 해결은 성과평가, 인사평가제도, 성과급제의 도입과 직접적으로 연결되어 있다.

네 번째, 〈미흡한 자기개발 여건〉과 관련해서 '경력개발제도의 미비' 문제 해결은 민간근무휴직제, 전보제한제도, 공직분류체계의 개편과 직접적으로 관련되어 있다. 중앙인사위원회도 관료제의 이러한 문제를 제도적으로 해결하기 위해 설치되었다고 볼 수 있다.

위에서 언급한 제도들에 대한 분석을 시도하기 위해 기존의 연구 성과물들과 다양한 정부 자료들을 활용하였으며, 이에 근거한 토론과 분석을 시행하였다. 또한 현재 시행되고 있거나 시행되었던 제도들에 대한 현직 공무원들의 의견을 수렴하기 위해 간단한 설문조사를 실시하였고,[1] 그 내용을 부분적으로 삽입했음을 밝힌다.

---

[1] 2007년 11월 '우리나라 공직사회의 문제점과 인사제도에 대한 공무원의 평가조사'라는 제목으로 설문지를 작성하여, 중앙공무원교육원에 입교해 있는 현직 공무원들에게 설문조사를 실시하였다. 4~6급까지의 공무원(일반직 76.2%, 기술직 22.3%, 특정직 1.5%/남성 88.9%, 여성 7.4%)에게 설문지를 배포한 후 135부를 회수하여 분석 자료로 활용하였다.

02 인사제도 개혁사례 분석

인사제도 인프라 구축

◎ 중앙인사위원회 설치

도입의 배경과 내용 | 우리나라에서는 오랫동안 총무처가 중앙인사기관으로서의 역할을 담당했으며, 1998년의 조직 개편 이후에는 총무처와 내무부가 통합된 행정자치부가 그 기능을 수행하였다. 그러나 행정자치부로 통합된 이후에도 총무처 시절부터 제기된 중앙인사기관의 문제점은 여전했으며, 그 내용은 다음과 같다.

첫째, 중앙인사기관의 독립성이 결여되어 정치 상황에 따라 인사제도 및 운영의 안정성이 흔들릴 가능성이 크며, 인사운영의 객관성 및 공평성이 저하될 수 있다.[2]

---

2 오성호(1999), "중앙인사위원회의 설치와 기능에 관한 고찰", 《1999년도 특별세미나 발표논문집》, p. 104.

둘째, 중앙인사기관이 인사 기능 외에 이질적·복합적인 기능을 수행하고 있어 인사제도와 운영의 전문성 확보가 곤란하며, 인사를 관장하는 기관이 공무원의 유형별로 다원화되어 있어 공무원 인사제도의 종합성 유지와 직종들 간의 형평성 유지가 곤란하다.[3]

셋째, 인적자원의 관리 측면에서 대통령의 정책 보좌 역할이 미흡하다. 공무원 관리를 통해 정부 전체, 나아가 행정 전체의 효율성이 증대시킬 수 있다는 사실을 간과하고 있다.[4]

결국 김대중 정부에 들어서 이 같은 문제점을 해결하고 인사행정의 전문성과 공정성을 강화하기 위해 1999년 5월 24일, 중앙인사위원회를 설치했다. 그리고 행정자치부로 일원화되어 있던 중앙인사관장기관을 대통령 직속의 독립합의제기관인 중앙인사위원회와 행정자치부로 이원화하였다.

중앙인사위원회는 독립성을 가진 합의제 행정기관으로서, 위원장을 포함하여 7인의 인사위원으로 구성되는 위원회와 위원회 업무를 지원하는 사무처로 구성되어 있다. 중앙인사위원회는 행정부 소속 공무원의 인사행정에 관한 기본 정책 수립, 인사행정 분야의 개혁에 관한 사무 등 국가 인사정책 업무를 담당하였다. 또한 1999년 창설 당시에는 중앙인사 기능이 중앙인사위원회와 행정자치부 인사국에 나뉘어 있었으나, 2004년 6월 12일에 중앙인사위원회로 일원화되었다.[5]

---

3 행정개혁위원회(1989), 《행정개혁에 관한 건의》, pp. 145-146.
4 유민봉(1997), 《인사행정론》, 문영사, p. 155.
5 http://www.csc.go.kr/about/abt0301.asp?bbs_id=122&siid=103 참조.

제도 시행의 평가 | 위와 같은 과정을 거쳐 도입된 중앙인사위원회는 사실상 보다 효율적인 공직 인사관리를 위한 고민의 산물이라기보다는 여야 간 정치적 타협의 부산물에 가까웠다. 그러한 이유로 중앙인사위원회는 도입 초기부터 진정한 인사개혁을 추진하기에는 많은 문제점을 안고 있다는 비판을 받았다. 그러나 2004년 행정자치부가 갖고 있던 인사운영 업무와 교육훈련 업무를 중앙인사위원회에 귀속시키면서 그때까지 비판의 대상이었던 문제점들을 상당 부분 해소할 수 있는 토대를 마련하였다. 그럼에도 불구하고 중앙인사위원회는 몇 가지 구조적인 문제점을 안고 있었다.

첫째, 중앙인사위원회의 독립성 문제가 대두되었다. 이는 사실상 7인의 위원회에서 다루는 고위관료 인사심사의 공정성 문제라고 할 수 있다. 중앙인사위원회가 출범된 후 고위관료 인사에 있어서 행정 각부로부터의 독립성은 강화되었으나, 청와대와 정치권 등으로부터의 독립성은 강화되었다고 보기 힘들다. 중앙인사위원회가 대통령의 직속기관이 되면서 청와대의 인사정책을 충실하게 집행하는 역할에 집중했다고 볼 수 있는 측면이 있다.

둘째, 중앙인사위원회의 독립성, 공정성과 관련하여 중앙인사위원회 위원들의 임기에 관한 문제가 있었다. 중앙인사위원회의 위원장과 위원은 직업공무원으로 보하는 상임위원을 제외하고는 비상임으로서 임기는 3년이며 1차에 한해 연임될 수 있었다. 비상임 위원들은 대부분 인사행정에 전문적 지식과 경험을 갖지 못한 경우가 많았고, 연임을 위해서는 대통령보다 짧은 임기 동안 대통령의 신임을 받아야 했다. 그 때문에 소신 있고, 공정하고, 객관적인 인사심사를 하기는 어려웠을 것이다.

따라서 인사의 정치적 중립성과 공정성을 강화하기 위한 방안으로는 일본의 인사원시스템이 좋은 참고가 된다. 일본 인사원은 인사관 3인으로 구성되며 그 임기는 4년이다. 인사관은 재임될 수 있으나 계속해서 12년 이상을 근무할 수 없으며, 인사관이었던 자는 퇴직 후 1년간 다른 직위에 임명될 수 없다. 인사관은 국회 양원의 동의를 얻어 내각이 임명하고 국왕이 인준한다. 또한 동일 정당원이 2인 이상이어서는 안 되며, 동일 대학 출신이 2인 이상이어도 안 된다. 이와 같은 조직 구조상의 특징으로 인해 인사원은 형식적으로는 내각에 소속되어 있지만, 실질적으로는 독립적 합의기관으로 운영되고 있다.[6]

셋째, 중앙인사위원회라는 독립된 중앙부처는 넓은 의미에서 일정 부분 인사 기능을 수행한다고 볼 수 있는 조직 및 인사·예산 부처들과의 정책 조율에서 많은 시행착오를 겪었다. 인사정책과 관련해 조직을 다루는 부처와 인건비를 다루는 부처가 서로 다른 의견을 갖고 있을 때 정치적 조율이 불가피했을 뿐 아니라, 순수한 전문성에 입각한 인사정책의 구현이 어려웠던 것이다.[7]

넷째, 인사개혁을 담당하는 중앙인사위원회는 법령 관련 권한을 갖고 있지 않기 때문에 인사정책을 법제화하고 인사개혁을 추진하는 데 한계가 있었다.

---

[6] 김중양(2004), 《한국인사행정론》, 법문사, pp. 40-41.
[7] 이명박 정부의 대통령직 인수위원회가 발표한 정부조직 개편 설명 자료에 의하면, 조직 기능과 인사 기능의 분리로 인한 행정자치부와 중앙인사위원회 간의 끊임없는 다툼(예 : 고위공무원단제도의 도입, 팀제의 도입 등)이 이명박 정부가 중앙인사위원회를 폐지하여 그 기능을 다시 행정자치부(행정안전부로 부처명 변경)로 돌려놓게 하는 가장 큰 이유가 되었다.

이러한 문제에도 불구하고 중앙인사위원회는 종전에 행정자치부가 하지 못했던 많은 성과를 이룩했다. 인사정보시스템과 직무분석체제의 확립, 고위직 역량 평가 및 고위공무원단제도 운영, 고등고시 시험 방식의 개선, 개방형 및 계약직 공무원제도 실시, 이공계 공무원 임용 확대 등이 그것이다.

중앙인사위원회의 폐지와 행정안전부의 출범 | 성과와 문제점을 동시에 안고 있었던 중앙인사위원회는 이명박 정부 출범 직후 폐지되었다. 작은 정부를 지향한 신정부의 조직 개편 논리가 가장 큰 이유였으나, 거시적 인사 기능이라고 할 수 있는 조직 및 정원의 기능(행정자치부)과 미시적 인사 기능이라고 할 수 있는 인력 확보, 활용 기능(중앙인사위원회) 간의 다툼 끝에 위원회 조직이 행정 각부 조직에 패배한 것이라고 볼 수 있다. 중앙인사관장기관이 다시 행정안전부로 일원화되면서 국민의 정부 이전에 중앙인사관장기관이었던 총무처가 받았던 인사행정 기능에 관한 비판을 고스란히 이어받게 되었다.

새로이 출범한 행정안전부는 종전의 총무처나 행정자치부보다도 훨씬 확대된 기능을 갖고 있다. 그리고 장관급 위원회 조직에서 관장하던 기능은 실 단위 조직(차관보급 조직)에서 수행하게 되었다. 이에 따라 행정안전부장관의 인사행정에 대한 관심도 적어질 것으로 판단된다. 현 단계에서 행정안전부의 인사 기능에 대해 평가하기는 아직 어렵다. 하지만 과거 총무처, 행정자치부, 중앙인사위원회가 해결하지 못했던 문제들을 어떻게 해결해나가느냐에 따라 점수가 매겨질 것은 명확하다.

새로 출범한 행정안전부는 전 정부의 중앙인사위원회가 이룩한 성과들을 지속적으로 발전시키는 한편 그간 정책 조율의 어려움을 극복하고, 인사기능의 독립성 확보, 인사권한의 자율성 확대, 공무원의 역량 개발 등 과거부터 추구해온 목표들을 효율적으로 달성할 수 있는 방안을 찾아야 하는 임무를 띠고 있다.

그러나 현 행정안전부의 인사 관련 조직은 이러한 목표들을 달성하기에 무리가 있어 보인다. 과거의 중앙인사위원회를 대신하는 인사실은 직업공무원이 수장으로서 인사정책관, 인력개발관, 성과후생관의 3국장으로 구성된 작은 조직을 관장하고 있다. 이는 집행기능만을 수행하는 데도 벅찰 것으로 보여 중앙인사위원회가 구축해놓은 연구 성과들을 갈무리하는 것조차 어려울 것으로 판단된다. 중앙인사위원회 시절에 구축했던 역량주의 인사 시스템의 상징인 고위공무원단 업무는 제도 자체가 형해화되고 있을 뿐만 아니라 담당 부서도 국 단위에서 과 단위로 축소되었다. 인사행정의 기본 인프라라고 할 수 있는 인사정보의 수집과 가공, 활용 업무도 조직과 인원, 기능 모두 축소되었다. 따라서 평생교육과 경력개발, 자기개발 등 중앙인사위원회가 야심차게 준비했던 업무들을 책임 있게 추진하기에는 역부족이 아닐까 우려되고 있다.

◎ 공직분류체계 개편

도입의 배경과 내용 | 공직분류는 인사행정의 기본이 되는 인프라이다. 우리나라의 공직분류체계는 직위분류제적 요소와 계급제적 요소를 타협시킨 특이한 구조로 되어 있다. 직위분류제적 요소는 직무 분야에 따라 가장 넓은 직군에서부터 직렬, 직류로 나누는 것을 말하는데, 예

컨대 행정직군, 사회복지직렬, 사회복지직류로 나누는 것이다. 계급제적 요소는 모든 일반직 공무원을 9급에서 1급까지 9등급으로 나누는 것이다. 그런데 1급, 2급, 3급 중 일부 직위는 직급이 폐지되고 고위공무원단으로 전환되었으므로 8등급 체계로도 볼 수 있다.

　직위분류제적 요소는 공무원의 전문성을 고려한 것이고, 계급은 우리나라 특유의 신분질서 보존 관념에서 비롯된 것이다. 누가 더 높은 사람이냐를 결정하는 것은 전문성이 아니라 계급이다. 따라서 직군, 직렬, 직류 중 가장 중요한 요소는 직렬이다. 직렬과 계급이 만나서 이른 바 직급이 탄생하며, 직급은 대부분의 인사관리 기준이 된다. 예를 들어, 행정직렬에 속하는 5급 공무원에게는 행정사무관이라는 직급이 부여되며, 시설직렬에 속하는 5급 공무원에게는 시설사무관이라는 직급이 부여된다. 이렇게 직급이 결정된 후에는 전보, 승진 등 대부분의 인사관리에서 같은 직급을 가진 자들끼리 분리해서 운용하는데, 이러한 운용 방식은 인사관리에서 나타나는 대부분의 문제점들의 원천이다.

　그동안의 공직분류체계 개선 노력은 어떻게 보면 계급제적 요소를 약화시키고 직위분류제적 요소를 강화하려는, 즉 공직의 전문성을 강화하기 위한 끊임없는 시도였다고 할 수 있다. 그러나 이러한 노력은 성공을 거두지 못하고, 계급제직 요소의 저항을 극복하지 못한 채 계속 타협해왔다. 한편, 공직의 전문성 강화를 위해 직무 분야를 세분화한 노력은 전문 분야 내에서 직역끼리의 대립 구조를 만들어내는 부작용을 초래하기도 했다. 따라서 앞으로의 공직분류체계 개선 노력은 전문성을 확보하면서 좁은 전문 분야끼리의 직역 다툼을 최소화하는 방향으로 이루어져야 할 것이다.

2007년 11월에 개정된 공무원임용령은 위에서 말한 문제점들을 인지하고 공직분류체계를 2직군 32직렬 95직류, 9등급의 계급(또는 8등급)으로 구분하였다.

제도 시행의 평가 | 우리나라 공직분류체계의 가장 큰 문제는 32직렬 95직류라는 외형적 분류에도 불구하고, 실상은 행정직렬이 지배하는 공직분류라는 점이다. 즉, 5급 행정사무관, 6급 행정주사, 7급 행정주사보, 8급 행정서기, 9급 행정서기보가 지배하는 시스템이다. 4급 이상의 직급은 서기관으로 통일돼 있으나, 실제로는 내부적으로 행정직, 교육직, 사회복지직 등으로 구분되어 인사관리에 활용되고 있다. 전문가가 역량을 발휘하기 어렵고 일반행정가가 국가정책을 좌우하는 시스템인 것이다.

채용 시에 행정직을 절대적으로 가장 많이 뽑으며, 입직 후에도 행정직들이 갈 수 있는 직위가 가장 많다. 행정직의 수가 절대적으로 많다는 것은 행정직의 직무 분야가 너무 넓어서 전문 분야를 언급하기 어렵다는 뜻이기도 하다. 특정 전문성을 언급하기 어려운 직렬이 행정직이다. 비전문가들이 꽉 들어차 있는 버스에 직급이 낮은 몇 명의 전문가들이 여기저기 끼어 있는 모습이 오늘날 공직사회의 모습이라고 할 수 있다.

일반행정가가 지배하는 공직시스템이 외부 전문가 임용을 제한하는 폐쇄형임용제와 어울리게 되면 공직의 전문역량 확보는 어려운 과제가 되고 만다. 다시 말해, 공직 내 전문직들의 역량 향상 기회를 보장하기 어렵게 되고, 전문직들 사이에 직역 다툼을 유발하는 부작용이 수반된다.

  이러한 문제점을 해결하기 위해서는 직위분류제적 요소를 확대 개편하고, 구성원들의 반발을 최소화하여 조직 전체의 긍정을 이끌어내야 한다. 그러기 위한 구체적인 방안으로는 첫째, 계급(직급)간, 직렬간의 형평성을 유지해야 한다. 계급제하에서는 직무 불균등을 근본적으로 해결하기는 어렵지만, 정밀한 직무 분석과 직무 설계를 통해 어느 정도 직무 분담의 불균형을 해소할 수 있을 것이다. 둘째, 갈수록 복잡해지고 전문화되는 행정환경에 대응하기 위해 공무원들의 전문성을 제고하기 위한 수단을 강구하고 이를 공직사회에 적용할 필요가 있다. 셋째, 인사관리에 있어서도 기관장 혹은 고위관리자가 융통성 있게 부하직원을 배치하고 활용할 수 있도록 인사상의 자율권을 대폭 부여하는 방안도 생각해볼 만하다.

◉ 인사운영권 강화

도입의 배경과 내용 | 과거 우리나라의 인사행정은 실적주의 원칙을 철저히 고수하기 위해 인사상의 제반 규정 사항을 세부적인 부분까지 구체적으로 정함으로써, 부당하게 부여될 수 있는 정치적 압력으로부터 공무원의 중립성을 확보하는 것이 주된 목표였다. 이러한 경향은 부처장관의 인사권 남용을 방지하고 인사의 공정성과 객관성을 확보한다는 긍정적인 측면이 있다. 그러나 인사행정의 지나친 중앙집권화와 경직성이라는 부작용도 낳았다. 이것은 부처별 인사권의 자율성 확대라는 시대적 흐름에 상치되는 것이다.

  이로 인해 우리나라 공직사회는 외부환경의 변화와 그에 따른 혁신을 신속하게 받아들이지 못하고, 이에 저항하는 정체된 조직의 전형을 보여주었다. 이러한 문제 상황을 타개하고자 공무원의 인사권한 위임을 확대하기 위한 움직임이 문민정부 시절부터 계속되어왔다.[8]

　문민정부 시절 부처장관의 인사운영권을 강화하기 위해 여러 번에 걸쳐 제도 개혁이 시도되었다. 우선, 1993년에는 공무원임용령 개정을 통해 소속장관이 2~3급 공무원 인사 조치 시 사전 협의를 거치지 않고 사후 통보를 하는 방식으로 전환하였다. 이후 1994년 1월에는 과거 총무처장관과 사전 협의를 거쳐야 했던 방식에서 사무분장규정의 제·개정 절차를 사후 통보 방식으로 변경하였다. 그럼으로써 각 중앙행정기관의 기구 및 정원 관리의 자율성 확대를 도모하였다. 1995년에는 중앙행정기관의 장이 당해 기관과 그 소속기관의 직능 및 직급별 정원의 범위 안에서 과 단위의 기구 개편 시 총무처장관과 협의를 거쳐 직제 개정 등 필요한 조치를 대행할 수 있게 하였다. 그럼으로써 각 부처의 조직 운영에 자율성을 부여하였다. 또 1996년에는 소속기관별 정원을 통합, 운영할 수 있는 기능직 공무원의 범위를 '8~10등급'에서 '7~10등급'으로 확대하였다. 그리하여 각 부처가 정원을 관리할 때 어느 정도 자율적으로 운영할 수 있는 토대를 마련하였다.

　2001년 국민의 정부 시대에 들어서도 공무원임용령 개정을 통해 부처장관의 인사운영권을 강화하였는데, 필수 실무요원의 선발 및 지정권을 행정자치부장관에서 각 소속장관에게로 위임하였다.

　이러한 흐름은 참여정부 시대에 들어와 더욱 강화되었다. 그에 따라

---

[8] 신병대 외(2007), "제도변화분석", 정부혁신지방분권위원회 제도변화 TF팀.

2002년 3월에 그간 총무과에서 수행해오던 인사 업무를 다른 실·국에서도 수행할 수 있게 하는 등 총무과의 분장사무를 기관별 특성에 따라 각 중앙행정기관의 장이 정할 수 있도록 하였다. 아울러 국가공무원법 개정을 통해 4급 이하 임용 시 부처 임용권을 확대하는 조치를 시행하였다. 1단계로 4급 이하 공무원의 채용이나 승진을 제외한 전직·겸임·강임·면직·해임·파면·부처간 전보 등의 인사권한을 장관에게 위임하였고, 2단계로 4급 이하 공무원에 대한 일체의 임용권을 장관에게 위임하였다.

장관에게 인사권한을 넘겨주는 조치는 고위공무원단제도의 도입과 운영에서 절정을 이루었다. 즉, 실·국장에 해당하는 고위공무원 인사에서도 3급 공무원이 고위공무원으로 진입하는 단계와 고위공무원 내에서 등급이(가~마, 5등급) 조정되는 단계, 그리고 개방형 직위와 공모직위 운영 과정에서 부처들 사이에 조정이 필요할 때 등을 제외하고는 장관에게 인사권이 전부 위임되었다고 할 수 있다. 실로 장관의 전성시대가 열렸다고 할 수 있겠다.

제도 시행의 평가 | 각 부처장관에게 인사권을 대폭 위임한 조치가 어떤 성과를 가져왔는지에 대한 평가는 고위공무원단제도의 운영 과정을 살펴보면 알 수 있다.

고위공무원단제도의 가장 큰 특징은 형식상 실·국장급 직위에 있었던 1급, 2급, 3급 등의 서열이 사라지고 고위공무원 직위로 동등해졌다는 점이다. 물론 내부적으로는 가에서 마까지 5등급 구분이 있으나, 어디까지나 내부적인 것이어서 종전에는 불가능했던 하향보직 임명이 자연스럽게 이루어졌다.[9] 또 하나의 특징은 고위공무원이 되면 직군과 직렬, 직류가 사라진다는 것이다. 기술직도, 행정직도 고위공무원이 되는 순간 자신의 전공 직렬을 잃어버리고(물론, 내부적으로는 존재한다) 어느 직위에든 보직될 수 있다. 이 두 가지 특성에 강화된 장관의 인사권이 합쳐져서 긍정적인 면과 부정적인 면을 동시에 보여주게 되었는데, 경우에 따라서는 긍정적인 효과인지, 부정적인 효과인지 구분하기 어려울 때도 있다.

첫째, 서열 파괴 인사의 보편화를 들 수 있다. 장관들은 경쟁적 행정환경 변화가 극심하다는 것, 평가 결과가 중요하다는 것 등을 강조하면서 종전의 서열에 관계없이 소신대로 인사를 결정하는 관행을 일반화하였다. 장관과 고위관료 간에 서로 통하는 정책 의지, 장관의 의중이 중요한 성과평가 결과 등을 내세워 하위서열의 고위공무원을 상위서열의 고위공무원보다 앞세워도 자연스럽게 순응하는 문화가 형성되어가고 있는 것이다.

둘째, 주고받기식 내정인사의 일반화를 들 수 있다. 특히 고위공무원단제도의 핵심 장치인 개방형 직위와 공모직위에 미리 합격자를 내정하는 시스템이 일반화되었다. 그렇다고 이를 부정적인 잣대로만 보기는 어렵다. 실제로 공무원보다 더 전문성 있는 인재를 민간 분야에서 찾아내는 것이 쉬운 일도 아닐뿐더러, 다른 부처에서 고위공무원을 영입하는 경우에도 꼭 데려오고 싶은 인재가 있을 수 있기 때문이다. 이런

---

[9] 고위공무원에 대한 '가~마'의 5등급 구분은 형식적으로는 계급 구분이 아닌 직무등급이지만, 조직법규인 직제에 직위별 등급이 명시되면서 실질적으로는 계급의 역할을 했고, 이 부분이 조직 기능과 인사 기능의 갈등뿐 아니라 고위공무원단제도에 대한 평가에도 크게 영향을 주었다는 공무원들의 평가가 많다.

경우라면 긍정적인 효과라고 할 수 있겠지만, 내정인사가 전문성에 기반을 두지 않고 정실에 기반을 둔 때에는 부정적 평가를 피할 수 없다.

각 부처장관에게 인사권한을 대폭 위임한 조치들이 "부처의 자율권 확대를 통한 조직 성과 제고"로 이어지기 위해서는 인사권이 조직구성원들로부터 합리적 수긍을 받아낼 수 있도록 행사되어야 한다. 즉, 조직구성원들의 전문성을 바탕으로 인사권을 행사하고 평가시스템의 공정성을 확보해야 할 뿐 아니라, 이를 객관적 운영해야 하고 인사운영 과정을 공개하는 등 인사의 투명성을 확보해야 한다.

◎ 팀제 운영

도입의 배경과 내용 | 조직의 기본 단위가 '팀'인 조직을 일반적으로 팀제 조직이라고 한다. 팀은 공동의 목표 달성을 위해 공동의 접근 방식을 취하면서, 서로 협력하고 책임을 공유하는 소수의 사람들로 구성된 조직 단위라고 할 수 있다.[10] 즉, 팀제는 조직구성원(팀원) 한 사람, 한 사람의 역량을 극대화해 궁극적으로 팀 조직 전체의 역량을 높이려는 조직관리제도이다. 종전의 과(課) 체제가 법령에 의해 정해져 있었기 때문에 조직 운영의 탄력성이 적었던 데 비해, 팀제는 조직의 설치와 변경 등에 대한 권한이 장관에게 주어져 있기에 조직 운영의 유연성이 강화되었다는 평을 듣고 있다.

우리나라의 경우 2005년 3월 행정자치부가 팀제를 처음으로 도입한 이래 여러 부처로 확산되었다. 그러나 이명박 정부 출범 후 행정자치

---

[10] 유민봉(2001), "팀제 조직관리 도입의 실효성 분석과 효과성 제고방안연구", 〈한국행정학보〉, 35(4), p. 160.

부의 후신이 된 행정안전부는 팀제를 채택하지 않았다.[11]

성과와 책임을 중시하는 행정을 구현하기 위해 전문성을 확보하고, 혁신 및 변화에 대한 저항을 극복하여 조직 내 관행과 잘못된 문화를 바로잡으며, 고객의 요구에 민감하게 반응하는 행정을 구현하고, 공무원의 자율성과 책임성을 확보함으로써 신나게 일할 수 있는 분위기를 조성하는 동시에 조직 내부적으로 효율성을 제고해야 한다는 문제의식에 입각하여, 위와 같은 팀제가 도입되고 전격적으로 추진되었다. 중앙부처들이 도입한 팀제의 특징 및 운영 방식을 간단히 언급하면 다음과 같다.[12]

첫째, 대부분 '독립담당형(팀원들이 각 팀장의 직접적인 지휘를 받으며 자신의 업무를 자신의 권한과 책임 하에 수행하는 시스템)'을 원칙으로 하고 있으며, 일부 부처만 'part형(팀원들을 part 단위로 나눈 후 part leader의 지휘 하에 업무를 수행하는 방식)' 혹은 '혼합형(팀 내에 업무의 경중, 업무의 양에 따라 독립담당형 팀원과 part형 팀원을 혼합 편성하는 방식)'을 채택하고 있다.

둘째, 대체로 대팀제를 취하여 결재 단계를 축소함으로써 의사결정을 신속하게 하고 있다.[13]

---

[11] 사실 공직 내부에서는 행정자치부가 채택했던 팀제가 종전의 과 제도의 이름만 바꾼 것이고, 이명박 정부가 부처 조직에서 팀이라는 명칭을 사용하지 않는 것도 명칭만 과로 환원한 것에 지나지 않는다는 견해가 많다.
[12] 행정자치부(2005), 《팀제 운영매뉴얼》.
[13] 공직 내부에서는 이 점에 대한 냉소적인 시각이 적지 않았다. 종전의 장관–차관–국장–과장–계장–직원으로 이어지는 의사결정시스템을 장관–차관–본부장–팀장–팀원으로 간소화하면서, 동시에 상층부의 결재 권한을 많이 팀장에게 위임하여 의사결정의 속도를 신속하게 한다는 것이 팀제의 중요한 도입 목표였다. 그러나 형식적인 권한 위임에도 불구하고 실질적으로는 상층부에 대한 보고시스템이 계속 작동하였고, 본부장과 팀장 사이에 보좌기관으로 설치되었던 심의관 직위가 실제로는 의사결정 직위로 작동하면서 의사결정의 신속성 효과는 떨어졌다. 심의관 직위도 종전의 국장 역할을 수행하면서 결재 단계만 한 단계 늘어나게 됐다는 평가를 받았다. 이명박 정부에 들어서 각 부처가 택한 조직 유형을 보면 대부분 장관–차관–실장(본부장)–관(단장)–과(팀) 시스템을 택하고 있어 팀제 도입 이전의 결재 단계보다 오히려 한 단계 더 늘어났음을 알 수 있다.

셋째, 본부장(단장)은 기관장이, 팀장은 본부장(단장)이, 팀원은 팀장이 중심이 되어 선발한다.

넷째, 대부분의 부처가 조직의 안정성과 업무의 계속성 등을 이유로 현행 팀과 비슷한 업무를 수행했던 국·과제 하의 과장을 팀장으로 임명하고 있다.[14]

다섯째, 팀에 대한 권한 위임이 상당한 수준으로 이루어지고 있다.

제도 시행의 평가 | 많은 국가들이 행정조직의 능률을 높이고 성과를 내기 위하여 다양한 제도들을 도입하고 있지만, 새롭게 도입한 제도가 반드시 성공을 보장하는 것은 아니다. 특히 민간부문의 관리기법은 조직 환경의 차이로 인하여 공공부문에서 기대한 만큼의 효과를 기대할 수 없고 때로는 심한 부작용을 가져오기도 하는데, 최근 우리나라의 중앙부처에서 확산되고 있는 팀제에 대한 우려도 대부분 여기에 기인한다.[15]

팀제의 장점은 외부 환경의 변화에 따른 조직의 대응 속도를 높이고 내부적으로 조직의 효율성을 제고시킨다는 것이다. 그러나 우리 공직사회에서 팀제가 이러한 효과를 거두고 있다고 보기는 어렵다. 팀제의 부정적 산물로 거론되는 것들은 다음과 같다.

첫째, 결재 단계가 축소되고 의사결정의 속도가 빨라졌다고 하나 문서상으로만 그러하고, 내부적으로는 기나긴 결재 과정이 구두 보고나

[14] 박천오·이춘해(2006), "팀제 도입효과에 관한 탐색적 연구-중앙부처 공무원들을 중심으로", 《한국행정논집》, 18(4), p. 1009.
[15] 박천오·이춘해(2006), 앞의 논문집, p. 1003.

메모 보고 형태로 그대로 남아 있어서 시간 단축의 효과가 크지 않다.

둘째, 팀장의 통솔 범위가 지나치게 넓어져서 팀장이 너무나 바빠진 관계로 새로운 정책을 구상할 여유가 없어졌다. 뿐만 아니라 팀원들이 구상한 정책에 대한 심도 있는 정책 스크린 기능도 약해졌다.

셋째, 팀원들 사이에 성과 경쟁이 심해졌다. 그에 따라 협력 기능이 약해지고 하급직원들에 대한 멘토링 기능이 상실되면서, 팀제가 팀 전체의 성과 향상에 과연 도움이 되고 있는지에 대한 정밀한 분석이 필요하게 되었다.

넷째, 팀원들의 관심이 오로지 평가대상 업무에만 집중되어 조직 운영에 필요한 기타 업무들에 대한 관심이 적어졌다. 조직에 대한 소속감 등 정의적인 조직문화도 엷어지고 있다.

여기서 간과하지 말아야 할 것은 부처의 직무 특성이 팀제의 효과에 영향을 미칠 수 있다는 점이다. 즉, 조직의 특성과 직무의 특성을 고려하지 않은 채 팀제를 획일적으로 도입할 경우 조직 효과성은 오히려 떨어질 수 있다. 더욱이 우리나라 정부조직의 계급제적 특성상 개인의 노력에 대한 정당한 보상이 객관적으로 주어지지 못했을 경우 그 효과는 더욱 부정적으로 나타나게 될 것이다.[16]

팀제의 도입과 시행에 대한 설문조사 결과를 보면 부정적인 답변이 34%, 긍정적인 답변이 31%, 유보적인 답변이 35%로서 공직사회의 반응이 획일적이지 않음을 알 수 있다. 팀제가 제대로 꽃피울 수 있는 특성을 가진 조직에 팀제를 적용하여 시행하고, 이것이 제대로 운용될

---

[16] 조경호(2007), "팀제도입의 성과분석과 개선방안 모색", 한국정책학회 2007 하계학술대회 발표 논문.

수 있는 조직문화를 만든다면 팀제는 기존 인사행정의 문제점을 어느 정도 해결할 수 있는 좋은 도구가 될 것이다. 하지만 그러한 전제가 충족되지 않을 경우에는 또 하나의 형식적인 제도 개선 사례에 그칠 가능성이 크다.

마지막으로 언급할 것은 이러한 어려움에도 불구하고 팀제시스템이 가져온 긍정적인 성과 가운데 가장 큰 성과는 공직사회에 성과 관념을 정착시킨 것, 그리고 정량적 목표와 정량적 지표 관념에 대한 공무원들의 관심을 제고시킨 것이다. 공무원들은 성과, 목표, 지표 등 그동안 공직사회와 친하지 않았던 관념들에 대해 많은 불만을 제기하면서도 도입할 수밖에 없는 제도라는 것을 인식하게 되었으며, 이런 인식은 향후 보다 발전된 공직제도를 받아들이는 데 크게 기여할 것으로 판단된다.

팀제의 폐지 | 이명박 정부의 출범과 함께 행정안전부는 조직을 새롭게 편제하면서 '팀'이라는 명칭을 포기하였다. 극소수의 부서 명칭에 팀이라는 명칭이 남아 있긴 하나 과(課)보다 낮고 담당(擔當) 급보다 높은 부서에 주어진 명칭으로 보인다. 비록 팀이라는 명칭이 보편적 조직 편제에서 사라지긴 했으나, 팀제의 폐지로 볼 것인지는 생각해볼 문제이다. 팀제 조직과 달라진 점은 단지 종전에 팀이었던 부서의 명칭이 '과'로 바뀐 것으로만 보이기 때문이다.

채용제도 개선

◎ 고등고시제도의 개선

도입의 배경과 내용 | 고려시대에 처음 도입되고 조선시대에 사대부 중심의 사회를 구성하는 기반으로 작용하였던 과거제도의 전통을 갖고 있던 우리나라는 새롭게 정부를 수립하는 과정에서 과거와는 다른 모습으로 공무원을 채용하였다.

우리나라는 1949년 8월 12일 역사상 최초로 '국가공무원법'을 제정하였다. 그리고 일제시대를 통해 공개경쟁채용으로 고위직 관료들을 충원했던 고시위원회를 폐지하는 동시에, 고시를 통한 관료의 임용을 매우 제한적으로만 운용하는 방식으로 공무원채용제도의 기틀을 잡았다. 1, 2공화국에서 공개경쟁채용이 차지하는 비중은 매우 미미하였으며, 대부분의 관료는 현재의 특별채용과 비견되는 '전형'을 통해 충원하였다. 그런데 이로 인해 사실상 정실임용을 합리화하는 부정적인 결과를 가져오게 되었다.

5·16군사혁명으로 집권한 박정희에 의해 출범한 3공화국은 국가공무원법을 전면 개정하면서 고등고시제도를 공직인사채용을 위한 기본 제도로 활용하였다. 즉, 3공화국이 본격적으로 출범한 1964년 이후 공개채용시험이 관료제의 가장 기본적인 충원방식으로 서서히 자리매김하기 시작한 것이다. 3공화국은 1965년부터 4급 공무원[17] 충원을 위해 공개경쟁채용시험을 실시하였고, 3급 이상[18] 고급공무원 채용시험도

---

[17] 현재의 7급에 해당한다.
[18] 현재의 5급에 해당한다.

행정고시 및 외무고시와 기술고시로 정착시켰다.

　이러한 과정을 통해 정착된 고등고시제도는 정권이 바뀜에 따라 약간의 개혁 조치가 가미되면서 조금씩 변모되어왔다. 2003년에는 '기술고시'라는 명칭을 폐지하고 '행정고시'로 통합하였다. 2004년에는 고등고시 1차 시험에 암기식 필기시험을 없애는 한편, 종합적 사고력을 평가하는 공직적격성평가(PSAT)를 도입하였다. 또한 2차 시험 과목은 6과목에서 5과목으로 줄이고 영어는 토익·토플시험으로 대체하는 한편, 1차 시험 합격인원을 최종 선발예정인원의 5배에서 10배로 늘렸다. 응시자에게는 큰 변화라고 할 수 있겠으나, 제도적인 차원에서 볼 때 시험 과목의 종류와 수의 변화 정도에 그치는 미약한 것이었을 뿐 근본적인 틀은 그대로 유지되었다.

제도 시행의 평가 | 　과거 우리나라의 행정은 외부와의 교류가 거의 없는 수동적이고 폐쇄적인 환경 속에서 이루어졌으며, 이로 인해 행정 담당 관료들은 무사안일에 빠질 수밖에 없었다. 그러나 지금은 21세기 세계화의 도도한 물결 속에서 국가경쟁력을 높이고 급변하는 행정수요를 충족시키기 위해 끊임없는 변화와 개혁, 적극적인 자세와 창의성이 공무원에게 필수적으로 요청되고 있다.

　이러한 관점에서 능동적이고 개방적으로 행정에 임할 관료들을 충원하기 위한 고시제도 또한 변화되어야 할 필요가 있다. 행정환경의 변화에 적응하기 위해 고시제도는 자신의 입신양명을 위한 출세의 도구로 사용되기보다는 시대의 변화에 걸맞은 전문성을 갖추고 공익을 중요시하는 관료를 충원하는 제도로 바뀌어야 하는 것이다.

물론 현행 고시제도가 문제점만 갖고 있는 것은 아니다. 현재 시행 중인 고시제도는 공무원 선발의 공정성과 객관성을 보장하고 사회적 이동성(social mobility)의 기회를 부여할 뿐만 아니라, 유능한 엘리트 관료를 양성함으로써 공무원의 사기와 자긍심을 고취하였다.[19] 그러나 지식기반사회에 적합한 전문적인 능력과 소양을 갖춘 유능한 공무원을 선발하는 데는 한계가 있으므로, 이를 보강하기 위한 새로운 대안 혹은 제도의 개혁이 필요하다.

현재 무엇보다도 큰 문제 중 하나는 기술관료의 수급 부족이다. 21세기 지식기반사회에서 국가경쟁력을 확보하기 위해서는 고도의 전문성을 지닌 기술관료의 역할 증대가 필요하다. 우리나라의 경우 정부 내 행정직 공무원과 기술직 공무원 간의 인력수요와 공급의 불균형이 심각한데, 현행 고등고시제도로는 이 문제를 해결하는 것이 거의 불가능하다. 더욱이 국가경쟁력 강화를 위해 과학기술인력의 전문성을 최대한 활용할 수 있도록 정부의 인사관리체제를 포함한 인사정책 전반에 대한 검토 및 수정의 필요성이 강력히 대두되고 있는 상황에서는, 다시 한 번 고등고시제도의 개선안에 대해 생각해볼 필요가 있다.[20]

고등고시도 행정사무관, 즉 일반행정가 위주로 선발하여 넓은 직무 분야를 순환시키면서, 채용할 때에는 나름대로 특정 분야의 전문성을 갖고 있던 인재도 개혁 조치가 길어지면서 전문행정가와는 거리가 먼 둔재로 변해갈 수밖에 없다. 이를 보완하기 위해 고등고시 합격 후 일

---

[19] 함성득(2000), "행정학 교육 및 연구 Workshop/행정고시제도 개편방향(1): PSAT- 강화된 면접세도", 《2000년도 Workshop 발표 논문집》, p. 6.
[20] 권경득·김판석·박경원·오성호(2003), "이공계 출신자의 공직임용 확대를 위한 제도 개선방안", 《한국행정연구》, 12(2), p. 89.

정 기간 전보를 제한하는 등의 제도를 두었으나, 전문성을 확보하기 위한 제도라기보다는 편법 전보를 막으려는 목적이 크다.

고등고시로 입직한 우수한 인재들이 근무하는 동안 둔재로 바뀌지 않고 관리자적 전문성을 가진 고급관료로 성장하거나 특정 분야의 최고전문가로 거듭날 수 있도록, 부처를 떠나 자신의 적성과 전문성을 살릴 수 있는 분야에서 역량을 발휘하게 하는 장치가 필요하다.[21]

◎ 특별채용제도 시행

도입의 배경과 내용 | "지식정보화 사회의 도래"라고 일컬어지는 급격한 외부 환경의 변화 속에서 행정조직도 이에 적응하기 위해 고군분투하고 있다. 현대 사회는 모든 분야에서 일반 교양을 쌓은 제너럴리스트(generalist)보다는 특정 지식을 전문적으로 함양한 스페셜리스트(specialist)를 요구하고 있으며, 공직사회도 예외는 아니다.

그러나 계급제와 실적주의 인사시스템을 근간으로 하고 있는 우리나라 행정체제하에서는 시대가 요구하는 전문가의 활약이 근본적으로 어려울 수밖에 없다. 공무원들의 자율성과 재량권은 부족한 데 반해 사회는 급변하고, 이에 적응하지 못한 공직사회는 항상 민간부문에 뒤처진다는 비난을 받아왔다. 공무원들 스스로가 낮은 전문성에서 비롯된 좁은 시야와 이에 근거한 단편적인 미봉책을 양산함으로써 이러한

---

[21] 이명박 정부는 국정과제의 하나로 부처별 맞춤형 채용제를 발표하였는데, 여기에는 중앙부처의 대표적 집중채용제인 고등고시를 폐지하는 내용이 들어 있다. 고등고시제도를 폐지하고 각 부처별 일반직 특별채용과 계약직 임용을 활성화하겠다는 취지로 보이는데, 이 제도와 더불어 2008년 3월 28일 개정된 국가공무원법에 의해 폐지된, 공무원 채용시 응시연령제한제도는 현행 직업공무원제도의 근간을 크게 흔들 것으로 본다. 지금까지 행정학 교과서에서 소개해온 직업공무원제도의 개념 요소들이 대부분 파괴되기 때문이다. 헌법에 규정된 직업공무원제도 규정을 폐지하거나 직업공무원제도를 설명하는 방식이 달라져야 할 것으로 판단된다.

비난의 단초를 제공했던 것도 사실이다.

　인사행정시스템의 근간을 바꿀 수 없는 가운데 이러한 상황을 타개하기 위해 도입된 것이 특별채용제도인데, 역대 정부는 이 제도를 통해 다양한 방법으로 공무원들의 전문성을 확보하고자 노력해왔다. 이하에서는 국가공무원법 개정안과 공무원임용령 개정안을 바탕으로 그간의 변화를 살펴보겠다.

　김영삼 정부 시절 도입된 특별채용제도의 변화 내용은 다음과 같다. 첫째, 직무 관련 자격증 소지자를 특별채용할 때 종전에는 국내에서 자격증을 취득한 자에 한하였으나, 전문가의 활용 범위를 확대하기 위해 1993년부터 향후 외국에서 자격증을 취득한 자도 특별채용할 수 있도록 하였다. 둘째, 1996년에는 공개경쟁채용시험을 통해 결원 보충이 곤란한 특수한 직무 분야(통계, 전자계산, 대외통상, 환경, 교통, 도시공학 등) 혹은 특수한 지역에 근무할 자를 특별채용하는 경우 총무처장관이나 소속장관의 승인을 얻도록 하던 승인 절차를 폐지하여 특별채용의 절차를 완화하였다.

　2002년 김대중 정부에 들어서는 그동안 특채제도에서 문제가 되었던 공정성의 문제를 시험계획의 공고, 경쟁절차 적용 등을 통해 해결하고자 하였다. 또한 특별채용의 자격 요건을 자격증 소지자, 도서·벽지 근무 예정자, 외국어 능통자, 실업계 학교 출신자, 학위 소지자 등으로 다양화하여 특별채용제도의 활성화를 도모하였다.

　특별채용제도는 노무현 정부에 들어와 이전과는 달리 체계적이고 구체적으로 변화, 진행되었다. 첫째, 부처의 자율적인 채용 권한을 확대하였다. 6급 이하 주요 직렬의 특채·전직·전입시험의 실시 권한을 부처로 이관하였으며, 공채 및 특채 시험 과목의 변경·축소·확대에 관한 협의를 폐지하였다. 또한 5급 이상 특별채용시험의 실시 권한을 부처로 위임하는 등 특별채용에 관한 부처장의 권한을 확대하였다. 둘째, 특별채용시 추가합격자제도를 신설하였으며, 특별채용의 지역 제한을 완화하여 타 지역 졸업자도 일정 요건하에 임용이 가능하도록 하였고, 국비장학생 특별채용시 석사학위 소지자와의 형평성이 맞도록 계급을 조정하도록 하였다.

그리고 기술사·박사 등 이공계 출신자들을 연간 50여 명씩 사무관으로 특별채용하는 제도를 신설하였다. 이것은 과학기술중심 사회 구축이 우리나라를 진정한 선진국으로 이끌어가는 원천임을 인식하고, 공직사회에 과학기술적 정책 마인드를 신속하게 수혈하기 위한 조치였다.

이명박 정부는 출범과 동시에 획기적인 특채제도를 도입하였다. 2008년 2월 29일에 개정된 공무원임용령에 외국인을 특수경력직 공무원으로 채용할 수 있게 한 것이 그것이다. 공무담임권은 헌법상 국민의 기본권이다. 따라서 지금까지는 공무원의 종류를 불문하고 국적법상 대한민국 국민만이 공무원이 될 수 있다는 입장을 고수해왔다. 그러나 대통령의 강력한 수장에 따라 외국인도 계약직, 별정직 등 특수경력직 공무원이 되게 한 것이다. 이러한 제도는 주로 계약직 공무원 채용 시에 활용될 것으로 판단된다.

제도 시행의 평가 | 일반직 공무원을 특별채용하는 방법으로는 열두 가지 요건이 있으나, 실제로 의미가 있고 지금까지 나름대로 활용된 것

은 자격증 소지자와 박사 등 학위 소지자를 특별채용하는 경우이다. 자격증이나 학위는 비교적 객관적인 평가척도로 판단되기 때문에 다른 채용 요건들과 달리 활성화되었다고 판단된다. 자격증 소지자를 특별채용하는 경우는 주로 의사나 기술사를 채용할 때이며, 채용된 자는 국립병원이나 특허청 등 집행 업무 분야에 종사했다. 정책결정 과정에 참여하는 공직에는 기술직 분야의 특별채용 공무원이 거의 활용되지 못했다. 행정직 분야에 특별채용제도를 활용하는 경우는 준사법적 행정 업무나 법무행정 업무에 변호사를 채용할 때가 대부분이다. 한편, 박사학위 소지자를 특별채용하는 경우도 주로 기술직 분야에서 이루어졌는데 기술사만큼 활성화되지는 못했다.

전문가를 채용할 때 기술사 등 고급 자격증 소지자나 박사 등 학위 소지자를 채용하는 것은 대단히 좋은 방법이다. 그럼에도 활성화되지 못한 이유는 인사관리가 철저하게 공개경쟁채용시험 합격자 위주로 운영되기 때문이다. 그리고 특채자들이 공직에서 오래 근무하기를 망설이는 이유는 민간에서의 경력을 승진 경력이나 보수 경력에 제대로 반영해주지 않는 것도 있지만, 다양한 네트워크로 연결되어 있는 공직에서 자신들의 활동 영역과 능력 발전 가능성을 발견하지 못하거나 고위직에 해당 직위가 없어 공직에서의 포부를 펼칠 기회가 없다고 생각하기 때문이다.

공개경쟁채용제도의 장벽을 피하여 활성화된, 어떻게 보면 변칙적인 특별채용제도가 외부 전문가를 계약직으로 채용하는 방법이다. 이것은 신분이 보장되는 일반직 공무원으로의 임용 대신 일정 기간을 정하여 계약직으로 채용하는 방식으로, 개방형 직위도 대부분 여기에 속한다.

그동안 계약직 공무원제도 운영 과정에서 나타난 문제들을 보면, 계약 가능 기간이 총 5년에 이르는데도 일단 2~3년의 단기간만 계약하고 성과가 좋을 경우에 5년 중 남은 기간을 재계약하는 관행을 비롯하여 성과가 좋은 경우에도 재계약이 보장되지 않는 점, 재계약 여부가 객관적인 성과에 의해 결정되기보다는 일반직 공무원들의 재량적 판단에 맡겨지는 점, 계약직 공무원들이 공무원으로 임용되기 전 해당 분야에서의 경력이 보수나 경력으로 충분히 반영되지 않는 점 등 계약직 공무원제도의 활성화를 저해하는 요인들이 많다.

위와 같은 내용으로 볼 때 2003년부터 연례적으로 시행하고 있는 이공계 박사 및 기술사의 일반직 사무관 특채제도는 대단히 파격적인 제도라 할 수 있다. 2003년 '이공계 전공자 공직 진출 확대 방안'을 시행한 이후 2007년 9월 14일 중앙인사위원회가 처음으로 실시한 중앙행정기관의 과장급 이상 중 기술직과 이공계 전공자(이하 '이공계')의 행정·기술 복수직위 등 주요 정책결정직위 현황 조사에 따르면,[22] 중앙행정기관 과장급 이상 직위에 재직 중인 이공계(연구·지도관 제외) 비율은 33.0%로 전체의 3분의 1을 차지하고, 과학기술부 등 15개 과학기술부처의 경우 48.1%로 집계되었다.

한편, 이공계의 주요 정책결정직위 참여 확대를 위해 과장급 이상 직위 중 복수직위 확대를 2004년부터 지속적으로 추진한 결과, 과장급 이상에서 복수직위 비율은 55.6%로 2003년 대비 25.7%p(868개) 늘어났

---

[22] 행정안전부 정부인사포털 홈페이지 참조.

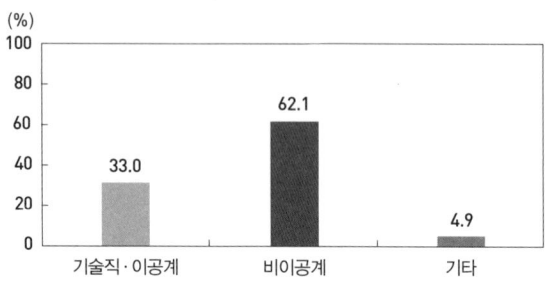

그림 2-2 중앙행정기관 과장급 이상 이공계/비이공계 비율(2007. 9. 14. 현재)

자료 : 행정안전부 정부인사포털 홈페이지.

표 2-1 과기부처/비과기부처 과장급 이상 이공계 비율(2007. 9. 14. 현재)

전체	과학기술부처	비과학기술부처
33.0% (962/2,917명)	48.1% (581/1,209명)	22.3% (381/1,708명)

자료 : 행정안전부 정부인사포털 홈페이지.

으며, 과학기술부처의 경우 71.4%의 증가가 있었던 것으로 조사되었다. 기술직 보임 가능 직위인 복수직위+기술직단수직위 비율도 68.2%로 전체의 3분의 2를 넘어섰고, 2003년과 비교하면 21.1%p 증가하였다.

이와 관련하여 이공계의 주요 정책결정 참여를 확대하기 위해서는 복수직위 수 자체의 증가와 함께 이공계가 실제로 보직되는 것이 더 중요하다는 판단에 따라 과장급 이상 이공계가 복수직위에 임용된 현황도 함께 조사하였다. 그 결과, 과장급 이상 이공계의 복수직위 점유율은 35.2%로 조사되었다. 과장급 이상 이공계 인력 풀(pool)이 33%인 점을 감안할 때 이공계의 복수직위 진출은 활발한 것으로 볼 수 있다.

그림 2-3 ▶ 연도별 과장급 이상 행정·기술복수직위 추이

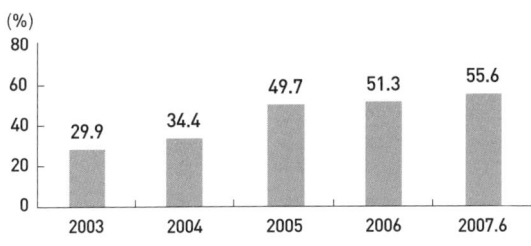

자료 : 행정안전부 정부인사포털 홈페이지.

표 2-2 ▶ 연도별 과장급 이상 복수직위 현황 비교

구분	전체	행정직단수직위	행정·기술복수직위	기술직단수직위
2003년	2,524 (100%)	1,332 (52.8%)	2754 (29.9%)	438 (17.3%)
2007년 6월 말	2,917 (100%)	926 (31.7%)	1,622 (55.6%)	369 (12.6%)

자료 : 행정안전부 정부인사포털 홈페이지.

행정직 위주로 운영되어온 인사, 혁신, 조직, 예산, 감사 등 공통 업무 관장 과장급 이상 직위의 복수직위 전환과 이공계 임용을 적극 권장한 결과, 부처 전체 공통업무 관장 직위 중 65.6%가 복수직위로 전환되었다. 특히 교육부, 통일부, 노동부 등 24개 부처는 모든 공통업무 관장 직위를 복수직위로 전환한 것으로 조사되었다. 실제로 과학기술부 총무과장, 건설교통부 총무팀장, 농림부·중앙인사위 혁신인사기획관, 기상청 재정기획관, 소방방재청 법무감사팀장 등 다수 직위에 이공계가 임용된 것으로 조사되어 과거 행정직이 독점하던 인사관행이 많이 개선되었음을 알 수 있었다.

이와 같이 이공계 인력 풀을 감안할 때 이공계의 주요 정책결정 직

표 2-3 ▶ 이공계 복수직위 보임 비율과 이공계 인원 비율(2007. 9. 14. 현재)

구분	전체	과학기술부처	비과학기술부처
과장급 이상 이공계 복수직위 보임 비율	35.2% (571명/1,622직위)	47.0% (406명/863직위)	21.7% (165명/759직위)
과장급 이상 이공계 인원 비율	33.0% (962/2,917명)	48.1% (581/1,209명)	22.3% (381/1,708명)

자료 : 행정안전부 정부인사포털 홈페이지.

표 2-4 ▶ 공통업무 관장 직위의 복수직위 현황(2007. 9. 14. 현재)

전체	복수직위	행정직단수직위 등
160 (100%)	105 (65.6%)	55 (34.4%)

자료 : 행정안전부 정부인사포털 홈페이지

표 2-5 ▶ 공통업무 관장 직위의 복수직위 전환율이 100%인 부처(2007. 9. 14. 현재)

부 단위(12개)	교육인적자원부, 과학기술부, 통일부, 농림부, 산업자원부, 정보통신부, 보건복지부, 환경부, 노동부, 여성가족부, 건설교통부, 해양수산부
처·청·위원회 단위(12개)	중앙인사위원회, 국정홍보처, 금융감독위원회, 국민고충처리위원회, 조달청, 통계청, 기상청, 문화재청, 산림청, 중소기업청, 식품의약품안전청, 행정중심복합도시건설청

위 진출은 활발했지만, 비과학기술부처의 경우 이공계 인력 풀이 작고 복수직위 등 주요직위 진출도 상대적으로 부진하였다. 또한 처음 우려했던 대로 특채 이공계 사무관들이 정책부서에 임용되어 활동하는 경우보다는 특허심사, 전산실 근무 등 집행 업무 분야에 주로 배치되었으며, 공직에 적응하지 못하고 조기에 이직하는 사례도 보고되었다.

외부 전문가 특별채용제도가 활성화되지 못한 이유는 위의 사례들로부터 비교적 명확하게 드러났다고 볼 수 있다. 따라서 세밀한 분석과 검토를 통해 계약직뿐 아니라 일반 공무원직에 우수한 외부 전문가를 채용하여 적극 활용하는 방안을 강구해야 할 것이다.

◎ 개방형직위제도 시행

도입의 배경과 내용 | 개방형직위제도는 공직사회의 경쟁력을 제고하기 위해 전문성이 특히 요구되거나 효율적인 정책 수립을 위하여 필요하다고 판단되는 직위에 공개경쟁을 거쳐 직무수행요건을 갖춘 자 중 최적격자를 임용하는 제도이다.[23]

개방형임용제도는 공직사회의 유동성을 확보하기 위한 방안이다. 기존의 폐쇄형 충원에서는 외부 인사를 충원할 수 있는 기회가 매우 제한되어 있었다.[24] 우리나라의 공무원제도는 직위분류제적인 요소가 가미되긴 했지만 기본적으로 계급제에 토대를 두고 운영해왔다. 이에 따라 원칙적으로 외부채용을 허용하지 않고 신규임용 공무원은 일정한 계급군의 최하위 계급으로 임용하는 폐쇄적인 인사제도를 유지해 왔다.[25]

물론 이전에도 개방형 충원의 다른 방법으로 전문직 충원이 존재하긴 했지만, 영입의 규모가 매우 영세하였으며 진정한 전문가가 채용되는 경우도 드물었다. 그 때문에 외부 전문가 도입의 취지인 "공직의 전문성 제고"라는 목적을 달성하기에는 역부족이었다.

공무원의 전문성 부족은 민간부문에 비해 공공부문의 경쟁력을 떨어뜨리고 낮은 생산성을 초래하는 결과를 낳았다. 또한 폐쇄형충원제도와 그 궤를 같이하는 공무원 정년보장제도는 공무원들의 무사안일을 초래하고 적당주의를 만연시킴으로써 많은 부작용을 양산하였다.

---

23 중앙인사위원회(2002), "제1기 중앙인사위원회 보고서", 《공무원인사개혁백서》, p. 29.
24 최병대·김상묵(1999), "공직사회 경쟁력 제고를 위한 실적주의 인사행정기능의 강화", 《한국행정학보》, 33(4), p. 91.
25 정준금(2003), "시차이론과 제도변화: 개방형직위 임용제도를 중심으로", 《한국사회와 행정연구》, 14(2), p. 73.

이러한 문제점을 해결하기 위한 방안의 하나로서, 1999년부터 중앙부처의 실·국장급 직위 일부에 개방형임용제도를 도입하기 시작하였다.

중앙인사위원회는 기획예산위원회의 경영 진단 결과를 토대로 관계 부처 협의와 학계, 언론계, 시민단체, 관계공무원 등 전문가가 참여한 패널회의 및 관계부처의 의견 수렴 과정을 거쳐, 1999년 11월 15일에 38개 부처 129개 직위를 개방형직위로 지정하였다. 그후 중앙인사위원회는 기획예산위원회에서 경영진단조정위원회의 심의와 공청회 등을 통해 정리한 의견, 각 부처의 의견, 시민단체의 의견 등을 참고하여 개방형직위제도 시행에 필요한 '개방형직위의 운영 등에 관한 규정(대통령령)'을 마련하였다. 그리고 학계 및 민간의 인사전문가들로 구성한 중앙인사위원회 인사정책자문회의의 심의, 입법예고, 중앙인사위원회의 심의, 국무회의 의결 등의 절차를 거쳐 2000년 2월 28일에 제정, 시행하였다.

1999년 11월 15일 도입 당시 38개 부처 129개 직위였던 개방형직위는 2006년 4월 기준으로 45개 부처 158개 직위로 확대 운영되었고, 그 중 충원이 완료된 146개 직위의 민간인 및 타 부처 공무원 외부임용률은 42.5%에 이른다.[26] 2007년 6월 기준, 부처별 개방형·공모직위 지정 현황은 〈표 2-6〉과 같다.

개방형임용제도의 절정은 책임운영기관의 장을 개방형으로 하고, 2006년 7월 1일부터 시행된 고위공무원단제도에 개방형을 필수요소로 하였다. 핵심 고위직의 정책결정 업무 분야에 개방형 임용제를 광범위

---

[26] http://www.csc.go.kr/policy/Pol0201.asp?bbs_id=81&siid=236 참조.

표 2-6 부처별 개방형·공모직위 지정 현황(2007. 6. 30. 현재)

부처명	고위공무원단 직위(175개)	과장급 직위(44개)
건설교통부(8개)	감사관, 토지기획관, 항공안전본부 공항시설기획관, 국토지리정보원장, 건설교통인재개발원장, 한강홍수통제소장	정보화담당관, 교통정보기획과장
경찰청(3개)	경찰병원장, 치안정책연구소장, 운전면허시험단장	
공정거래위원회(4개)	심판관리관, 소비자본부장	약관제도과장, 송무팀장
과학기술부(4개)	생명해양심의관, 정보전자심의관, 국립중앙과학관장, 기계소재심의관	
관세청(3개)	정보협력국장, 감사관	교역협력과장
교육인적자원부(9개)	학교정책실장, 인적자원정책국장, 국제교육진흥원장, 국립특수교육원장, 국사편찬위원회 편사부장, 학술원 사무국장, 한국교원대 사무국장	여성교육정책담당관, 특수교육정책과장
국가보훈처(4개)	제대군인국장, 대구지방보훈청장	5·18묘지관리소장, 정보화담당관
국가인권위원회(7개)	인권정책본부장	
국가청렴위원회(1개)	심사본부장	
국무조정실(7개)	경제조정관, 특정평가심의관, 규제개혁2심의관, 재경금융심의관, 제주특별자치도지원위원회 사무처 산업진흥관	건설교통정책과장, 여성청소년정책과장
국세청(9개)	납세지원국장, 서울지방국세청 납세지원국장, 감사관, 전산정보관리관, 중부지방국세청 납세지원국장, 중부지방국세청 세원관리국장	납세홍보과장, 서울지방국세청 법무2과장, 중부지방국세청 법무과장
국정홍보처(1개)	영상홍보원장	
기상청(2개)	국립기상연구소장, 지진관리관	
기획예산처(5개)	기금제도기획관, 전략기획관, 민간투자기획관	정보화담당관, 공공기관혁신지원팀장
국방부(5개)	자원관리본부장, 정보화기획관, 인사기획관, 법무관리관, 국방홍보원장	
노동부(5개)	국제협력국장, 고용평등심의관, 감사관, 중앙노동위원회 사무국장	노동통계팀장
농림부(4개)	국제협력국장, 고용평등심의관, 감사관, 중앙노동위원회 사무국장	
농촌진흥청(5개)	농업경영정보관, 농업생명공학연구원장, 축산연구소장, 원예연구소장, 농업공학연구소장	

부처명	고위공무원단 직위(175개)	과장급 직위(44개)
문화관광부(9개)	국립국어원장, 국립중앙극장장, 국립현대미술관장, 국립국악원장, 국립국악원 국악연구실장, 관광레저도시추진기획단장, 아시아문화도시추진단장	정보화담당관, 법무팀장
문화재청(1개)	국립문화재연구소장	
민주평화통일자문회의(1개)	통일정책전문위원	
법무부(7개)	출입국·외국인정책본부장, 인권국장, 치료감호소장, 치료감호소의료부장, 천안개방교도소장, 법무연수원 교정연수부장	서울소년원 창업지원과장
법제처(3개)	사회문화법제국장, 심판심의관	건설교통심판팀장
병무청(3개)	동원소집본부장, 강원지방병무청장	중앙신체검사소장
보건복지부(15개)	저출산고령화사회정책본부장, 국립의료원장, 질병관리본부장, 질병관리본부 유전체센터장, 국립재활원장, 국립서울병원장, 국립나주병원장, 국립마산병원장, 국립부곡병원장, 국립춘천병원장, 국립공주병원장, 국립목포병원장, 감사관	재활지원팀장, 정보화담당관
비상기획위원회(1개)	상근위원	
산림청(3개)	자원정책본부장, 국립산림과학원장, 국립산림과학원 산림경영부장	
방위사업청(3개)	분석시험평가국장, 방산진흥국장, 계약관리본부장	
산업자원부(6개)	감사관, 기간제조산업본부장, 기술표준원 기술표준정책부장, 무역위원회 무역조사실장	정보화담당관, 무역위원회 가격조사과장
소방방재청(1개)	방재연구소장	
식품의약품안전청(6개)	영양기능식품본부장, 생약평가부장, 국립독성연구원장, 의료기기평가부장	국립독성연구원 임상약리팀장, 식의약품위해성팀장
여성가족부(1개)	여성인력기획관	
외교통상부(19개)	문화외교국장, 재외동포영사국장, 감사관, 국제경제국심의관, 외교안보연구원 경제통상연구부장, 안보통일연구부장, 자유무역협정 제1기획관, 홍보관리관, 기획심의관, 다자통상국 심의관, 독일·영국·LA·뉴욕·일본·중국·프랑스문화원장	통상투자진흥과장, 통상전문관
특허청(5개)	기계금속건설심사본부장, 정보통신심사본부장, 특허심판원 심판장(화학), 특허심판원 심판장(상표)	정보관리담당관

부처명	고위공무원단 직위(175개)	과장급 직위(44개)
해양수산부(8개)	국제협력관, 항만국장, 국립수산과학원장, 울산지방해양수산청장, 국립수산과학원 해양환경본부장, 감사관	정보관리담당관
행정자치부(10개)	감사관, 전자정부본부장, 지방혁신인력개발원 혁신연구개발센터장, 국립과학수사연구소장, 국가기록원 기록정보서비스부장, 조직진단센터장, 혁신컨설팅단장	주민참여팀장, 지방세심사팀장, 국가기록원홍보서비스팀장
행정중심복합도시건설청(6개)	도시계획본부장	
환경부(7개)	국제협력관, 감사관, 국립환경과학원 환경건강연구부장, 국립환경인력개발원장, 국립생물자원관장	정보화담당관, 국립환경과학원 먹는물과장
중앙인사위원회(1개)	인사정보관	
통계청(2개)	통계정보국장, 통계개발원장(책)	
통일부(6개)	정책기획관, 통일교육원장, 협력기획관, 상근회담대표	정보화기획팀장, 정책고객팀장
재정경제부(6개)	국제업무정책관, 경제정책심의관, 관세국장, 국제금융심의관	소비자정책과장, 국세심판원 조사관
정보통신부(6개)	정보보호기획단장, 우정사업본부장, 우정사업본부 우편사업단장, 전파연구소장, 감사관	지역협력과장
조달청(2개)	중앙구매사업단장, 부산지방조달청장	
중소기업청(3개)	성장지원본부장, 광주·전남지방중소기업청장	국제협력담당관

하게 도입함으로써 개방형제도가 외부의 전문가를 공무원으로 임용하는 강력한 제도로 자리 잡게 한 것이다.

제도 시행의 평가 | 폐쇄적으로 운영해오던 공직에 개방형직위제도를 도입한 이후, 공직사회에는 경쟁과 변화의 물결이 확산되어 각 부처에서 성과 중심의 운영체제 도입을 경쟁적으로 추진하였다. 이처럼 개방형직위제도는 우리나라의 행정 패러다임을 변화시키는 촉매제 역할을

했다는 긍정적인 측면이 존재한다. 그러나 부정적인 면도 다수 존재한다. 그 내용은 다음과 같다.

첫째, 충원 시에 정치적 영향이나 엽관제적인 고려가 작용하는 경우가 있었다. 임용시험이라는 객관적인 기준과 비교할 때 능력, 실적 이외의 정치적 요인이나 정실 요인이 선발에 영향을 미칠 수밖에 없는 것이다.

둘째, 공직에 대한 국민의 부정적 인식으로 인해 전문성을 갖춘 내부 인력을 채용하기보다 전문성에 대한 철저한 검증을 받지 않은 외부 인력 채용을 강요하는 분위기도 문제이다. 더욱이 외부 인력이 자신의 전문성을 설득력 있게 입증하는 것 또한 쉬운 일은 아니다.

셋째, 개방형 직위에 임명된 인사들이 공직사회의 높은 벽에 부딪혀 조직 내에서 제대로 된 리더십을 발휘하지 못했다. 공직임용시험을 통해 채용된 직업공무원들이 대다수이고 연공서열에 따른 시스템이 확고하게 구축되어 있는 공직사회에서, '외부에서 들어온 사람'은 아무리 전문성이 높다 하더라도 하급자들을 통솔하기가 쉽지 않았던 것이다. 이러한 현상은 당연한 것처럼 거의 모든 부처에서 나타났고, 급기야 이로 인하여 행정 업무의 한정성과 계속성을 저해하는 결과가 초래되었다.

넷째, 위의 둘째 면과는 반대의 입장에서, 직업공무원제를 근간으로 하고 있는 정부와 공무원 간의 안정된 고용관계가 흔들릴 수 있으며, 하위직 공무원들의 사기저하를 초래할 수도 있다는 우려가 많다.

다섯째, 연공서열에 따른 엄격한 위계질서가 강조되고 학맥과 인맥으로 연결되어 있는 우리나라의 공직사회 문화에서, 개인의 능력과 실적에 따른 성과평가와 보상이 제대로 이루어지는 개방형임용제도가 뿌리내릴 수 있을 것인가에 대해 회의적인 시선이 많다.

여섯째, 현실적인 문제로서 민간 수준과의 보수 격차, 임기 만료 후의 신분 불안, 노동시장으로의 낮은 직업 이동성 등으로 인해 사실상 민간부문의 우수한 인재가 선뜻 정부의 개방형 직위에 응모하기 어려운 실정이다.

공개경쟁채용시험제도에 기반한 폐쇄형임용제도하에서 개방형임용제도는 외부의 전문가를 유치하는 유용한 수단이다. 또한 앞으로 지식기반사회에서 일반적인 채용제도로 자리 잡을 것으로 예상된다. 공개채용제도와 폐쇄형임용제도의 관점에서 개방형제도의 부정적인 면만을 지나치게 강조하려 하지 말고, 현재 시행 과정 중에 드러나고 있는 문제를 세밀하게 검토하여 공직의 경쟁력을 강화할 수 있는 좋은 제도로 수정, 발전시켜나가야 할 것이다.

보직관리(전보)제도

민간근무휴직제와 민간전문가파견제

도입의 배경과 내용 | 우리나라 공직사회의 문제점으로 끊임없이 지적된 것 중 하나는 바로 공무원의 전문성 부족이다. 이는 창의적이고 혁신적인 아이디어의 도출을 불가능하게 할 뿐만 아니라, 그것을 업무 수행 과정에 도입하는 것도 어렵게 한다. 그리하여 공무원들은 항상 "시대에 뒤떨어진 존재"라는 달갑지 않은 시선을 받았다. 이 문제를 해결하기

위해 도입된 수많은 제도들 가운데 비교적 최근에 도입된 제도로 '민간근무휴직제'와 '민간전문가파견제도'가 있다.

민간근무휴직제를 도입한 원래의 목적은 국가사업의 수행, 업무 수행과 관련한 행정 지원 및 공무원의 연수와 능력 개발 등에 있었다. 1~2년간 휴직한 후 민간부문의 경영기법과 업무수행방법을 습득하도록 하는 것이 이 제도의 내용이다.

또한 민간전문가파견제도는 이와는 반대로 민간전문가가 일정 기간 공직에 파견을 나와 활동하는 것이다.[27] 즉, 국가사업을 수행할 때 민간전문가의 지원을 받음으로써 공직사회의 후진적인 전문성을 제고하고, 침체되고 폐쇄적인 공직사회에 새로운 바람을 불어넣음으로써 창의적이고 혁신적인 업무 수행을 도모하기 위한 취지에서 이 제도를 도입한 것이다.

제도 시행의 평가 | 민간근무휴직제와 민간전문가파견제는 공무원들의 뒤떨어진 전문성을 보강하고 침체된 공직사회에 새바람을 불어넣기 위해 도입되었다. 그러나 공직사회의 강력한 타성과 제도적인 허점으로 인해 원래의 취지를 상실한 채 형식적으로 운영되거나 심지어 악용되고 있는 사례까지 있어 현재 실패한 제도로 인식되어가고 있다.

민간근무휴직제의 경우, 사실상 6개월 이상 휴직 인원에 대해 충원이 가능하다는 규정을 악용하여 부처의 인원 충원 방법으로 사용된 사례가 있었다. 또한 휴직 뒤 대기업에 근무하면서 거액의 보수를 수령

---

[27] 《경향신문》, 2007. 9. 18., 45판 16면.

하는 사례도 많았는데, 원래의 취지를 살리려면 중소기업 등에서 일하면서 하도급 비리를 개선하게 하는 것이 바람직하다.[28]

민간전문가파견제도는 국가사업에 대한 민간전문가의 능력 활용을 기대한 것이었으나, 사실상 공직에 파견된 민간전문가들은 단순 민원상담, 기사 스크랩 등의 잡일을 하는 등 원래의 취지를 전혀 살리지 못하고 있다. 민간전문가가 공직에 들어와 파견 근무를 할 때 자신의 전문역량을 살릴 수 있는 적정한 보직을 얻지 못하는 이유는 민간기업의 직위를 낮게 평가하는 공무원들의 시각 때문으로 보인다(예를 들어, 대기업의 부장 출신 인사를 파견 받았을 때 공무원들은 이들에게 사무관의 임무를 주는 것조차 아까워한다). 한편, 공무원이 민간 분야에 나가 현장 경험을 쌓게 하는 제도는 대부분 기업과의 유착 같은 복무규정 위반이나 높은 급여로 인한 품위 손상 등에 대한 비판이 많다.

지식기반사회, 개방화 사회, 전문화 사회에서 보다 세심한 검토를 거친다면 공무원의 민간파견제도, 민간의 공직파견제도 등은 전문인력의 민·관·산·학·연 간 교류제도로서, 공무원의 자기개발 및 사회적 이동성 활성화 방안으로서 보다 개선된 방안이 될 수도 있을 것이다.

◎ 전보제한제도

도입의 배경과 내용 | 참여정부는 국가경쟁력을 높이기 위해 전략적인 인사관리를 통한 정부인적자원의 경쟁력과 전문성 제고가 필요하다는 인식하에 종합적인 전문성 제고 방안을 추진하였는데, 그 중 하나가

---

28 《문화일보》, 2007. 9. 14., 3판 7면.

전보제한 및 경력개발프로그램(보직경로제도)이다.[29]

2005년 5월 17일 '공무원임용령 개정안'을 통해 전보제한제도와 분야별 보직관리제도를 전면적으로 실시하였으며, 그 내용은 다음과 같다.

공무원의 전보제한기간은 직위에 관계없이 모두 1년이었으나, 향후 직위별로 1년 내지 2년(국장급 1년, 과장급 이상 1년 6월, 계장급 이하 2년)으로 차등 확대하였다. 이에 따라 부처 인력 운영상의 경직성을 완화하고자 전보 가능 단위는 '과' 단위에서 '실·국' 단위(직무 유사성이 있는 직위)로 상향조정하였다.

이러한 제도 개혁을 통해 계급제 중심 하에서 지속적으로 지적된, 빈번한 순환전보로 인한 전문성 약화 문제를 해결하려 하였던 것이다.

제도 시행의 평가 | 전보제한제도는 공무원의 전문성을 향상시키고 순환보직의 폐해를 막을 수 있을 것이라는 기대에서, 도입 초기에 공직사회로부터 상당한 지지를 얻었다. 이 제도 자체에 대한 공무원들의 긍정적인 반응은 필자가 행한 설문조사 결과를 통해서도 확인할 수 있었다. 즉, '전보제한제도의 성과'를 묻는 질문에 대해 응답자의 48.9%가 긍정적인 답변을 하였다.

그러나 이러한 긍정적인 면에도 불구하고 부정적인 면도 있다. 그것을 간단히 언급하면 다음과 같다.

첫째, 모든 직위가 다 승진 가능성이 있는 직위로 인식될 때 전보제한제도의 성과가 커질 수 있다. 어떤 직위에서든 그 직위에서 자신의

---

[29] 남궁근·류임철(2004), "공직전문성 제고를 위한 보직관리시스템 개선방안", 《인사행정학회보》, 2(1).

전문역량을 바탕으로 최선의 성과를 내는 경우, 승진을 비롯하여 그에 상응하는 인사상의 보상이 보장된다면 자리를 옮기려는 욕구는 적어질 것이다. 그러나 아쉽게도 모든 조직에서 장관이 중요하게 생각하는 자리, 장관이 좋아하는 직원을 배치하고 싶은 자리, 자타가 모두 승진 0순위로 인식하는 자리가 있다. 이렇게 직위간에 서열이 있고 인사권자가 이 서열을 인정하는 경우에는 전보제한제도가 전문성 함양을 위한 적극적인 제도로 인식되지 않고, 좋은 자리를 향해 무조건 움직이려는 행태를 통제하려는 소극적 제도로만 여겨지게 된다.

둘째, 행정자치부에서 시행하고 있는 '팀제'와 상충될 수 있다. 공무원의 전문성을 강화하고 경력 발전을 지원하기 위해 전보제한기간을 과장급 이상은 1년 6개월, 5급 이하는 2년으로 확대하였다. 행정자치부 내 팀장의 경우에는 직급에 따라 전보제한기간이 달리 적용되어 5급 팀장은 2년, 3~4급 팀장은 1년 6개월의 기간이 설정되며, 팀원의 경우에도 동일하게 적용된다. 그런데 조직을 개편할 때는 이러한 전보제한이 적용되지 않기에, 조직 운영의 유연성을 기하기 위해 팀을 수시로 개편할 경우 전보제한제도는 유명무실해질 우려가 있다. 아이러니컬하게도 팀제가 실제로 활성화될 경우 전보제한제도의 논리와 상충되는 것이다.

셋째, 전보제한제도는 부처장관의 인사권을 제한하는 조치이므로 부처들의 내부적인 불만에도 불구하고 시행해왔다. 그런데 각종 기획단이나 TF 등 임시 조직이 많이 등장하면서 전보제한제도가 상당 부분 흔들리게 되었다. 조직 본부에 결원이 생겼을 때 조직 외부의 TF 등에 배치되었던 공무원을 우선적으로 배치할 경우, 전보제한규정을 적용하기 어려운 까닭이다. 이 경우 전보제한규정은 예외를 인정해달라는 압력에 시달릴 수밖에 없는데, 실제로 부처에서 전보제한규정에 대한 예외를 인정해달라고 할 때 이에 대한 반박 논리를 구성하기가 쉽지 않아 거부하는 경우는 거의 없다고 한다.

설문조사에서 긍정적인 답변이 48.9%나 됐지만, 부정적인 답변('전혀 그렇지 않다'/'그렇지 않다')이 17.7%, '보통이다'라는 답변을 통해 유보적인 태도를 취한 공무원이 33.3%에 달했다. 따라서 아직은 이 제도가 그 시행 취지를 제대로 달성하고 있다고 보기에는 다소 무리가 있음을 알 수 있다. 위에서 언급한 대로 변칙적인 조직 운영을 통해 제도의 효과가 희석되고 있는 것은 사실이다. 하지만 공직사회 내에서 공무원의 전문성을 제고할 필요가 있으며, 이 제도를 통해 그것을 개선할 수 있다는 취지에 대해서는 공감하는 분위기가 어느 정도 형성되어 있다. 따라서 향후 제도 보완을 통해 전보제한제도의 약점을 극복해나가는 것이 필요하다 하겠다.

평정 및 승진제도

◉ 근무성적평정제도와 인사평정제도 개선

도입의 배경과 내용 | 우리나라의 공직인사제도는 전통적인 직업공무원제도에서 출발하였고, 인사 운영은 상당 부분 실적주의에 근거하고 있다. 직업공무원제도의 근간이 되는 요소 중 하나는 공무원평정제도이다. 평정제도에 의해 공무원들의 업무수행성과가 나타나고, 이에 근

거하여 보수 지급 및 포상과 처벌 등을 행하므로 그 중요성은 지대하다고 하겠다.

현재 공무원평정제도는 1~4급과 5~9급의 두 단계로 나누어 시행되고 있는데, 1961년 '근무성적평정규정'이 제정, 공포된 이후 5급 이하 공무원평정제도는 근 40여 년간 근무성적평가와 경력 및 가점평점이라는 두 가지 요소를 기본으로 하여 큰 변화 없이 운영되어왔다. 이 기간 동안 공직사회의 문제점들에 대한 무수한 논의가 있었고, 그때마다 평정제도의 개선을 통해 그러한 문제점들을 다소나마 해결하기 위해 노력하였다. 그 대강의 내용을 정권별로 살펴보면 다음과 같다.

우선 1공화국부터 노태우 정권까지의 시기를 살펴보겠다. 1961년 10월 '근무성적평정규정'이 제정되었는데, 그 목적은 근무성적의 평정기준과 방법을 규정함으로써 인사관리의 공정을 기하기 위함이었다. 1961년 12월에는 '경력평정규정'이 제정되었는데, 공무원의 경력을 점수화하여 공무원의 승임 및 기타 인사행정의 기준을 정하려는 시도였다. 1963년 5월에는 '공무원임용령'을 개정하여 근무성적평정점, 경력평정점, 훈련성적평정점을 기준으로 승진 후보자 명부를 작성하고, 이의 시행을 위해 경력평정시행규칙(1964년 1월)과 승진후보자명부작성에관한규칙(1964년 1월)을 제정하였다.

1973년 4월에 제정된 '공무원승진을위한평정규정'에서는 승진후보자명부작성에관한규정, 경력평정규정, 경력평정시행규칙을 통합하고, 승진에 있어서 학력에 따라 평정점을 달리하던 종래의 제도를 폐지하여 능력 본위의 승진원칙을 확립하였다. 1981년 7월에는 '공무원평정규칙'을 제정함으로써 공무원승진을위한평정규정과 근무성적평정규정을 통합하였다. 이때 5급(3을) 이하 공무원의 승진 등 인사관리의 기준인 각종 평정제도를 전반적으로 개선·보완하였고, 4급(3갑) 이상 공무원에 대하여 인사평정제도를 새롭게 도입함으로써 실적과 능력에 따른 공정하고 합리적인 공무원 승진 임용과 보직관리를 도모하였다.

1993년부터 1998년까지 집권했던 문민정부 시절에도 공무원평정제도의 개혁은 작게나마 계속되었다. 우선 1995년 4월에 '공무원평정규칙'을 개정하면서 5급 공무원의 경우, 평정대상기간 초에 평정대상 공무원 스스로 업무 목표를 설정하고, 근무실적평정을 할 때 업무 목표와 업무 추진 실적을 비교하여 평정하도록 하였다. 이때 자기기술서제도와 가감점제도 등이 반영되었다. 1996년 11월에 시행된 공무원평정규정중개정령에서는 훈련성적점수에서 전문교육성적이 차지하는 비율을 5점/15점에서 10점/20점으로 높임으로써 교육훈련의 중요성을 강조하는 움직임을 보이기도 하였다.

국민의 정부에 들어와 단행된 개혁 중 가장 중요한 것은 '목표관리제'의 도입이다. 우선 '사무관리규정중개정령'을 통해 목표관리제를 도입하고, 1998년 12월 '공무원평정규정중개정령'을 통해 실적주의 인사관리체제를 활성화하고자 4급 이상 공무원에게 목표관리제에 입각한 근무성적평정제도를 적용하였다. 또한 근무성적평정의 요소를 부처별 특성에 맞게 달리 정할 수 있도록 함으로써 근무성적평정의 합리화와 객관화를 도모하였다.

참여정부에 들어와 공무원평정제도는 급격한 변화를 겪게 된다. 우선 2003년 11월 공무원평가제도의 개선 방향을 마련하였다. 장관부터 9급에 이르기까지 전 공무원에 대한 성과 및 능력평가시스템의 체계화 방안을 정립하였고, 특히 5급 이하의 경우 근무성적평정제도의 '근무실적평정' 부분과 '능력 및 태도 평정' 부분을 분리하였다. 근무실적평정 결과는 성과급 등 보상에 주로 활용하도록 하고, 능력 및 태도 위주의 승진 적격성을 주기적으로 평가하여 승진에 주로 활용하도록 하였다. 2004년 6월에는 '공무원평정규정'을 대통령령으로 제정하여 공무원임용령 등 인사 관련 법령에 산재되어 있던 평정 관련 내용을 통합하였다. 무엇보다도 중요한 개혁은 2005년 12월에 단행된 '공무원성과평가 등에 관한 규정'의 공포라고 할 수 있다. 이를 통해 공무원평정규정을 전부 개정했는데, 근무성적평정제도를 4급 이상 공무원에 대한 '성과계약평가'[30]와 5급 이하 공무원에 대한 '근무성적평가'로 나누어 체계화하였다. 그리고 공무원에 대한 성과평가제도 설계 및 운영에 관한 각급 기관의 자율성을 확대하였다. 2006년 6월에는 '공무원성과평가 등에 관한 규정'을 개정하여 고위공무원에 대한 역량 평가 등을 포함시켰다.

위와 같은 과정을 거쳐 현재의 공무원평정시스템을 갖추게 되었는데, 성과계약평가제도는 직무성과계약제 부분에서 살펴보기로 하고, 먼저 근무성적평정제도를 설명하자면 아래와 같다.[31]

우선 공무원평정의 적용 대상은 5급 이하 일반직 및 기능직 공무원, 연구사 및 지도사이며, 그 내용은 크게 '근무성적평가'와 '경력평정'

---

[30] 중앙인사위원회가 도입한 성과계약제는 그간 행정자치부가 담당했던 목표관리제와 본질적으로 같은 제도였다. 그러나 인사제도를 다루지 않는 행정자치부가 목표관리제를 통해 인사행정의 일부분을 관장하면서 중앙인사위원회의 인사정책 흐름을 가로막는 점이 있었기 때문에 성과계약제 도입 초기에는 목표관리제와 병행하여 운용하였다. 목표관리제는 행정안전부 지식행정과의 기능으로 되어 있으나 성과계약제에 밀려 사문화되다시피 하였는데, 이명박 정부에서 목표관리제가 어떻게 운영될지는 두고 보아야 할 것이다.

[31] 행정안전부 정부인사포털 홈페이지 참조.

의 두 가지로 나뉜다.

근무성적평가의 경우, 평가자는 평가대상 공무원의 성과를 관찰할 수 있는 상급·상위 감독자가 되며, 확인자는 평가자의 상급·상위 감독자 중에서 소속장관이 지정하는 자가 된다. 평가항목은 '근무실적' 및 '직무수행능력'을 기본으로, 소속장관의 판단에 따라 '직무수행태도'를 추가할 수 있다. 근무실적은 업무난이도, 업무량, 완성도, 적시성의 네 가지 요소로 구성되며, 직무수행능력을 평가할 때는 기획력, 협상력, 신속성, 성실성, 조직헌신도 등의 요소를 고려한다. 평가는 근무실적, 직무수행능력 등의 평가항목을 기준으로 실시하며, 총점은 100점 만점으로 한다.

이것은 원칙적으로 연 2회 실시하며, 상반기 평가는 기관의 사정에 따라 생략이 가능하다. 평가를 담당하는 근무성적평가위원회는 평가대상 공무원의 상급·상위 감독자 가운데 5인 이상으로 구성되며, 근무성적평가 결과를 바탕으로 점수를 산정하고, 평가 결과의 조정 및 이의 신청 등에 관한 사항을 처리한다. 평가절차는 직무성과계약제에도 동일하게 적용하는데, 성과목표 설정시(연초), 성과목표 수행의 지도·점검시(수시), 평가자의 평가 전(평가 실시 직전)에 실시한다. 이때 평가자는 평가대상 공무원과 추진 업무에 대해 의견 교환, 코칭, 피드백 등을 하고, 업무 추진 과정의 중요 사항을 주기적으로 기록, 관리한다. 이렇게 이루어진 평가는 평가자 및 확인자의 평가 완료 후 평가대상 공무원 본인의 요청이 있을 경우 그 결과를 공개한다. 결과에 대해 이의가 있는 평가대상 공무원은 확인자에게 이의를 신청할 수 있고, 확인자는 평가자와 협의하여 결정한다. 확인자의 결정 내용에 불복하는 공무원은 근무성적평가위원회에 이의 신청을 할 수 있다.

다음은 경력평정이다. 경력평정 기준일은 6월 30일과 12월 31일이며, 경력평정 대상자는 "평정기준일 현재 승진소요최저연수에 도달한 5급 이하 공무원"이다. 경력평정 가능 기간은 계급별 승진소요최저연수 이상이며, 소속장관이 자율적으로 정한다.

위와 같은 과정을 거쳐 이루어진 평정은 승진 후보자 명부에 반영하여 승진 임용의 기초 자료로 활용한다.

근무실적 부분의 평정 결과는 성과상여금 지급에 활용되며,[32] 특별승급, 교육훈련, 보직관리 등 각종 인사관리에 반영할 수 있다.

제도 시행의 평가 | 근무성적평정 점수의 가장 큰 의의는 경력(연공) 점수와 더불어 승진의 순위를 결정하는 가장 중요하고 결정적인 요소라는 데 있다. 공무원들이 근무성적평정에 큰 관심을 갖는 이유가 여기에 있다.[33]

최근 근무성적평정제도에 있었던 가장 큰 변화는 승진 후보자 명부를 작성할 때 인사권자 재량으로 경력 점수 비중을 5%까지 축소하고,

그림 2-4 › 승진 후보자 명부의 구성

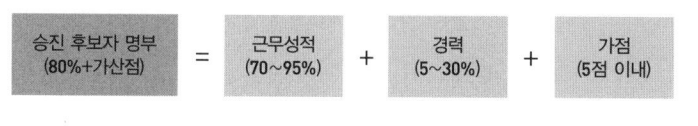

---

[32] 성과상여금 = 근무성적평정(근무실적)+다면평가
[33] 신병대 외(2007), 앞의 글, p. 108.

근무성적평정 점수를 95%까지 늘릴 수 있도록 한 것이다. 그동안 연공서열의 기초가 되었던 경력 점수를 유명무실화한 반면, 근무성적을 강조함으로써 공직 서열 파괴의 제도적 장치를 마련한 것이다.

이것이 공무원들의 지지를 받기 위해서는 먼저 근무성적평정의 객관성과 공정성을 확보해야 한다. 근무성적평정의 3요소는 근무실적과 직무수행능력이라는 두 가지 의무적 요소와, 임의적 요소인 직무수행태도가 있다. 중앙인사위원회는 근무성적평정의 기본적인 방법과 도구를 평정규정에 정하면서도 각 부처의 실정에 맞게 근무성적을 평정할 수 있도록 자율성을 부여하였다. 이에 따라 각 부처는 BSC나 6시그마 등 근무실적을 비교적 객관적으로 평가할 수 있는 평정도구와 방법을 개발하여 활용하고 있다.

근무실적에 비해 주관성이 많이 개입될 수밖에 없는 직무수행능력을 측정하기 위한 도구로는 다면평가제를 많이 활용하고 있다. BSC 등 미국의 민간부문에서 개발된 평가시스템을 공직에 맞게 변용하여 활용하고 있음에도 불구하고 그것의 적정 타당성에 대해서는 많은 비판이 있다. 지나친 계량적 수치 존중과 가시적 결과물 존중으로 인해 정작 평가되어야 하는 부분이 숨겨지고 있다는 것이다. 그러나 BSC 등이 워낙 정밀한 시스템이어서 이를 정밀하게 비판하는 시각은 아직 없는 듯하다. 다면평가제는 인사권자의 주관적 평가를 방지하고 평가의 책임을 여러 사람에게 분산시키는 도구로 활용되고 있다. 다면평가자 선정에서부터 많은 비판이 있음에도 불구하고 보다 유용한 대체수단이 발견되지 않은 까닭에 현재 많이 활용되고 있다.

근무성적평정제도가 늘 표방하는 목표 중 하나가 평정 결과를 승진 여부에만 활용하지 않고 보직관리나 능력개발, 경력관리, 자기개발 등에 활용하겠다는 것이다. 지금까지 이 부분은 거의 공염불에 그쳐왔다. 그러나 최근 각 부처에 인사 전문 부서가 만들어지고, 이 부분에 관심을 두기 시작하면서 특허청이나 관세청 등 일부 기관에서 세밀한 경력관리시스템을 개발하여 활용하고자 했다. 그런데 이러한 새로운 제도들의 성패를 논할 단계에 이르기도 전에 인사부서가 폐지되는 등 이명박 정부의 새로운 실험이 시작되고 있다.[34]

앞으로 근무성적평정제도를 발전시켜나갈 때 유념해야 할 것은 근무실적 및 직무수행능력을 측정하는 도구와 방법 가운데 공무원들의 동의를 얻지 못하고 있는 부분들(주로 세부적인 평가지표들)에 대해 실증적인 자료에 근거한 개선 방안을 마련하는 것과, 평정 결과를 인사부서와 공무원 본인이 공동으로 분석하고 검토하여 자기개발과 경력관리의 수단으로 활용하는 것이라고 하겠다. 이렇게 할 경우 지금까지 단순히 연공이라고만 치부했던 경력의 중요성이 다시 부각될 수도 있을 것이다.

---

[34] 참여정부에서는 인사행정 전담부처인 중앙인사위원회와 더불어 각 부처에 인사행정을 전담하는 혁신인사담당관 직위를 설치하여 채용, 교육, 배치 등 인사행정에 상당한 전문역량을 경주하도록 하였다. 그러나 이명박 정부 출범 후 중앙인사위원회가 폐지되면서 중앙정부 차원의 인사행정 업무는 행정안전부의 많은 업무 중 하나가 되었고, 각 부처의 인사행정 기능도 국민의 정부 이전처럼 여러 기능을 담당하는 총무과의 일부 기능으로 변경되었다.

◎ MBO, 직무성과계약제, BSC

MBO 도입의 배경과 내용 | MBO(Management By Objectives, 목표관리제)란 조직구성원 개인의 성과목표를 조직 전체의 목표와 연계하여 설정한 후 목표를 달성하고자 일하고, 연말에 그간의 업무 추진 실적을 처음에 수립했던 목표와 비교하여 평가하는 제도이다. MBO는 목표 지향적 업무 방식으로의 개선을 유도하고, 조직의 목표 달성 기여도에 따라 개인의 실적에 대한 보상을 함으로써 궁극적으로 행정의 생산성과 효율성을 높이기 위한 것이다.[35]

1998년 12월에 시행된 최초의 MBO 운영 지침에 따르면, 그 도입 목적을 "정책이나 사업에 대한 엄정한 성과관리를 통해 성과에 상응한 정당한 보상을 줌으로써 공직사회 내에 경쟁을 강화하고자 함"이라고 명시하고 있다. 즉, MBO를 도입하던 당시의 목적은 공직사회 내의 '경쟁 강화'였고, 이를 달성하기 위한 수단으로 "성과평가 및 성과평가와 보상의 연계"를 택했다. 그 후 2000년 4월에 시행된 2000년 MBO 운영 지침부터는 성과 향상 대신 "행정의 생산성, 효율성 향상"이라는 개념을 사용했다.[36]

다시 말해, MBO는 목표를 설정하는 과정에서 조직구성원의 참여를 독려하고, 목표 달성도에 대한 평가를 통하여 관리자와 구성원의 업무 성과 향상을 도모하는 관리전략이다. 그러므로 무엇보다도 성과에 대한 정확한 평가를 할 수 있는 정밀한 성과평가체제 구축과 성과에 상응하는 보상을 담보하는 보상체계의 확립이 중요하다.[37]

---

[35] 행정자치부(2003), 《2003년도 목표관리제 운영 지침》.
[36] 김경한(2004), "목표관리제의 운영실태 및 효과성 평가연구", 《한국정책학회보》, 13(1), p. 43.

우리나라에서 제대로 된 성과관리체계를 구축하고자 했을 때 MBO가 그 대안으로 부상한 계기는 첫째, 정책을 수립하여 집행하고 난 뒤 그 결과에 대한 책임 소재가 불분명하다는 점, 둘째, 공무원 개인 혹은 팀이 아닌 연공서열 중심의 성과평가체제로 인해 일에 대한 의욕이 저하되고 공무원들의 복지부동 행태가 지속되었다는 점, 셋째, 보수체계가 획일적이고 부정확하다는 점, 넷째, 사람과 계급 중심의 인사관행 문제가 심각하다는 점 등 때문이다. MBO는 제대로 된 성과관리시스템을 확립함으로써 이러한 인사체계의 문제점을 극복하고자 한 시도였다. MBO를 효과적으로 구현하기 위해서는 목표설정을 통한 책임 소재의 명확화, 성과에 입각한 평가, 그리고 사람이 아닌 직무에 대한 평가가 먼저 이루어져야 하기 때문이다.[38]

MBO의 구체적 실시 내용을 보면 다음과 같다. 우선 중앙정부의 경우 1~4급 일반직 및 별정직에 적용하였으며, 목표 달성도에 따라 성과급과 연계성을 가지도록 제도화하였다. 이에 따라 각자가 설정한 목표별 성과 정도에 따라 3급 이상은 다음 해 연봉 수준을 결정하고, 4급은 그해 성과상여금 액수를 결정하였다. 상세하게 말하자면, 목표 달성도에 따라 1~3급(국장급)에는 성과 연봉을 차등 지급하고, 4급에는 성과상여금을 차등 지급하는 것으로, 사실상 근무평정표의 성격을 띤다. 여기서 국장급은 장·차관이 목표평가서를 작성해 실적 평가를 하며, 4급은 해당 소속 부서장이 실적을 평가하도록 하였다.[39]

---

[37] 강은숙(2004), "정부업무평가제도와 MBO의 연계방안", 《한국행정연구》, 13(2), p. 96.
[38] 정광호·조경호(2003), "목표관리제의 주요 쟁점과 과제: Robert Behn의 공공관리 주요 질문들을 중심으로", 《행정논총》, 41(3), p. 157.
[39] 정광호·조경호(2003), 위의 논문, pp. 163-164.

또한 연초 업무 계획에 기초하여 각 행정기관의 국장급은 7개 이내, 과장급 이상은 5개 이내, 복수직 서기관은 3개 이내의 목표를 설정한 후, 12월말 기준으로 다음 해 1월에 목표의 중요성, 난이도, 달성도라는 3개의 평가항목을 1, 2차 정기 평가 방식으로 연 1회 수행한다. 이때 1차 평가자는 직근상급자, 2차 평가자는 차상급자로 하는데, 1차 평가자는 서열을 결정하고 2차 평가자는 점수를 부여한다. 1, 2차를 포함한 평가는 다음 해 11월 말에 완료된다.[40]

MBO 시행의 평가 | 1999년 MBO 시행 이래 다음과 같은 문제점들이 지적되었다.

첫째, 목표의 설정과 관련된 문제가 나타났다. 목표를 설정할 때 장기적이고 질적인 목표보다는 단기적이고 양적인 목표에 치중하였다. 이는 공공부문의 성과관리에 있어서 근본적인 한계라고 할 수 있는 '목표의 모호성'과 관련된 부분으로, 목표 자체가 불명확할 뿐만 아니라 여러 가지 상충되는 목표들이 동시에 존재하기 때문에 명확한 목표를 설정하기 어려운 까닭이다.

둘째, 목표 달성도에 대한 측정과 평가가 어렵다. 가장 큰 문제로 부각된 것이 바로 '성과지표'의 문제이다.[41] 위의 첫째 문제와 연계하여 평가지표를 설정하는 데 어려움이 있자, 대부분의 부처에서는 이를 만들 때 업무 내용의 항목을 구분하고 되도록 계량적으로 표현하려는 정

---

[40] 강은숙(2004), 앞의 논문집, p. 107.
[41] MBO(목표관리제)를 도입한 당시부터 공무원들이 이해할 수 있고 적용할 수 있는 성과목표 설정 방법이다. 평가지표 설정 방법이 등장하지 않은 것이 MBO의 가장 큰 한계였다고 할 수 있다. 성과목표와 평가지표를 설명하는 사람도 설명을 듣는 사람도 이해하기 어려웠던 것이다.

도에 그쳤다. 결과적으로 목표 달성도라는 수치를 높이기 위해 현재의 직위에서 달성하기 쉬운 목표를 설정하는 경향이 많았다. 목표의 계량화가 어려울 경우에는 '산출물'이나 '서비스'가 아닌 '업무수행활동'을 성과목표로 제시하는 사례도 많았다.[42]

셋째, MBO 지침에 따른 평가자와 실제 평가자가 일치하지 않았다. MBO 지침에 따르면, 업무계획서와 실적보고서는 피평가자(과장과 국장) 본인이 직접 하고, 과장에 대한 평가와 확인은 국장과 차관이, 국장에 대한 평가와 확인은 차관과 장관이 하도록 되어 있다. 그러나 실제로 이들이 업무계획서와 결과보고서를 기록하고 평가와 확인을 하는 일은 거의 없었다. 설령 성과목표와 평가지표가 제대로 설정되어 있지 않았다 하더라도 같이 업무를 추진하면서 지도감독을 해온 상관들이 직접 평가와 확인 작업을 수행한다면 MBO는 성공의 여지가 많은 제도이다. 그러나 실제로는 업무계획서와 결과보고서 기록에서부터 평가와 확인에 이르기까지의 중요한 작업을 낮은 직급의 실무자기 형식적으로 진행했다. 평가 결과에 대해 그리 관심을 두지 않았기 때문이다.

넷째, 성과평가에 근거한 보상이 제대로 운영되지 않았다. 성과평가도 연공서열대로 이루어졌다. 다시 말해, MBO 자체가 3급 국장 이상에게는 성과연봉의 형태로, 4급 과장 이하에게는 성과상여금의 형태로 성과와 보상을 연계하였으나, 이것은 거의 제대로 운영되지 않았다. MBO 자체가 형식적으로 운영되었을 뿐 아니라 실질적으로 MBO와 관련된 실무는 사무관급에서 행해졌기 때문이다.

---

[42] 강은숙(2004), 앞의 논문집, p. 108.

마지막으로, MBO 실무 담당자의 언급을 서술하면 다음과 같다.

"당시 성과목표의 개념과 성과지표의 개념, 그리고 이것들을 목표설정서에 기재하는 것은 대단히 어려웠습니다. 국장, 과장들에게 이것을 설명하는 것이 어려웠고…… 그럼에도 불구하고 성과목표 설정과 평가를 장관, 차관, 국장들이 직접 하기만 한다면 내재적인 문제점들을 어느 정도 해소할 것이라 믿고, 각 부처와 시도를 순회하면서 국장, 과장들에게 목표관리는 참 쉽다는 것과, 목표설정과 평가 작업을 실무자들에게 맡기지 말고 직접 해야 한다는 것을 역설하고 다닌 기억이 납니다. 그러나 정책 담당자인 제 자신도 목표설정서를 직접 작성하기 어려웠고……, 평가도 성과대로 하지 못했습니다."[43]

위에서 언급한 것 외에도 다른 문제점들을 지적할 수 있겠으나, 대표적인 것들은 위와 같다.

기존 인사행정체제의 문제점을 극복하기 위해 상위직급 수준의 성과평가체제에 대한 혁신적인 움직임으로서 MBO를 야심차게 도입하였다. 그러나 제도적인 미비함과 조직문화의 장벽을 극복하지 못하고 MBO의 적용은 결국 실패로 판명되었다. 이후 4급 이상 공직자에 대한 성과평가의 새로운 수단으로 직무성과계약제에 대한 연구가 이루어지고, 그 도입이 시행되었다.

직무성과계약제 도입의 배경과 내용 | 직무성과계약제도는 사전에 조직의 고위관리자에게 업무 수행과 관련한 성과계약(Performance

---

[43] 당시 행정능률과장을 맡고 있던 신문주와의 인터뷰 중에서 발췌하였다.

Agreement)을 체결하도록 하고, 이에 근거하여 평가, 보상, 인사관리를 하는 시스템이다. 이론적 차원에서 본다면, 직무성과계약제는 신공공관리(NPM) 사조 이후 투입요소에 대한 통제보다 결과에 대한 통제를 강조하는 흐름과 직결되어 있다. 즉, 직무성과계약제는 공공조직의 투입요소에 대한 통제를 줄이고 보다 많은 관리적 자율성을 공공기관에 부여하되, 결과에 대한 통제를 강조하는 것이다.[44]

기존의 MBO 하에서는 공직사회 내에 그것의 성과측정 결과에 대한 불신이 팽배해 있었고, 그 결과 불만의 목소리가 높았다. 이것은 기존의 공무원 성과평가체제에서 문제점으로 지적되었던 요소들, 다시 말해 공무원의 전문성을 제고하기 위한 도구로서 성과평가체제가 제 역할을 하지 못하고 있다는 점, 개인이 설정한 목표와 조직이 설정한 목표가 달라서 직무에 몰입할 수 있는 여건이 제대로 마련되어 있지 않다는 점, 성실히 직무를 수행한 공무원과 그렇지 못한 공무원에 대한 평가가 제대로 이루어지지 않아서 성과에 따른 보상을 정확히 하지 못하고 있다는 점 등의 문제를 해결하는 데 있어 MBO가 사실상 실패했다는 것을 의미한다.

직무성과계약제는 이에 대한 반성에서, 제대로 된 공무원 성과평가체제를 확립하여 공공업무 수행의 생산성과 효율성을 담보하고, 정밀한 평가에 근거한 엄정한 보상을 통해 공무원의 사기를 진작시킨다는 목표를 달성하기 위해 도입되었다. 그 구체적 내용은 다음과 같다.

우선 직무성과계약제의 대상은 4급 이상 공무원이다. 이들은 1년간

---

[44] 이종수(2006), 《정부혁신과 인사행정》, 다산출판사, pp. 175-179.

추진할 성과목표를 설정하여 계약을 맺게 되는데, 계약은 중앙인사위원회가 공급하는 전자인사관리시스템(PPSS)의 양식에 맞춰 기관장 또는 상급자와 맺는다. 계약에 앞서 면담을 거쳐 지표와 목표를 정한 뒤 전자인사관리시스템에 입력하는데, 매년 초(1월)에 계약을 체결하며 최고관리자, 직상급자, 혁신T/F, 피평가자 본인의 참여로 결정된 성과목표와 평가지표에 서명하는 방식이다. 이어 목표 달성이 실제로 잘 이뤄지고 있는지 중간 점검을 한 뒤, 해마다 2~3월에 전년도의 성과를 평가해 인사와 보수에 반영한다. 좀 더 구체적으로 살펴보면 부기관장은 기관장과, 실·국장은 부기관장과, 과장은 실·국장과, 복수직 4급은 과장과 각각 성과계약을 체결한다. 그리고 이에 입각하여 평가와 보상을 한다. 성과평가를 인사에 반영할 때는 목표 달성 정도에 따라 '탁월(5점) - 우수(4점) - 보통(3점) - 미흡(2점) - 불량(1점)'의 5단계로 구분된 지표에 따른다.

위와 같은 내용의 직무성과계약제는 2005년 중앙인사위원회 등 일부 부처가 시범 실시한 뒤 2006년부터 전 부처로 확산 시행되었다. 이전까지는 다면평가나 각 부처가 자율적으로 도입한 성과평가로 보수와 인사의 차등을 두었다. 그러나 직무성과계약제의 시행을 계기로 이러한 평가 방식이 더욱 확대되었으며, 이에 따른 평가 결과는 성과관리카드에 모두 기록돼 공직 기간 내내 따라다니게 된다.

직무성과계약제 시행의 평가 | 직무성과계약제는 MBO의 문제점을 타산지석으로 삼고 출범했음에도 불구하고 앞에서 언급한 MBO의 실패 요인을 고스란히 계승하고 있다는 비판을 받고 있다. 연초에 평가자인

기관장과 피평가자가 보도진 앞에서 계약서를 들고 사진 촬영하는 일을 제외하고는 MBO하에서 보여주었던 모습을 동일하게 반복하고 있다는 것이 공직 내 비판이다.

실제 시행되고 있는 사례를 바탕으로 하여 직무성과계약제의 진행과정을 점검해보면 다음과 같다.

중앙인사위원회는 2005년에 직무성과계약제의 성과지표에 따라 소속 공무원들을 평가했는데, 전체 42명 가운데 20명은 '탁월', 나머지 22명은 '우수'로 평가됐다. '보통'이나 '미흡'은 없었다. 이 자료는 개개인의 성과연봉을 책정하는 데 반영되었고, 탁월한 성과를 보인 국·과장은 주요 보직에 발탁되었다.[45]

또한 중앙인사위원회가 2007년 7월 26일 발표한 고위공무원단 직무성과평가 및 성과연봉 지급 실태 조사에 따르면, 고위공무원 1,019명 가운데 46.4%가 가장 높은 점수인 '탁월'을, 37.1%는 두 번째 단계인 '우수'를 받아 10명 중 8명이 높은 등급의 평가를 받았다. '보통'은 15.4%, '미흡'은 1.1%에 불과했고 '불량'은 전혀 없었다.[46]

직무성과계약제의 가장 큰 문제는 상대평가가 아닌 절대평가로 평가가 이루어지고 있다는 점이다. 즉, 절대평가를 함으로써 평가의 내용이 지나치게 관대해지고, 온정주의적 평가 사례가 많다는 비판이다. 절대평가라는 점 때문에 이 제도를 도입할 때 이미 공정한 평가가 이뤄질 수 있을지에 대한 논란이 있었고, 2005년에 이 제도를 도입한 중앙인사위원회는 평가가 지나치게 관대하다는 내부 지적에 따라 재평

---

45 《서울신문》, 2007. 4. 27., 20판 6면.
46 《국민일보》, 2007. 7. 27., 5판 1면.

표 2-7 부처별 고위공무원단 직무성과계약 평가 결과(2007)

평가평균(점)	부·처·위원회 단위	청 단위
5		국무총리비서실, 특허청
4.75~5.00	교육인적자원부, 기획예산처, 통일부	대검찰청, 병무청, 농업진흥청, 산림청, 식품의약품안전청
4.50~4.75	해양수산부, 여성가족부, 공정거래위원회, 국민고충처리위원회	방위사업청, 경찰청
4.25~4.50	법무부, 노동부, 농림부, 건설교통부, 중앙인사위원회, 국가청렴위원회, 비상기획위원회	관세청, 통계청, 중소기업청
4.00~4.25	과학기술부, 산업자원부, 문화관광부, 국가보훈처, 금융감독위원회, 청소년위원회	국세청, 조달청, 기상청, 소방방재청, 문화재청, 행복중심복합도시건설청
3.75~4.00	국방부, 보건복지부, 환경부, 정보통신부, 국정홍보처	
3.75 미만	재정경제부, 행정자치부, 법제처, 국무조정실, 국가인권위원회	

자료 : 중앙인사위원회(2007), 《2007년 주요 정책 상반기 점검결과》, p. 7.

가를 시행하기도 하였다.

2005년에는 국무총리비서실 소속 고위공무원 14명과 특허청 소속 22명이 각 기관장으로부터 모두 가장 높은 점수(5점)를 받았고, 대검찰청 소속 고위공무원 21명은 평균 4.95점을, 교육인적자원부 소속 59명은 4.92점을 받는 등 최고 점수에 근접한 평가를 받았다. 그런데 타 부처에서 전입된 공무원과 민간 출신들은 해당 부처 출신 공무원보다 상대적으로 낮은 평가를 받았다. 해당 부처 출신 공무원의 성과평가 평균은 4.32점으로 민간 출신(4.06점)은 물론 타 부처 출신(4.18점)보다 높았다. 성과연봉 평균 지급액에서도 민간 출신은 320만 원을 받아 해당 부처 출신이 받은 393만 원보다 적었다.

위의 사례에서 보듯, 온정주의적 평가가 이루어져 공정한 성과관리가 되기 어려울 것이라는 우려는 현실로 나타났다. 더욱이 업무 추진 과정에 대한 기록이 미흡하다는 단점까지 갖고 있어 직무성과계약제를 통한 공정한 성과관리는 아직 이루어지지 않았다고 할 수 있다.[47]

직무성과계약제 규정상 '미흡'과 '불량'을 연속 2회 또는 재직 중 총 3회를 받으면 직권면직하도록 되어 있으나, 현행 제도가 바뀌지 않는 이상 기관장들은 온정주의적 평가를 계속할 수밖에 없다. 때문에 이 제도는 원래의 취지를 달성하지 못하는 유명무실한 제도로 전락할 가능성이 크다. 따라서 성과평가 관대화 지수, 연공서열지수 등 다양한 성과관리지수를 개발해 직무등급 평가의 공정성과 객관성을 높이는 방식으로 제도 개선을 도모해야 할 것이다.

BSC 도입의 배경과 내용 | BSC(Balance Score Card)는 1992년 하버드대학의 카플란(Kaplan)과 노튼(Norton)이 개발한 성과측정시스템이다. 이들은 기존의 성과측정이 주로 재무적 관점에 치중되어 있음을 지적하고, 이를 보완하기 위해 고객, 내부 과정, 학습과 성장 등 비재무적 관점을 균형 있게 반영하는 새로운 성과측정시스템 BSC를 개발하였다. 이후 선진국을 중심으로 BSC를 공공부문에 적용하기 위한 다양한 실무적·학문적 차원의 시도가 진행되었는데, 미국의 경우 1993년에 정부성과관리법(GPRA, Government Performance & Results Act)을 제정, 시행한 이후 연방정부를 비롯하여 많은 공공기관들이 BSC를 도입하고 있다.

우리나라의 경우 성과관리에서 BSC의 요소를 적극 도입하여 시행

---

[47] 《서울신문》, 2005. 5. 3., 20판 5면.

한 곳은 행정자치부이다. 행정자치부는 고객관리, 업무관리, 지식관리 등이 실시간으로 연계되는 통합행정시스템을 구축하기 위해 BSC를 기반으로 하되 공공기관으로서의 행자부의 특성을 반영한 독자적인 모델을 설계하였다. 행자부는 2005년 7월 이 시스템을 구축하였으며, 그해 하반기부터 이에 근거한 성과평가를 실시하였다. 이 시스템은 크게 4단계로 이루어지는데, 1단계는 비전과 균형적 관점에 근거한 전략목표 및 전략체계도 작성, 2단계는 성과지표 개발 및 목표치의 설정, 3단계는 실적관리 및 평가, 마지막 4단계는 이에 근거한 보상을 실시하는 것이다.

1단계에서는 내외부 조직 진단 및 고객의 니즈(needs) 분석 등을 통해 비전을 제시하고 공공부문의 특성에 맞는 균형적 관점을 설정한다. 이때 고객관점, 업무수행관점, 운영혁신관점, 학습성장관점을 견지해야 한다. 이어서 각 관점별로 전략목표를 설정하고 목표들 간의 인과관계를 분석하여 전략체계도를 작성한다.

2단계는 성과지표의 개발 및 목표치의 설정 과정으로서, 우선 조직의 전략목표를 성과관리와 연계하기 위한 38개의 핵심성과지표(KPI, Key Performance Index)를 설정한다. 그리고 나서 cascading 방식에 의해 본부, 팀별로 하위목표를 설정하고 성과지표를 설계하는데, 성과지표별 목표치는 장관, 부서장, 조직구성원이 협의를 통해 결정한다.

3단계는 실적관리 및 평가 단계이다. 통합행정시스템을 통해 실시간으로 또는 주기적으로 조직(팀 단위) 평가를 하는데, 반기별 최종 점수 및 팀별 순위를 산출하고, 이렇게 이루어진 조직성과평가의 결과를 개인성과평가에 반영한다. 계량·비계량 평가의 경우 통합혁신시스템을 통한 온라인 실시간 집계와 평가단에 의한 분기별 온라인 정성평가를 하고, 이의 신청 및 조정 과정을 거쳐 평가를 확정한다.

확정된 평가를 가지고 개인평점을 산출하는데, 팀장 이상일 경우는 '팀 실적 70% + 다면평가 30%'로, 팀원일 경우는 '팀 실적 49% + 팀장의 팀원 평가 21% + 다면평가 30%'로 산출한다. 평가 결과 공개를 통해 피드백을 하면서 평가 과정을 마무리한다.

마지막 4단계는 보상의 단계이다. 우선, 승진은 다음과 같은 과정을 거친다. 먼저 5급 이하 근무성적평정을 할 때 반기별로 근무실적(팀 실적+팀장 평가)과 다면평가 결과를 종합하여 평정단위별/직급별 서열 명부를 작성한다. 그런 다음, 2년간의 평정단위별/직급별 근무성적평정, 경력평정, 교육훈련 등을 종합하여 승진 후보자 명부를 작성한다. 끝으로, 성과급은 성과평가 결과를 성과급 지급에 연계하는 방식을 취한다. 구체적으로 말하자면, 점수를 기준으로 서열화하여 등급을 결정하는 상대평가 방식이다. 이렇게 이루어지는 성과급은 이듬해 연봉 책정의 기준으로 활용된다.

BSC 시행의 평가 | BSC는 그동안 민간부문에서 주로 강조되었다. 그러나 고객, 내부 과정, 학습과 성장 등 비재무적 성과를 강조하고 있다는 점에서, 다른 성과관리시스템에 비해 '공익'을 추구하고 있는 공공조직에 적용 가능성이 높은 것으로 평가되고 있다.

그러나 이와 같이 긍정적인 측면이 존재함에도 불구하고 BSC를 공공부문에 적용하기 어려운 이유는 공공부문에는 매우 모호하거나[48] 비

---

[48] 전영한(2004), "공공조직의 목표모호성: 개념, 측정 그리고 타당화", 《한국행정학보》, 38(5).

계량적인 성과목표가 많고, 따라서 성과지표도 추상적·선언적인 것이 많을 수밖에 없기 때문이다. 2005년부터 통합행정혁신시스템(HAMONI)을 도입하여 성과평가에 BSC적 요소를 대폭 도입, 운영 중인 행정자치부의 사례는 위와 같은 양면성을 드러내는 좋은 본보기이다.

일단 BSC를 도입하고 적용하자 모든 직원들이 조직의 성과에 신경을 쓰고 참여하게 되었다. 조직의 성과가 개인의 평가에 가장 크게 반영되므로 특정 담당자에게만 성과업무를 맡겨놓기보다는 직원들 모두가 평가를 챙기고, 과거에는 기피하던 혁신이나 홍보 관련 업무에도 자발적으로 참여하게 된 것이다. 팀빌딩, 자체 교육, 토론회 등의 팀 행사에서 성과관리가 주된 메뉴로 포함되는 모습을 볼 수 있었으며, 팀의 전략목표와 성과지표 설정의 중요성이 부각됨에 따라 업무에 대한 분석 및 재설계가 활성화되어 보다 활발하고 효율적인 조직으로 변모하였다.[49]

그러나 위와 같은 순기능에도 불구하고 직원들이 성과관리에 치중하게 되면서 팀간, 팀원간 과열 경쟁 양상 등 역기능이 나타났다. 게다가 평가지표의 적절성과 타당성을 확보하기가 쉽지 않다는 점과, 가시적인 성과를 입증하기 위해 수많은 문서를 생산하는 데 몰두하거나 전화 친절도 등 표면적인 고객 만족도를 높이기 위해서만 애를 쓰는 점 등이 큰 문제로 지적되었다.

예를 들어, 재정경제부의 경우에는 경제정책의 효과적 수립과 조정 같은 목표를 측정하기 위한 객관적인 성과지표를 도출하기가 대단히

---

[49] 행정안전부 홈페이지 참조.

어렵다. 재정경제부의 성과지표를 '경제성장률'로 설정할 경우, 높은 경제성장률은 재정경제부의 경제정책뿐만 아니라 국가 내외적인 다양한 요인에 의해 결정되므로, 이는 바람직한 성과지표가 될 수 없다. 그렇다고 해서 이 부문을 관리의 대상에서 제외할 수도 없다. 그것은 재정경제부의 존립 근거이자 가장 중요한 목표이기 때문이다.[50]

위의 내용을 종합해볼 때 BSC가 행정조직에 성공적으로 정착하고 정밀한 성과지표로서 기능하기 위해서는 우선 성과관리시스템을 고도화할 필요가 있다. 근본적으로 모호한 성격을 지니고 있는 행정목표를 구체적이고 명확하게 전환할 수 있는 틀을 갖추고, 개인과 조직의 목표 달성도를 엄정하게 측정할 수 있는 도구를 끊임없이 개량하며, 이를 바탕으로 정확한 인사고과가 이루어질 수 있도록 지속적으로 시스템을 개선해나가야 하는 것이다. 그 외에 부가적으로, 성과관리가 조직과 직원을 평가하는 도구에서 벗어나 조직 전체의 비전과 전략을 달성하기 위한 전략적인 조직관리수단으로 인식될 수 있도록 성과관리에 대한 교육을 철저히 시행할 필요가 있다.

BSC는 조직구성원의 개인적 성과평가와 팀제를 근간으로 하는 조직평가, 즉 정책평가를 통합하는 통합평가시스템으로서, 중앙인사위원회에서 관장했던 근무성적평정제도와 직무성과계약제를 포관하는 종합평가시스템으로 작동해왔다. 그러나 이명박 정부의 행정안전부가 팀제를 유지할지 어떨지 불투명한 상황이기에, BSC의 앞길에도 변화가 있을 것으로 전망된다. 행정안전부의 BSC는 대단히 세밀하게 구성된 시스템

---

[50] 김철회·조만형·김용훈(2006), "정부부처에 대한 BSC 적용사례와 시사점: 비판적 검토를 중심으로", 《한국사회와 행정연구》, 16(4).

이어서 지속적인 적용 여부는 타 부처에까지 큰 영향을 미칠 것이다.

◎ 다면평가제

도입의 배경과 내용 | 다면평가제란 전통적인 구도에서 직속상사가 개인을 평가하는 것이 아니라 다수의 평가자가 다방면에서 평가하는 것을 말한다. 여기에는 관련 부문의 상급자, 동료, 하급자 및 고객에 의한 평가가 모두 포함된다. 다면평가제는 평가 자료가 전방위적으로 수집된다는 점에서 상급자에 의한 일방적인 평가와 구별된다.[51]

상사가 조직원과 부하를 평가하는(하향식 평가) 전통적인 조직원 성과평가 방법은 상사 개인의 주관에 지나치게 의존하므로 조직원의 능력과 자질을 객관적이고 공정하게 반영하지 못한다는 비판을 받았다. 그런 가운데 팀워크, 경력개발, 고객서비스에 대한 관심이 증가하면서, 피평가자에 대한 평가 정보 역시 공직 내·외부의 다양한 원천에서 수집해야 한다는 의견이 제시되었다.[52] 이후 실시된 다면평가의 여러 사례를 통해 다양한 원천의 정보에 기반한 다면평가제가 보다 정확하고 믿을 만한 인사 정보를 제공할 수 있다는 사실이 검증되었다. 또한 평가의 결과를 피평가자에게 제공함으로써 조직구성원들의 사고와 행동을 바람직한 방향으로 변화시키고 잠재능력을 개발하는 데에도 유용하다는 것이 인정되었다.

시행상의 많은 착오와 어려움에도 불구하고 공직사회는 여러 차례

---

[51] 김판석·오성호·이선우(2000), "업적평가체계로서의 다면평가제도 도입과 추진방법에 관한 사례연구", 《한국행정학보》, 34(4), p. 358.
[52] 행정안전부 정부인사포털 홈페이지 참조.

의 법령 개정을 거쳐 다면평가제를 점진적으로 도입하였다.

공공부문에 다면평가가 도입된 것은 1992년, 근무성적평정을 할 때 동료의 의견을 직무수행태도 평정에 반영할 수 있도록 한 것이 그 시초라 할 수 있다. 1998년에는 공무원임용령을 통해 다면평가 결과를 승진에 활용할 수 있는 법적 근거를 마련하였다. 2001년에는 승진뿐만 아니라 특별승급, 성과상여금, 교육훈련, 보직관리 등 각종 인사운영에 다면평가 결과를 반영할 수 있는 근거를 마련하면서 이를 확대 시행하였다. 참여정부 출범 이후로 다면평가제는 전 행정기관으로 확산되었는데, 2005년 7월말 기준으로 51개 정부부처에서 승진과 성과상여금뿐 아니라, 국외 훈련자 및 포상 대상자 선정 등 각종 인사운영에 적극 활용되었다.

다면평가는 다음과 같이 세 단계를 거쳐 실시된다. 첫 번째는 설계 단계이다. 이 단계에서는 다면평가의 목적을 명확히 하고, 이에 따라 평가단의 구성 방법 및 평가항목, 설문지 등을 작성한 다음, 평가척도와 평가시기를 결정한다. 두 번째는 실시 단계이다. 평가 담당자는 평가 실시 전에 평가자에게 목적, 역할, 유의사항 등에 대한 교육을 실시하고, 피평가자는 평가 기간 동안의 업무 추진 실적 등을 직접 작성한다. 이때 평가자의 익명성을 보장한다. 세 번째는 활용 단계이다. 평가 담당자는 평가 결과를 확정하기에 앞서, 다면평가의 신뢰성을 확보하기 위해 점수를 조정할 필요가 있는지 여부를 판단한다. 점수가 확정되면 개인별 평가 결과를 승진과 성과급 지급 등에 반영하는 한편, 피평가자에게 통보하여 능력개발에 활용하도록 한다.

제도 시행의 평가 | 2004년 41개 부처 953명을 대상으로 실시한 조사 결과에 따르면, "다면평가제도에 대해 어떻게 생각하느냐"는 질문에 전체 응답자 중 절반 이상(51.7%)이 만족도 불만도 아닌 '보통'이라고 답변하여 평가를 유보하는 태도를 보였다. '만족'과 '매우 만족'에 응답한 공무원은 전체의 27% 정도로 '매우 불만족'과 '불만족'을 합친 부정적 평가 비율인 21%보다 조금 높았다.[53] 또한 응답 공무원의 약 40% 정도는 현행 다면평가제가 "본래 취지와 다르게 운용되고 있다"고 인식하고 있는 것으로 드러났다. 다면평가제의 시행 과정에서 평가자와 피평가자의 '학연과 지연' 관계가 가장 큰 영향을 미치고 있는 것으로 나타났으며(19.4%), 평정자의 성실한 평가를 제약하는 가장 큰 요인도 '인간관계'로 꼽혔다(46.9%).

다면평가제의 도입 취지는 특정 피평가자에 대해 다양한 사람들이 입체적이고 다면적인 평가를 시행함으로써 평가의 객관성과 공정성을 높이고, 사람들과 원활한 관계를 유지하도록 하는 동기를 부여함으로써 조직 내 상하간, 동료간, 조직간 커뮤니케이션을 활발히 하도록 하고, 조직원들이 자신의 장단점을 파악하도록 함으로써 자기개발을 촉진시키는 것이었다. 또한 다면평가를 통해 능력과 성과 중심의 인사관리가 이루어질 경우, 조직의 생산성 증대를 위한 촉매제가 될 수 있을 것이라고 기대하였다. 그러나 위의 조사 결과에서 보듯, 현재까지 다면평가에 대한 공직사회 내의 반응은 다소 부정적이다.

이를 입증하는 또 하나의 사례로, 2004년 8월 행정자치부에서는 제

---

[53] 《세계일보》, 2004. 5. 21., 45판 9면.

도 개선을 위한 '불필요한 일 버리기'의 하나로 다면평가제를 꼽았다. 이때 행정자치부에서 내세운 논리가 "다면평가제는 친분관계에 의한 정실평가의 소지가 있고, 평가대상자에 대한 정보 부족으로 공정한 평가가 어렵다"는 것이었다.[54]

위와 같은 부정적인 의견은 다음과 같이 요약할 수 있다.

우선, 담합평가의 가능성이 있다. 이것은 다면평가를 성공적으로 운영하고 있는 외국의 기업들에서도 문제가 되고 있는 사안이다. 인기에 영합해 지나치게 악의적이거나 호의적인 평가를 내리는 것도 문제이다. 일찍부터 공직사회 내부에서는 인간관계가 좋은 사람이 업무성과가 높은 사람보다 평가 결과가 좋게 나올 것이라고 우려하였으며, 이로 인해 다면평가가 '인민재판식 평가'로 치우칠 가능성도 상존한다. 다면평가를 '인기투표'로 혼동하는 것도 주의해야 한다. 상관이 부하의 평가에 지나치게 구속된다면 통솔력을 발휘하기가 어려울뿐더러 조직의 상명하복 체계가 무너질 수도 있다.[55] 또한 공직사회에 깊게 뿌리박고 있는 집단주의와 연고주의가 사라지지 않는 한, 부하가 상관을 평가하고 동료가 동료를 평가하는 것은 조직 내부의 결속을 저해하고 시간과 비용만 낭비하게 될 수도 있다.

◎ 성과급제

도입의 배경과 내용 | 성과급제는 1980년대에 다수의 OECD 국가들이 공공부문의 조직 구조와 관리 과정 개혁의 일환으로 도입한 제도이다.

[54] 《서울신문》, 2004. 8. 5., 10판 6면.
[55] 《세계일보》, 2003. 1. 7., 50판 6면.

이러한 개혁의 핵심은 '경쟁 개념'의 도입이라고 할 수 있다. 우리나라도 공직사회에 신나게 일할 수 있는 분위기를 조성하고, 공무원의 보신주의와 복지부동 행태를 개선하기 위해 일한 성과만큼 인센티브를 지급한다는 차원에서 1995년 '특별상여수당'이라는 명칭으로 공무원 성과급제를 처음 도입하였다. 다시 말해, 정부의 인력 및 조직관리 측면에서 공무원의 경쟁력을 높이고, 생산성을 향상시키며, 일하는 분위기를 제고하기 위해 도입한 것이다.

성과급제는 도입 이래 다양한 변천 과정을 거쳐왔는데, 현재 그 내용은 다음과 같다.[56]

우선 성과급은 크게 성과연봉과 성과상여금의 두 가지로 분류할 수 있다.

성과연봉은 첫째, 매년 12월 31일을 기준으로 직무성과계약에 의한 평가 결과 등에 따라 지급된다. 둘째, 전년도 업무성과의 평가 결과에 따라 지급되는 성과연봉은 당해 연도 연봉에 합산하는 누적 방식을 적용한다. 셋째, 책임운영기관의 장과 책임운영기관에 임용되는 일반계약직공무원에게 지급하는 성과연봉은 소속장관 또는 책임운영기관의 장이 따로 정하는 성과연봉 운영기준에 따른다.

성과상여금은 첫째, 개인별 차등 지급, 부서별 차등 지급, 개인별 차등 지급과 부서별 차등 지급을 병용하여 부서별로 지급한 후 부서 내에서 다시 개인별로 지급하는 방법 등을 자율적으로 선택 가능하다. 그리고 개인별 지급 등급은 '공무원성평가등에관한규정' 제4조 근무

---

[56] 행정안전부 정부인사포털 홈페이지 참조.

성적평정 결과와 다면평가 결과에 의하여 결정하되, 소속장관은 특별한 사정이 있는 경우 다면평가 결과의 반영을 생략할 수 있다. 근무성적평정 결과와 다면평가 결과의 반영 비율은 소속장관이 정하되, 다면평가의 실제 반영 비율이 근무성적평정 결과의 실제 반영 비율보다 높아서는 안 된다. 소속장관은 필요한 경우 근무성적평정 결과와 다면평가 결과 이외에 개인 또는 소속부서의 업무혁신성 결과 등 별도의 평가 방법을 추가할 수 있다. 별도의 평가 방법에 의한 결과의 반영 비율은 30% 범위 내에서 소속장관이 정한다.[57]

제도 시행의 평가 | 공무원 성과급제를 정착시키기 위해 정부가 다양하고 적극적인 노력을 했음에도 불구하고, 현재까지 그 취지의 발현에 대해서는 부정적인 의견이 대부분이다. 다양한 선행 연구들을 통해 조사된 내용에 따르면, 성과급에 대해 부정적인 의견이 대부분이다. 필자가 행한 설문조사에서도 성과급제이 성공 여부를 묻는 질문에 49%의 공무원이 부정적인 답변을 하였다.[58] 이를 통해 파악할 수 있는 성과급제의 문제점은 크게 제도 자체의 기술적인 문제와 제도를 운영하면서 발생하는 운영상의 문제로 나눌 수 있다.[59]

우선, 성과급제가 도입되면서 경쟁으로 인한 소외와 직장 내의 위화

---

[57] 이명박 정부의 국정과제에 성과주의 인사제도 강화가 들어 있다. 국세청에서는 GE의 Vitality Curve를 도입하여 저성과자인 고위공직자들을 상시 퇴출시키는 제도를 도입한다고 하며(《중앙일보》, 2008. 3. 12.), 서울특별시에서는 6급 이하 공무원들에 대해 드래프트제(국장, 과장이 선택하도록 하는 제도)를 적용한다고 한다(《한국일보》, 2008. 4. 3.).
[58] 성과급제의 성공 여부에 대해 '전혀 그렇지 않다' 13.3%, '그렇지 않다' 35.6%로, 부정적인 답변이 총 48.9%에 달하였다.
[59] '운영상의 문제'에는 한국공직사회 특유의 문화가 개입하고 있는 경우가 많다. 이것은 '행태상의 문제'라고도 할 수 있다.

감이 두드러지게 나타났다. 공정한 경쟁을 통해 성과를 올리기보다는 자신의 성과를 강조하고 타인의 성과를 폄하하는 단기적이고 이기적인 행태가 나타났다. 이에 따라 공직사회 내부에 냉소적이고 서로를 불신하는 분위기가 팽배하고, 생산성 증대라는 본래의 목표를 달성하는 효과도 미미해졌다. 이러한 문제점은 자연스럽게 '나눠먹기식 행태'를 가져왔으며, 이로 인해 애초 성과급제가 지향했던 취지는 자연스럽게 무색해졌다. 또한 "성과급의 지급이 동기 유발을 가져오는가" 하는 문제의식과 관련해, 저평가를 받았을 때 입게 되는 인사상의 불이익과 불명예에 대한 예상은 체면을 중시하는 우리나라 사람들의 관점에서 볼 때 치명적인 것일 수 있다. 따라서 성과급이 동기를 유발하기는커녕 오히려 불신과 복지부동을 조장하는 방향으로 작용할 수도 있다.

다음으로, 성과급제 자체의 기술적인 문제를 들 수 있다. 가장 먼저 지적할 수 있는 것은 성과측정의 어려움이다. 이것은 공무원 성과평가의 가장 큰 문제점이기도 하다. 철저한 직무 분석이 이루어져 있지 않고, 성과를 측정하기 위한 척도가 애매한 상황에서는 제대로 된 성과측정이 어려울 수밖에 없다. 공무원의 업무는 원래 비계량적인 것이 많다. 때문에 하나의 성과를 여러 개로 나누어 고평가로 연결시키는 테크닉의 남발이라든가, 조직구성원과 당해 조직의 객관적인 평가보다는 부처 내에서 그 조직이 차지하는 서열, 즉 본청 조직이냐, 사업소 조직이냐에 따라 처음부터 평가 결과가 정해져 있다는 인식 등이 늘 문제였다. 그것은 자연스럽게 성과측정에 대한 공무원들의 신뢰도를 떨어뜨리고, 성과급 자체의 타당성마저 의심받게 만든다.

그 다음으로, 재정적인 제약을 문제로 들 수 있다. 정부는 민간과 달리 지급할 수 있는 보수에 대한 예산이 제한되어 있으며, 보수 운용에 있어서 경직성이 크기 때문에 사실상 성과급제를 유연하게 운용하기가 어렵다.

마지막으로, 성과급 대상자가 지나치게 많다. 공무원 보수체계 특성상 기본급의 비중은 낮고 수당의 비중이 높다. 문제는 직무의 특성이나 일의 성과를 차별적으로 반영하지 못하다 보니, 다수의 공무원에게 일률적으로 적용되는 집단보상 혹은 낮은 보수 수준을 보전해주는 도구로 수당이 잘못 운영되고 있는 것이다.[60]

◎ 고위공무원단제도

도입의 배경과 내용 | 고위공무원단제도는 정부의 주요 정책을 결정하고 관리하는 데 핵심적인 역할을 담당하는 실·국장급 공무원을 범정부적 차원에서 적재적소에 활용하고, 이들 간의 개방과 경쟁을 확대하는 한편 성과책임을 강화함으로써 정부 역량을 높이기 위한 인사제도이다. 실제 현장의 상황에 따라 정의하면, 각 부처의 실·국장 직위에 대한 인사를 단행할 때 총 직위 수의 20%에 대해서는 공직 밖에 있는 전문가들에게도 직위를 개방하고('개방형 직위'), 30%에 대해서는 다른 부처에 근무하는 공무원들에게도 기회를 주며('공모직위'), 장관의 임의적 인사관리는 50%에 한하도록 하는 인사제도이다. 결국 고위공무원단제도는 전문역량을 갖춘 고위관료들을 전 정부적 차원에서 활용

---

[60] 황성원(2003), "공공조직의 성과급제에 대한 소고", 《한국행정연구》, 12(4), p. 131.

하기 위해 고위관료임용제도에 경쟁성과 개방성, 전문성을 대폭 강화한 제도라고 할 수 있다.

행정의 생산성과 효율성, 대응성을 증대하여 정부의 국제경쟁력을 높이려면 고위공무원단제도를 도입해야 한다는 논의가 일찍부터 있었다.[61] 그러나 본격적으로 도입이 거론된 것은 1997년에 시작된 국제금융과 외환위기를 통해 국정관리의 허점이 드러나고, 공무원들의 정책 책임성에 대한 문제 제기가 대두되면서부터였다.[62] 다만, 당시에는 공직사회의 불안을 이유로 도입이 중단되어 고위공무원단제도의 일부 요소인 개방형 직위제 등을 제도화하는 데 그쳤다. 이후 고위공무원단 제도는 참여정부의 인사개혁 청사진인 '참여정부 인사개혁로드맵'에서 주요 과제로 선정되었고, 2005년에 고위공무원단의 도입을 위한 국가공무원법 개정안이 국회를 통과한 뒤 본격적으로 도입이 추진되어 2006년 7월 1일 처음 시행되었다.[63]

고위공무원단제도의 도입을 불러온 기존 고위공무원인사체제의 문제점은 다음과 같이 요약할 수 있다. 먼저, 정책을 수립할 때 통치권자의 국정운영철학과 국정목표를 정확하게 반영하고 국민들을 만족시킬 수 있는 고품질의 정책을 만들어야 할 고위관리자들에 대한 요구가 계속 증대되었음에도 불구하고, 고위관리자들이 그간 체계적으로 육성, 관리되지 않았다.[64] 다음으로, 폐쇄적인 고위직 임용 관행으로 인하여

---

61 김정길(1998), 《공무원은 상전이 아니다》, 베스트셀러.
62 김판석·이선우(1998), "고위공무원단제도 도입과 활용방안 모색-중앙정부 관리자들의 고위공무원단제도에 대한 의식조사를 중심으로", 《한국행정연구》, 7(4), p. 131.
63 진종순·이화진·김용우(2005), "고위공무원단 후보자 양성 교육훈련에 관한 연구", 《KIPA 연구보고》, p. 33.
64 Huddleston, Mark W.(1992), "To the Threshold of Reform: The Senior Executive Service and America's Search for a Higher Civil Service", In Patricia W. Ingraham and David H. Rosenbloom(eds.), The Promise and Paradox of Civil Service Reform, pp. 165-198.

고위공무원들의 시야가 협소해지고, 부처들 사이의 협력이 어려웠으며, 잦은 순환보직으로 인하여 직무 수행의 전문성이 저하되었다.[65] 끝으로, 정치적인 차원에서 볼 때 국민과 원활한 관계를 유지하고, 국민의 요구 사항과 정부의 정책 실현 의지 사이에서 대표성을 가지고 균형 있는 연계역할을 하며, 국민의 신뢰를 높일 수 있는 고위공직자 역할이 제대로 이루어지지 않았다.[66]

이러한 문제의식에 근거하여 도입된 고위공무원단제도는 현재 아래와 같이 운영되고 있다.

첫째, 고위공무원단은 행정기관의 국장급 이상 공무원으로 구성한다. 다시 말해, 부지사와 부교육감, 지방자치단체장 등의 국가 고위직을 포함하여 일반직, 별정직, 계약직 공무원과 외무공무원 약 1,500여 명이 고위공무원단을 구성한다.

둘째, 고위공무원에 대해서는 현행 1~3급의 계급을 폐지하고[67] 직무와 직위에 따라 인사관리를 하되, 계급에 구애되지 않는 폭넓은 인사를 행한다. 그리고 계급과 연공서열보다는 업무와 실적에 따라, 즉 직무의 중요도와 난이도, 성과에 따라 보수를 차등 지급한다.

---

[65] 남궁근·하태권·박천오·김영우(2005), "고위공무원단 도입에 따른 문제점 분석과 개선방안 연구: 주요국가 사례연구", 《KIPA 연구보고》, pp. 196-197.
[66] 김판석·이선우(1998), 앞의 논문집, p. 133.
[67] 고위공무원은 계급이 아닌 직무등급이라고 하여 직무등급 '가'부터 '마'에 이르기까지 5등급이 있다. 정책담당부처에서는 결코 계급이 아니고 직무등급이라고 하지만, 조직법규(직제 시행규칙)에 직위별 등급이 명시되고 정원 개념으로 취급됨으로써 계급이 아니라는 말이 무색하게 되고 말았다. 더구나 과거의 1급에 해당하는 직위에 부여된 직무등급 '가'와 '나'에 대하여는 특별채용 등 여러 면에서 타 직무등급과 다르게 취급함으로써 계급 성격을 더욱 짙게 하고 있다. 더구나 각 부처의 인사운영 현실에서 등급 이동은 사실상 승진인사로 받아들여지고 있어 역량에 따라 인재를 폭넓은 직위군 내에서 활용하겠다는 제도의 근본적 취지를 약화시키고 있다. 참여정부에서 인사담당부서와 조직담당부서, 인력예산담당부서 간 권한 조정 과정에서 발생한 문제이므로, 인사부처와 조직부처가 통합된 이명박 정부가 고위공무원단제도를 계속 유지하고자 한다면 고위공무원단의 직무등급을 직제에 규정하는 현행 제도에 대한 심도 있는 검토를 해야 할 것이다.

그림 2-5 고위공무원단제도의 적격심사 절차

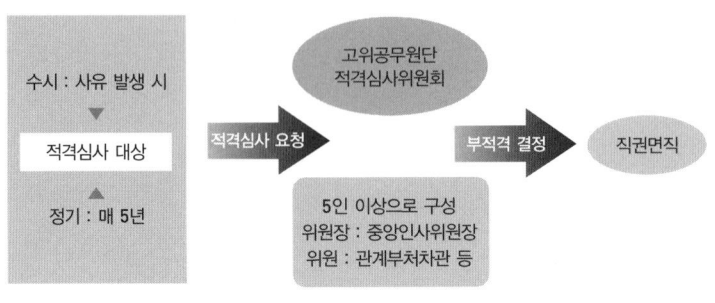

자료 : 행정안전부 정부인사포털 홈페이지.

　셋째, 민간과 경쟁하는 개방형제도와 함께 타 부처 공무원과 경쟁하는 직위공모제가 시행되어, 각 부처장관은 소속에 관계없이 전체 고위공무원단 중에서 적임자를 인선한다. 아울러 부처에 배치된 고위공무원은 소속장관이 인사와 복무를 관리하고, 중앙인사위원회는 초과 현원의 관리와 부처들 사이의 이해관계를 조정하는 역할을 담당한다.

　넷째, 직업공무원제의 근간은 유지하되 고위직의 책임성을 제고하기 위해 정년 및 신분보장제도는 존치되며, 성과와 능력이 현저하게 미달되는 자에 한해서 적격심사를 통해 엄정한 인사 조치를 시행한다. 이때 부적격 대상자는 '성과평가 최하위 2년 연속 또는 총 3년을 받은 경우', '무보직 기간이 2년에 달한 경우'의 두 가지이다.

제도 시행의 평가 | 고위공무원단제도가 도입된 지 1여 년, 이 제도에 대한 평가는 긍정적인 것과 부정적인 것이 공존하고 있다. 일단 긍정

적인 면을 살펴본다면, 적어도 수치상으로는 고위공문원단제도가 어느 정도 진전되고 있다고 하겠다. 우선, 지난 정부에 비해 노무현 정부의 외부임용률은 크게 증가하였다. 민간과 타 부처에서 임용된 외부임용률이 김대중 정부 시절에는 15%였으나, 노무현 정부에서는 2007년 1월말 당시 38.1%로 두 배 이상 증가하였다. 특히 고위공무원단제도가 시행된 2006년 7월 1일부터 2007년 1월말까지는 외부임용률이 56.4%나 되어 괄목할 만한 증가 추세를 보였다.

적격심사에 의한 퇴출제도에 대해서는 긍정적인 평가와 부정적인 평가가 혼재한다. 중앙인사위원회가 2006년 6월부터 2007년 5월말까지 모두 81회에 걸쳐 정부부처 과장급 이상(3~4급) 484명을 대상으로 역량 평가를 실시한 결과 12%인 58명이 탈락되었다. 이들 탈락자 중에는 13명(22.4%)의 박사학위 소지자와 20명(34.5%)의 석사학위 소지자가 포함되어 있었다. 탈락자를 채용 형태별로 보면 7급 출신이 19명(32.7%)으로 가장 많았고, 개방형 직위를 통해 공직에 들어오려던 민간인이 13명(22.4%)이나 되었다.[68]

위와 같이 운영되고 있는 퇴출제도에 대해서는, "실제 업무에 도움이 되는 아이템으로 평가하므로 업무에도 도움이 된다"는 의견과, 그 동안 별다른 재교을 받지 못했던 간부들의 경우 "10개월의 후보자 과정과 역량 평가를 받으면서 공직생활을 다시 돌아보게 되었다"는 등의 긍정적인 의견이 존재한다. 그러나 제도를 도입할 당시 국장 직위 공무원들에 대한 역량 평가를 면제해주었기에 현재의 구성원들에게는

---

[68] 《서울신문》, 2007. 7. 23., 20판 1면.

이 퇴출제도가 적용되지 않았다는 점, 온정주의가 만연해 있는 공직사회에서 5년마다 하는 적격심사의 엄격한 기준을 철저하게 적용하기 어렵다는 점, 업무성과에 의한 평가가 아니라 근무 중 교육을 통해 심사, 평가함으로써 교육과 업무 두 가지 모두 제대로 이루어질 수 없다는 점 등을 들어 현행 퇴출제도의 문제점을 지적하는 목소리도 매우 높은 상태이다.

고위공무원단제도에 대한 보다 근본적인 문제는 고위공무원단 자체의 운영에 있다. 2006년 제도 시행 이후 고위공무원단에 신규 임용된 88명(28개 기관) 중 출신 기관이 아닌 타 부처에 임용된 사람은 13명에 불과했다. 임용자의 수도 이러한 경향을 반영하듯, 후보자 교육 이수자 9명 중 8명이 임용된 대통령비서실은 1명을 제외한 7명이 해당 부서 행정관에서 선임행정관으로 발탁됐으며, 국세청 출신 임용자 10명도 모두 국세청에 자리를 잡았다. 또한 기관별로는 주로 권력에 근접한 기관일수록 그 기관 출신 교육 이수자의 임용률이 높았다.[69] 이와 같은 결과가 나타난 이유는 힘 있는 기관들이 자리를 신설해 고위공무원단을 임명하는 위인설관식 행태를 보였기 때문이다.

이뿐만 아니라 당초의 취지와는 달리 타 부처를 지원할 경우 그에 따른 이점이 거의 없다는 것도 큰 문제였다. 현재 고위공무원단 소속 공무원이 타 부처를 지원해 임용되면 매달 80만 원의 수당이 별도로 지급될 뿐 인사 등 다른 인센티브가 전혀 없다. 또한 타 부처에 임용될 경우 2~3년의 임기가 보장되는 것 외에는 정착을 담보할 수 있는 근

---

[69] 《동아일보》, 2007. 4. 26., 45판 12면.

거가 전혀 존재하지 않고, 기존의 부처에서 쌓아놓은 인맥을 버려야 하는 상황에 처하게 되므로 불안감이 팽배하게 된다. 이에 따라 고위공무원단의 근본 취지가 무색해지는 결과가 도출되고 있는 것이다.

또한 실제 운영되는 상황을 살펴보면 다음과 같은 문제점을 발견할 수 있다. 우선, 공모직위의 배치에 있어서 업무 관련성이 있는 부처들끼리 상호 보완해가며 공모직위를 채우는 형태가 일반화되어 있다. 그리고 민간 분야의 전문가라 할지라도 공직에 대한 경험이 없다면 학문적 지식이나 민간기업에서의 경력만으로 공직 경력자보다 높은 전문성을 보여주기가 현실적으로 쉽지 않다.

마지막으로 공직사회의 특성상 고위공무원단 채용심사위원회는 채용부처 장관의 의도로부터 자유롭기가 현실적으로 대단히 어렵다는 점을 언급할 수 있다.

능력개발 및 역량개발

◎ 교육훈련제도

도입의 배경과 내용 | 21세기 급변하는 행정환경 하에서 공무원이 국민들에게 제대로 된 서비스를 제공하고 만족할 만한 업무성과를 내기 위해서는, 우수한 인재의 유치뿐 아니라 이들이 계속 공직에 근무하면서 능력을 개발할 수 있는 체계적인 능력발전프로그램이 필요하다. 다시 말해, 공무원을 쓰면 없어지는 '비용'이 아니라 투자 성격의 '자본'으로 인식하고, 그들에게 적극적인 능력 발전의 기회를 제공할 필요가 있다.

지식기반사회로의 전이가 빛의 속도로 빠르게 이루어지고 있는 작금의 상황에서 공직사회가 시대 변화에 제대로 적응하기 위해서는 공무원들의 전문성을 배양하고, 좁은 시야에서 비롯된 미봉책 양산과 같은 부정적인 측면을 일소하기 위해 다양하고 폭넓은 교육의 기회를 제공해야 하는 것은 주지의 사실이다. 이에 따라 현재 우리나라 공직사회에서는 다양한 교육훈련이 이루어지고 있는데, 그 주된 내용은 아래와 같다.[70]

공무원의 교육훈련은 중앙인사관장기관인 행정안전부(참여정부에서는 중앙인사위원회)를 중심으로 각 중앙행정기관과 중앙부처 소속 교육훈련기관 등이 분담하여 실시하고 있다. 중앙인사위원회는 공무원에 대한 교육훈련 사무, 즉 교육훈련에 관한 기본 정책 및 일반 지침 수립, 교육훈련에 관한 연구·지도·평가·지원, 국가핵심인력 양성을 위한 국내외 위탁교육 실시 등을 담당하고 있다. 각 중앙행정기관은 국가시책 및 현안과제에 대한 자체 교육을 담당하며, 다수 부처와 관련된 전문교육 과정을 운영하고 있다. 공무원 교육훈련기관은 크게 중앙부처 소속 교육훈련기관(26개)과 광역지방자치단체교육원(15개)으로 분류할 수 있는데, 임용 예정자의 기본교육과 재직자의 각종 전문교육 등을 담당하고 있다.

다음으로 중앙인사위원회가 주관하고 있는 국내와 국외의 교육훈련 목적 및 절차를 살펴보도록 하겠다.

먼저 국내 훈련의 경우, 행정환경의 변화와 행정수요의 복잡화·다

---

[70] 행정안전부 정부인사포털 홈페이지 참조.

양화 현상에 적응하기 위해 공직사회에 새로운 지식과 기술을 도입하고, 훈련 과제에 대한 심층 연구를 통하여 공무원의 직무수행능력 향상 및 행정의 선진화에 기여하며, 세계화·지식정보화 사회에 능동적으로 대처할 수 있는 외국어 능력을 배양하기 위해 실시된다.

이러한 훈련이 이루어지기 위해서는 우선, 각 교육 과정별로 교육훈련계획을 수립하기 위해 교육훈련 수요를 조사하고, 정부 각 분야별 훈련 과제 및 위탁교육기관을 선정하는 등 수요자 중심의 교육훈련을 설계한다. 그 다음으로, 교육훈련 수요와 예산 등을 감안하여 각 교육과정별로 국내 위탁교육훈련 선발 계획을 수립한다. 각 부처에서는 지원 자격 심사, 연구 과제 및 훈련 후 예정 보직 등을 부여하여 대상자를 추천한다. 이때 교육훈련 담당자는 담당 직무 또는 소속기관의 기능과 관련된 전공 분야 및 중점 연구 과제를 지정, 추천한다. 그리고 나서 각 부처에서 추천한 위탁교육훈련 대상자의 자격 요건, 연구 과제 등을 심사하여 해당 위탁교육훈련기관에 전형 대상자로 추천한 후, 위탁교육기관의 전형시험성적 등에 따라 위탁교육생을 최종 선발한다. 위탁교육생들은 위탁교육기관의 교육 일정과 학칙 등에 따라 성실히 교육훈련을 받되, 업무에 지장을 초래하지 않아야 한다. 이와 동시에 위탁교육훈련 과정별로 입학일과 수료일을 감안하여 교육훈련 파견명령을 조치하고, 그 내용을 중앙인사위원회 능력발전과에 통보한다.

다음으로 국외 훈련은 국정과제를 효과적으로 추진하기 위한 국제전문인력을 양성하고, 정보화·전문화 사회에 신속하게 대처할 수 있는 공무원의 능동적 대응 능력 제고 및 행정 발전을 위한 선진 지식·정보·제도의 체계적 연구와 도입, 그리고 공무원의 능력 발전을 통한 행정조직 활성화와 사기앙양이라는 다양한 목적을 달성하기 위해 행해진다.

우선, 각 국외훈련과정별 교육훈련계획을 수립하기 위해 수요를 조사한 후에 부처별 교육훈련 수요와 연도별 훈련 규모 및 예산 등을 고려하여 각 교육 과정별로 국외훈련 선발 계획을 수립한다. 각 부처에서는 지원 자격을 심사하고, 연구 과제 및 훈련 후 예정 보직 등을 부여하여 대상자를 추천한다. 그런 다음, 합격자 선정기준에 따라 국외훈련 대상자를 최종 선발하고, 파견 전 오리엔테이션을 실시한다. 이러한 과정을 거쳐 파견된 교육생은 교육 기간 동안 훈련의 진행 상황을 보고하며, 훈련이 끝나 귀국한 뒤에는 귀국 신고를 하고 훈련 결과를 보고함으로써 훈련 일정을 마무리하게 된다.

제도 시행의 평가 | 오랫동안 공무원 교육훈련은 각 부처의 자체 교육(주로 정신교육과 시책교육), 교육원 교육(기본교육과 전문교육), 민간교육기관 위탁교육(주로 전문교육 및 교육과정의 일부 위탁), 국외 정부기관 교육(실무경험 연수), 대학 위탁교육(학위) 형태로 이루어졌다.

이러한 교육훈련을 통해 추구하는 목표는 언제나 공무원의 전문성 강화였고, 학위보다는 현장에서 직접 활용할 수 있는 실무 중심의 연수였다. 그러나 전문성 강화 교육은 늘 정부의 시책교육에 시간을 양보했고, 외국 연수를 받으러 나간 공무원은 학위를 갖고 돌아와야 인정을 해주는 것이 현실이었다. 부처의 자체 교육은 주로 시책교육인데, 듣기 싫어도 들어야 하는 의무교육으로 치부되었다. 공무원 교육훈련기관은 소양 위주의 기본교육에 머물렀고, 각 부처 소속의 전문교육훈련기관도 고위직 전문공무원들의 요구를 충족시킬 수 있는 심도 깊은 전문교육을 실시할 역량이 없었다. 대학이나 민간기관의 연수프로그램 역시 공무원들이 실무에 활용할 수 있는 내용을 담아주기에는 늘 역부족이었다고 판단된다.

최근 지식정보화의 진전과 정보통신수단의 발달, 행정환경 및 행정수요의 급변에 따라 공무원 교육에 있어서도 교육 방법 분야의 혁명이라고 할 수 있는 e-learning, action-learning, Facilitator 활용이 활성화되었다. 이러한 변화들은 보다 양질의 수준 높은 교육을 원하는 공무원들에게 더 가까이 다가가고자 한 노력의 산물이라 할 수 있다.

최근 정부의 교육훈련에 대한 시각과 정책 또한 크게 변하고 있다. 공무원 1인이 이수해야 하는 연간 교육시간이 대폭 늘었고, 교육기관과 교육프로그램 선택권을 교육 이수자인 공무원들에게 일임하였다. 이와 더불어 자기개발, 상시학습, 평생학습, 경력개발 등의 용어가 교육훈련정책의 키워드로 등장하고 있다. 각 부처마다 앞서가는 공무원들은 학습 동아리를 만들어 자신들에게 쏙 맞는 교육프로그램을 골라 학습하면서 좋은 강사를 찾느라 애쓰고 있다. 공직 밖에서는 평생학습을 추구하는 교육훈련기관들이 여기저기 등장하고 있다. 그러나 공무원들의 전문성 제고와 자기개발, 경력개발을 권장하는 정부의 의도를 충족시킬 수 있을 만큼 체계적이고 조직적인 프로그램을 갖춘 교육훈련기관은 별로 없다.

따라서 고위직 전문공무원들을 위한 고급전문교육을 포함하여 실무와 이론을 넘나들면서 실용전문교육을 할 수 있는 교육훈련체제(예를 들어, 전문가들이 정부의 정책결정을 보조하는 연구개발 업무를 주로 수행하는 출연연구기관을 교육훈련에 활용하는 방안)와, 지속적인 자기개발 및 경력관리를 위해 공무원들이 상시 학습할 수 있는 교육훈련체제를 강구하는 것이 시급한 과제라 하겠다.

신분보장제도

◎ 직권면직, 당연퇴직 및 직위해제제도

도입의 배경과 내용 | 공직사회의 문제점을 거론할 때 빠지지 않고 등장하는 말이 이른바 '철밥통'이다. 안정적인 신분보장은 공직의 중요한 장점 중 하나이지만, 공무원들이 혁신보다는 안전을 지향함으로써 적극적으로 업무를 수행하기보다는 시대에 뒤떨어지고, 복지부동하는 행태를 가져오는 역기능을 수행하기도 한다.

현대적인 공직제도를 도입할 때부터 정부는 이러한 문제점을 어느 정도 해소할 수 있는 방안의 하나로 직권면직제도와 당연퇴직제도, 직위해제제도 등을 도입하였다. 이 제도들은 모두 오랜 역사를 지니고 있으며 시대의 흐름에 따라 조금씩 변천하였는데, 그 대강의 내용은 아래와 같다.

먼저 직권면직제도는 공무원이 일정한 사유에 해당될 경우 본인의 의사와는 관계없이 임용권자가 일방적으로 면직처분을 행사하는 것으로, 행정의 능률성 확보를 목적으로 하고 있다. 제도의 근거는 국가공무원법 제70조이며, 여기서 규정하고 있는 직권면직 사유는 다음과 같다.

첫째, 직제 및 정원의 개폐와 예산의 감소 등으로 폐직 또는 과원이 되었을 때 직권면직심사위의 심사가 이루어지는데, 대상자를 결정한 후 징계위의 의견을 청취하는 과정을 거친다. 둘째, 휴직 기간 만료 또는 휴직 사유 소멸 후에도 복귀하지 않거나 직무를 감당할 수 없을 때 징계위의 의견을 청취하여 면직이 이루어진다. 셋째, 직위해제되어 3개월 이내의 대기명령을 받은 자가 능력 또는 근무성적의 향상을 기대하기 어렵다고 인정될 때 징계위의 동의를 얻어 면직이 이루어진다. 넷째, 전직시험 3회 이상 불합격자로서 직무수행능력이 부족하다고 인정될 때 징계위의 의견 청취 과정을 거쳐 면직이 이루어진다. 다섯째, 병역 기피 및 군무 이탈을 하였을 때 징계위의 의견 청취 후 면직된다. 여섯째, 당해 직급에서 직무를 수행하는 데 필요한 자격증의 효력이 상실되거나 면허가 취소된 경우 징계위의 의견 청취 절차를 거쳐 면직이 이루어진다.

사실 위의 직권면직 사유 중에서 무능한 철밥통 공무원을 퇴출시킬 수 있는 것은 세 번째 요건이며, 기타 요건들은 퇴출시스템이라고 하기 어렵다.

다음으로 직위해제제도는 재직 중인 공무원에게 직위를 계속 부여할 수 없는 사유가 발생한 경우 면직시키지 않고 직위를 일시적으로 회수하는 것을 말한다. 이를 통해 근무성적 불량자 등에게 제재를 가할 수 있음은 물론이고 징계 및 재판 절차를 거쳐 공무 수행의 공정성과 계속성을 확보할 수 있다. 이 제도의 근거는 국가공무원법 제73조의3이며, 여기에 언급된 직위해제 사유는 다음과 같다.

첫째, 직무수행능력이 부족하거나 근무성적이 극히 불량한 자, 둘째, 파면·해임·정직에 해당하는 징계의결을 요구 중인 자, 셋째, 형사사건으로 기소된 자(약식명령 청구자 제외) 등이다.

위의 직위해제 사유 중에서 철밥통 공무원 퇴출시스템은 첫 번째 요건이다.

제도 시행의 평가 | 공직인사에서 고착화가 이루어진다는 것은 그만큼 공조직이 혁신에 둔감하고, 부정부패가 이루어질 가능성이 높다는 것을 의미한다. 따라서 공직사회의 유연성을 확보하고 공무원들이 적극적으로 업무에 임하게 하기 위해 필수불가결했던 위 제도들은, 그동안 그 기능을 어느 정도 적절히 수행해왔다고 할 수 있다. 그러나 행정환경이 급속하게 변화하면서 이에 적응하기 위한 수단으로 오용되어 문제를 일으켰던 것도 사실이다.

국민의 정부 시절 정부 출범과 동시에 국가공무원법상 사문화되다시피 했던 직권면직 조항을 활성화시켜 공무원 구조조정의 수단으로 활용했던 사례가 있었다. "성적불량자 발생시 혹은 정부조직 통폐합시 공무원의 직권면직이 가능하다"는 조항을 삽입함으로써, 직권면직제도는 당시 공직사회의 커다란 이슈였던 구조조정을 하기 위한 도구로 사용되었고, 이는 사회적으로 큰 파장을 불러일으켰다. 한편, 직위해제제도 운영이 공직에 충격을 준 최근의 사례는 서울시와 행정자치부, 기타 여러 지방자치단체에서 있었던 '무능공무원 퇴출 조치'였다.

중앙인사위원회의 통계자료에 따르면 일반직 공무원 중 2005년과 2006년의 직권면직 및 직위해제 해당자들은 〈표 2-8〉과 같다.

이러한 제도들은 엄정한 과정을 거쳐 공직사회의 부적격자를 퇴출하고, 공직사회에 경각심과 긴장감을 불어넣음으로써 나태함을 방지하고 열심히 일할 수 있는 분위기를 조성하는 데 그 목적이 있다. 그러

표 2-8 직권면직과 직위해제 현황 (단위 : 명)

연도	직권면직	직위해제			
		능력 부족, 근무성적 불량	징계의결 요구 중	형사사건 기소	계
2005	1	6	7	31	44
2006	0	14	31	44	91

자료 : 행정안전부 정부인사포털 홈페이지.

나 이제까지 형식적으로 운영되거나 정치적인 목적을 위해 악용되기도 하는 등 제 기능을 다하지 못했던 것이 사실이다.

직권면직 및 직위해제제도가 제대로 운영되지 못한 가장 큰 이유는 법령에 무능공무원, 성실하지 않은 공무원의 기준이 명확하게 설정되어 있지 않다는 데 있다. 그런 까닭에 결국은 인사담당관이나 기관장이 직접 무능하고 성실하지 않은 공무원을 골라내야 하는데, 이 과정에서 선별의 타당성과 공정성, 객관성을 획득하기가 쉽지 않다.

처음 공직에 들어올 때 유능했을 수도 있는 이들 공무원이 무능하다는 평가를 받으면서 퇴출의 위험에 처하게 되는 원인을 당사자들의 직무태만에만 돌릴 수는 없다. 공무원들이 자신의 전문역량을 계속 키워나갈 수 있도록 지속적으로 동기를 부여하고 성과를 평가해 피드백하는 시스템이 있었다면 이러한 상황을 막을 수도 있었을 것이다. 따라서 향후 이 제도들을 폐지하기보다는 애초의 취지를 살리기 위해 더 정밀하고 엄격하게 적용해야 할 것이다. 이와 더불어 공직사회의 유연성을 확보하고 자연스러운 세대교류가 이루어지도록 '계급정년제' 같은 제도를 도입하는 것도 생각해볼 수 있겠다.

새로운 처방을 위한 종합평가

"역사는 도전과 응전의 반복"이라는 토인비의 말처럼, 우리나라 인사행정의 역사도 따지고 보면 계속해서 발생하는 공직사회의 문제점들과 그것을 해결하기 위한 제도 개선의 연속이었다고 볼 수 있다.

일단 그간의 제도 개혁에 관한 정부의 노력을 평가해본다면, 제도적 측면의 개혁 조치들은 크게 성공할 수 없는 한계를 늘 배태하고 있었다. 감히 이렇게 단언할 수 있는 이유는 학계의 다양한 연구를 통해 나타난 결과뿐만 아니라, 국민이 체감하는 공직사회의 개선 정도가 그다지 크지 않았다는 점 때문이다. 그 이유를 살펴보면 다음과 같다.

첫째, 제도를 도입하기 전에 당시 상황에서의 문제점을 파악하는 단계에서 근본적인 원인을 찾는 탐구가 소홀했다. 겉으로 드러난 행태에 주목했을 뿐 그러한 행태가 발현될 수밖에 없었던 원인의 진단에 소홀했던 것이다. 그에 따라 개선책으로 제시되었던 방안들은 결과적으로 대증요법(對症療法)에 불과한 것이 많았다.

둘째, 대부분의 인사제도 개혁이 정권교체기에 전시행정의 일환으로 이루어졌다. 근본적인 문제의식에 입각하여 이를 본질적으로 개혁하기 위한 제도 개선이었다기보다 정권이 교체될 때 이전 정권과는 다른 모습으로 자리매김하기 위한 신권부의 의지가 개입되면서 우리나라의 실정에 맞지 않는 제도가 무리하게 도입되거나 그 적용이 강요되었던 것이다.

셋째, 제도의 운영과 관련해 많은 문제점을 노정하고 있었다. 제도 자체의 취지는 매우 훌륭하고 좋았지만, 그것을 운영하는 과정에서 애초의 취지가 변질되고 왜곡되거나 정치적인 용도로 악용되는 경우가 종종 있었다. 실제로 국민의 정부 시절 논란을 불러일으켰던 직권면직 제도의 경우, 정부가 불가피하게 인력 감축을 시행함에 있어서 공직사회의 반발을 최소화하고 사회적인 비난을 불식시키기 위해 제도를 이용한 면이 없지 않았다.

넷째, 맨 처음 언급했던 이유와도 연결될 수 있는데, 단순히 선진국 제도의 도입과 개선을 통해 당면 문제를 손쉽게 해결하려고 했을 뿐 한국 공직사회에 대한 깊은 성찰을 통해 그 특성을 파악하고 대안을 마련하기 위한 일련의 노력들에 소홀했거나, 혹은 새로운 아이디어가 빈곤했다는 점을 언급할 수 있다. 공직사회의 문제점은 '행태'의 문제인 동시에 '문화'의 문제라고 할 수 있다. 특히 공직에 대한 사회적인 평가가 유달리 많고, 공직자들의 자부심이 매우 강한 한국사회에서 행태적·문화적 요소는 상당히 크게 작용한다고 볼 수 있다. 그런데 이러한 특유의 현실을 타개해야 할 필요성은 절감하면서도 이를 외면하거나, 혹은 단편적인 시행착오를 반복하다가 현실의 벽에 부딪혀 자연스

럽게 포기하는 경우가 많았던 것이 사실이다.[71]

  마지막으로, 보다 근본적이고 강력한 개선책을 제시한 적이 없었다. 따라서 강행될 수도 없었다. 조직문화를 근본적으로 바꿔놓기 위해서는 조직사회를 뿌리부터 뒤집을 수 있는 코페르니쿠스적 개혁이 필요하다. 공직사회에 커다란 충격을 가져올 이러한 개혁 조치는 필연적으로 강력한 저항을 수반하기 마련이다. 저항에 굴복하여 개혁이 흐지부지되거나 "개혁에 따른 피로"를 치유한다는 이유로 어정쩡한 타협안을 제시하여 이도저도 아닌 결과를 가져오는 것은 더욱 좋지 않다. 다소의 저항과 반발이 따르더라도 공직사회에 뿌리 깊게 자리하고 있는 문제점들을 해소하기 위해서는 강력한 조치의 도입과 철저한 시행이 담보되어야 한다. 또한 정권이 바뀌더라도 세부적인 내용 변화는 있을지언정 근본적인 대전제 자체는 계속 이어져야 할 것이다. 그것이 공직사회에 근본적인 변화를 가져올 수 있는 최선의 방법이다.

  우리나라 공직사회의 문제점들을 개선하기 위해 그간 도입되었던 많은 인사제도는 대부분 문제해결에 실패하였으며, 이에 따라 변화하는 시대에 적응할 수 있는 전문적이고 유능한 공무원을 양성하는 데도 실패하였다. 한때 지구상의 모든 생물 위에 군림하는 절대적인 존재였으나 빙하기를 맞아 소리 없이 사라져간 공룡과 마찬가지로, 현재 우리나라 공무원들은 이미 도래한 지식기반사회라는 시대환경의 변화에 제대로 대응하기는커녕 비대해진 몸집을 유지하면서 구태를 반복하는

---

[71] 과거 역대 정부를 돌아보면 문민정부의 행정쇄신위원회, 국민의 정부 세계화추진위원회, 참여정부 정부혁신지방분권위원회 등이 '쇄신, 변화와 개혁, 혁신' 등의 캐치프레이즈를 내걸고 공직사회의 의식과 행태, 문화를 근본적으로 바꾸겠다고 나섰다. 그러나 정권 말기에 이르면 늘 자기 칭찬으로 끝나고, 후속 정부는 정치 이념과는 크게 관련도 없는 그 결과물들을 걷어내는 데 열중했다.

모습을 보이고 있다.

  변화하는 시대에 적응하고 나아가 트렌드를 이끌어가는 공직사회를 이룩하기 위해서는 그에 걸맞은 적절한 제도의 도입과 실천이 필요하다. 그리고 이를 위해 지금까지 반복되었던 제도 개선의 노력을 근원적으로 되돌아볼 필요가 있다. 다시 말해, 제도 개선의 전제와 바꿀 수 없는 사고의 바탕이라고 간주했던 것들에 대해 차분히 살펴볼 필요가 있다. 공무원은 생래적으로 승진을 제1의 가치로 추구하는가? 인사권은 반드시 장관이 독점해야 하는가? 인사권의 구획은 반드시 조직법상의 조직 단위여야 하는가? 전문직 공무원들에게 심도 있는 고급전문교육을 제공하는 것은 불가능한가? 공무원 인사제도는 채용에서 퇴직에 이르는 기간 동안에만 적용되는 것인가? 공무원의 사회적 이동성에 대한 관심은 인사제도의 영역 밖인가? 이런 질문들에 대한 성찰이 있어야 하겠다.

  한 가지 다행스러운 것은 공직사회 내부의 구성원들이 이러한 혁신적인 제도 개선에 모두 반발하거나 반대하는 입장은 아니며, 그 필요성을 절감하고 동참할 마음의 준비를 하고 있다는 점이다. 3부에서 논의할 제도 개선안이 실제로 시행될 경우, 이의 성공적인 정착과 운영을 담보할 수 있는 길은 현장에서 공무를 수행하는 공무원들의 변화에 대한 마음을 신제도에 적절히 담아내는 것이다. 그리고 제도를 운영하는 과정에서 발생할 수 있는 마찰을 최소화하기 위해 정책적으로 배려할 수 있는 방안을 마련해야 할 것이다.

3부

미래형 공직인사, 어떻게 할 것인가

though
새로운 제도적 처방을 내놓으며

우리나라의 공무원은 그간 개발연대의 발전행정을 선도하며 국가 발전의 견인차 역할을 해왔다. 하지만 산업사회를 지향하던 과정에서 갖가지 관료제적 병리현상을 만들어냈다. 또한 1990년대 이후 세계화, 민주화, 지방화, 정보화라는 시대적 흐름의 변화에 제대로 적응하지 못하고 낡은 제도적 관행에서 벗어나지 못하여 국가경쟁력을 떨어뜨리는 장애요인으로 지적받아왔음은 앞에서 살펴본 바와 같다.

역대 정부는 공무원이 시대적 환경의 변화에 부응하도록 부단히 노력해왔으나, 그 성과는 실로 미지수라고 할 수 있다. 역대 정부가 시도한 행정개혁들이 아무런 성과가 없었던 것은 아니지만, 시대 흐름에 발맞추기보다는 뒤따라가기에 급급했다고 보는 것이 더 정확할 것이다. 그에 따른 정부불신과 정책불응은 현재 국정운영에 혼란을 가져오는 요인이 되고 있음은 두말할 나위가 없다.

미국 건국 초기 토머스 제퍼슨(Jefferson, Thomas)은 "정부의 구조는 매 20년 독립기념일마다 폐지되고 다시 만들어져야 한다."라고 주장한 바 있다. 오늘날 시대환경 변화와 국가 발전 속도는 훨씬 더 빨라졌기 때문에 새 정부가 구성되는 4~5년마다 정부조직이 개편되는 것은 어쩌면 당연한 일이다. 실제로 세기의 전환을 눈앞에 둔 각국 정부는 미래형 정부로의 전면 개편이라는 몸살을 앓고 있다.[1]

우리나라 역시 지식기반사회의 도래에 따라 행정개혁 또는 정부혁신을 명분으로 대대적인 처방을 내놓았다. 하지만 그것은 국민의 요구와 환경 변화에 부응하지 못했다. 지식정보화 시대에는 일반적인 관리능력을 가진 행정가보다는 특정 직무를 효과적으로 수행할 수 있는 전문가가 더욱 요구된다.[2] 따라서 공무원의 전문성을 향상시키고, 정부가 제 능력을 발휘할 수 있게 하는 것이 이 책에서 제시하는 개혁 처방의 목적이다.

여기서는 앞에서 제기한 문제의식을 바탕으로 지식정보화 시대에 대응할 수 있는 정부를 만들기 위해 다음과 같은 대안을 구체적으로 제시할 것이다.

첫째, 일반행정직군 중심의 공직분류체계를 탈피할 수 있도록 업무의 전문성에 기반한 새로운 직무군·직무렬 체계를 제시할 것이다.

둘째, 고위공직자의 능력과 전문성을 확보하기 위해 고위공직자를 정책관료와 전문관료로 이원화하는 경력관리방안을 제시할 것이다.

셋째, 정책혼선을 가져오는 부처간 정책 갈등을 해결하기 위해 국무

---

[1] 이창원 외(1998), "정부혁신의 기본 방안 및 과제", p. 35; 김만기 편(1998), 《2000년대에 대비한 정부조직의 혁신》, pp. 34-87.
[2] 이창원 외(1998), 앞의 논문, p. 61.

총리 밑에 직무군별 조정실장을 두는 제도를 제시할 것이다. 직무군별 조정실장에게는 정책조정권과 인사심사권을 부여하고 국정과제위원회의 기능을 이관할 것이다. 또한 기존에 국무조정실에서 시행하던 정부업무평가를 뛰어넘어 장기적인 정책영향평가를 할 수 있는 권한을 부여함으로써, 국정운영의 이원화를 통해 권력을 분산하고 조화와 협력을 지향하고자 한다.

마지막으로, 새로운 제도를 뒷받침할 수 있는 교육훈련제도를 제시할 것이다.

이러한 개혁 처방은 지식기반사회에 대비하는 '창도적(唱導的) 정책목표'를 추구하는 정책들이다. 단순히 현재 발생하고 있는 사회문제를 사후적으로 해결하고자 '치유적(治癒的) 정책목표'를 지향하는 정책들과는 다른 성격을 갖는다. 따라서 다소 급진적으로 느껴질 수도 있으나, 지식기반사회라는 것이 우리가 과거에 경험했던 사회와는 다른 특성을 갖는 까닭에 여기서 제시하는 정책 역시 "불확실성하의 거대정책"[3]의 성격을 지니는 하나의 예시안이라고 보면 될 것이다.

정부조직 개편을 실시하기 전에 우선 조직의 기능을 분석해보아야 할 것이다. 조직 개편의 문제는 조직의 상하를 막론하고 전문지식 적용의 영역이라기보다 상식 적용의 영역으로 간주하는 경향이 있다. 그 결과 조직 개편 과정에서 조직국과 같은 실무 기관의 입장이 약해지고, 정치나 권력관계의 영향을 받을 가능성이 커지게 된다.[4] 따라서 조직 개편은 조직 진단 또는 직무 분석을 실시하고 난 다음에 하는 것이

---

[3] 노화준(2007), 《정책학원론》, 제2전정판, 박영사, pp. 312-344.
[4] 조석준(1997), 《한국행정조직론》, 법문사, p. 335.

순서에 맞다 할 것이다.[5]

  이 책에서 제시하는 개혁 처방도 이러한 조직 진단이나 직무 분석의 작업에 기초해야만 올바른 방향성을 가지게 될 것이다.

---

[5] 김병섭 외(1998), "정부조직 개혁의 방향 및 과제", p. 147 ; 김만기 편(1998), 《2000년대에 대비한 정부조직의 혁신》, pp. 120-151.

공직분류체계 개편 방안:
직무군·직무렬제도

> **직무군·직무렬제도**란 공직 분류를 7종의 직무군과 30종의 직무렬로 새롭게 분류하고, 공무원의 승진과 전보 등에 관한 인사운영을 부처를 초월하여 직무군과 직무렬을 기준으로 시행하는 제도이다.

직무군·직무렬 공직분류체계의 의의

지식기반사회에서 성공하는 정부를 만들기 위한 핵심 과제는 공무원의 전문성을 확보하고 능력을 발전시키는 것이다. 이를 위해서는 우선 공직분류체계를 개선해야 한다. 일반적으로 공직의 분류는 공직의 구조화 또는 공직의 배열을 의미한다. 공직의 분류는 신분과 자격을 기준으로 할 수도 있고(예 : 정무직, 일반직, 계약직 등), 한 사람이 수행해야 하는 일(직무)의 성격을 기준으로 할 수도 있다(예 : 행정직, 기계직, 공안직 등). 공직을 분류하는 단일한 기준이나 방법은 존재하지 않으며, 그에

대한 접근 방법과 모형도 다양하다.[6]

우리나라의 공직분류체계는 직군, 직위, 직렬, 직류를 기초로 하고 있다.[7] 그러나 이 같은 기본 분류는 직무 조사와 분석 및 평가를 거쳐 도입된 것이 아니라, 단순히 공직을 분류하고 구분하기 위한 도구들에 불과하다. 우리나라 공직분류체계의 문제점을 살펴보면, 첫째, 일반직 공무원의 비중이 너무 크고, 둘째, 공무원의 전문성을 확보하기 위한 장치로서의 기능이 미흡하며, 셋째, 시대 변화에 뒤떨어진 분류체계를 가지고 있는 것으로 평가할 수 있다. 이러한 문제점은 정부 수립 이래 수많은 개선 노력에도 불구하고 근본적으로 해결되지 못했다.

우리는 근본적인 공직분류체계 개선이 인사행정체제 개편에 선행되어야 한다는 인식하에 발상을 전환하여 직군·직렬체제를 직무군·직무렬 체제로 변환함으로써 지금껏 지적된 문제점들을 근본적으로 해결할 수 있는 새로운 공직분류체계를 제시하고자 한다.

현재의 직군·직렬식 분류체계는 직위분류제적 요소를 띠고 있으면서도, 어디까지나 계급제 기반 위에서 공무원을 선발하고 충원하기 위한 계열 구분과 인사관리상의 편의성을 기준으로 한 것이다. 이에 반해 직무군·직무렬 분류체계는 사회의 발전과 분화 추세에 맞추어 공직을 전문화하고 공직자를 전문가로 육성하기 위한, 즉 미래를 대비한 공직분류체계이다. 기존의 직군·직렬식 분류체계는 공무원 임용 당시의 상황, 즉 "행정서비스의 공급자를 기준으로 한 초기 산업사회의 공

---

[6] 박천오 외(2007), 《현대인사행정론》, 법문사, p. 118.
[7] 일반적으로 직군은 직무의 성질이 유사한 직렬의 군, 직위는 한 사람의 공무원에게 부여할 수 있는 직무와 책임, 직렬은 직무의 종류는 유사하지만 책임도와 곤란성의 수준이 서로 다른 직급, 직류는 동일한 직렬 내에서 담당 전문 분야가 동일한 직무의 군 등으로 정의한다(임도빈·유민봉(2007), 앞의 책, p. 99).

직분류체계"라고 할 수 있다. 이에 반해 직무군·직무렬 분류체계는 공무원이 현재 하고 있는 업무와 그 연장선상에서 앞으로 하고자 하는 업무에 이르기까지, 본인이 선택한 업무 분야의 "행정서비스의 수요자를 기준으로 한 지식기반사회의 공직분류체계"라고 할 수 있다.

미래에 대비하기 위한 새로운 공직분류체계는 무엇보다 첫째, 공무원의 전문성 확보, 둘째, 미래 행정환경에 적응할 수 있는 공무직 적합성 확보, 셋째, 적재적소 직무 배치를 위한 제도 설계, 넷째, 공정한 성과평가를 위한 기준 마련, 다섯째, 공무원의 승진과 전보 등 인사운영에서 분야간 형평성 확보 등 다섯 가지 기준에 근거해야 할 것이다.

◎ 공무원의 전문성 확보

공무원의 전문성 부족은 앞서 가장 먼저 제기한 문제였다. 이는 공무원 개인의 문제라기보다는 제도적 원인에 기인한 문제이다. 또한 구체적 사례를 열거하지 않아도 공무원과 접해본 사람들은 대부분 공무원의 전문성 부족에 공감한다.

그렇다면 과연 전문성을 가진 공무원은 없는 것일까? 그렇지 않다. 공무원 중에는 해당 분야의 전문가, 교수, 연구원보다도 해박한 학문적 지식과 전문지식을 가지고 있는 사람이 많이 있다. 문제는 이러한 전문지식을 공직에서 활용하거나 유지, 발전시킬 수 있는 기회가 없다는 데 있다. 또한 보직경로도 적성과 전문성을 기반으로 설계되어 있지 않기 때문에 전문성을 갖춘 공무원이라 할지라도 자신의 전문 분야와는 관계없는 업무에 순환보직의 형태로 근무하고 있는 경우가 대부분이다.

이러한 폐단을 시정하기 위해 많은 제도들이 도입되었으나, 공직분류체계의 근본적 개선 없이 시도된 이들 단편적인 개선책들은 결국 기대한 효과를 얻을 수 없었다.

우리는 개인의 전문성과 직위의 연결고리라 할 수 있는 공직분류체계를 개편하여 개인의 특성에 맞는 직위를 부여하고, 그것이 개인의 전문성을 더욱 발전시킬 수 있는 발판이 되는 방안을 제시할 것이다. 현행 인사제도는 공무원이 거래관계에 있는 국민에게 포획(capture)당하는 것을 막기 위해 보직 기간을 짧게 설정하였기에 공무원이 전문성을 잃기 쉽다. 하지만 새로운 공직분류체계에서는 보직이 바뀐다고 해도 근무처만 달라질 뿐 같은 종류의 전문적인 일을 계속 하게 되므로 업무의 연속성을 확보하고, 적응 시간을 줄일 수 있다. 그것은 공무원 개인이 추구하는 전문성과 업무 경력을 바탕으로 하여 인사발령이 이루어지는 시스템이기 때문이다.

현행 공직분류체계에서는 개인이 전문성을 발휘하거나 발전시킬 수 있는 제도적 장치가 미흡하므로 전문성을 바탕으로 한 인사를 시행하기 어렵다. 그러나 새로운 공직분류체계 하에서는 공무원이 자신의 전문성을 발휘할 수 있는 직위에 보직되도록 하고 해당 직무군·직무렬 내에서만 순환보직하게 함으로써, 공직 전체의 전문성은 높이되 승진과 전보 인사는 원활하게 운영될 수 있다.

◎ **미래 행정환경에 적응할 수 있는 공직 적합성 확보**

OECD 정부개혁기구에 따르면 지식정보화 사회의 정부는 변화하는 사회에 끊임없이 적응해야 한다.[8] 변화하는 사회는 행정환경의 변화를

---

[8] OECD(2006), *Modernizing Government*, OECD.

요구한다. 그리고 행정환경의 변화를 위해서는 변화의 주체가 되어야 할 공무원의 적응력을 높여야 한다.

그러면 공무원의 적응력은 어떻게 높일 수 있을까? 이제까지 많은 국가가 공무원의 적응력을 높이기 위해서 인력 감축, 아웃소싱, 계약직 공무원 임용 등 신공공관리(New Public Management)적 사고방식에 입각하여 정부를 운영하려 했다. 그러나 이에 대한 결과는 참담했다는 분석도 있고,[9] 신공공관리적 사고방식으로는 행정의 능률성을 확보할 수 없으며 퇴행적 능률성[10]만 제고할 뿐이라는 의견도 있다.

이러한 결과는 충분히 예견된 것이었다. 작은 정부에만 집착한 나머지 정부 현안 분석을 담당하는 공무원의 숫자만 줄인다면, 합리적으로 정책을 결정해야 할 행정역량만 위축되고, 결국 정책실패를 초래하여 국가와 국민에게 피해를 입히게 된다.

그렇다고 정부 내 모든 부처조직에 민간조직에서처럼 네트워크, 평면조직 등의 혁신적인 경영관리 기법을 도입하여 변화시킬 수는 없다. 세이어(Sayre, W.)[11]의 말처럼 "행정과 경영은 비슷한 점을 제외하고는

---

[9] 《정부재창조론(Reinventing Government)》의 테드 게블러는 한때 캘리포니아 주 비살리아의 시 관리인으로 복무했다. 재임 기간 중 그는 그의 저서에 열정적으로 기술되어 있는 다수의 기업가적 사업을 추진했다. 1994년에 비살리아 시를 방문했던 한 작가는 '기업가적 정부: 그 이후 아침'이라는 제목의 사설을 《거버닝(Governing Magazine)》이라는 잡지에 기고했다. 이 기고에서 비살리아 시는 민간업자와의 파트너십으로 개발한 호텔의 몰락으로 큰 사기를 당하고, 시 행정부에서 개발한 몇 년간의 기업가적 사업들로 인해 피로감을 느끼고 있는 것으로 묘사되었다. 이외에도 미시건 주의 연기금자산의 투자실패, 대표적인 신공공관리론자인 로버트 벤의 공직자와 기업가는 동시에 존재할 수 없다는 분석 등 여러 사례들을 확인할 수 있다(찰스 T. 굿셀(2006), 《공무원을 위한 변론》, 황성돈 외 역, 올리브, pp. 294-297).
[10] 정정길(2003), 앞의 책.
[11] 세이어는 행정과 경영은 조직, 인사, 재무 등 관리 측면에서 동일하거나 유사하게 보일 수는 있으나 이윤 추구를 목적으로 하는 경영과 공익을 추구하는 행정은 근원적인 차이점이 존재한다는 점을 들어 양자는 중요한 차이점이 있다는 사실을 강조하였다(Sayre, W.(1958), "Promises of Public Administration", *Public Administration Review*, 18, pp. 102-103).

근본적인 차이가 존재한다(They are fundamentally alike in all unimportant respects)." 결국 대안은 공무원의 자질을 신장시키고 전문성을 높여서 변화된 행정환경에 대응할 수 있는 공무원을 육성하는 체제를 만드는 것밖에 없다.

현행 직군·직렬·직류 분류체계는 누차에 걸쳐 개선되었으나, 몇몇 직렬 분류체계를 명칭만 바꾸는 선에서 이루어졌다고 볼 수 있다.[12] 현실적으로 이러한 분류체계에 따라 보직경로가 운영되지 못하기 때문에 공무원은 자신의 직군·직렬·직류에 걸맞은 전문성과 업무수행능력을 충분히 확보할 수 없었다.

다가오는 지식기반사회는 과학기술, 산업, 정보통신, 에너지, 인적자원관리 등 기술 간 융합이 더욱 활발해지고, 새로운 분야가 계속 개척되고 있기 때문에 시대에 뒤떨어진 일반행정직 중심의 공직사회는 미래 행정환경에 적응할 수 없다. 따라서 미래사회에 적응할 수 있는 새로운 공직분류체계로서 직무군·직무렬 체제를 제안하고자 한다.

◉ 적재적소 직무 배치를 위한 제도 설계

앞에서 직위와 직군·직렬이 상호 연결되지 않기 때문에 공무원의 전문성의 부족 문제가 발생한다는 점을 설명하였다. 현 제도에서는 직위와 직군·직렬이 상호 연결되지 못한다. 그 때문에 상급자의 주관적 판

---

[12] 현행 공직분류체계는 2005년에 공무원 임용령을 개정하여 3급 이상은 기존의 행정직과 기술직 구분을 폐지하여 2급은 이사관, 3급은 부이사관으로 통합하고, 4급은 서기관과 기술서기관 등으로 통합하였다. 2006년에도 동 규정을 개정하였다. 5급 이하 기술직군을 종전 광공업, 농림수산, 물리, 보건의무 등 8직군에서 기술직 1직군으로, 기계, 농업 등 38직렬을 17직렬로 통합하고 새로운 직렬 및 직류를 신설하였다(중앙인사위원회 (2007), 《참여정부공무원인사개혁백서》).

단에 따라 모든 승진 또는 전보 인사가 이루어질 가능성이 상존하고, 연공서열에 의해 직위가 결정되는 폐단이 나타난다. 따라서 직위와 직군·직렬이 범부처적으로 상호 연결되는 새로운 분류체계를 마련하는 것이 시급하다.

직위와 직군·직렬을 일치시킬 수 없는 이유는 그 당위성은 인정하면서도 실제로 공무원의 승진이나 보직의 이동은 소속부처 내에서 이루어지기 때문이다.

한편으로 공무원 인사도 새로운 적재적소의 시대로 변화되어야 한다는 주장이 강하게 제기되고 있다.

인사의 요체를 흔히 '적재적소(適材適所)'라 한다. 개인의 특기와 경험을 살려 가장 적합한 일을 맡긴다는 의미이다. 하지만 요즘 같은 변화의 시대엔 인사의 원칙 역시 수정이 필요하다. 사람을 놓고 자리를 정하는 '적재적소'보다는 자리에 필요한 특정 인재를 찾아 나선다는 개념의 '적소적재(適所適材)'가 더 어울릴 듯싶다. 무한경쟁에서 살아남기 위해 우수인재 찾기에 여념이 없는 현장의 기업가에게는 이미 현실이 되었다. 지식과 정보기술의 시대에, 뛰어난 인재에 대한 필요성은 어느 때보다 절실하다. 모든 기업과 조직들은 어제의 방식에 잘 훈련된 과거형 인재가 아니라 오늘의 문제와 미래의 변화를 읽어내고 새로운 대안으로 '블루오션'을 개척할 인재를 필요로 하고 있다. 인재를 어떻게 발굴하고 길러낼 것인가 하는 것은 이제 CEO들의 핵심 과제가 됐다. 20%의 직원이 80%의 생산성을 내고, 한 명의 천재가 10만 명을 먹여 살린다는 경영 경구가 등장할 정도다.

정부 조직도 예외는 아니다. 행정의 생산성과 효율성을 높이고, 국가의 경쟁력을 강화하기 위해서는 민간부문만큼이나 우수인재의 확보가 긴요하다. 국경 없는 무한경쟁의 시대에 과연 우리의 공무원들은 민간부문이나 선진국의 경쟁자들에 비해 우위를 갖고 있는가. 삼성전자, 현대자동차, 포스코 등 세계적 수준의 기업들에 견줄 만한 인재들이 우리 정부의 미래를 짊어지고 있는가.

인재경영의 측면에서 볼 때 우리 공공부문은 아직 갈 길이 멀다. 글로벌 경쟁을 헤치고 나가는 민간부문에 비해 인재를 발굴하고 키워내는 일에 상대적으로 치열성이 덜한 것이 현실이다. 무엇보다 인사시스템의 역동성이 떨어진다. 바늘구멍 같은 고시 관문을 통해 채용 당시에는 최고 수준의 우수인재를 뽑은 정부의 경쟁력이 제대로 유지되고 발전하고 있는 것인가. 예나 지금이나 정부 인사는 연공서열적이다. 능력이나 실적보다는 근무경력 위주의 평가와 승진 심사의 틀을 아직도 크게 벗어나지 못하고 있다. 단순히 공무원 임용일이나 고시 기수에 의해 직급과 승진이 결정되는 인사시스템 속에서 조직의 다이내믹스는 활력이 부족할 수밖에 없다.[13]

적재적소에 인재를 배치해야 옳으나, 현재의 인사시스템에서는 그러한 기본 원칙을 지키기가 어렵다.

적재적소에 사람을 배치하는 제도 중 하나는 직위분류제이다. 직위분류제는 공직의 각 직위에 존재하는 직무의 종류와 곤란도, 책임도의 차이에 따라 종적으로는 직종별로, 횡적으로는 등급별로 공직을 구분, 정리하는 것을 말한다.[14] 직위분류제는 제도상의 많은 장점을 가지고 있지만 실제로 운영하려면 많은 제약이 따른다.[15] 그 중에서도 새로운

---

[13] 김영규(2005), "공무원 인사도 적재적소의 시대", 《인사행정》, 10월호.
[14] 이도형(2007), 《정부의 전략적 인적자원 관리: 디지로그 공무원 만들기》, 선학사(북코리아).
[15] 자세한 내용은 김판석(2004), 강성철·이종수 외(2007), 박천오 외(2007)를 참고할 것.

직위가 발생할 때마다 직무 분석이 선행되어야 하고, 인사소요가 발생할 때마다 직급에 맞는 적임자를 부처 내에서 찾아내어 적재적소에 발령해야 하는 등 시행 과정에서 상당한 행정비용이 발생한다는 문제점이 있다.

우리나라는 앞에서 언급한 바와 같이 3공화국 때부터 직위분류제의 도입을 시도했지만 아직까지 계급제적인 기반을 탈피하지 못하고 있다.[16] 이런 현상의 가장 근본적인 원인은 공무원이 특정 부처에 소속되어 있기 때문에 아무리 직위분류를 잘해도 해당 직위의 적임자를 항상 부처 내에서 찾을 수는 없기 때문이다. 그래서 직위분류제를 진일보시킨 제도로서 공직인사에 직접 적용 가능하고, 또 행정비용도 적은 새로운 직무군·직무렬제도를 제안하고자 한다.

◎ 공정한 성과평가를 위한 기준 마련

성과주의 관리 방식의 도입은 정부혁신을 위한 필수요소이다.[17] 인사에서도 공정한 성과평가를 바탕으로 한 인사는 학자들이 공통적으로 주장하는 바이다.[18] 공정한 성과평가가 이루어지기 위해서는 비교 가능한 유사 업무의 성과에 대해 상대 평가할 수 있어야 한다.

현행 공무원의 성과평가는 상급자가 부처 내 모든 직렬을 대상으로 부하직원의 성과를 비교 평가하는 방식으로 이루어진다. 예컨대 부처의 장관은 각종 직군·직렬이 섞여 있는 국장들을 같은 잣대로 비교 평

---

[16] 이선우·오성호(2003), 《인사행정론》, 한국방송통신대학교 출판부.
[17] OECD(2004), 앞의 책; 정정길(2003) 앞의 책 참조.
[18] 이광희(2006), 《공공부문의 성과평가》, 대영문화사.

가한다. 국장도 그와 동일한 방식으로 부하과장들을 평가한다. 여기서 총무, 산업, 재무, 연구개발 등 서로 매우 다른 여러 가지 업무를 수행하는 직원들을 동시에 같은 평가대상으로 놓고 평가하는 것이 과연 타당한가의 문제가 발생한다. 그렇다면 총무업무를 담당하는 과장들, 재무업무를 담당하는 과장들을 각각 하나의 집단으로 분류하여 평가하는 경우와 앞서 예를 든 경우를 비교한다면 어느 쪽이 정당성을 인정받을 수 있는가.

당연히 후자에 당위성이 존재한다. 하지만 각 부처별로 혼재되어 있는 해당 업무 담당자들을 누가, 어떻게 범부처적으로 종합하여 비교평가하며, 승진 등 인사고과의 반영은 과연 어떻게 할 것인가의 문제가 대두된다.

이러한 문제는 직위분류체계를 근거로, 부처와는 별도의 인사담당기관이 이를 직무군별로 범부처적으로 시행하게 함으로써 해결할 수 있다. 별도의 인사담당기관이라 함은 해당 직무군·직무렬 전체를 대상으로 승진과 전보 등 포괄적 인사심사권을 행사할 수 있는 새로운 인사기구를 말한다. 이러한 인사기구의 도입 방안과 새로운 인사시스템에 대해서는 뒤에서 자세히 설명하도록 하겠다.

◎ 승진, 전보 등 인사운영에서 분야간 형평성 확보

글로벌 경쟁환경에서 미래 성장동력의 창출이 국가의 생존과 번영을 위한 최우선 과제로 등장하면서 과학기술적 정책수요가 증대하였다.[19] 경제, 교육, 산업, 예산 등 국가의 전반적 주요 정책을 결정할 때

---

19 국가과학기술위원회(2003), 《이공계 전공자 공직진출 확대방안》.

과학적·기술적 사고에 기반을 둔 판단의 필요성이 절실해졌다. 다시 말해, 정부의 주요 정책을 결정할 때 과학기술과 전문지식으로 무장한 기술직 공무원들의 역할이 중요해진 것이다.

그러나 현실은 이러한 필요성을 반영하지 못하고 있다. 현행 공직분류체계에서는 強행정직, 弱기술직이 불가피하다. 조직 내에서 여러 직렬이 승진 등 보직경쟁을 할 때 주로 행정직렬을 선호하는 경향이 존재하기 때문이다.

민간의 경우는 한국상장회사협의회가 발표한 '2007년 상장법인 경영인 현황' 자료를 보면, 유가증권시장 상장법인 675개사, 1만 2,392명의 임원들의 전공 분야가 이공계열(40.8%), 상경계열(36.4%), 인문계열(13.2%) 순이었다.[20] 그러나 공직의 경우에는 2003년 이공계 공직자 진출 확대 방안의 이공계 50% 채용 목표에도 불구하고, 그 첫 단계인 '전체 4급 이상 이공계 출신 고위직 공무원 30.64%' 라는 목표치를 채우지 못하고 65명이나 미달됐다.[21]

고위직 공무원의 행정직 중심 현상은 고위공무원단이 도입되자 더욱 심각하게 발생하고 있다. 중앙인사위원회가 국회 과학기술정보통신위원회 신상진 의원실에 제출한 자료에 따르면, 2007년 6월 말 기준으로 61개 부처 고위공무원 1,297명 가운데 이공계·기술직 출신은 367명으로 28.3%에 그쳤다. 특히 대통령비서실, 재정경제부 등 힘 있는 부처의 경우에는 10% 수준을 기록했다.[22] 이것은 지식기반사회의 공

---

20 한국상장회사협의회(2007. 5. 17.), 조사 결과 자료집.
21 신문주(2007), 2007년 제24회 공학한림원 심포지엄 자료집.
22 《내일신문》, 2007. 8. 17., 13면.

직전문성 제고에 역행하는 현상일 뿐만 아니라 이공계 출신 공무원의 사기저하와, 우수인력의 응시 기피, 채용인력에 대한 효율적 활용의 저해 요인으로 작용한다.

이는 비단 이공계 출신에게만 적용되는 문제는 아니다. 부처간 승진 직위와 직급에 한계가 있기 때문에 발생하는 문제 또한 심각하다. 현재와 같이 직렬별로 채용하는 체계에서 부처간 인사상의 불균형은 같은 직렬에 속하지만 서로 다른 부처에 배속된 공무원들 사이에 상대적 박탈감을 더욱 크게한다. 그로 인해 신규 임용자들 사이에 소위 인기부처, 비인기부처라는 분류가 생겨나고 궁극적으로는 행정서비스의 질이 떨어지게 되는 것이다.[23]

이처럼 직군·직렬간 또는 부처간 승진 격차는 공무원의 사기저하의 주요 요인으로 작용하기 때문에, 이에 대한 해결 방안으로서 직위·직렬간 형평성 있는 승진체계를 마련하기 위해서도 공직분류체계를 근본적으로 개편해야 한다.

새로운 공직분류체계 예시안

공직분류체계를 개편하기 위해서는 현재 운영되고 있는 직위별 직무분석이 선행되어야만 하는데, 직무 분석에는 막대한 시간과 인력이 요구된다.

---

[23] 진재구 외(1993), 앞의 책.

이번 연구에서는 현실적인 제약으로 인해 현 정부의 모든 직위에 대한 직무 분석과 공무원의 구성을 분석하지 못했다. 그러나 다음에 제시하는 예시안은 앞으로 공직분류체계를 실제로 개편하는 데 있어 하나의 방향을 제시해줄 수 있으며, 또한 이번 연구의 취지를 이해하는 데 도움을 줄 수 있으리라 생각된다. 공직분류체계 개편을 통해 앞에서 제시한 공직분류체계 개편의 취지를 실현하는 것이 중요하지, 직무군을 몇 개로 분류하고 명칭을 무엇으로 하는지가 중요한 것이 아니다. 그리고 세부적인 시행 방법은 국민적 합의와 정책집행의 대상인 공무원들의 이해를 바탕으로 결정되어야 한다.[24]

앞에서 제시한 공직분류체계의 기준에 따라 새롭게 제시하는 공직분류체계 예시안은 대분류로서 7개의 직무군과 소분류로서 30개의 직무렬을 갖고 있다. 각 직무군별 세부 구성을 살펴보면, 일반행정 직무군은 행정, 인사, 감사, 지방자치 등 4개의 직무렬로 구성되었고, 산업·IT 직무군은 에너지, 응용과학, 기계·소재, 전자·바이오, 1차 산업, 전자정부, 정보통신 등 7개 직무렬로 구성되었고, 외교·국방 직무군은 국제협력, 국제외교, 국방, 통일 등 4개의 직무렬로 구성되었고, 국토·환경 직무군은 건설·토목, 교통·물류, 환경 등 3개의 직무렬로 구성되었고, 재정·경제 직무군은 국민경제, 금융, 통상, 재정, 세재 등 5개의 직무렬로 구성되었고, 사회복지 직무군은 국민복지, 노동, 보건 등 3개의 직무렬로 구성되었고, 과학·교육·문화 직무군은 기초과학, 문화, 홍

---

24 이것을 실제로 정책에 반영하기 위해서는 범정부적인 태스크포스팀을 구축하여 기존의 직무 분석을 직무군·직무렬 체계에 맞추어 재정비하여야 한다. 그리고 합리적인 직무군·직무렬을 구성하기 위해 전문가와 실무 공무원들의 심층 토론 과정을 거쳐야 한다. 이 과정에서 직무군·직무렬 분류체계의 전면적 시행이 어렵다고 판단될 경우에는 부분적인 시행을 생각해볼 수도 있다.

보, 교육 등 4개의 직무렬로 구성되었다.

다음의 〈그림 3-1〉은 우리가 제안하는 새로운 직무군·직무렬 분류체계를 묘사하고 있다. 이에 따르면 하나의 직무군은 특정 부처에만 소속되어 있는 것이 아니고 여러 부처에 분산되어 있다. 예를 들어, 일반행정 직무군의 행정 직무렬 공무원은 기획재정부의 총무과장으로 근무하다가 교육과학기술부의 총무과장이나 지식경제부의 시설관리과장으로 옮겨갈 수 있다. 재정·경제 직무군의 재정 직무렬 공무원은 기획재정부의 재정정책 업무를 수행하다가 국토해양부의 재정기획 업

그림 3-1 ▶ 직무군·직무렬 분류체계

| 행정안전부 | 지식경제부 | 보건복지가족부 | …… | 기획재정부 | 교육과학기술부 | 국토해양부 | 농림수산식품부 |

일반행정 직무군

산업·IT 직무군

외교·국방 직무군

국토·환경 직무군

재정·경제 직무군

사회복지 직무군

과학·교육·문화 직무군

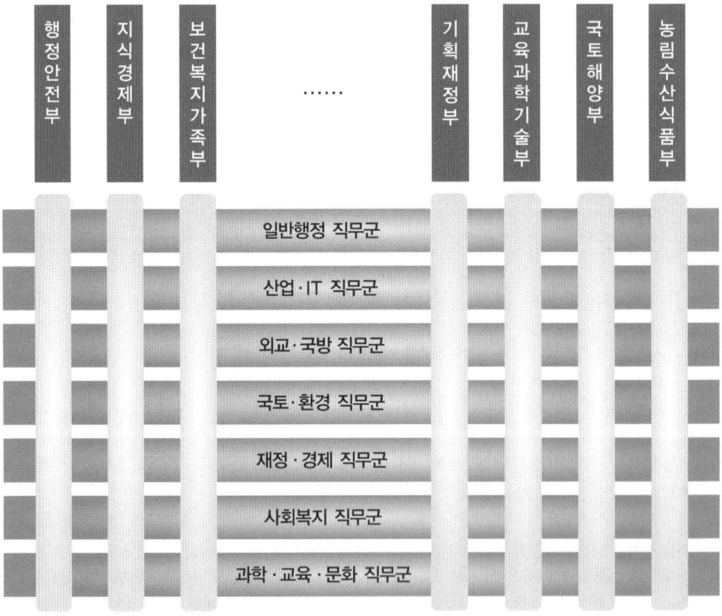

무를 할 수 있다. 직무 분석을 기초로 직무군·직무렬이 갖추어진다면 타 부처로 전보된 후에도 기존 부처의 업무와 직·간접적으로 관련되거나 또는 유사한 업무를 계속 담당할 수 있기 때문에 일관된 업무를 수행하게 된다.

이 그림에서 보는 바와 같이 새로운 공직분류체계 안에서는 공무원들이 하나의 부처에서만 일하는 것이 아니며, 공무원의 직무를 특성화하여 일할 수 있는 토양을 만들어주게 된다.

우리는 새로운 직무군·직무렬 분류체계가 현실에서 어떻게 나타나는지 알아보기 위해 18개 중앙부처, 중앙인사위원회, 기획예산처, 국정홍보처의 886개 팀장 및 과장 직위를 중심으로 새롭게 분류하였다.[25] 이에 대한 분석 결과는 〈그림 3-2〉, 〈그림3-3〉과 같다.[26]

그리고 〈표 3-1〉은 우리가 앞에서 제시한 공직분류체계 개편 기준에 근거하여 새롭게 분류한 공직분류체계와 담당 업무를 나타내고 있다.[27]

---

[25] 참여정부의 정부부처를 대상으로 연구하였기 때문에 현재는 바뀐 부처 명칭으로 되어 있으나 이 책에서 제안하는 것은 현 정부만을 겨냥한 개선안이 아니라 정부 유형에 관계없이 다 적용할 수 있는 보편적 원리이다.
[26] 지면의 한계로 인하여 여기서는 영역으로만 구분되어 있으나, 이 책의 "부록2 직무군·직무렬 분류체계 예시"에서 자세한 부처와 직위를 확인할 수 있다.
[27] 이외에도 정부가 수행하는 업무의 영역은 수없이 존재하나 여기서는 하나의 예시를 보여주고자 하는 것이다. 각 직무군·직무렬의 담당 업무는 범정부적으로 공무원, 전문가 등이 참가한 태스크포스팀에서 구체적으로 정해져야 할 것이다.

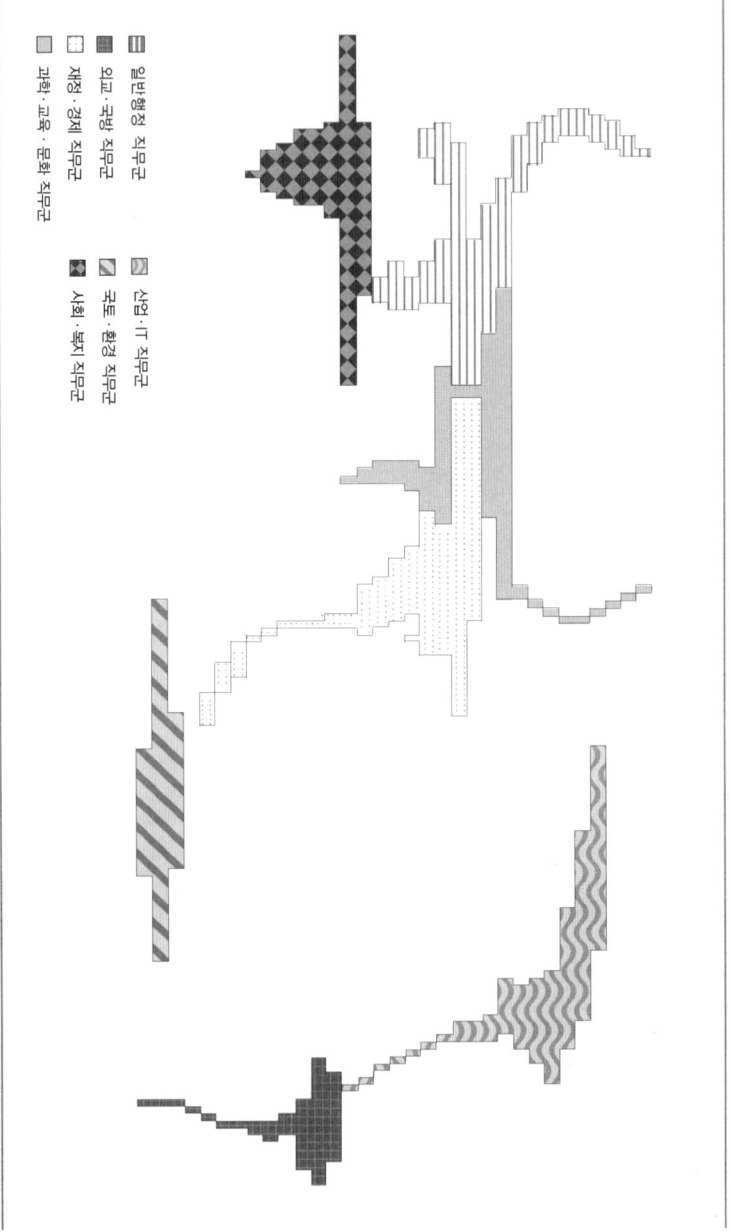

그림 3-2 직무군 분포도

그림 3-3 각 직무군별 분포도

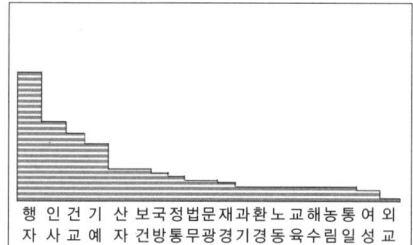

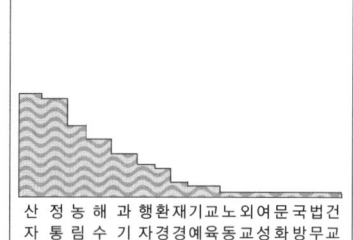

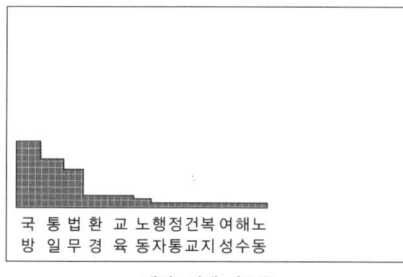

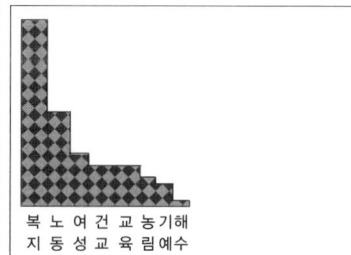

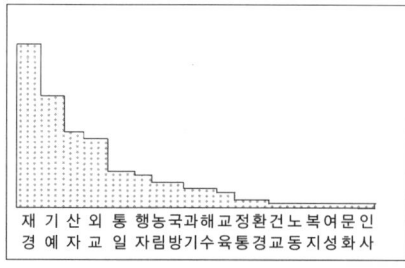

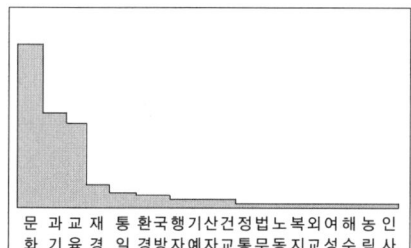

표 3-1 새로운 직무군·직무렬 분류체계와 담당 업무

직무군	직무렬	담당 업무
일반행정	행정	정책평가, 성과평가, 제도혁신, 전략기획, 조직관리, 총무, 의전, 조달, 시설관리, 운영지원, 조직진단
	인사	공무원정책, 임용, 공무원인력관리, 직무분석, 단체교섭, 공무원연금, 후생복지
	감사	감사, 행정윤리, 공직기강
	지방자치	지방자치지방지원정책, 균형발전, 지적, 자치행정지원
산업·IT	에너지	원자력, 에너지기술, 석유·가스·광물자원, 재생에너지
	응용과학	응용과학지원, 우주, 전략기술관리, 기술협력, 산학연계정책
	기계·소재	기업기술지원, 산업기술, 산업기술표준, 부품소재, 섬유, 기계항공, 자동차, 조선, 로봇, 철강, 화학, 산업정책
	전자·바이오	전자, 디스플레이, 반도체, 바이오, 나노
	1차 산업	농업, 축산, 어업, 임업, 식품
	전자정부	전자정부전자정부구축, 행정 정보화, 정보보안, 정보윤리, 개인정보보호, 정보화기획
	정부통신	통신정책, 통신산업, 전파, SW산업, SW정책, 주파수, 통신인프라, 정보통신기술혁신
외교·국방	국제협력	국제협력, 출입국, 체류정책, 국적, 국제이민
	국제외교	정무외교, 영사, 국제기구
	국방	장병복지, 전시동원, 군비통제, 정훈, 군수, 국방개혁, 방위사업
	통일	대북정책, 이산가족, 대북지원, 새터민
국토환경	건설·토목	사회기반시설, 해외건설, 건설산업, 건설안전, 토목산업, 도시정책, 도시환경, 주택정책, 주거환경, 신도시, 주거복지, 임대주택
	교통·물류	물류정책, 교통정책, 교통안전, 항공운수, 해운여객, 광역교통, 도로정책, 도로건설, 도로관리, 대중교통
	환경	토양, 수질, 대기, 자연보전, 자연정책, 국토환경보전, 환경정책
재정·경제	국민경제	경제정책, 경제분석, 소비자정책, 생활경제, 소득분배, 성장전략
	금융	금융정책, 은행·보험·통화 정책
	통상	투자정책, 투자유치, 무역정책, 무역협력, 수출입, 통상협력, 자유무역협정, 무역진흥, 국제경제분석

직무군	직무렬	담당 업무
재정·경제	재정	재정기획, 재정정책, 재정분석, 재정운용, 민자투자사업, 재정집행, 공기업, 기금관리
	세제	조세정책, 세재분석, 소득세, 법인세, 일반조세업무, 지방세, 지방교부세, 관세
사회복지	국민복지	복지정책, 임대주택, 사회정책, 장애인, 연금, 고령자, 저출산, 노인요양, 청소년, 인구여성정책, 보육지원
	노동	사회서비스사업, 노동정책, 자격정책, 노사정책, 비정규직, 노동인력관리, 인적자원관리
	보건	의료정책, 국민건강, 보건산업, 생명윤리, 질병관리, 의약품
과학·교육·문화	기초과학	과학기술정책, R&D 지원, 과학기술혁신, 연구지원정책
	문화	전통문화, 관광, 종무, 예술, 문화재, 스포츠
	홍보	정책홍보, 홍보지원, 홍보기획
	교육	학교정책, 교원정책, 교육 과정, 인적자원정책

직무군·직무렬 체계의 운영 방안과 기대효과

직무군·직무렬 공직분류체계의 도입으로 변화될 공직사회의 모습을 예측하기는 쉽지 않지만, 개편의 필요성과 취지를 공직사회에 정확히 전달할 수 있다면 처음에 의도했던 성과를 어느 정도 거둘 수 있을 것이다. 이를 위해 새로운 제도의 도입이 가져오는 부작용을 최소화할 수 있도록 실무적인 검토와 합의를 거쳐 개편 방안의 적용 시기와 방법을 정해야 할 것이다. 그러나 앞에서도 언급하였지만, 중요한 것은 직무군·직무렬 분류체계의 개편 방안의 의의를 공직사회에 정확히 반영하는 것이지 도입시기와 제도화를 뜻하는 것은 아님을 잊지 말아야 한다. 공직 전체에 일순간의 적용이 가져올 파장을 최소화하기 위해서 순차적인 도입을 생각해볼 수도 있고, 일부 직무군을 시범적으로 도입하는 방안을 생각해볼 수 있다.

새로운 직무군·직무렬 분류체계는 특정 제도와 조직 구조에만 적용되는 것이 아니라 정부조직을 유연하게 관리할 수 있다는 장점을 가진다. 현재 정부조직은 부처에 따라 공무원이 나뉘어 있기 때문에 부처이기주의가 나타나고, 전 정부적 인적자원관리에 어려움이 존재한다. 구체적으로 설명하자면 부처의 규모와 파워가 곧 소속부처 공무원의 승진기회와 권력으로 이어지므로, 공무원들은 부처의 예산과 조직을 확대하는 데 많은 힘을 쏟고 있다.

이러한 부정적인 행태는 직무군·직무렬 제도의 도입으로 상당 부분 해결될 수 있다. 직무군·직무렬 분류체계 도입은 공무원이 특정 부처에 소속되지 않고 자신의 직무 분야와 관련된 직무군·직무렬에 속하기 때문에 해당 분야의 발전이 곧 자신의 발전을 가져오기 때문이다.

따라서 과거와는 비교할 수 없을 정도로 전문성을 확보할 수 있을 것으로 생각된다. 그뿐만 아니라 더이상 부처이기주의에 의해서 정책이 표류하거나 좌초되지 않고, 직무군을 중심으로 해당 부처에서 관련 공무원들이 머리를 맞대고 협력하여 올바른 방향의 정책을 이끌어내기 위해 노력하게 될 것이다.

또한 직무군·직무렬 분류체계는 정부조직 구조의 유연성을 높일 것으로 생각된다. 현재와 같이 특정 부처에만 속하는 것이 아니라 자신의 직무군·직무렬을 따라서 근무하게 되므로, 현재 자신이 속한 부처가 통폐합된다고 해도 새로운 부처에서 자신의 보직경로를 변함없이 유지할 수 있다. 부처간 통폐합이 이루어질 때도 현행 제도에서는 부처가 사라지면 자신의 공과도 함께 사라지는 것으로 여겨지기 때문에 강력한 반발 및 회의감을 가져오나, 직무군·직무렬을 관리하는 조직은 그대로 남아 있기 때문에 이러한 걱정 또한 사라지게 될 것이다.

새로운 직무군·직무렬 분류체계 개편안의 예시운영 방안은 공무원의 선발, 배치, 교육훈련, 보직, 근무성적평정, 승진 등으로 나누어 살펴볼 수 있다. 이 중에서 교육훈련, 승진, 성과평가제도인 근무성적평정제도의 구체적인 방안과 기대효과에 대해서는 뒤에서 자세히 기술할 것이다.

우선 공무원 선발제도를 살펴보면, 현재는 일반행정, 재경직, 기술직, 토목직 등으로 운영되고 있지만 실제로는 일반행정의 비중이 과도하게 높다. 현행 고시제도는 그 외에도 많은 문제점을 가지고 있기 때문에 새로운 선발제도의 도입이 필요하나, 이 문제는 이번 연구의 범위에 포함시키지 않기로 한다.[28] 그러나 새로운 선발제도는 직무군·직무렬제도의 도입 취지를 반영할 수 있도록 설계되어야 한다. 즉, 현재와 같이 일반행정가 중심으로 선발하는 것이 아니라 직무군을 기준으로 선발하는 것을 원칙으로 해야 한다. 이와 더불어 직무군을 기준으로 선발 인원을 조정하고, 시험 과목도 직무군별로 특성화된 과목으로 개편하는 것은 공직의 전문성을 확보하기 위한 첫 단계가 될 수 있다.

결과적으로 직무군별로 공무원을 선발하는 것은 해당 분야 전공자의 공직 접근을 용이하게 하는 토대가 될 것이다. 또한 시험 과목의 개편으로 해당 분야의 필수지식을 습득하게 함으로써 업무 영역에 대한 이해를 용이하게 만들 것이다.

---

[28] 이명박 정부가 국정과제에 포함시킨 행정고시제도 폐지안은 아직 구체적인 모양을 드러내지 않고 있다.

각 직무군별로 선발된 임용 대상자는 중앙공무원교육원에서 공무원이 갖추어야 할 일반 소양을 학습하게 되지만, 사전에 해당 분야 전문지식을 집중적으로 훈련받을 수 있기 때문에 현장에 배치되었을 때 업무 적응을 용이하게 하고, 적절한 정책집행을 가능하게 할 것이다.

다음으로 임용 대상자의 배치를 살펴보면, 새로운 공직분류체계는 이 책의 '부록 2'에 나와 있는 예시안에서 볼 수 있듯이, 범부처적으로 구성되어 있기 때문에 자신의 적성과 전문성을 고려하여 부처를 선택하는 것이 가능하다. 또한 현재는 대다수 공무원이 최초 임용된 부처에서 퇴직을 하기 때문에 인기 있는 부처에만 지원자가 몰리지만, 새로운 직무군제도 하에서는 사무관 시기까지만 특정 부처에서 근무하고, 정책관료 또는 전문관료로서 승진하면 직무군·직무렬 내 부처들을 순환할 수 있기 때문에 몇몇 인기부처에 지원자가 몰리는 현상을 방지할 수 있다. 물론 직무군별로 지원자가 몰리는 현상이 있을 수도 있으나, 이는 본인의 적성과 직무 성격의 적합성에 따른 합리적인 선택으로서, 기존의 부처별 인기도나 승진 적체 등에 따라 지원자가 이리저리 몰리는 불합리한 현상과는 근본적으로 차이가 있다.

교육훈련은 공무원 경력개발 및 전문성 증진에 중요한 요소이다. 새로운 제도는 직무군·직무렬을 기반으로 전문화된 교육훈련 과정을 운영할 수 있는 토대가 되기 때문에 현재와 같은 소양교육 중심의 교육훈련이 아닌 전문가적 공직자를 키워낼 수 있는 교육훈련을 실시할 수 있다. 교육훈련제도의 개편 방안에 대해서는 뒤에서 자세히 설명할 것이다.

보직경로에 있어서도 자신의 전문성과 계급에 따라서 영역을 달리하여 운영한다. 5급 사무관은 직무군 내 해당 부처에서만 순환보직하고, 4급 이상 전문관료는 직무렬 내에서 범부처를 순환하며, 정책관료는 직무군 내 범부처를 순환하게 된다. 전문관료와 정책관료 등에 대해서는 다음 장에서 자세히 설명할 것이다.

이상에서 직무군·직무렬제도는 설명된 부분보다 훨씬 더 많은 의문점들을 던졌을 것으로 생각된다. 어떻게 공무원이 범부처를 순환할 것인가, 정책관료와 전문관료는 무엇인가, 부처를 넘어서 순환하게 된다면 누가 인사관리를 담당할 것인가, 교육훈련제도는 어떻게 운영한다는 것인가 등 정부조직에 대해 관심이 많은 독자일수록 더 많은 의문이 들 것이다. 다음 장에서부터는 이러한 질문들에 관한 해답을 하나하나 제시하겠다.

전문성 제고를 위한 프랑스의 공무원단제도

공무원단(corps)은 서유럽에서 프랑스와 스페인에만 존재하는 독특한 공무원 분류 단위로서, 그 기원을 가깝게는 중세의 교회조직, 멀리는 그리스·로마시대의 군대 조직에서 찾을 수 있다. 공무원단제도를 공직사회에 전면적으로 도입한 사람은 나폴레옹이다. 나폴레옹은 군대조직을 모델로 삼아 공무원단제도를 공무원 조직에 도입했고, 공무원단제도는 이후 프랑스 공무원 모델의 핵심을 이루고 있다.

프랑스의 국가공무원법 제29조는 공무원단에 대해 동일한 인사규칙의 적용을 받고, 종류와 책임도가 유사한 직무를 수행하는 공무원들의 집단이라는 정의를 내리고 있다.

그 특징은 첫째, 비슷한 경력을 쌓고, 둘째, 승진을 위해 상호 경쟁관계에 있으며, 셋째, 유사한 종류의 업무를 수행하는 것으로 요약할 수 있다.

현재 프랑스 국가 공무원 조직은 약 1,700개로 구성된 공무원단의 집합체이다. 이처럼 세분화된 공직 구조를 가진 국가는 전 세계적으로 프랑스가 유일하다. 하지만 공무원단 사이의 인력 편차가 매우 큰 편이어서, 중등교사 공무원단(22만 1,213명)을 비롯한 상위 25개 공무원단에 속한 공무원의 수가 전체의 79%를 차지한다. 반면에 도서감사관 공무원단처럼 소속 공무원이 5명 미만인 공무원단도 다수 존재한다.

인사행정 차원에서는 다른 직렬과 관계없이 경력을 쌓아가는 단위가 공무원단이라는 점을 고려하면, 프랑스의 국가 공무원 조직은 분절된 하위단위의 집합이라고 볼 수 있다. 이는 필연적으로 각 분야의 전문성을 제고하게 된다.

프랑스에서는 모든 공무원단이 일반법에서 포괄적으로 규정되어 있는 사항들의 공무원단별 적용 방법을 구체화시키기 위한 독자적인 인사규정을 가지고 있다. 따라서 공무원단의 수에 해당하는 약 1,700개의 인사규칙이 존재한다. 프랑스 국가 공무원 조직은 개별적인 직급 구분과 모집 절차, 서로 다른 경력발전체계를 가진 수많은 공무원단으로 세분되어 있다. 이는 통일적인 인력관리가 어렵다는 것을 의미하지만, 우리나라 계급제가 가지고 있는 일반가 중심의 전문성 부족 문제를 어느 정도 해결할 수 있다.

우리나라 인사행정의 가장 큰 장애물은 일정한 직급의 사람을 그에 상응하는 자리에 보임해야 한다는 제약이다. 상위직에 자리가 생겨야 승진할 수 있기 때문에 승진 경쟁을 비롯한 여러 가지 문제를 야기한다. 이에 비해 프랑스에는 직급과 직위를 분리하는 제도가 오래전부터 정착되어 있다. 직급과 직위의 분리원칙은 공무원단제도와 마찬가지로 군대로부터 유래된 것이다. 1834년 군대의 장교를 대상으로 도입된 이 원칙은 2차 세계대전 이후 국가공무원에게 적용되었고, 1983년부터는 지방공무원을 포함한 모든 공무원에게 확대되었다. 이 원칙에 따르면 직급의 소유권은 해당 공무원이 보유하고 있지만, 직위의 운용에 대해서는 고용주인 국가나 지방자치단체가 절대적인 권한을 행사한다.

직급과 직위의 분리원칙은 다음과 같은 효과가 있다. 첫째, 공무원의 직급과 직위 사이에는 밀접한 상관관계가 존재하지 않는다. 국가나 지방자치단체는 업무 수행상 필요한 경우, 해당 공무원의 직급에 구속받지 않고 임의대로 직책을 부여할 수 있다. 다시 말해, 직급이 행정관인 공무원에게 하위직급인 담당관 직급에 해당하는 직위를 부여할 수 있고, 반대로 상위직급 공무원에게 부여하는 직위에 하위직급 공무원을 임명할 수도 있다. 둘째, 직제의 개편으로 인해 직위가 없어졌을 경우에도 해당 공무원은 신분을 상실하지 않는다. 공무원의 신분관계는 전적으로 직급에 의해 결정되므로 직급을 보유하고 있는 한, 일시적으로 직위를 부여받지 못하더라도 공무원의 신분은 유지된다.

프랑스의 이 분리원칙은 승진제도에서도 효과를 나타낸다. 프랑스 공무원의 승진은 각 공무원단 인사규칙에 명시되어 있는 직급간 승진 조건, 직급별 정원 규정에 따라 공무원단 내에서 행해지는 직급 승진을 의미하며, 직위의 수직 이동을 수반하지 않는 상태에서도 가능하다. 직위의 변경이 없이도 승진을 시킬 수 있다는 것이다. 따라서 상위 직위의 공석 여부와는 상관없이 승진 임용이 이루어진다.

이와 같이 직급과 직위를 분리시켜 철저하게 직급(사람)을 기준으로 운영함으로써 계급제의 원칙에 충실한 프랑스식 공무원 승진제도는 인사관리의 탄력성을 높여준다는 장점이 있다. 우선, 승진 임용시 빈자리의 발생 여부에 구속받지 않기 때문에 인사권자의 선택의 폭이 넓어진다. 그리고 직급에 기반을 둔 승진제도 하에서 동일한 공무원단에 속한 공무원들은 소속부처가 다르더라도 승진 소요 연수에 차이가 나지 않는다. 따라서 부처간 인사교류에 긍정적인 영향을 미친다. 또한 승진과 보직관리를 분리시킴으로써 능력 위주의 인사를 용이하게 한다.

자료 : 임도빈·유민봉(2007), 《인사행정론》, 박영사, 개정판, pp. 125-127 ; 김영우(2002), "프랑스 공무원제도의 경직성과 유연성 : 주변국과의 비교연구", 《한국행정학보》, 36(1).

Y형 경력발전제도:
정책관료와 전문관료

> **Y형 경력발전제도**는 사무관까지는 특정 부처, 특정 직무렬 내에서 승진과 전보 등의 인사를 운영하고, 고위직으로 진입할 때는 정밀한 이모작 교육훈련을 통하여 정책관료와 전문관료로 이원화하는 제도이다.
> - 직무군 내에서 부처를 초월하여 최고위까지 승진, 전보되는 정책관료
> - 직무렬 내에서 부처를 초월하여 제한 범위 내에서 승진, 전보되는 전문관료

Y형 경력발전제도 도입의 의의

공무원과 함께 업무를 진행했거나 민원 정보를 얻기 위해 공무원을 접해본 사람들은 누구나 중간에 담당자가 변경되어서 자신은 잘 모른다든가, 이 자리에 배치된 지 얼마 되지 않아서 알아보고 연락 주겠다는 말을 종종 듣는다.

우리나라 공무원은 전 세계적으로 가장 짧은 보직 기간을 가지고 업

무를 추진하고 있다. 위에서 언급한 일화도 바로 공무원의 짧은 보직기간 때문에 발생한다. 순환보직으로 인한 이러한 폐해와 그 외 문제점은 앞에서도 많이 지적되었지만, 이에 대한 기존의 개선 방안은 대부분 성과를 거두지 못했다.

또한 각 부처에 소속된 공무원들은 소속부처의 이해관계에 맹목적으로 집착하기도 한다. 자신의 근무성적평정 및 인사권이 소속부처 및 상관들에게 주어져 있기 때문이다. 이것은 부처이기주의와 할거주의 팽배의 원인이 되고 있기도 하다. 그래서 이러한 문제점을 해결하기 위해 부처간 인사교류가 한 가지 대안으로 제시되었다. 각 부처에는 고유 업무도 존재하지만 부처간 교류와 이해가 필요한 중복성, 보완성 또는 연계성 있는 업무가 매우 많기 때문이다.

최근 지식기반사회의 도래와 함께 부처간 업무가 중복, 보완 또는 연계현상이 증가하고, 범정부적으로 확대되어가는 추세를 보이고 있다. 일례로 참여정부 시절 과학기술부의 기초과학 또는 교육인적자원부의 지원연구가 정보통신부에서 정보화되고 산업자원부에서 상용화되었던 사례를 볼 수 있다.

이를테면 로봇의 개발은 특정 부처에만 해당되는 업무가 아니다. 참여정부의 부처명을 들어 설명하자면, 과학기술부의 기초과학 지원사업으로 대학 또는 연구소에서 필요한 기초기술이 개발되고, 교육인적자원부의 연구인력 육성을 통하여 새로운 연구인력이 배출된다. 기초기술과 연구인력은 정보통신부의 정보통신망을 통하여 학계와 민간에 전파되고, 산업현장으로 연결된다. 산업자원부는 이에 대한 표준화 및 상용화를 담당한다.

또 정보통신부의 통신과 방송위원회의 방송 간의 경계가 무너져 방송통신위원회의 미디어로 합쳐지는가 하면, 연구개발은 기존의 관련 부처 외에도 보건복지부, 문화관광부, 국방과학기술부 등 범정부적으로 모든 부처의 필수 업무가 되어가고 있다.

공무원 승진제도의 기본 골격은 직위와 직급을 일대일로 대응시킴으로써 상위직위가 공석이 되어야만 하위직위에 재직하는 공무원이 상위직위로 올라가는 수시인사의 형태를 띠고 있다. 채용에서는 직렬별로 모집 단위를 구성하고, 승진과 전보에서는 특정 직위에 대한 임용 요건이 설정되어 있지 않기 때문에 거의 제한 없이 이루어지고 있다. 또한 모든 공무원의 초미의 관심사인 승진을 위한 평정에서는 분야별 능력보다 전체적인 관리능력을 더 중시하고, 승진의 공정성에 초점을 맞추어야 한다는 명제를 실천하는 과정에서 모든 공직자의 능력을 하나의 잣대로 측정하려는 경향이 있다. 이것이 결국 근무성적평정 체계에 왜곡을 가져오고 있는 것이다.

전문보직 및 경력개발시스템에도 문제가 있다.[29] 첫째, 잦은 순환보직의 폐해가 심각하다. 선진국의 경우 동일한 직무 분야에 4~5년 이상 복무하고, 심지어 동일 국장, 과장직에는 10~20년 이상 재직하는데 비해, 우리의 경우는 승진에 유리한 자리를 차지하기 위한 전보가 잦아 직무에 숙달될 만하면 다른 직위로 이동하곤 했다. 둘째, 평균적으로 실·국장급의 특정직 재임 기간은 1년 1개월 21일이고, 과장급 이상은 1년 3개월 5일로 평균 재직 기간이 1년을 약간 상회하는 정도인

---

29 이도형(2007), 앞의 책.

까닭에 직무 전문성을 축적하기가 쉽지 않다. 또 보직경로가 Z자형으로 이루어져 있어서 특정 직위의 결원이 발생할 때 연쇄적으로 인사이동이 이루어지는 등 잦은 보직이동의 폐해가 크게 나타나고 있다. 한·칠레 자유무역협정의 협상 결렬 위기 초래나 미 연방항공청의 항공등급 하락 사례도 각종 국제협상 참가 공무원들의 보직이 너무 빈번히 교체되어 생긴 전문성 결여의 결과라고 볼 수 있다. 특히 행정의 중추인 동시에 국제협상 테이블에서 가장 핵심적 역할을 수행하는 과장급 이상 공무원들의 잦은 교체는 심각한 문제가 아닐 수 없다.

지식정보화 사회에 자신의 전공 분야 지식만을 가진 전문관료만 요구되는 것은 아니다. 복잡한 현대사회에 수많은 갈등이 존재하듯이 정책과정 속에서도 부처간, 부서간 갈등이 존재하고, 이로 인해 많은 문제점이 나타났다. 자신의 전문 분야에서 전문성을 바탕으로 정책을 집행하는 공무원도 필요하지만, 장기적이고 넓은 시야에서 정책을 분석, 평가하고 결정할 수 있는 정책전문관료도 필요하다. 따라서 정책관료는 직무렬 수준의 전문성만 가지고는 안 된다. 직무군 수준의 범부처적인 업무에서뿐 아니라, 나아가 국가 전체적으로 이익을 가져올 수 있는 정책을 결정하기 위해서는 넓은 시야와 분석력이 요구되기 때문이다.

위와 같은 문제를 해결하고 여러 분야의 경험을 통해 다양한 기능을 수행할 수 있는 인력을 양성하기 위하여, 영국에서 시행되고 있는 속진임용제(the fast stream)와 같이 우리나라 실정에 맞는 새로운 제도를 도입할 필요가 있다. 이를 통해 전문성과 일반관리자의 성향을 겸비한, 이른바 전문화된 일반행정가(specialized generalists)를 양성해야 한

표 3-2 경력개발제도의 유형

유형	내용	장·단점	비고
Z형	비선호보직에서 점차 요직으로 이동하고 승진 후 다시 비선호보직으로 이동함	연공서열식 계급제적 인사	비정상적인 현행 경력경로
T형	하위직급에서는 순환 없이 전문화하고 상위직급에서 폭넓게 순환하여 넓은 시야를 갖게 함	입직 초기부터 쌓아온 전문성의 활용 기회가 없음	기술직
⼯형	상·하위직급에서의 어느 정도 순환을 실시하고 중간직급에서 전문화함	현행 제도에서는 적용이 어려움	행정직
Y형	사무관 시절에는 해당 부처에서만 근무한 후, 범부처적으로 직무군을 순환하는 정책관료와 직무렬을 순환하는 전문관료로 나누어 경력을 발전시킴	전문관료 및 정책관료로 이원화	공직의 전문성을 향상시키고 고위행정관료를 육성함

자료 : 박천오 외(2007), 이도형(2007), 남궁근 외(2005)를 토대로 재구성.

다. 아울러 전문적인 경력관리를 통해 순환보직의 폐해를 극복하고 전문인력을 양성하는 전문임용제(the slow stream)를 도입해야 한다. 이상 두 제도를 혼합하여 시너지 효과를 얻고자 하는 것이 바로 정책관료와 전문관료에 의한 Y형 경력발전제도이다.

경력개발제도의 유형은 이전에도 다양하게 주장되었다. 우리나라의 일반적인 경력경로는 공식적으로는 ⼯형을 지향하나 현실적으로는 Z형을 보이고 있다.[30] 이러한 현상이 발생하는 원인은 우리나라 공무원제도가 기본적으로 계급제이고, 인사운영에서 전문성에 대한 고려가 미흡하기 때문이다. 그래서 특정 직위의 결원이 발생했을 때 연쇄

---

30 Z형 보직경로는 부처에서 동일계급 내의 한직(비선호보직)에서 요직(선호보직)으로, 또 그 상위계급의 한직에서 다시 요직으로 옮겨가며 승진에 유리한 고지를 점령하는 것을 말한다.

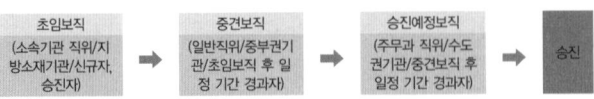

적인 보직이동을 초래하여 소위 Z형 순환경로를 보이며, 보직이동이 해당 공무원의 전문 분야보다는 연공서열 위주로 이루어지는 것이다.[31]

공공조직에서 선호되고 있는 工형 경력개발제도도 전문성이 고려되지 못하는 현행 인사제도에서는 철저한 적용이 불가능하다. 앞에서도 설명하였지만, 우리나라 인사제도는 전문성을 향상시키기 어렵게 설계되어 있기 때문에 근본적인 제도의 개선 없이는 工형 경력개발제도 적용이 어려운 실정이다. 또한 工형의 경우에는 행정직에만 적용되고 있어서 전문성이 강조되는 수많은 행정직렬에 적용하는 데는 한계가 있다.

따라서 공직분류체계를 개편하여 각 직무군·직무렬별로 전문성을 부여하고, 공직을 전문관료와 정책관료로 이원화하여 과도한 승진 경쟁을 지양하고 전문성을 확보할 수 있는 Y형 경력발전제도를 제안하고자 한다.

Y형 경력발전제도의 내용

고위공무원에 대한 새로운 경력관리 방안은 앞서 제시한 직무군·직무렬 중심의 공직분류체계에 기반하여 운영되어야 한다. 새로운 인사행정제도는 사무관 이후 속진임용의 대상과 전문임용의 대상을 일정 기

---

[31] 남궁근·서원석(2005), "팀제와 참여정부 인사개혁의 정합성 검토: 팀제, 고위공무원단, 총액인건비, 전보제한 및 경력개발프로그램을 중심으로", 《행정논총》, 43(4), p. 444.

준으로 구분해 서로 다르게 보직관리를 하는 이원화된 제도다. 다시 말해, 직무군 내의 여러 부서를 순환하며 관련정책을 담당하는 정책관료와 하나의 직무렬에서 전문성을 축적한 전문관료로 이원화한 경력관리 방안이다.

영국에는 Y형 경력발전제도와 유사한 속진임용제도가 존재한다. 영국의 속진임용제가 지식기반사회에 적합한 제도라는 점에는 동의하지만, 우리나라 공직사회에서 속진제 공무원을 따로 선발하는 것은 위화감을 조성하는 등 한국적 정서에 맞지 않아 그대로 받아들이기 어렵다. 그동안 우리 정부는 외국의 제도를 단순히 모방하여 국내에 도입하는 바람에 많은 실패를 경험했고, 집행과정에서도 제도들이 왜곡 운영되곤 하였다. 그래서 우리는 속진임용제의 미래 지향성 및 고위공무원의 훈련 중요성 등 그 시행의 필요성을 받아들이고, 제도의 내용과 운영은 우리 환경에 적합한 방안을 제시하고자 한다.

한편, 현재까지 운영되고 있는 고시제도에 의해 채용된 엘리트 관료들이 우리나라의 근대화와 산업화를 성공시키는 데 핵심적인 역할을 수행했다는 점에서 고시 및 공직인사제도는 산업화 단계에서의 성공사례로 결코 손색이 없다. 그러나 권위주의 시대가 지나가고 민주화 물결과 함께 사회 각계각층의 요구와 불만이 분출되기 시작했다. 정부는 이를 제어할 권위나 수용하고 해결할 능력을 갖추지 못한 결과, 앞서 살펴본 바와 같은 공직사회의 문제점들만 드러냈다. 더구나 지식기반사회의 도래로 시대환경의 변화 속도가 가속화되면서 공직사회의 문제점들은 더욱 증폭되었다.

그리하여 이른바 엘리트 고급관료라고 하는 공직자가 10여 년 공직생활 뒤에, 즉 중견간부(사무관)로서 임용 당시에 고시준비 또는 특채요건 충족을 통해 확보한 능력을 소진했을 때쯤, 급변하는 시대환경 변화에 상응하는 새 시대의 고위관료로서 갖추어야 할 능력과 소양을 배양하지 못한 채 규제하고 군림하는 "시대에 뒤떨어진 고위공직자"의 오명을 얻게 된 것이다. 이것은 공직자 개인의 잘못이라기보다 사회의 발전 속도가 급격히 빨라진 것에 그 원인이 있다고는 하나, 결국은 공무원이 사회 변화를 극복하고 발전에 적응할 수 있도록 하는 공직인사제도와 교육훈련제도가 진화하지 못한 데 근본 원인이 있다고 하겠다.

Y형 경력발전제도의 기본 골격은 급변하는 시대환경 변화에 적응하기 위해 고급공직자의 공직발전경로를 부처 내에서 순환하는 중견간부(사무관급)와 직무군 내에서 범부처적으로 순환하는 고위관료(서기관급 이상 관리관급)로 구분하는 것이다. 즉, 중견간부가 고위관료로 진입하는 단계에서 정밀한 이모작(二毛作) 교육훈련을 통해 직무군 내에서

그림 3-4 ▶ Y형 경력발전제도

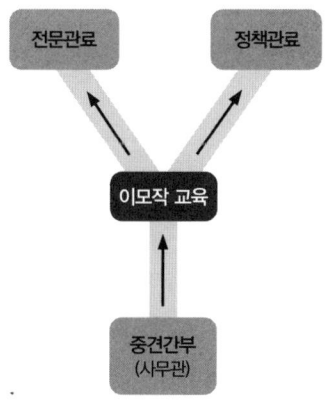

부처를 초월하여 넓게 순환하는 정책관료와 직무렬 내에서 부처를 초월하여 비교적 좁게 순환하는 전문관료로 양분하는 것이다.

요컨대 이제까지의 공직 경력발전제도는 Z형 보직경로를 따르고 있으나, 이 책에서 제시하는 제도는 시대환경 변화에 맞추어 진화한 'Y형 경력발전제도'이다. 〈그림 3-4〉에서 보듯 Y형 경력발전제도는 공직을 중견간부와 고위관료로 수직적으로 나누어 이모작하되, 고위관료는 전문관료와 정책관료로 수평 양분하여 각기 다른 임무와 역할을 부여한다.

◎ 정책관료

앞에서 이원화한 고위공무원의 보직경로 중 정책관료란 "직무군으로 전문화된 범위 내에서 정책을 분석·평가할 수 있는 능력과 더불어 거시적 시각에서 범부처적 관련정책을 기획·조정할 수 있는 능력을 가진 관료"를 말한다. 정책관료제도는 현재의 고시제도와 별개로 운영되거나 새로운 공직임용제도를 신설하는 것이 아니라, 현직 고급공무원의 보직경로를 이원화한 것이다.

현재는 고급공무원이 사무관으로 입직한 후 해당 부처의 각 부서를 순환보직하고 상위계급인 과장·국장으로 근무하면서도 각 과·국을 순환하는 Z형 보직경로를 택하고 있다. 그러나 이 책에서 제안하는 경력개발제도에 의하면, 입직 후 일정 기간 소속부처 내에서 자신의 직무군 또는 직무렬에서 근무하다가 서기관으로의 승진을 전후하여 정책관료를 지원한 공직자에 한해서 별도의 교육훈련과 선발 과정을 거친다. 정책관료의 선발 과정을 후보자 선발, 교육훈련, 최종선발의 세

그림 3-5 정책관료 선발 예시안

후보자 선발
- 지원대상 10년차 이상의 5급 사무관
- 별도의 인사위원회의 심사 과정을 거쳐 후보자 선발

교육훈련
- 고위정책관료 후보자는 일정 기간 동안 직무군 내에서 인턴십을 거침
- 순환보직과정 중 신분은 현직 국장급 정책관료 정책보좌관
- OJT 후 정부출연연구소에서 연구원으로 일정 기간 근무 후 보고서 작성
- 연구원 근무기간 중 직무군별 교육훈련기관에서 별도의 정책관료과정 이수

최종선발
- 인사위원회의 평가를 거쳐 재임용
- 정책보좌관 근무시 성적+연구원 근무 중 정책보고서+이수과정 성적으로 최종선발
- 정책관료 임용자는 직무군 내 과장 및 팀장급 직위로 재임용

단계로 나누어 살펴보도록 하겠다.

정책관료 후보자는 사무관으로 임용 후 자신의 직무렬에서 10년 이상 근무한 사무관을 대상으로 모집한다. 정책관료 지원자들 중 각 직무군 인사위원회[32]의 소정의 심사 과정을 거쳐 후보자를 선발한다.

정책관료 후보자는 직무군 내에서 직무렬을 넘어서 범부처를 순환하는 인턴 기간을 거치게 된다. 이 기간 동안에는 현직 정책관료의 정책보좌관으로 근무하면서 업무를 파악하고 현장 경험을 쌓도록 한다. 이러한 직무교육(On the Job Training)을 직무군 내에서 범부처적으로 거친 후, 정부산하연구기관에서 핵심 정책을 연구하고 분석할 수 있는 연수 및 연구 과정을 거친다. 산하연구기관 근무 기간 중 정책관료 후

---

[32] 직무군별 인사위원회의 소속 및 구체적 운영 방안은 이 책의 3부 4장 '조정실장제도' 편에서 설명하겠다.

보자는 자신의 정책분야에 관한 비전과 역량을 길러야 한다. 산하연구기간 근무 중 정책관료에게 필요한 전문교육을 함께 받는데, 교육 기간 중 얻은 점수는 평가에 반영되도록 한다.

이때 정책관료 후보자에게 전문교육을 실시하는 기관은 별도로 구성할 필요성이 있다. 현재 운영되고 있는 대학원 과정에 편입하여 학점은행제 형식으로 교육받는 방식도 가능하고, 별도의 전문교육기관을 산하연구기관 공동의 연합대학원 형식으로 편성할 수도 있다.[33] 정책관료 후보자의 인턴 기간과 연수 및 연구 기간에는 총 3년 정도를 할애해야 할 것이다. 교육훈련기관과 교육 과정에 대해서는 이후 5장에서 다시 설명하겠다.

교육 후에는 학위논문을 작성하는 것이 아니라 정책적 비전과 실천능력을 보여줄 수 있는 정책보고서를 작성해야 한다. 산하연구기관에서의 연수 기간이 끝나면 직무군별 인사위원회 심사를 거쳐 정책관료로서 재임용되는데, 해당 직군의 팀장 이상 부서장으로 임명된다.

정책관료 후보자가 인사위원회의 심사를 통과하지 못했을 때는 1회에 걸쳐 재교육을 받을 수 있다. 재교육은 별도로 받는 것이 아니라 다음 기수의 정책관료 후보자들과 함께 받으며 경쟁하게 된다. 그러나 재교육 후에도 인사위원회의 심사를 통과하지 못하면 공직사회의 전문성을 강화하려는 제도의 도입 취지를 살리기 위해 공직에서 면직시키는 방안을 검토해야 한다.

정책관료의 부처 순환 범위는 직무군 내 직무렬로 한정되는 전문관

---

[33] 이런 제도가 운영될 경우 공무원 교육훈련이 무능한 공무원이나 잉여인력에 대한 인사 조치의 하나라는 시각은 완전히 불식시킬 수 있을 것이다.

료와 비교하여 상대적으로 폭넓게 운영한다. 그리고 팀장 이상 부서장으로 발령된 후에는 본인의 역량을 마음껏 발휘할 수 있도록 권한을 적극 위임해야 한다.

이러한 과정을 거쳐 정책관료는 직무렬을 넘어서 순환보직을 하며 국정 전반에 대한 거시적이고 전문적인 식견을 갖추고, 이를 바탕으로 정책의 기획과 조정 임무를 담당함으로써 국정운영의 전반적인 질을 향상시키게 된다.

◎ 전문관료

전문관료는 "직무군 내 해당 직무렬에서 오랜 기간 근무하며 해당 분야의 전문성을 가지게 되는 관료"를 말한다. 따라서 전문관료는 공직에서 자신의 전문성을 잘 발휘할 수 있도록 적성과 능력에 맞는 경력개발을 하게끔 육성해야 한다.

공무원이 한 가지 업무에만 종사하면 이해집단에 포획되어 부패할 가능성이 있다.[34] 이러한 가능성을 제거하기 위해 소극적인 해결책으로서 순환보직제를 운영하고 있다. 순환보직제는 한 곳에 오래 있으면 부패한다는 논리에 기초하여 공무원들과 외부업자들 간의 인적인 유대 형성을 차단하고, 공무원이 업자들의 이해를 대변하는 포획(capture) 현상을 방지하고자 하는 제도이다. 하지만 이러한 순환보직제로 인해 공무원들은 급변하는 시대환경 변화에 적응하기 위한 전문성을 축적할 수 있는 충분한 시간을 가지지 못하고, 업무 파악도 제대로 못한 상태에서 다른 업무를 하는 자리로 옮겨다니게 되었다. 그래서 민원인이 질의 전화를 받으면 아직 업무가 다 파악되지 않았다거나 자신의 전문

분야가 아니어서 잘 모르겠다는 무책임한 대답을 하게 되는 것이다. 이러한 문제를 해결하기 위한 방안이 바로 전문관료제도이다.

전문직계 공무원의 도입의 필요성은 과거부터 계속 있어왔다. 진재구 등은 전문직계제도의 도입을 다음과 같이 주장하고 있다.

> 전문직계제도는 직업공무원으로서의 공무원이 평생 자신의 전문능력을 공직에서 잘 발휘할 수 있도록 자신의 적성과 능력에 의거한 경력개발을 도모하게끔 지원하며, 공무원의 능력 발전과 사기양양에 기여하는 제도로서, 특히 현재 인사제도상 순환보직 등으로 보직 변동이 심한 곳, 또 전문지식의 축적과 지속성 유지가 절대적으로 필요한 과학기술정책, 대외통상, 남북협상, 각 부처의 정책평가심의업무 등의 경우에 필요성이 크다. 전문직계제도 도입으로 수직적 공직 분류의 전문성을 보완하고, 보직관리의 폭을 확대하며 [중략] 전문직계제도를 도입하여 수직적 공직분류의 전문성을 보완하고 보직관리의 폭을 확대하는 효과를 가져올 수 있다.[35]

---

[34] 규제포획(regulatory capture) 현상은 규제기관이 본래의 의도와는 달리 피규제산업이나 집단의 대리자로 전락하여 은연중에 피규제집단의 선호와 일치되는 방향으로, 또는 이들에게 동정적인 입장에 서서 피규제집단에 유리한 규제정책을 펴나가는 현상을 말한다. 이러한 포획현상을 야기하는 원인으로는 침해된 정보(information impactedness), 자원의 비대칭성, 갈등의 회피유인, 외부신호 의존성향 등의 네 가지가 있다. 이 중에서 공무원의 전문성과 관련된 원인으로는 침해된 정보와 자원의 비대칭성을 들 수 있다.
정부규제와 관련된 산업의 기술 및 정보에 대한 전문성 면에서, 규제기관보다 이런 기술을 직접 사용하고 있는 피규제산업이 더욱 우월한 입장에 서 있다. 이 경우 피규제기관은 규제기관에 온전히 객관적이고 정확한 정보가 아니라 피규제산업의 이익과 입장을 반영하기 위해 전략적으로 선택되고 조작된 정보를 제공할 가능성이 높다. 하지만 규제행정 관료들은 높은 이직 또는 보직 전환으로 전문성이 저하되어 피규제산업이 제공하는 정보에 대한 의존성이 높을 수밖에 없다. 침해된 정보로 인해 규제기관이 정책문제를 인지하고 해결책을 모색하는 데 있어 공익적 견지보다는 피규제산업의 인식과 입장을 그대로 반영하는 현상을 보이게 되는 것이다.
또한 일반적으로 규제기관은 피규제산업에 비해 자금력이나 인력 면에서 열세에 처하는 경우가 많다. 이로 인해 피규제산업은 강력한 자금력을 바탕으로 줄기차게 로비 활동을 전개하여 쉽게 규제기관 관료들의 환심을 살 수 있다. 규제기관의 관료들은 전문성이 낮기 때문에 피규제업자들의 유혹에 쉽사리 넘어갈 뿐 아니라, 피규제산업은 장차 규제기관의 퇴직 관료들에게 매력 있는 일자리를 제공해줄 수도 있어 결과적으로 규제기관은 피규제산업의 대리자로 전락하고, 규제기관과 피규제산업 사이에 공생관계가 형성되게 되는 것이다(최병선(1992), 《정부규제론-규제와 규제완화의 정치경제》, 법문사, pp. 200-206).
[35] 진재구 외(1993), 앞의 책.

선행 연구가 설명하고 있는 전문직계제도가 공직의 전문성을 가져올 수 있는 올바른 제도라는 점에는 동의할 수 있다. 그러나 전문직계에는 부처 내 승진이나 보직이동 기회가 없기 때문에 자칫 승진을 못하는 무능한 공무원으로 비칠 가능성이 있다. 특히 현재와 같이 부처별 승진 및 근무환경의 격차가 존재하는 상황에서는 더욱 심각한 인사상의 불이익을 받게 될 수도 있다. 그렇게 되면 정말 능력 있고 꿈 있는 공직자는 지원을 회피할 것이고, 원래 의도한 효과는 기대하기 어렵다. 때문에 범부처적으로 승진과 보직이 가능하도록 해서 전문관료가 성장할 수 있는 환경을 조성해주어야 한다.

오늘날은 과거와 비교하여 공무원이 갖추어야 할 전문성의 범위와 분야가 범부처적이기 때문에 예전보다 폭넓게 전문관료를 도입해야 한다.

전문관료는 직무렬 내에서는 각 부처를 순환보직할 수 있지만, 정책관료와는 달리 보직 및 전보의 범위가 제한적이다. 대신 신분보장을 바탕으로 장기간에 걸쳐 해당 분야의 전문성을 높이고, 해당 분야 박사 취득 및 전문성을 향상시킬 수 있는 제도적 지원을 받는다. 정책관료는 직급정년 및 근무성적평정에 따라 조기퇴직의 긴장감이 있으나, 전문관료의 경우는 직급정년이 없기 때문에 상대적으로 안정된 공직생활을 할 수 있다.

전문관료 임용의 대상이 된 공무원은 능력이 부족하여 속진정책관료 임용 대상에서 제외된 것이 아니라, 일차적으로는 본인의 지원을 전제로 하지만 전문행정능력과 지식을 기준으로 선발된 후, 자신의 전문성을 확보하고 지식을 축적하여 정부의 경쟁력을 향상시키기 위해

봉직(奉職)하는 공무원들이다. 오랫동안 한 종류의 업무를 담당하기 때문에 그 누구보다 해당 업무에 대해 잘 알고 있는 이들은, 민간의 발전을 이끌어나갈 수 있을 만큼의 지식과 전문성을 갖출 수 있도록 각종 제도적 지원을 받게 된다.

전문관료는 굳이 고위행정관료로 나가지 않아도 지식과 정보, 기술이 화폐와 같은 역할을 하는 지식정보사회에서 권력의 원천인 행정경험과 전문지식을 가지고 있기 때문에 큰 영향력을 가지게 될 것이다. 또한 공직에서 쌓은 전문지식과 경륜을 바탕으로 퇴직 이후에도 민간으로 진출할 수 있는 능력을 확보하여 평생 공직에서 축적한 지식과 경험을 연구소, 대학, 기업 등에서 사회에 환원할 수 있는 기회를 가지게 될 것이다.

전문관료는 세분화된 지식과 기술력을 갖추어야 하므로 담당 업무

그림 3-6 전문관료 선발 예시안

후보자 선발
- 지원대상 10년차 이상의 5급 사무관
- 별도의 인사위원회의 심사 과정을 거쳐 후보자 선발

교육훈련
- 전문관료 후보자에게 해당 분야 해외교육훈련 제공
- 해당 분야 학위 취득을 원할 때는 국가에서 학비 및 파견 기간 보장
- 정부출연연구소 및 별도의 교육훈련기관에서 전문관료과정 이수

최종선발
- 조정실장 산하 인사위원회에서 평가
- 사무관 때 근무성적평정+전문성(해당 분야 학위 및 경력)+이수과정 성적으로 최종선발
- 최종선발대상자는 해당 분야 전문성을 바탕으로 해당 직무렬 전문관료로 선발

에 대한 꾸준한 교육과 훈련을 받아야 한다. 보직관리에 있어서도 하나의 전문경로만을 따라 가기 때문에 여러 가지 업무를 조금씩 경험하도록 해야 순환보직의 폐해를 극복할 수 있다.

전문관료는 오랜 경험으로 체득한 노하우를 바탕으로 문제해결의 실마리를 민원인보다 더 빨리 찾게 된다. 시대환경의 변화에 따라 새로 등장하는 전문적인 문제에 대해서도 정부가 주도적으로 문제를 해결해나갈 수 있도록, 이들 전문관료가 세밀하고 전문화된 지식을 통해 정책 추진과 민원 해결의 단초를 열어주게 된다. 또한 평생 한 부처에서만 근무하는 것이 아니라, 해당 직무렬 내에서 전 부처를 대상으로 순환보직도 가능하기 때문에 전문성 확보는 물론, 이해관계자나 피규제기관에 유리한 정책을 펴는 포획현상도 방지할 수 있다.

전문관료 후보자는 정책관료와 마찬가지로 10년차 이상의 사무관을 대상으로 모집한다. 인사위원회의 선발을 거친 전문관료 후보자는 소정의 전문교육 과정을 이수하게 된다. 이때의 전문교육은 앞에서 설명한 연합대학원에서 교육 과정을 이수하거나, 일반 대학원 과정을 통해 해당 분야 학위 및 전문성을 갖추도록 교육된다. 정책관료와 마찬가지로 전문관료들의 이모작 교육 기간에도 총 3년 정도를 할애해야 할 것이다.

전문관료의 최종선발은 별도의 인사위원회 심사를 거쳐 임용하고, 탈락자의 경우도 정책관료와 같은 과정을 거친다. 최종선발자는 대상자의 전문성을 고려하여 해당 직무렬의 전문관료로 임용한다.

◎ **정책관료와 전문관료 도입에 따른 변화**

앞에서 새로운 직무군·직무렬 분류체계 개편 방안으로 발생할 수 있는 기대 효과들을 살펴보았다. 그 중에서도 공공조직의 유연성을 제고할 수 있다는 점을 확인하였다. 고위공무원의 경우 자신이 오랜 기간 근무한 부처가 사라지면 잃는 것이 많기 때문에 조직 개편에 저항하고, 자신이 속한 부처의 힘을 키우기 위해서 노력한다. 공직분류체계를 개편하면 바로 이러한 부조리들이 상당 부분 해소될 것으로 예상되는데, 특히 고위공무원들에 있어서 그 효과는 크게 나타날 것으로 보인다. 정부조직이 대부처주의 또는 소부처주의를 지향하게 될 경우에도 공무원 자신의 직무군·직무렬이 사라지는 것이 아니기 때문에 그동안 쌓아온 경력과 전문성을 그대로 보유하면서 새로운 조직에서 근무할 수 있는 여건도 마련하게 된다.

한편, 정책관료제도와 전문관료제도는 고위공무원단제도와 유사한 제도라고 생각될 수도 있으나 두 제도 간에는 근본적인 차이점이 존재한다. 고위공무원단의 한계와 문제점에 대해서는 앞에서 자세하게 검토했는데, 그 중 가장 큰 문제점은 고위공무원단으로 편성된 공무원들은 이론상으로는 부처를 초월하고 자신의 특성을 고려하여 직위에 지원하는 공모제 방식을 취하고 있으나, 제도 시행 이후 2006년까지 고위공무원단에 신규 임용된 88명(28개 기관) 중 출신 기관이 아닌 타 부처에 임용된 사람은 13명에 불과했다는 사실에서 여실히 드러난다. 공모직위에 적임자가 될 수 있는 보직경로나 교육의 기회가 실제로 제도화되어 있지 않기 때문에 소속부처나 행정경험 분야를 벗어날 수 없어서 결국 부처를 초월한 공모는 무의미한 구호에 지나지 않게 된 것이다.

그러나 정책관료제도와 전문관료제도는 자신의 직무군·직무렬을 중심으로 운영되기 때문에 해당 분야의 전문성을 확보하고 근무경력을 우선적으로 반영할 수 있다. 따라서 정책관료제도와 전문관료제도는 고위공무원단제도의 도입 취지는 충분히 살리되 공직사회에 실제로 적용할 수 있는 실천 가능하고 실효성 있는 대안으로 생각된다. 즉, 해당 직위에 적임인 공무원을 제도적으로 육성함과 동시에 대상 직위는 범부처적으로 확대하는 제도라 할 수 있다.

현재 고급공무원 인사제도는 계급제와 고위공무원단으로 양분하여 운영하고 있다. 정책관료제도와 전문관료제도는 기존의 제도를 완전히 제거하고 새롭게 실시할 수도 있으나, 공직사회에 가져올 혼란을 최소화하기 위해 현 제도의 바탕 위에서 운영할 수도 있다.

다음의 표는 공무원제도에 따른 정책관료와 전문관료 직급체계의 변화를 보여주고 있다. 계급제하에서 정책관료는 1, 2, 3급으로, 전문관료는 3, 4급으로 이원화되어 있다. 즉, 정책관료는 속진임용을 통하여 원래 의도한 효과를 거둘 수 있도록 하고, 전문관료의 경우 직급은 낮지만 상대적으로 안정된 공직생활을 하면서 전문성을 강화하게 한다. 현재의 고위공무원단제도를 그대로 운영할 경우 직무등급제는 그대로 적용하되, 정책관료의 직위와 전문관료의 직위를 별도로 운영함으로써 제도가 의도하는 효과를 거둘 수 있다.

현재의 고위공무원 직급체계 및 인사제도를 그대로 반영한다고 해도 이전과 달리 내용적인 면에서 변화가 발생한다. 중요한 점은 직무군·직무렬 분류체계를 기반으로 인사제도를 운영함으로써 개편의 기대효과를 추구하는 것이다.

승진과 계급 및 직무등급의 변화 외에도 퇴직제도가 변화한다. 현행 제도하에서 고급공무원은 대개 60세 정년을 채우고 명예롭게 공직을

표 3-3 계급제하에서의 정책관료와 전문관료

계급	계급제	정책관료	전문관료
1	관리관	관리관	
2	이사관	이사관	
3	부이사관	부이사관	부이사관
4	서기관	서기관	서기관
5	사무관	교육 및 인턴십	
		사무관	

표 3-4 고위공무원단에서의 정책관료와 전문관료

고위공무원단(직무등급)	정책관료(직무등급)	전문관료(직무관료)
가 나	가	
다 라	나	
마	다	
부이사관 서기관	라	라
사무관	교육 및 인턴십 사무관	

떠나거나, 소수의 경우 퇴직 후 이해관계가 있을 수도 있는 민간기업 또는 산하기관으로 자리를 옮긴다. 고위공무원단의 경우는 아직 제도 도입 초기 단계에 있기 때문에 퇴직에 있어서 어떠한 영향을 미치게 될지는 미지수이다.

하지만 정책관료제도와 전문관료제도 하에서는 정책관료인지 전문관료인지에 따라서 퇴직의 모습도 차이를 보일 것이다. 정책관료의 경우에는 나이에 따른 정년 대신 직급정년 또는 직위정년의 개념을 도입하고자 한다. 즉, 정책관료는 직급정년 또는 직위정년이 강하게 적용되어 자신의 정책기획 및 정책집행의 성과에 따라 공직에 계속 근무할지가 결정된다.

전문관료의 경우에는 현재와 같이 정년을 보장받게 된다. 정책관료와 같이 직급정년이나 직위정년은 없지만, 고위관료로의 승진에 한계가 있기 때문에 현재보다 성과급체계를 더 확대하는 것이 바람직하며, 보수의 경우도 민간의 수준에 근접하게 책정해야 한다. 특히 전문관료의 경우에는 해당 분야의 박사학위 등 민간의 전문성과 비교해도 뒤떨어지지 않는 전문성을 확보할 수 있도록 제도적인 지원을 받기 때문에 민간 분야로의 스카우트가 많이 발생할 것으로 생각된다. 다만, 명예퇴직을 할 경우에 한해서 해당 민간 분야로의 전직을 허용한다. 공직에서의 경험과 노하우 및 전문성을 바탕으로 민간 분야의 발전을 도모하기 위해 전직의 제한은 최소한으로 하는 것을 원칙으로 한다.

Y형 경력발전제도의 기대효과

새로운 인사행정제도, 즉 Y형 경력발전제도는 정책관련제도와 전문관련제도 두 가지를 하나로 합친 것으로 각각의 장점을 슬기롭게 혼합한 것이다. 이를 통해 궁극적으로는 정부의 문제해결능력을 향상시킬 수 있다. 또한 정부에 대한 국민의 신뢰를 회복하고, 국민의 삶의 질을 높일 수 있다.

◎ 정책관료제도의 기대효과

현행 경력관리제도하에서는 공무원들에게 승진에 대한 과도한 중압감, 자신의 부처에 대한 맹목적 충성, 정책기획·분석능력 부족, 순환보직으로 인한 전문성 상실 등의 문제점이 나타나고 있다.

정책관료제도의 도입은 발상의 전환을 통하여 공직발전제도를 근본적으로 개혁하여 이러한 문제점들을 해소하는 것을 목표로 하고 있다. 정책관료제도를 도입하면 첫째, 승진에 대한 과도한 중압감은 빠른 승진을 통하여 해소해주고, 둘째, 각 부처를 초월하여 직위를 발령받기 때문에 부처에 대한 맹목적 충성으로 인한 부처간 집단이기주의가 아니라 국가 발전에 힘쓰고 국민의 편에서 일하게 만들며, 셋째, 정책기획·분석능력을 배양하기 위한 전문교육과 10년의 공직경험을 바탕으로 한 단계 상향된 현실성 있는 고위정책 업무를 수행하게 하며, 넷째, 순환보직으로 인한 폐해를 줄여 전문성을 높일 수 있을 것이다.

이처럼 눈에 보이는 변화보다도 더 중요한 것은 정책관료가 제시하는 정책이 현재처럼 단기적이고 근시안적인 내용이 아닐 것이라는 점이다. 현재는 팀장 혹은 과장 재임 기간이 짧고, 해당 직군의 정책문제에 대한 장기적인 고민을 할 수 있는 여건이 마련되어 있지 않다. 그러나 새로운 제도는 정책관료에게 교육 기간 동안 자신의 직무군의 중요 정책문제에 대해 고민하고 대안을 마련할 수 있는 시간과 제도적 지원을 해준다 그럼으로써 땜질식 단기 처방이 아니라 근본적으로 문제를 해결할 수 있는 방안을 마련할 기회를 제공하는 것이다.

또한 어떤 문제에 대해 해결 방안을 갖고 있다 하더라도 현재는 자신의 능력을 발휘할 수 있는 기회가 보장되지 않지만, 새로운 제도는 고위직으로서의 재량권과 해당 보직에 근무 기회를 제공해주기 때문에 자신의 능력을 발휘할 수 있게 해준다.

공무원이 정책에 미치는 파급효과는 직접적으로 나타나는 경우도 있고, 연쇄적으로 나타나는 경우도 있다. 특히 연쇄적으로 나타나는 파급영향(spill-over effect)은 측정할 수는 없지만 사회 각 분야에 많은 영향을 미친다. 이제까지 정부의 잘못된 정책결정으로 인해 소요된 사회적 비용은 천문학적 액수로 분석되고 있다. 정책관료제도가 국가적으로 엄청난 손익을 초래할 수 있는 정책의 내용까지 직접 기획하고 집행하는 것은 아니다. 그러나 사회적으로 큰 피해를 끼칠 수 있는 정책실패를 막을 수 있는 제도적 장치는 충분히 될 수 있다.

공무원을 공익의 마지막 수호자라고 한다. 누구나 공익을 외치지만 진정 공익을 위하여 일하고, 또 공직전문성을 갖춘 사람은 결국 공무원뿐일 것이다. 공익의 수호자로서 이제까지 부족했던 소양과 전문적 식견을 갖출 수 있는 기반을 만들어주는 것이 정책관료제도이다.

◎ 전문관료제도의 기대효과

전문관료는 자신의 전문지식과 기술을 바탕으로 민간의 발전에 뒤처지거나 걸림돌이 되지 않고 혁신을 주도해나가는 조타수가 될 수 있다. 예를 들어, 대외협상 업무가 계속 증가되고 있는 세계화된 행정환경에서 일반행정가들이 협상에 대한 전문지식이 부족하여 과거 한일어업협정이나 한미 FTA 협상에서와 같이 상대의 논리에 밀리고, 이로 인해 국가이익에 막대한 손해를 입히는 상황을 방지할 수 있다.

지식정보화와 세계화는 21세기 지식기반사회의 큰 흐름으로서 하나의 국가가 감히 저항할 수 없는 대세이다. 지구촌 사회에서 고립은 곧 쇠퇴를 의미할 뿐이다. 이러한 환경 변화 속에서 전문성에 바탕을 둔 전문관료의 필요성은 그 어느 때보다 크다고 할 것이다. Y형 경력발전제도를 통해 양성된 전문관료는 바로 이러한 측면에서 자신의 능력을 최대로 발휘하여 정부의 경쟁력을 높여줄 것이다.

전문관료제도의 기대효과는 대외 분야에만 한정되는 것은 아니다. 지식정보사회에서 새롭게 발생하는 문제를 해결하기 위한 정부 활동에 있어서도 전문관료의 지식과 식견은 시장의 실패 같은 민간의 문제해결능력의 한계를 극복하게 해줄 것이다.

자본주의 사회에서 개인과 기업의 발전이 누적된 결과가 곧 국가 발전이라는 사실에는 의문의 여지가 없지만, 민간전문가들은 기본적으로 자신의 이해관계에 따라 행동하기 때문에 사회공동체의 전반적인 공익에 항상 일치되지는 않는다. 따라서 민간전문가의 영입만으로 공직전문성을 확보할 수는 없다. 또한 우수한 민간전문가를 영입하기 위해서는 연봉 및 제도적 여건을 갖추어야 하나, 아직까지 우리나라 공직사회는 민간전문가가 자신의 역량을 충분히 발휘할 수 있는 여건을 갖추고 있지 않다. 한편, 공직에서 양성된 전문관료는 공익적 관점에서 자신의 전문성을 발휘하여 민간전문가의 영입 또는 활용의 한계를 극복하고, 국가와 국민을 위한 정책을 집행하며, 갈등 문제 해결을 도모할 것이다.

고급공무원(사무관급)으로 선발된 자는 최고의 자질과 능력을 갖춘 젊은 엘리트들이다. 이들이 공직에서 전문관료로서 경험을 쌓고 능력을 배양하게 해준다면 우리 사회가 가장 필요로 하는 전문가로 성장하게 될 것이다. 이제 국민건강수명 연장시대를 맞이하여 귀중한 사회적 자산이기도 한 고급공무원의 전문적 식견과 경륜을 퇴직과 함께 사장시키지 않고, 대학이나 연구소, 기업 등을 통해 우리 사회에 환원할 수 있도록 하는 것도 전문관료제도의 또 다른 목적이다. 판검사 같은 법조인이 퇴직 후에 변호사가 되어 경험과 경륜을 사회에 환원하는 것과 같은 예가 될 것이다. 행정관료도 법조인들의 경우처럼 그들의 경험과 경륜을 사회에 환원하는 것은 물론이고 경제적 기반까지도 마련할 수 있게 될 것이다.

나아가 연금제도의 보완으로 대학이나 연구소가 급여와 퇴직금의 차액만 지급하고 퇴임한 전문관료를 고용할 수 있게 된다면, 대학이나 연구소 입장에서도 최소한의 비용으로 최고급 전문인력을 고용할 수 있어 이들을 적극적으로 유치하게 하는 유인으로 작용할 것이다.

영국의 속진임용제

영국에는 발전 가능성이 높은 인재들은 빨리 고위공무원으로 충원할 수 있도록 속진임용제(Fast Stream Development Programme, 이하 'FS')라는 제도를 두고 있다. 속진임용제는 공무원을 퇴직하기 전까지 최소한 고위공무원단(SCS, Senior Civil Service) 직위에 이를 것이 기대될 정도의 발전 가능성이 높은 우수한 인재를 선발하여 일반공무원들과는 다른 별도의 훈련 및 능력개발 기회와 조기승진 기회를 제공하는 제도이다.

속진임용자는 일정한 시보 기간이 경과하면 바로 관리자급(Grade 7)으로 승진하게 되며, 주로 각 부처 본부에 근무하면서 정부정책의 기획·입안 등의 행정의 핵심 역할을 담당한다.

FS의 선발 분야는 일반행정, 유럽, 경제, 통계, 과학·기술 등의 5개 분야이며, 선발 인원은 약 250명 정도이다. 이 밖에 외무부와 국세청 및 의회사무처도 이와 유사한 제도를 별도로 운영하고 있는데, 그 선발 시험은 일반 FS 시험과 병행하여 수행된다.

영국의 FS 제도 도입의 기본 취지는 상위직 고급공무원과 하위직 일반공무원의 구별을 제도화한다는 것으로 볼 수 있다. 즉, 상위직 공무원이 필요로 하는 필요한 능력과 하위직 공무원이 필요로 하는 능력이 다르다고 보는 것이다. FS가 갖는 특징을 요약하면 다음과 같다.

첫째, 시험 구조는 3단계로 구분되는데, 면접 및 직접적 업무수행능력을 평가하는 CSSB(Civil Service Selection Board)가 중점적 시험 대상이다.

둘째, 각 단계마다 상당히 많은 숫자를 탈락시키는데, 첫 번째 예비시험에서 전체 응시생의 85%를 탈락시키는 급경사의 구조를 가지고 있으며, 나머지 두 번째와 세 번째의 시험에서도 응시생의 30% 정도만 선발되는 등 합격하기가 매우 까다롭다.

셋째, 우리나라의 고시제도와 달리 연 3회 시행되며, 그 시험 기간이 14주로서 상당히 길다. 또한 한 번 실시에 3단계 테스트를 모두 거치는 것으로 각 시험이 분절되어 있지 않다. 이러한 제도는 수험생에게 많은 기회를 부여하고 인재 충원의 폭을 넓혀주지만 시험관리비용이 많이 든다는 단점이 있다.

넷째, 현재 FS는 관리기관을 민영화시켰는데, 시험관리비용을 줄이기 위한 방법 중의 하나라고 보여지며, 사설관리기관을 정부에서 어떻게 감독하느냐가 중요한 문제이다.

다섯째, 우리나라의 경우 고시선발 연령을 제한하는 데 반해, FS에서는 연령제한은 없지만 평균학점의 제한이 존재한다.

여섯째, 우리나라의 5급 승진시험과 마찬가지로 FS도 재직 공무원에게도 응시 기회를 부여하고 있으나, 해당 부처의 추천을 받은 사람만이 할 수 있다. 이것은 행정공백을 막고 승진시험 때문에 업무를 소홀히 하지 않도록 하기 위한 것으로 보인다.

일곱째, 우리나라의 고시제도는 필답시험이 평가의 핵심이지만, FS는 예비 테스트로서의 성격을 갖는다. 또한 과목 내용은 우리나라처럼 개별 과목 중심이 아니라 사고 기능별로 평가하는 통합적 성격을 가지고 있으며, 종합적 사고력을 평가하는 테스트로 볼 수 있다.

여덟째, 평가의 중심이 되는 CSSB 평가는 종합적 사고력 및 지적 능력뿐 아니라 대인관계와 적성까지도 평가한다. 필답시험이 아닌 면접과 업무수행능력을 중심으로 평가하는 것이 특징이다. 우리나라의 경우도 이러한 방식이 가장 바람직하다고 보여지나, 이러한 능력을 가진 인재를 배출하기 위해서는 먼저 대학교육이 단순한 강의식이 아닌 실습과 인성교육 위주로 재편되어야 할 것이다.

아홉째, FS 또한 시보임용을 통해 업무 평가를 하고는 있으나, 채용과 탈락에 주된 목적을 둔 것 같지는 않다. 즉, 우리나라처럼 채용이 결정된 후 시보임용 및 집중적인 교육훈련(인턴)을 행하는 시스템이다.

자료 : 이종범 외(2000), 《지식정부를 위한 고시제도 개혁》, 나남출판, 재구성.

정책조정 메커니즘의 도입 :
조정실장제도

- **조정실장제도**는 국무총리 밑에 부처를 초월해 직무군별로 고위관료에 대한 인사심사권과 정책조정권(정부업무평가/정책영향평가)을 행사하는 장관급 조정실장을 두는 제도이다.
  - 소부처주의하에서는 7개의 직무군별로 조정실장을 두고, 대부처주의하에서는 1명의 조정실장을 둔다.
- 인사심사권과 정책조정권의 범위는 부처의 수가 많은 경우(소부처주의)와 적은 경우(대부처주의)에 따라 탄력적으로 운영한다.

조정실장제도 도입의 필요성

기존 공직사회의 칸막이식 문화에 따른 부처이기주의와 할거주의로 인한 정책 조정의 실패, Z형 보직경로[36]와 순환보직에 의한 공무원들

---

[36] 남궁근·서원석(2005), 앞의 논문집, p. 444.

의 낮은 전문성, 단순한 기록관리 차원의 정책실명제 운영으로 인한 책임행정의 미실현, 법적 근거가 취약한 국정과제위원회에 의한 국정 운영의 혼선과 갈등, 공무원들의 수동적 업무 행태와 상대적 박탈감[37] 등의 문제가 우리나라 행정에 대한 신뢰를 저해하고 국가경쟁력을 떨어뜨리는 요인으로 지적되어왔다. 이러한 문제를 해결하기 위해 정부는 여러 가지 제도적 노력을 시도했지만, 아직도 뚜렷한 해결 국면에 들어섰다고 할 수 없는 실정이다.

여기서는 이러한 문제를 해결하기 위해 새로운 직무군·직무렬 공직 분류 및 인사제도에 따른 조정실장제도를 그 내용으로 하는 개혁 처방을 소부처주의와 대부처주의의 경우로 나눠서 설명하겠다.[38]

조정실장제도의 내용

부처의 구조를 대부처주의에 의할 것인가, 소부처주의에 의할 것인가 하는 문제는 부처의 수와 관련된다. 부처의 수는 행정수반의 통솔 범위와 관련된 문제로서, 효과적인 지휘·감독을 위해서는 그 수가 적은 것이 좋다. 부처의 수는 19세기 말 행정국가의 출현 이래 어느 나라를 막론하고 늘어나는 추세를 보여왔으나, 근래의 작은 정부론은 이를 역전시키고 있다.[39]

---

[37] 김호섭(2004), "국정과제위원회: 실태, 미지의 성과, 그리고 과제", 《한국조직학회보》, 1(2), p. 72 ; pp. 57-80.
[38] 여기서는 새로운 제도의 기본 골격을 제시하였다. 실제 국정에 반영하기 위해서는 범정부차원의 준비팀(태스크포스팀)을 구성하여 직무 분석을 실시하고, 실현 가능한 세부 사항을 결정하고, 법적 근거도 마련해야 할 것이다.

정부 기능을 분장하는 부처의 수를 늘려서 각 부처별로 세분화된 기능을 수행하도록 하는 소부처주의(a large number of small departments)하에서는 부처간 집단이기주의와 부처할거주의로 인해 정책 조정의 필요성이 크게 나타난다. 반면에, 정부부처의 수를 줄여서 하나의 부처가 여러 가지 기능을 동시에 수행하는 대부처주의(a small number of large departments)하에서는 한 부처의 장관 밑에 여러 기능이 집중되어 부처간 갈등의 소지는 일부 감소하고, 행정수반의 부담도 감소하는 것이 사실이다. 하지만 대부처주의는 부처 내 순환보직으로 인해 공무원들이 전문성을 완전히 상실할 가능성과 함께 시급하지 않은 장기정책은 계속 방치될 위험성이 크다.

따라서 하나의 직무군이 여러 부처에 골고루 분산되어 있는 소부처주의와 특정 직무군이 어느 한 부처에 집중되어 있는 대부처주의 간에 제도 설계상 약간의 차이를 둘 수밖에 없다. 여기서는 소부처주의를 기본으로 하여 개혁 처방을 제시하고, 대부처주의의 경우는 구성과 지위를 중심으로 운용의 묘를 발휘할 수 있는 개혁 처방을 제시하고자 한다.

◎ 조정실장의 설치 근거와 구성

수직적인 계층제 질서 위에서 각 부처를 지휘·감독하는 장관과는 달리 조정실장은 해당 직무군에 대한 횡적인 기능 통제를 통해 정책 조정과 인사심사를 담당하는 제도적 장치이다. 부처의 수를 몇 개로 할

---

39 김규정(1998), 《행정학원론》, 법문사, p. 364.

것인지에 따라 부처간 갈등에 따른 정책 조정과 인사심사를 담당하는 조정실장이 정부조직 전체에서 차지하는 중요성과 위상에는 차이가 생기므로 이 둘을 나눠서 살펴보기로 한다.

소부처주의의 경우 | 소부처주의 하에서는 여러 부처들 사이의 정책 조정을 담당하고 해당 직무군에 인사심사권을 행사하는 장관급의 정무직[40] 조정실장을 설치한다. 신설되는 조정실장제도는 정부조직법에 설치 근거를 명시하고 임명의 기준은 해당 직무군에 대한 전문식견을 갖춘 인사로 하되, 구체적인 사항은 대통령령으로 규정하여 법률에 근거한 조직으로서 국무총리의 보좌기구적 성격을 띠며 국회의 통제와 감사를 받도록 한다.

여러 부처를 대상으로 직무 분석을 실시하여, 직무의 유사성을 기준으로 모든 직무를 7개의 직무군으로 재분류한 다음 4급 이상의 해당 공무원들의 인사심사와 부처간 관련업무의 정책 조정을 담당하는 약 7인의 정무직 조정실장을 신설함과 동시에 기존의 국무조정실장, 중앙인사위원장과 국정과제위원장 등 15개 정무직[41]을 폐지한다. 예컨대 일반행정조정실장, 산업·IT조정실장, 외교·국방조정실장, 국토·환경조정실장, 재정·경제조정실장, 사회복지조정실장, 과학·교육·문화조정실장을 신설하여 정무직 공무원으로 보하는 것이다. 7인의 조정실

---

[40] 소부처주의하에서도 조정실장의 지위는 가장 높은 부총리에서부터 1급 수준의 조정관까지로 직급을 조정할 수 있을 것이다.
[41] '15개'라는 정무직의 숫자는 2008년 2월 1일을 기준으로 한 정부조직에 의한 것이다. 이 책에서 제시하는 우리의 제안이 특정한 시기의 정부조직을 대상으로 하는 것이 아닌 만큼 참여정부의 부처명을 예시로 하는 것이 문제되지는 않을 것이다.

장을 모두 신설하지는 않고 기존의 국무조정실장이 새로운 제도 하에서의 일반행정조정실장의 기능을 수행하게 할 수 있다. 또한, 외교·국방조정실장은 기존 정부조직의 국가안전보장회의(NSC, National Security Council)의 사무처장이 겸직하는 방안을 상정할 수도 있다.

조정실장 밑에는 정책평가조정관과 인사기획관을 둔다. 정책평가조정관은 기존의 국무조정실에서 담당했던 정부업무평가의 기능을 이양받아 정책영향평가와 정책실명제를 담당하고, 그 자리에는 정책기획과 조정능력을 가진 정책관료를 임용하여 해당 직무군 관련업무에서 범정부적 조정역량을 발휘하게 함으로써 조정실장을 보좌하게 한다. 인사기획관은 정책관료와 전문관료에 대한 인적자원관리를 하게 되는데, BSC(성과관리카드표), 직무성과계약 등을 담당하며 조정실장의 인사심사권 행사를 보좌한다.

이렇게 신설된 조정실에는 직무군별 업무량을 고려하여 기존 국무조정실의 직원들로 충원하되 약간 명을 두도록 하고, 조정실의 직제는 대통령령으로 정하도록 한다. 구체적으로 설명하자면, 직무군의 인사업무를 담당하는 공무원은 해당 직무군의 공무원이 전문성을 평가하는 것을 원칙으로 하고, 다만 인사고유업무는 일반행정조정실의 지원을 받을 수 있도록 한다. 또 평가업무는 일반행정조정실의 평가 직무렬 공무원들이 순환하면서 맡도록 하고, 국정과제위원회에서 이관된 업무는 해당 직무군 공무원들이 담당하도록 한다.

이에 따라 기능과 권한이 변경된 국무조정실장은 일반행정조정실장의 보직을 담당하게 된다.[42]

대부처주의의 경우 | 대부처주의 하에서는 특정 직무군 소속 공직자들이 어느 하나의 부처에 집중 분포되는 현상이 나타나기 때문에 부처간 정책갈등이나 충돌은 상대적으로 적게 발생할 것으로 추측된다. 하지만 지식기반사회의 도래에 따라 부처간 업무의 연계성, 중복성, 복합성 등이 기하급수적으로 증가할 것이기 때문에 몇 개 부처를 줄인 효과는 급격히 줄어들 것이다. 그리고 한 부처의 장관이 전권적으로 관할하는 정책 업무의 범위가 증가하면 정무직 공무원의 단견(短見)과 조급한 성과주의로 인해 재임 중에는 긴급한 일부터 처리하고, 중요한 장기정책은 뒷전으로 밀어둘 가능성이 높아질 것이다.

한편, 직무군별 정책 조정 문제나 인사 문제가 발생할 소지는 적어질 것으로 추측된다. 하지만 순환보직으로 인해 공무원의 전문성은 점점 더 상실될 것이다. 따라서 각 직무군 소속 공직자들의 업무수행평가나 인사를 할 때 전문성에 기초한 효율적인 인적자원관리를 수행하기 위해서는 역시 직무군·직무렬 제도와 함께 조정실장제도가 필요할 것이다.

대부처주의하에서는 정부조직법에 근거를 두고 조정실장을 설치하되, 그 소속은 국무총리실로 하고, 그 기능은 축소하여 1인의 장관급 조정실장을 두도록 한다. 조정실장 밑에는 각 직무군별로 차관급 또는 1급의 인사기획관과 정책평가조정관을 두고, 약간 명의 소속 직원을 두어 소부처주의의 정책평가조정관이나 인사기획관처럼 조정실장의 업무를 보좌하도록 한다.[42]

---

42 조정실장의 설치와 구성에 관한 논의는 이론적 가능성을 예시한 것이며, 실제로 제도를 만들기 위해서는 범정부적인 직무 분석을 통해 재조정이 필요하다.

◎ **조정실장의 업무와 권한**

새로운 제도하에서 장관이 기존에 담당하던 행정과 정책 업무에는 변화가 없기 때문에 기획과 집행 업무를 주로 관장하는 반면, 신설되는 조정실장에게는 정책조정권과 인사심사권이 부여된다. 또한 조정실장은 정책관료와 전문관료의 정책실명제와 직무성과계약제가 결합된 성과평가 업무를 담당하고, 국무조정실에서 담당하던 정부업무평가와 장기적인 정책영향평가를 결합한 정책영향평가를 수행하게 된다. 아울러 국정과제위원의 기능을 이관받아 미래 지향적·범정부적 정책과제 설정을 담당하게 된다.

그리고 경제인문사회연구회 산하의 정부출연연구기관을 그 업무 성격에 따라 직무군별로 재분류하여 조정실장 산하로 이관하고, 해당 출연연구기관의 이사장을 조정실장(대부처주의 하에서는 해당 직무군별 정책평가조정관)이 겸직하여 각종 자문, 평가, 교육 등을 지휘·감독한다. 출연연구기관의 장은 현재와 같이 내·외부 전문가를 경쟁 임용하도록 한다. 이러한 기능은 소부처주의와 대부처주의를 막론하고 필요하나, 대부처주의 하에서 조정실장의 정책 조정 권한은 상대적으로 그 필요성이 약화될 것이다.

정책조정권 │ 신설되는 조정실장들은 기존 국무조정실의 정책조정권 중 해당 직무군과 관련된 정책의 조정 업무를 담당하게 된다. 이러한 정책조정권은 부처간 이해가 상충하여 대립하는 경우 해당 부처의 요청에 의해 발동하는 것을 원칙으로 한다. 즉, 정책갈등의 당사자인 각 부처가 자율적으로 원활한 합의나 조정을 할 수 없는 사안에 대해서만 조정실장이 개입하게 된다. 그렇게 함으로써 우선적으로는 개별 부처의 협상역량을 발휘하게 하고, 조정실장이 부처의 업무 전반에 관여하려는 월권의 소지를 줄인다.

한편, 소부처주의하에서는 다수의 직무군과 관련된 정책의 경우 조정실장회의(가칭)에서 해결을 도모할 수도 있다.

또한 조정의 시기에 있어서도 정책집행 과정의 시행착오를 줄이고 정책집행의 효율성을 높이기 위해 시간이 다소 지연되더라도 정책수립 과정에서 보다 철저한 사전 검토 및 분석 작업이 요구되며, 이를 위해 조정 기능과 함께 정책 분석 및 평가 기능이 강화되어야 한다.[43] 이러한 요구에 부응할 수 있도록 조정실장실의 정책평가조정관에 정책관료로서 관련 분야에 대한 충분한 전문지식과 범정부적인 식견을 갖춘 인사를 임용해야 할 것이다.

전문지식과 식견을 갖춘 인사를 임용하는 것은 적임자를 적재적소에 임용하고 승진시킨다는, 인사심사원칙에 입각한 것이다. 이 울러 조정실장은 관련 경제인문사회계 정부출연연구기관을 관할함으로써 전문가의 자문을 얻어 전문성에 근거한 정책 조정을 하도록 한다.

정책관료와 전문관료에 대한 인사심사권 | 신설된 직무군별 조정실장에게는 해당 직무군의 고위공직자 '인사심사권'이 부여된다. 새로 도입되는 조정실장에게 인사심사권을 직접 부여하면, 조정대상 업무의 담당자인 공무원들이 같은 직무군 내에서 교류하게 되면서 해당 직무군

---

[43] 박재희(2004), 《중앙행정부처의 갈등관리 방안》, 한국행정연구원, p. 108.

의 전문 분야별로 조정이 자연스럽게 이루어지기 때문에 부처간 정책조정의 실효성과 전문성, 그리고 중립성을 확보하는 확실한 시너지 효과를 거두게 될 것이다.

   조정실장은 해당 직무군별로 정책관료와 전문관료의 근무성적을 평정할 때 확인자(2차 평정자)로서의 역할을 하고, 각 부처의 장관이 부여한 인사고과를 바탕으로 승진 후보자를 심사하여 제청한다. 즉, 장관은 각 부처 내의 승진 후보자 순위를 매겨서 이를 조정실장에게 넘기고, 조정실장은 이를 취합하여 전체 승진 후보자에 대한 종합순위를 결정한다. 이때 조정실장은 소속부처와 업무를 고려하여 종합순위를 결정하되, 각 장관이 평가한 부처 내 순위가 뒤바뀌지 않도록 한다. 조정실장은 자신의 소관 직무군 내에 있는 정책관료와 전문관료의 임명제청에 심사 의견을 표시할 수 있으며, 각 부처의 장관은 이 의견을 듣고 대통령의 승인 하에 임용권을 행사한다.

   조정실장제 하에서의 임용권 행사 범위를 현행 제도와 비교하면 아래 표와 같다.

표 3-5 대통령과 소속장관의 임용권 배분

구분	신규채용/승진	전보	겸임	직위해제/휴직/정직/복직	전직/강임/면직/해임/파면
1급/고위 공무원단	대통령	대통령	대통령	대통령	대통령
2~3급/고위 공무원단 다~마	대통령	1부처 내 : 장관 2부처간 이동 : 대통령		장관	대통령
4~5급 6급 이하	장관				

자료 : 공무원임용령을 참조하여 재구성.

표 3-6 신설 조정실장제하에서의 임용권 배분

구분	신규채용/승진	전보	겸임	직위해제/휴직/정직/복직	전직/강임/면직/해임/파면
정책관료/전문관료 (1~4급)	대통령	부처 내 : 장관 독자적 부처간 이동 : (조정실장의 의견 청취 후) 장관		(조정실장의 의견 청취 후) 장관	대통령
5급 이하	장관				

현행 제도 하에서 장관은 4급 이하 소속 공무원에 대해 신규채용/승진, 전보, 겸임, 직위해제/휴직/정직/복직, 전직/강임/면직/해임/파면 등의 권한을 독자적으로 행사하고, 3급 이상에 대해서는 대통령의 명령에 따르도록 있다. 2~3급/고위공무원단 다~마에 대해서는 장관이 직위해제/휴직/정직/복직의 권한을 단독으로 행사할 수 있다. 전보나 겸임의 경우 1부처 내에서 이동하는 경우에만 행사하고, 2부처 간에 이동하는 경우는 대통령이 행사한다.

그러나 조정실장제가 새롭게 도입되면 5급 이하의 공무원에 대해서는 소속부처의 장관이 인사권을 행사하고, 4급 이상의 정책관료와 전문관료에 대해서는 대통령의 승인 하에 조정실장의 의견 청취 후 장관이 행사한다. 다만 전보와 겸임의 경우 부처내에서는 장관이, 부처 간에는 조정실장의 의견 청취 후 장관이 행사한다.[44] 전보의 경우에도 직무군 내에서 보직경로가 형성되기 때문에 전문성을 배양할 수 있고, 부처간 정책 조정과 통합도 용이하다.

기존에 인적자원관리를 전담했던 합의제형 중앙인사위원회는 독임

---

[44] 세부적인 사항은 정책 실시 전에 다시 한 번 합리적으로 조정할 수 있다.

제형 중앙인사기구의 인사실 등으로 편입하고,[45] 조정실장별 인사위원회로 재구성하여 발전적 해체를 하도록 할 것이다.

또한 조정실장은 해당 직무군 소속 공직자들의 전문성을 향상시키기 위해 해당 직무군의 교육훈련을 담당할 정부출연연구기관 및 이와 연계된 공직 관련 전문대학원을 관장하여 교육훈련 및 평가를 담당하고 인사와 연계할 수 있다.

정책실명제에 근거한 공무원 성과평가 | 조정실장은 장기적인 정책평가 업무를 통해 공직 인사심사에 대한 책임성과 전문성을 향상시키기 위해 정책관료와 전문관료의 성과평가 기능을 담당한다. 성과평가는 보다 객관적이고 공정한 평가를 위해 정책실명제와 직무성과계약제를 결합한 형식으로 이루어진다.

정책실명제는 주요 정책의 결정과 집행에 참여한 관련자들의 실명과 의견 등을 종합적으로 기록·보존하여 유사한 정책입안에 참고하는 제도로, 정책과정의 투명성과 국민으로부터 신뢰를 확보하기 위해 1998년 7월 1일부터 시행하고 있다.[46] '사무관리규정' 제34조의2에 근거를 두고 있으며, 주요 정책의 수립 또는 집행과 관련한 다음의 사항을 종합적으로 기록·보존하기 위해 처리과 직원으로 하여금 기록하게 한다. 첫째, 주요 정책의 수립 또는 집행과정에 참여한 관련자의 소속·직급·성명과 그 의견, 둘째, 주요 정책의 결정 및 집행과 관련된 각종 계획서, 보고서, 회의, 공청회, 세미나 관련 준비자료 및 토의내용,

---

[45] 이 부분은 이명박 정부에서 독임제 중앙인사관장부처로서 행정안전부가 설치되는 것으로 귀결되었다.
[46] 배임태(1996), "정책실명제의 주요내용", 《자치행정》, 제135호(1999년 6월), pp. 45-46.

셋째, 주요 정책의 결정을 위하여 세미나와 관계자 회의 등을 개최하는 경우 개최일시·참석자·발언내용·결정사항·표결내용 등을 기록한다.

정책실명제의 대상은 주요 국정현안, 대규모의 국책공사, 기타 대규모 예산이 투입되는 사업, 주요 외교 및 통상협상의 내용, 대통령령 이상의 법령 제정, 기타 국민생활에 큰 영향을 미치는 제도 등이다. 이것들이 현재처럼 유명무실한 제도로 전락하지 않고 원래 뜻한 목적을 달성하기 위해서는 정책 담당자들이 정책과 생사를 같이하는 인사정책이 뿌리를 내려야 한다. 수시평가를 통해 점수화하고, 정책의 성공 가능성을 높이기 위한 조치들이 적절히 수반되어야 한다.[47]

정책의 입안과 기획, 정책결정, 정책집행 등을 단계별로 나누어서 이에 관여한 주창자를 기록한다면 보다 신중한 정책을 낳게 될 것이다. 그리고 하나의 정책을 두고 부처간 갈등이 발생할 경우에는 정책조정 단계에서도 그 기록을 남겨 국가적 이익과 범부처적 이익을 위한 신중한 조정이 이루어지도록 한다. 원칙적으로 정책의 집행부서와 기록부서를 분리시켜 조정실에서 기록하도록 하고, 문서관리시스템을 활용하여 공무원을 평가하는 데 활용할 수 있는 방안을 마련해야 할 것이다. 정책실명제에 바탕을 둔 기록들은 매년 정책백서로 발간하되, '사무관리규정'에 구속력이 있는 조항을 명시하여 정책 품질 관리를 기초로 주요 정책의 경우를 예시하는 것이 바람직할 것이다.

또한 정책관여자들의 의견을 적극 지지, 소극 지지, 찬성 유보, 반대 등으로 분류·기록하여 평가에 반영하도록 한다. 하나의 정책 대안에

---

[47] 강인재·이달곤 외(1998), 《한국행정론》, 대영문화사, pp. 441-442.

대해 그 정책 소관 부처의 결재 라인에 있는 담당, 과장, 실·국장, 장·차관에 이르기까지 각자의 정책적 판단과 소신에 따른 지지의 정도를 나누어서 표시하는 것이다. '적극 지지'는 자신의 직업적 전문성과 소신에 부합하여 반드시 추진되는 것이 옳다고 생각하는 정도를 의미하고, '소극 지지'는 자신의 전문성이나 소신보다는 자신의 직책에 따른 임무에 충실하고자 추진하는 경우를 의미하고, '찬성 유보'는 상관의 정책적 판단과 지시 또는 학계나 공청회 등 여론에 밀려 정책을 추진할 수밖에 없는 경우를 의미하고, '반대'는 자신의 정책적 신념에 따라 정책을 추진하지 않는 것이 옳다고 생각하는 것을 의미한다.

이렇듯 정책관여자와 정책에 대한 찬반 견해를 분명하게 기록·보존함으로써 정책 아이디어의 기원(originality)과 창안권(initiative)을 공직 내외를 불문하고 명시적으로 기록하여, 공직사회는 물론이고 학계나 연구공동체 등에 창의적 정책 아이디어의 포상 근거를 마련하도록 한다. 기록을 통해 공무원은 정책성과에 인사상의 책임을 지게 되고, 학계나 연구공동체는 학자적인 양심 외에 사회적 명성과 평판에 책임감을 느끼도록 하는 것이다. 이렇게 함으로써 영혼이 없는 존재라고 비판받는 공직자에게 영혼[48]을 불어넣을 수도 있을 것이다.

이러한 정책실명제를 기초로 하여 공무원에 대한 성과평가를 실시한다면 보다 객관적이고 공정한 평가가 가능하게 되고, 책임의 소재를 명확히 할 수 있을 것이다. 4급 이상의 공무원들을 대상으로 하는 목표관리제를 승계한 직무성과계약제와 성과관리(BSC)카드 관리를 각 부처의 장관과의 계약과 협의를 통해 설정하고, 목표 달성도는 각 부처의 인사기획관이 담당하여 부처별 순위를 설정하며, 이를 조정실장의 주관 하에 각 부처 인사기획관과 해당 직무군 조정실의 인사기획관이 협의하여 평가점수를 산정하게 된다. 이 과정에서 목표 달성도에 대한 평가는 해당 직무군 조정실에서 전담하게 되는데, 이러한 평가 업무의 객관성을 확보하기 위해 조정실장이 관장하는 정부출연연구기관의 자문과 협조를 구할 수 있다.

또한 직무성과계약제와 정책실명제를 결합하여 상향식으로 설정된 전략적 목표를 자신의 이름을 내걸고 입안·시행하며, 그 결과를 평가하여 이를 성과급, 승진 등에 반영하는 방안을 상정할 수 있다. 직무성과계약제는 장·차관 등 정부기관의 책임자와 실·국장, 과장급 이상 관리자가 성과목표와 지표에 대해 합의하여 공식적인 성과계약을 체결하고, 계약의 이행도를 평가하여 인사와 보수 등에 반영하는 성과관리시스템이다.[49] 여기에 정책실명제가 추가되면 정책의 성패에 대한

---

[48] 막스 베버(Weber Max)는 〈지배와 성녕싱〉에서 권료제적 지배이 사회적 결과들 중의 하나로 "분노도, 정열도 없는(sine ira et studio), 따라서 사랑도 열광도 없는 형식주의적 비인간성의 지배, 그러므로 개인적 고려가 없는 엄격한 의무의 개념이 지배규범이다. 모든 사람이 형식적 평등 속에, 즉 동일한 경험적 상황 속에 있다. 바로 이것이 이념형적 관리가 그의 관직을 수행하는 정신이다"라고 주장하였다(임영일 외 편역(1991), 〈막스 베버 선집〉, 까치, p. 169). 또 베버는 〈직업으로서의 정치〉에서 정치지도자와 관료의 명백한 차이점을 지적하였다. 즉, 진정한 관료는 "분노도 편견도 없이" 자기 직무를 처리함으로써 비당파적 행정을 수행해야 하며, 따라서 관료의 미덕은 그의 상급관청이 자신의 생각에 잘못으로 판단되는 명령을 고집하는 경우에 마치 이 명령이 자신의 명령과 일치하는 듯이 그 명령을 명령자의 책임으로 전가시키고 정확하게 결행하는 데 있으므로 관료는 직업상의 정치를 하여서는 안 되며, 카리스마를 지니고 천직에 의거하는 정치지도자는 본질적으로 당파성, 투쟁, 격정 등과 같은 분노와 편파에 의거하여 관료와는 달리 책임의 원칙에 띠리 행동하므로 정치지도자, 곧 영도적 정치가의 미덕은 그가 행하는 일에 대한 책임을 단독으로 그 자신이 지며 이것을 거부하거나 전가할 수 없고 전가해서는 안 되는 것임을 주장하였다(공보경(1995), "베버의 지도자 민주주의 개념의 분석적 재검토", 〈부산정치학회보〉, 제5집, p. 130).
또한 〈프로테스탄티즘의 윤리와 자본주의 정신〉의 마지막 부분에서 몰인격성을 근간으로 하는 관료제는 결국 사람들로 하여금 "문화인(cultural beings, 세계에 대해 의식적으로 입장을 취하고 그 세계에 의미를 부여하는 능력과 의지를 타고난 사람)"으로서 살기보다는 "정신 없는 전문가(Fachmenschen ohne Geist)"로서 혹은 "가슴 없는 향락자(Genussmenschen ohne Herz)"로서 살게 한다고 주장하였다(임의영(2005), "Weber의 관료제에 대한 전망의 행정철학적 재구성", 〈한국행정학보〉, 39(2), pp. 35-36).
[49] 대통령자문 정부혁신지방분권위원회 편(2007), 〈제도변화로 본 한국의 정부혁신〉, 대통령자문 정부혁신지방분권위원회, p. 168.

책임을 보다 잘 규명할 수 있게 되고, 그 결과를 인적자원관리의 객관적 기초자료로 활용하여 정책의 품질을 향상시킬 수 있으며, 정책에 대한 책임행정을 구현할 수 있게 될 것이다. 또한 정책개발에 필요한 공직전문성을 배양하게 하는 효과도 함께 거둘 수 있다.

정부업무평가와 정책영향평가의 결합 | 정부 업무에 대한 평가제도는 여러 차례 변천을 겪어왔는데, 2006년 3월 2일 임시국회에서 '정부업무평가 기본법'이 본회의를 통과되어 2006년 4월 1일부터 정부업무평가제도를 시행하였다.[50] 이 법은 자체 평가를 강조하는 한편, 성과관리를 도입하여 분야별 평가의 '통합적' 운영을 그 특징으로 하고 있다.

국무총리 소속 국무조정실의 심사평가 조정관실[51]에서 총괄하던 정부업무평가 기능은 단기적인 정부업무평가의 성격을 띠었다. 그로 인해 장기적인 정책과제에 대한 평가가 사실상 소홀히 다루어졌다. 장기적인 정책영향평가는 주로 행정학자나 정책학자 등 학계의 학술적 관심 사항으로 다루어져왔다.

새로운 제도는 위와 같은 단기적인 정부업무평가에 더해 일정 시간이 흐른 후에 발생하는 장기적인 영향을 평가하는 정책영향평가를 결합한 평가 기법으로, 책임성 있는 정책과 성과지향적 행정을 추구한다. 새로운 제도는 기존의 국무조정실에서 담당하던 정부업무평가를 각 직무군별 조정실장에게 이관하고, 조정실장이 정부업무평가와 함께 장기

---

[50] 김현구(2006), "정부업무평가 기본법의 논리와 과제: 평가성공의 제도적 요인 분석", 《추계학술대회논문집》.
[51] 새롭게 출범한 이명박 정부의 국무총리실도 각 부처 업무에 대한 정책분석평가업무는 종전과 같이 관장하고 있다.

적인 정책영향평가를 담당하는 것이다. 그렇게 함으로써 장기적인 정책영향평가를 기존의 개인적·비제도적 관심사에서 제도적인 시스템으로 정착시키는 것이다. 이러한 평가 업무에는 해당 직무군별 조정실의 정책평가조정관을 중심으로 각 직무군별 조정실장이 이사장을 겸직하는 경제인문사회연구회 소속 정부출연연구기관[52]의 전문인력을 활용하면 될 것이다.

조정실장은 해당 직무군별로 단기적인 정부업무평가와 장기적인 정책영향평가를 실시하여 정책의 효과와 질을 평가하고, 이를 다시 정책과정에 환류시켜 정책의 품질을 향상시키며, 불량정책의 발생을 방지함과 동시에 정책실패를 예방하는 기능을 하게 된다. 대규모 국책사업의 경우, 그 정책실패로 인한 사회적 비용이 수조 원에 이르는 것을 우리는 경부고속철 사업의 실패에서 이미 확인하였다.[53] 정부업무평가와 정책영향평가의 결합은 이러한 정책실패로 인한 비능률성을 제거함으로써 '정책적 능률성(policy efficiency)'을 향상시킬 수 있는 제도적 장치로서 기능하게 될 것이다.

국정과제위원회의 기능 이양 | 소부처주의하에서 정무직에 해당하는 조정실장 자리 7개를 설치해야 하는 데 따른 우려가 있을 수 있다. 하지만 조정실장에게 참여정부의 국정과제위원회의 기능을 이양하면, 참여정부에 존재했던 중앙인사위원장, 국무조정실장과 13개의 정무직

---

[52] 2008년 7월 현재 경제인문사회연구회에 소속된 23개 출연연구기관의 구체적인 개편안은 이 책 3부의 "05 교육훈련제도의 확충: 정부출연연구기관 활용"을 참조할 것.
[53] 김병섭·김근세·이창원·조경호(1997), "정부조직개혁의 방향 및 과제", 《하계학술대회논문집》.

국정과제위원장의 자리가 없어지므로 오히려 정부기구는 줄어들게 된다. 신정부에서도 이러한 기능을 수행하는 조직이 구성될 수밖에 없을 것이다(예 : 국가경쟁력강화특별위원회와 하부 장관급 분과위원장 등과 미래기획위원회).

참여정부에서 국정과제위원회는 대통령의 자문기구로서 대통령의 정책 구상을 현실적인 정책으로 전환시키는 싱크탱크(think-tank)의 역할을 했는데, 청와대 비서관, 각 부처장관, 민간위원들로 구성되어 있는 위원회 조직이었다. 참여정부의 국정과제위원회는 대통령에게는 '자문' 하지만, 정책에 대해서는 '심의' 하고, 행정부에 대해서는 '조정' 하는 기능을 갖고 있다는 점에서 특징적이다.

"위원회공화국" 이라는 비판이 대변하듯 참여정부의 국정과제위원회는 13개, 숫자와 조직의 규모, 예산 등에서 이전의 정부와는 다른 특성을 보여주었다. 하지만 각 위원회가 수행하는 업무를 보면, 과거 정부에서 어떤 조직체가 담당하고 있던 일이거나[54] 앞으로도 누군가 맡아 해결하지 않으면 안 될 정책들이 대부분이었다.

국정과제위원회의 이러한 기능과 권한을 새로이 도입되는 조정실장에게 넘기는 방안으로는 다음과 같은 경우를 상정할 수 있다. 대부분의 국정과제위원회 기능은 직무군과 성격이 유사한 조정실장에게 이양하고, 여러 직무군과 연계된 복합적인 기능을 수행하는 국정과제위원회는 관련 기능을 재분류하여 각 조정실장에게 분장시킬 수 있다.

[54] 행정개혁에 관한 업무는 박정희 정부에서는 행정개혁조사위원회, 노태우 정부에서는 행정개혁위원회, 김영삼 정부에서는 행정쇄신위원회, 김대중 정부에서는 정부혁신추진위원회, 노무현 정부에서는 정부혁신지방분권위원회가 담당하였고, 국정 전반의 총괄적인 정책기획에 관한 업무는 노태우 정부에서는 21세기위원회, 김영삼·김대중·노무현 정부에서는 정책기획위원회가 각각 대통령 자문기구로서 담당하였다.

결국 조정실장이 기존 국정과제위원회 중 해당 직무군과 관련된 위원회의 업무를 관장하게 되는 것이다.

예를 들자면, 정부혁신지방분권위원회는 일반행정조정실장에게 그 기능을 이양하고, 행정중심복합도시건설추진위원회와 지속가능발전위원회는 국토·환경조정실장에게, 저출산고령사회위원회, 빈부격차·차별시정위원회와 사람입국일자리위원회는 사회복지조정실장에게, 교육혁신위원회와 문화중심도시조성위원회는 과학·교육·문화조정실장에게, 농어업·농어촌특별대책위원회와 과학기술중심 사회추진기획단은 산업·IT조정실장에게 그 기능을 이양할 수 있을 것이다.

동북아시대위원회는 일찍이 그 중심적인 역할이 경제에서 국제정치 분야로 이동되었는데, 경제는 재정·경제조정실장에게, 국제정치분야인 평화는 외교·국방조정실장에게 그 기능을 이양할 수 있을 것이다.

국가균형발전위원회의 공공기관 지방 이전, 수도권 기업 지방 이전, 지역혁신체제 구축은 일반행정조성실장에게, 신산학협력모델 정립, 대덕 R&D 특구 육성, 혁신클러스터화, 지역전략산업의 진흥 사업은 산업·IT조정실장에게, 지방대학 육성 및 지역인적자원 개발, 문화·관광자원을 활용한 자립형 지역개발은 과학·교육·문화조정실장에게, 국가균형발전 5개년계획 수립, 국가균형발전사업 평가체제 확립, 지역특화특구 추진, 신국토구상 수립·추진, 수도권의 계획적 관리방안 수립은 국토·환경조정실장에게, 특별회계 운영 및 제도 개선은 재정·경제조정실장에게 그 기능과 권한을 이양할 수 있을 것이다.

그리고 정책기획위원회는 국정과제위원회의 총괄 기능을 수행해왔는데, 이 기능은 대통령비서실에 이양할 수 있을 것이다. 한편, 국정과제위원회의 행정지원조직인 사무처는 그 소관 사무의 업무량과 각 직무군별 조정실의 인력을 고려하여 사무처를 유지, 축소 또는 폐지할 수도 있을 것이다.

경제인문사회연구회 산하 연구기관의 이관 | 우리나라 정부출연연구기관, 특히 많은 수의 경제 관련 연구기관들은 국가 발전에 상당한 공헌을 한 것으로 평가되었으나, 최근 들어 대학과 민간연구기관이 발전하면서 정부출연연구기관의 활용도가 줄어들고 운신의 폭도 좁아졌다.

이에 따른 개혁 처방으로 관리운영체제에 일대전환이 가해졌는데, 그것이 바로 '연구회 체제'이다. 연구회 체제는 1999년 '정부출연연구기관 등의 설립·운영 및 육성에 관한 법률'에 의해 출범되었는데, 유사한 연구기관들을 중심으로 각 부처에 소속되어 있던 정부출연연구기관들을 국무조정실 산하의 연구회 구조 안에 묶은 것이다.[55] 연구회의 출범과 더불어 정부출연연구기관의 법인은 유지하되, 연구회의 산하기관으로 편입함으로써 개별적인 연구기관이사회를 폐지하고, 연구회라는 비상설 연합이사회의 지배를 받도록 하였다.[56]

그러나 정부출연연구기관을 연구회 체제로 변경한 후에도 몇몇 문제점은 여전히 계속되고 있어서 개혁의 필요성에 대한 논의가 제기되었다.[57] 첫째, 경제인문사회연구회 소관 연구기관은 대부분 해당 연구기관의 고유 사업 수행에 국한되어 있어, 다수의 연구기관이 합동으로

---

[55] 대통령자문 정부혁신지방분권위원회 편(2007), 앞의 책, pp. 257-258.
[56] 대통령자문 정부혁신지방분권위원회 편(2007), 앞의 책, p. 258.
[57] 경제인문사회연구회(2006), 《연구기관 발전을 위한 정책과제와 개선방향》, pp. 256-258.

참여하는 국가적 중장기 대형 과제 수행 실적이 미흡하다. 둘째, 경제인문사회연구회에서 수행하고 있는 연구 사업의 중복과 조정 기능의 어려움 등 여러 가지 문제가 노출되었다.[58] 이는 각 연구기관이 수행하고자 하는 사업계획의 유사·중복 여부를 심의할 때 피상적인 측면만 보고 판단하는 경향이 강한 까닭이다. 셋째, 모든 연구기관이 공유할 수 있는 시스템 구축이 부진하고 이용 활성화도 미흡하다.

그런데 경제인문사회연구회 소속 정부출연연구기관과 부처와의 기본연구, 정책연구, 수시연구 추진 등 업무 연계의 분포를 경제정책분야 5개, 자원·인프라분야 6개, 인적자원분야 7개, 공공정책분야 5개 연구기관을 대상으로 분석한 결과[59]에 따르면, 정부출연연구기관의 업무 성격에 따라 특정 부처와의 연계성이 강하게 나타났다.

새로운 제도의 개혁 처방은 경제인문사회연구회 소속 정부출연연구기관의 소속을 각 직무군별 조정실장 산하로 이관하여 정부출연연구기관들의 고유 기능인 정책연구를 활성화하고, 공무원 교육 기능을 추가함으로써 교육훈련을 통해 정책연구 성과와 경륜을 정책의 기획과 집행에 접목하여 시너지 효과를 극대화하는 것이다. 정부출연연구기관의 구체적인 부처별 연구분야는 〈표 3-7〉과 같이 예시할 수 있을 것이다.

---

58 부패방지위원회(2002), "정부출연기관 운영의 문제점 및 개선방안", 《부방위보고서》, 제42집, p. 108.
59 이러한 분석 결과는 2008년 3월 기준 자료로, 경제인문사회연구회 소속 정부출연연구기관 종사자들의 주관적 평가를 정리한 것이다.

표 3-7 정부출연연구기관 부처별 연구분야

구분	일반행정	산업 IT	재정·경제	외교·국방	국토·환경	사회복지	과학·교육·문화
과학기술정책연구원		◎			△		○
국토연구원		△			◎		
대외경제정책연구원			◎	○			
산업연구원		◎	△				△
에너지경제연구원		◎			○		△
정보통신정책연구원		◎	△		△		△
통일연구원				◎			
한국개발원		△	◎	△	△		△
한국교육개발원							◎
한국교육과정평가원							◎
한국교통연구원					◎		
한국노동연구원						◎	
한국농촌경제연구원			◎				
한국법제연구원	◎						
한국보건사회연구원						◎	
한국여성정책연구원						◎	
한국조세연구원			◎				
한국직업능력개발원						◎	△
한국청소년정책연구원							◎
한국해양수산개발원		◎			○		
한국행정연구원	◎						
한국형사정책연구원	◎						
한국환경 정책평가연구원	△				◎	△	

주 : 도표 속의 기호는 정부출연연구기관이 각 직무군과 관련된 정도를 나타낸 것이다(◎는 '매우 관련성이 높다', ○는 '관련성이 높다', △는 '어느 정도 관련이 있다'는 의미임).
자료 : 도표 속의 관련성은 경제인문사회 연구회에서 각 정부출연연구소에 직접 확인하여 작성한 '연구기관과 유관부처의 업무연계 분석'(부록 3)에 근거하여 작성하였다.

조정실장제도의 기대효과

기존의 공식적인 기구와 회의체는 국정 전반의 정책 조정에 한계를 보여왔다. 정부조직을 개편할 때 항상 논의되는 부총리제에 대해서도 많은 비판이 존재하였다. 그 중에서도 명분상으로는 "정부 안의 옥상옥의 기구"[60]라는 비판과 동시에, 실질적 권한이 없어 운용의 묘에 의지할 수밖에 없는 제도라는 비판이 가장 강력하다. 참여정부에서는 대통령 소속의 여러 국정과제위원회가 정책자문과 정책조정 기능을 수행하였는데, 이러한 위원회들은 공식적인 정부조직과 별도로 설치되어 정부조직의 팽창을 가져온다는 비판을 불러일으켰다.

또한 장관의 인사권 행사의 큰 특징인 연공서열식 순환보직은 지식기반사회의 공무원들이 갖추어야 할 경쟁력인 전문성을 축적하는 데 심각한 장애요인으로 지적되었다. 그 외에 정책실명제가 단순한 기록관리 차원에서 시도되어 책임행정 구현에 한계를 보여왔음은 앞에서 지적한 바와 같다.

위와 같은 공직사회의 한계를 극복하는 제도적 장치로서 새로이 제시하고자 하는 조정실장제도가 가지는 장점은 매우 크다고 할 수 있다. 조정실장제도의 장점은 크게 정책 조정, 인적자원관리와 책임행정, 국정과제위원회의 대체라는 세 가지 측면으로 나누어 살펴볼 수 있다.

---

[60] 김광웅(2003), 《바람직한 정부》, 박영사(양영각), p. 58.

◎ 범정부적 정책 조정

범부처적인 정책 조정은 소부처주의하에서 그 효과가 크게 나타날 것으로 보이며, 대부처주의 하에서도 미래에 그 필요성이 점차 증가할 것으로 보인다.

정책 조정의 전문화 | 첫째, 국무조정실의 직무군별 확대 개편을 통해 지식기반사회에 걸맞은 전문관료제도에 의한 효과적인 정책 조정이 가능해진다. 기존 국무조정실의 전문성 부족과 업무 과중으로 인한 국정 전반에 걸친 정책 조정 기능상의 한계를 조정실장에 의한 직무군의 전문 분야별 정책 조정을 통해 극복할 수 있게 된다. 그리하여 산업사회의 물질적 가치에서 탈물질적 가치(post-material value)[61]로의 변화와 기능의 다변화를 특징으로 하는 지식기반사회에 대한 적응력을 높일 수 있을 것이다.

둘째, 힘과 정치의 명분 논리가 아닌 지식기반사회의 전문성에 기초한 실질 논리로서 국가정책 발전을 가능하게 해줄 것이다. 전통적인 계층적 행정문화를 바탕으로 한 힘의 논리나 다원민주주의하에서의 정치논리인 구유통(pork-barrel)[62]이나 통나무 굴리기(log-rolling)[63] 식 정책 조정 행태에서 벗어나, 전문성에 바탕을 둔 국익과 민생 차원의 실

---

[61] 매슬로(Maslow, Abraham)의 가치 선호도 연구에 의하면, 인간은 가치 선택에 있어 생존을 위한 필요요건 중에서 가장 긴급한 요건을 충족시켜주는 가치부터 선택한다고 한다. 생리적 욕구가 충족되지 않을 때 가장 긴급한 선택은 생리적 욕구를 만족시키는 것이고, 그 다음이 육체적인 안전이다. 육체적이고 경제적인 욕구가 어느 정도 만족되면 인간은 탈물질적인 가치를 추구한다. 최소한의 물질적인 욕구가 충족되고 신변이 안전한 인간은 사랑, 귀속감, 자기발전 등 탈물질적인 가치가 중요한 것으로 나타나게 된다. 그리고 이러한 가치가 어느 정도 달성되면 지적인 가치나 애타적인 가치를 추구하게 된다. 그러나 중요한 것은 인간에게 물질적인 가치가 어느 정도 충족되어야 비물질적인 가치를 추구하게 된다는 이론이다(어수영(2004), "가치변화와 민주주의 공고화: 1990~2001년간의 변화 비교연구", 《한국정치학회보》, 38(1), p. 195).

질적인 정책 조정이 가능해질 것으로 보인다. 조정실장은 해당 직무군과 산하 출연연구기관의 전문인력을 활용하여 전 정부적 차원의 전문화를 추구할 수 있을 것이다.

국정의 균형과 효율적인 추진 | 첫째, '대통령-국무총리-장관'으로 이어지는 상명하복식 정책기획 및 집행조직과, '대통령-국무총리-조정실장'으로 이어지는 직무군별 정책 조정 및 인사 기능을 담당하는 조직을 통해 국정추진체계의 균형을 이룸으로써 업무의 책임성을 높이고 전문화를 추구할 수 있다. 또한 집행조직과 조정조직의 균형을 통해 분업과 전문화의 원리를 바탕으로 정부부처의 업무를 보다 효율적으로 추진할 수 있을 것이다.

둘째, 정책 조정을 기존의 정부부처나 위원회 형식의 회의체가 아닌 새로운 조정실을 신설하여 대통령과 국무총리가 국정운영을 분담한다면, 권력이 집중되는 제왕적 대통령제 비판에 대한 하나의 대안 역할을 할 수도 있을 것이다.

제왕적 대통령이란 "국민에 의해 민주적으로 선출된 대통령이 왕정

---

62 구유통 정치 또는 돼지고기통 정치라고 하며, 이는 미국의회에서 사용하는 용어인 '이권법안'의 속칭이다. 정부예산(특히 보조금)이 특정집단이나 특정선거구 의원에게만 이롭게 배분되는 현상을 가리키는데, 원래는 이권 또는 정책보조금을 얻으려고 모여드는 의원들이 마치 농장에서 농장주가 돼지고기통에서 한 조각의 고기를 던져줄 때 모여드는 노예들과 같다는 뜻에서 나온 말이다. 즉, 국가예산으로 사업을 집행하는 분배정책에서 흔히 발생하며, 정치인들이 지역주민의 인기에 민감한 나머지 지역구민에 대한 선심사업을 위해 연방정부의 예산을 최대한 많이 확보하려는 행태를 의미한다(이종수(2000), 《행정학사전》, 대영문화사, p. 345).

63 각자의 이권이 결부된 몇 개의 법안을 관련 의원들이 서로 협력하여 통과시키는 행태를 가리키는 미국의 의회 용어로, 개척자가 벌채한 통나무를 운반하면서 서로 협력하여 굴리기를 한 데서 유래하였다. '투표의 거래' 또는 '투표의 담합'이라고도 하며, 담합에 의하여 자신의 선호와는 무관한 대안에 투표하는 행동을 보이는 집단적 의사결정행태를 말한다. 예컨대 A와 B 두 대안은 각각 1인의 찬성자가 있으나 2인의 반대자가 있어 통과되기 어려울 때 A와 B가 상호 지지를 약속하고 담합을 하면 두 대안 모두 통과가 가능하게 되는 전략을 말한다(이종수(2000), 앞의 책, p. 113).

시대의 왕처럼 국가 위에 군림하며 권력을 남용하고 정치과정을 독점함으로써 대통령 우위의 지배체제를 형성하고 대통령이 국정운영을 주도하는 현상"을 말하는데, 과거 우리나라 대통령제의 부정적 유산이었다.[64] 그러나 새로운 제도는 '대통령-장관'을 중심축으로 하는 정책집행권과 '국무총리-조정실장'으로 이어지는 정책조정권으로의 힘의 분산, 그리고 이들 사이의 상호 견제를 통해 권력 집중을 방지할 수 있을 것이다.

◎ 전문적인 인적자원관리와 책임행정의 구현

공직사회의 전문성을 향상시키고 책임행정을 구현하는 효과는 소부처주의와 대부처주의를 막론하고 모두 적실성 있게 발휘될 것이다.

칸막이를 넘나드는 인적자원 풀 관리 | 기존의 부처이기주의에 따라 '전부 또는 전무(all or nothing)'식의 정책갈등은 관련업무 담당자들 사이에 첨예한 대립관계를 형성시키는 요인으로 작용한 측면이 있다. 이는 부처간 경계가 인사상으로 명확히 구분되어 있어 공무원이 한 부처에서 다른 부처로 옮기는 것은 예외적인 일이었으므로, 현 소속부처에 충성하는 것이 자신의 이익에 부합하였기 때문에 벌어진 일일 것이다.

그러나 새로운 제도에서 각 부처의 유사업무 담당자는 소속은 비록 다르지만 실질적으로 같은 직무군에 속하는 공무원들이기 때문에, 정책 조정의 대상이 되는 상대방의 업무가 결국 언젠가 자신의 일이 될 것

---

64 최장집(2005), 《민주화 이후의 민주주의》, 후마니타스, p. 173.

이므로 극한 대립이나 반목을 방지할 수 있다. 이는 과거 한 부처 내에서의 Z형 보직경로가 해당 직무군별로 전 부처에서 순환보직할 수 있게 되면서, 현 소속부처에 대한 소속감과 함께 동일 직무군에 대한 소속감 또한 크게 작용하여 상호 이해 증진과 협력 촉진이 가능한 까닭이다.

전문성 축적 | 첫째, 새로운 직무군 분류에 기초하고, 조정실장에 의한 직무군별 인사심사가 이루어지기 때문에 해당 직무군별 공무원들에게 전문성을 축적할 수 있는 기회가 제공되어 전문행정을 기할 수 있게 된다. 현행 공무원의 인적자원관리와 같이 부처장관 한 사람이 업무의 성격을 달리하는 여러 직군·직렬의 인사를 혼합해서 담당하면 전문성이 떨어질 수밖에 없다. 따라서 직무 분석에 기초한 새로운 직무군제도와 그에 따른 조정실장제 하에서의 해당 직무군별 인적자원관리는 전문적 인사행정의 실현을 가져다줄 것이다.

둘째, 기존에는 한 부처 단위에서 여러 직군·직렬의 공무원들을 대상으로 개개의 이질적인 업무 성격을 고려하지 않은 채 획일적으로 인사관리를 하였다. 때문에 전문성에 대한 평가보다는 부처의 이해관계에 얼마나 잘 부응했는지가 평가의 기준이 되었다. 그러나 새로운 제도 하에서는 전 부처의 동일 직무군 공무원들이 해당 직무군에서 실적과 전문성을 기준으로 평가받을 수 있게 된다. 그에 따라 공직자들은 자신의 전문성을 배양하기 위해 지식과 정보 습득에 힘쓰게 될 것이다.

공정한 인사 | 종전에는 부처 내에서 매우 이질적인 성격의 업무를 담당하는 공무원들의 성과를 상대 평가하여, 이를 승진과 전보 등 인사

관리의 근거 자료로 활용했다. 그러나 상이한 업무의 성과를 비교 평가하는 것은 마치 사과와 오렌지의 맛을 비교 평가하는 것과 같아서 객관성과 공정성을 기대할 수 없다. 그래서 결국 파벌이나 줄대기 등에 의한 파행적 인사를 초래한 것이다.

조정실장에 의한 직무군별 인사심사는 업무의 성격에 따라 사과는 사과끼리 비교 평가하고 오렌지는 오렌지끼리 비교 평가하듯, 전문 분야별로 현실적인 비교 평가를 가능하게 하여 전문성과 업무성과에 근거한 공정한 인사를 구현할 수 있을 것이다.

장·단기평가의 조화와 기록의 지적 자원화 | 첫째, 정책실명제를 직무성과계약제와 결합하여 정책에 대한 실질적인 책임성을 확보하여 책임행정을 구현할 수 있다. 단기적인 정책효과(Output)에 대한 책임뿐만 아니라 장기적인 영향(Outcome or Impact)에 대한 정책책임도 확보할 수 있다. 따라서 대중적인 단기정책과 미래 지향적인 장기정책을 균형 있게 평가할 수 있게 될 것이다.

둘째, 공무원이 하나의 직위에서 습득한 지식과 정보를 조직의 공유자원으로 활용할 수 있게 된다. 순환보직과 정책실명제의 형식적 운영으로 "기록을 남겨서 피해만 보지 좋을 일이 하나도 없다"는 정서가 확산되어 있는 공직문화[65]를 개선하고, 전문지식의 기록을 통해 형식지화하여 공직의 전문성을 향상시키는 한편 책임행정을 구현할 수 있게 될 것이다.

---

[65] 김병섭(2000), "정부조직 개혁의 방향과 과제", 《한국행정학회 추계학술대회논문집》.

◎ 국정과제위원회의 기능 흡수

대통령의 주요한 국정관심사인 국정과제를 위원회가 아닌 정부부처가 조직적이고 체계적으로 직접 추진할 수 있도록 하는 효과가 소부처주의와 대부처주의를 막론하고 충분히 나타날 것이다.

국정과제의 정부조직으로의 내부화(관료제로의 흡수) | 조정실장제도는 노무현 정부의 13개 국정과제위원회의 기능을 이관받음으로써 대통령 아젠다 또는 대통령 프로젝트의 수행을 별도 조직이 아닌 정통 관료조직이 추진하도록 한다. 공식적인 정부조직에서 대통령의 범정부적·미래 지향적 역점 사업을 책임지고 체계적으로 추진할 수 있는 제도적 장치로서의 역할을 조정실이 하게 되는 것이다.

범부처적 정책 조정과 국정과제의 시너지 효과 | 조정실장이 정책과 인사에 관한 권한을 수행함으로써 부처이기주의를 극복하고 범부처 차원에서의 공익을 달성하기 위한 정책 조정이 가능해진다. 그리고 소부처주의하에서는 직무군별 조정실장이 여러 부처가 관련되어 있는 범부처적 국정과제도 함께 추진하여 칸막이식 행정조직을 가로지르는 정책결정과 집행이 가능해진다. 이 두 가지 업무를 범부처성이라는 유사성을 기준으로 통합, 추진함으로써 부처간 정책 조정의 시너지 효과를 극대화할 수 있을 것이다.

조직의 전문화와 정책비용의 최소화 | 조정실장에 의한 국정과제의 수행은 국정과제의 우선순위를 결정할 때 전문성과 현실성의 조화를 가져

온다. 또한 정책과정의 비용 측면에서, 비전문가를 포함해 많은 수의 정책참여자에게 중복 지출되는 행정비용을 줄이는 대신, 각 부처의 입장을 대변하는 고위관료들의 참여에 따른 집행기관의 정책순응비용을 감축할 수 있기 때문에 정책의 집행력과 정책순응을 용이하게 확보할 수 있을 것이다.

◎ 조정실장제도의 연속성과 도입의 용이성

제도 개혁에 대한 저항이나 피로감을 극복하고 개혁 대상의 순응을 확보하여 성공적인 개혁을 달성하고자 하는 것은 소부처주의와 대부처주의를 막론하고 모두 중요한 목표임에 틀림없다.

신축성 있는 소프트웨어 개혁 | 새로운 제도는 정부조직의 구조나 기구 중심의 하드웨어(hardware)가 아닌 일하는 방식과 관련된 소프트웨어(software) 개혁으로서의 성격을 지닌다. 정부조직 개편과 같은 하드웨어 개혁은 공직자들의 신분불안과 저항을 초래하지만, 새로운 소프트웨어 개혁은 큰 저항 없이 수용될 수 있을 것이다. 게다가 정부조직이 외형적인 개편 작업으로 계속 변천하고 진화하여도 이와는 무관하게 새로운 소프트웨어적 개혁은 지속적으로 유지될 수 있다. 왜냐하면 새로운 인사제도는 정부조직 개편과 충돌하는 것이 아니라 상호 보완적 성격을 지니고 있어서 조직 개편 작업과 병행할 수 있기 때문이다. 다시 말해, 새로운 인사제도는 하드웨어 개혁과 상관없이 소프트웨어를 변화시켜 정부조직의 유전자[66]를 변화시켜나갈 수 있는 제도라고 할 수 있다.

연속적인 조직학습 보장 | 새로이 도입되는 조정실장제도는 기존의 국무조정실을 직무군별로 확대 개편한 것과 같은 성격을 가지므로, 국무조정실의 업무 경험과 노하우를 활용할 수 있다. 구체적으로 말해, 기존의 성공과 실패의 경험을 축적·공유·학습함으로써 미래에 업무를 수행할 때 동일한 실수를 반복하지 않도록 하는 학습조직의 모습을 지닌다고 할 수 있다.

조정실장제도는 국무조정실이라는 기존 제도의 연속선상에서 제도를 개편하는 것이므로 학습의 단절을 방지할 수 있다. 이를 통해 조직 내에 존재하는 문서나 매뉴얼된 형식지(形式知, explicit knowledge)는 물론이거니와, 학습과 체험에 의해 개인에게 습득되어 있지만 겉으로 드러나 있지 않는 암묵지(暗默知, tacit knowledge)의 손실도 줄일 수 있을 것이다.

공리적 전략의 활용 | 조정실장제도는 일종의 점진적 개혁으로서 신분보장을 바탕으로 한 공리적 저항 극복전략이다. 따라서 새로운 제도 도입에 따른 충격이나 부작용을 최소화할 수 있을 것이다. 다시 말해, 소부처주의하에서의 새로운 조정실장제도는 기존 국무조정실을 확대하여 7개의 직무군별 조정실장에게 분장시키고, 대부처주의 하에서는 1인의 조정실장과 그 소속의 정책평가조정관, 인사기획관이 분장하는 방식이다. 이러한 방식은 급격한 제도 변화에 따른 역할갈등이나 직무

---

66 David Osborne과 Peter Plastrik은 정부를 재창조하려면 단순히 조직도표상의 상자(box)들을 이리저리 옮기는 기구 개편이 아니라 정부의 유전자를 바꾸는 작업이 필요하다고 주장했다(오석홍(2006), 《행정개혁론》, 박영사, 5판, pp. 175-179에서 재인용).

모호성 등으로 인한 직무만족도와 조직몰입도의 저하를 줄일 수 있을 것으로 기대된다.

이러한 장점을 지닌 조정실장제도는 공직사회의 전통적인 문제인 부처간, 조직간 집단이기주의와 갈등을 극복하고, 나아가 범정부적인 차원에서 국정 전반에 대한 합리적이고 전문적인 정책 조정을 가능하게 해주는 제도적 장치로서의 의미를 지닌다고 할 수 있다.

부처간 조화와 공동 노력은 조직이기주의를 극복하여 국민이 원하는 정책을 산출하고, 부처간 협력을 통해 정부의 경쟁력 향상을 도모하는 데 기여한다. 때문에 부처간 조화를 유도하기 위한 노력은 반드시 제도적으로 뒷받침되어야 한다. 단지 문화와 인식의 변화만을 기대해서는 부처간 정책 조율을 달성하기 어려우므로 제도적인 조정장치가 반드시 마련되어야 하는데,[67] 조정실장제가 바로 이러한 요구를 충족시키는 제도이다.

---

[67] 오연천·이달곤 외(2004), 《세계화시대의 국가정책》, 박영사(양영각), p. 10.

공직인사에 대한 견제와 균형의 장치: 서경과 인사청문회제도

서경(署經)

고려와 조선시대에 신임관원의 임명과 법령, 시호(諡號) 제정 등 주요 사안에 대해서 대간(臺諫, 고려시대에는 어사대와 문하성 낭사, 조선시대에는 사헌부와 사간원)의 서명을 받아야 했던 제도를 말한다. 전자를 고신서경(告身署經), 후자를 의첩서경(依牒署經)이라고 한다. '서(署)'는 서명, '경(經)'은 거친다는 뜻이다.

고신서경은 인사담당 부처에서 관원을 선발하여 오늘날의 사령장에 해당하는 고신을 작성하면, 고신과 4조(四祖, 父·祖·曾祖·外祖)를 기록한 단자(單子)를 대간에 보낸다. 대간에서는 각각 관원 2~3명씩 보내 양사가 합좌하여 신임관원의 가계와 전력(前歷), 인물됨 등을 심사하여 전원이 찬성하면 고신에 서명했다. 부결되면 '작불납(作不納)'이라고 쓰고 서명하지 않았다. 서경을 통과하지 못하면 관원은 해당 관직에 취임할 수 없었다. 조선 후기에는 반대가 나오면 3차까지 재서경을 하고, 그래도 부결되면 임명이 취소되었다. 그 밖에 가계나 전력에 결함이 있어 인사담당부서나 청요직(淸要職)에 임명할 수 없는 자는 '정조외(政曹外)'라고 단서를 달았으며, 한품서용 대상자는 '한품자(限品者)'라고 적었다.

서경 대상 관원은 고려와 조선이 크게 달랐다. 고려시대에는 1~9품은 전 관원이 서경을 받아야 했다. 그러나 조선은 건국 초에 5품 이하 관원만 서경을 받도록 했다. 고신의 격식도 두 가지로 나누어 서경이 필요 없는 4품 이상 관원의 고신은 관교(官敎)라 하여 왕이 바로 하사하고, 5품 이하 관원은 교첩(敎牒)으로 했다. 이를 관교법이라고 한다. 이 조치는 조정에서 상당한 논쟁을 야기하여 몇 번 수정되었으며, 한때는 전관원 서경법으로 환원되기도 했다. 그러다가 1423년(세종 5) 태조 때의 조치가 확정되었다. 이후에도 여러 번 개정이 있었고, 한때는 군사고신도 대간이 서경하게 했다가 1470년(성종 1)에 태조 때의 구분을 확정하여 《경국대전》에 수록했다. 또 50일 이상 서경하지 않으면 왕에게 보고하게 함으로써 서경권이 더욱 약화되었다.

의첩서경도 절차는 고신서경과 거의 같았다. 고려시대에는 전 관원이 서경을 받아야 했으므로 서경제도는 대간을 통해 왕의 권한을 제약하는 중요한 역할을 했다. 조선에서는 고려 때와 같은 의미는 퇴색했지만, 5~6품에 몰려 있는 지방수령과 무장들의 인사에는 중요한 역할을 했다. 조선은 중앙집권제를 강화하여 지방관을 대폭 증가시키고, 이들의 품계를 6품 이상으로 상승시켰다. 따라서 서경은 백성을 직접 통치하는 직책인 이들 관직에 대신의 친인척·측근·문객 또는 토관 및 서리 출신이 왕이나 대신에게 특채되는 것을 견제하는 데 커다란 의미가 있었다. 조선 후기에 지방관의 매관매직, 문음자 임명 등이 증가하자, 지방관인 도사·수령은 4품 이상 관원도 서경하게 했다.

다음으로 서경은 양반관료사회의 품격을 유지하고 신분제의 문란을 막는 데도 중요한 목적이 있었다. 이 점은 고려시대에도 마찬가지였다. 서경에서는 가계부정자, 서얼, 음행녀, 재가녀(再嫁女)의 후손, 장죄자(贓罪者, 횡령 및 뇌물수수자 등) 등이 중요한 심사 대상이 되었다. 16세기 이후에는 의정부·대간·정조·장례원 등 주요 부서의 관원은 처(妻)의 4조도 고찰하게 했다.

자료 : 한국 브리태니커 학습백과사전(http://www.britannica.co.kr)

미국의 인사청문회제도

1. 미국 인사청문회제도의 의의

민주적 정당성의 원리와 함께 강력한 정부와 안정된 정치 질서를 이룩함으로써 흔히 대통령제의 모델로 불리고 있는 미국 대통령제의 성공 요건은 여러 측면에서 파악될 수 있지만, 무엇보다도 국가권력의 엄격한 삼권분립에 기초한 삼권의 조직적·기능적 독립성이 최대한 보장되면서 이들 권력 상호 간의 '견제와 균형의 메커니즘'이 제대로 그 기능을 발휘하고 있다는 사실에서 찾을 수 있다.

이와 같은 견제와 균형의 메커니즘 중에서 행정부에 대한 의회의 견제 수단의 핵심으로 지적되고 있는 것이, 대통령이 고위공직자 임명 전에 상원에서 그 타당성 여부를 심사하는 인준(인사)청문회(confirmation hearings)이다.

미국에서 인준청문회가 실시되는 목적은 고위공직 임용 대상자의 업무수행능력, 정치지도자로서의 도덕적 권위, 국민 대표자로서의 정치 감각, 시대상황 변화와 사회집단 현상에 대한 정책조망력, 인선 자체에 대한 국민적 합의와 승인 등을 보다 적극적으로 검증하는 데 있다.

미국 고위공직자에 대한 인준청문회제도는 정치권력에 대한 의구심과 견제 욕구로부터 창안된 장치이다. 즉, 어떤 권력도 집중되는 경우 왜곡되거나 부패하기 마련이며, 다수의 검증만이 의사결정의 오류를 막을 수 있다는 믿음 위에 기초한다. 이는 특히 책임정치를 표방하면서 등장한 엽관주의적 인사정책 현상에 대한 구체적인 통제 장치의 개발 필요성 때문에 고안된 제도이기도 하다.

미국 인준청문회의 법적 근거는 미국연방헌법 제2조 제2항 제2호의 규정과 청문회 일반에 대하여 규정하고 있는 상원 의사규칙 제26조, 인준청문회 절차에 대하여 규정하고 있는 각 상임위원회 의사규칙 등이다.

2. 미국 인사청문회제도 운용 현황

(1) 인준청문회 대상

상원의 인준대상이 되는 고위공직자는 대사·각료·영사·대법관 및 기타 법률에 의하여 규정된 인물로서 구체적으로는 행정부의 장·차관 등 462명(14개 부처 322명, 독립규제위원회 등 32개 기관 140명), 사법부의 대법관 등 판사 매년 약 60명, 대사 등 외교관 매년 약 12명, 군인 소장급 이상 433명 등이다.

그러나 이 인준대상이 되는 고위공직자가 모두 인준청문회 절차를 거쳐서 임명되는 것은 아니다. 행정부의 경우는 대체로 상위직 4번째 서열(Secretary, Deputy Secretary, Under Secretary, Assistant Secretary)까지만 인사청문회를 거쳐 임명되고, 군 고위직의 경우에는 인준대상자 433명 중 24명만이 인준청문회를 거쳐 임명되고 있다.

(2) 인준청문회 절차

인준청문회는 신원조사 및 당사자 면담, 주요 의회 지도자와의 협의, 지명 및 인준동의안 제출, 본회의 보고 및 상임위원회 회부, 상임위원회 예비조사, 인준청문회의 개최, 상임위원회의 인준동의안 의결 및 본회의 보고, 상원 본회의 처리, 인준동의안 처리결과 통지의 순으로 이루어진다.

(3) 인준청문회에서의 심의 내용

인준청문회에서는 피지명자의 경력, 자격, 적임 여부 및 지명된 직위를 수행할 성실성 등을 조사한다. 이러한 조사를 실시함에 있어서는 피지명자의 개인적 신뢰성보다는 정치적 견해에 초점을 맞춘다. 그러나 최근에는 피지명자의 개인적 윤리문제 및 청렴도 등이 중요한 이슈로 제기되고 있다.

피지명자는 인준청문회의 조사에 앞서 피지명자의 학력·경력·업적 등에 대한 정보를 포함하는 이력서, 재산·채무 등을 포함하는 재정 정보, 기타 상임위원회에서 요구한 자료 등을 상임위원회에 제출하여야 하며, 상임위원회는 특별히 기밀로 규정하지 않는 한 이를 공표하여야 한다.

(4) 인준청문회의 공개 여부 등

인준청문회에서 이루어지는 질의와 답변에 대해서는 공개와 기록을 원칙으로 하고 있다. 다만 공개회의를 통하여 과반수 찬성으로 의결한 경우에는 비공개로 할 수 있다. 또한 질의·답변 시간을 제약하며, 청문회를 효율적으로 진행케 함과 동시에 특히 질문자의 질문 내용이나 태도를 중요시한다. 즉, 상대방의 인격 존중, 사실 위주의 질문, 자질과 유관한 것만 질문하도록 함으로써 의원의 품위를 지키도록 규정하고 있다.

한편, 인준청문회 일시는 사전에 공표되어야 하고, 인준청문회의 의사정족수를 일반 의사정족수에 비해 완화하여 위원의 약간 명(대개 최소 1명)만 출석하면 증언 청취가 가능하도록 하고 있다.

(5) 인준 동의안 처리 결과

① 장관급 인사 인준 결과 지난 200여 년간 인준이 거부된 경우는 총 12건에 불과하며, 최근 사례로는 부시 대통령 당시 존 타워(Tower, John)가 국방부장관에 인준 거부된 바 있다. 이와 같이 인준거부 사례가 적은 이유는 상원에 인준동의안을 회부하기 전에 대상자에 대한 충분한 사전조사를 통하여 적격성 여부를 검증하기 때문에 인준 실패 사례가 적은 것으로 평가되고 있다.

② 최근 행정부 고위공직자의 인준 결과 1997년부터 1998년까지 개최된 제105차 의회(미국 상원) 기간 동안 총 322명의 인준대상자 중 상원에 108명에 대하여 인준 요청을 하였으며, 이 중 89명이 승인되었고, 16명은 이월, 2명은 철회, 1명은 환송되었다. 각 부처별 공지자의 인준 처리 기간은 농무부가 30.8일로 가장 짧고, 보건복지부가 139.3일로 가장 길며, 부처 전체 평균은 73.3일이다. 이 기간은 인준청문회 기간을 의미하는 것이 아니라, 상원에 접수된 때부터 상원 본회의에서 처리될 때까지의 기간을 말한다.

③ 최근 연방법원 판사의 인준 결과 1986년부터 1998년까지 미국 연방법원 판사에 대한 상원의 인준동의안 치리 기간을 살펴보면, 집권당(대통령 소속 정당)과 상원 다수당이 일치하는 경우에는 그 처리 기간이 상대적으로 짧고, 집권당과 상원 다수당이 일치하지 않은 경우에는 그 처리 기간이 상대적으로 긴 것으로 나타나고 있다.

(6) 인사청문회의 주요 특징

① 소관 상임위원회에서 실질적인 결정 소관 위원회의 심사·결정 후 본회의 상정은 형식적인 절차로서 본회의에서 표결 처리되는 사례는 거의 없다. 소관 위원회 결정시 찬성 또는 반대하는 의원의 이름과 찬반 이유가 공표되고 있다.

② 상임위원장(소위원장)의 절대적인 권한 상임위원장 또는 소위원장에게 인준 요청된 인사의 인사청문회 회부 여부와 의사일정 조정권한이 부여되어 있고, 실제로 안건을 위원회에 회부하지 않고 수차례 연기한 사례가 있을 정도로 상임위원장 또는 소위원장의 권

한은 막강하다.

③ 상원 다수당의 여·야 여부에 따라 처리 기간이 달라짐 상원의 다수당이 대통령 소속 정당이 아닐 경우 처리 기간이 상대적으로 길어지고 있는데, 이는 대통령의 고위공직자 임명권에 대한 상원의 정치적 영향력 행사 및 견제 수단으로 활용되고 있음을 반증하는 것이다.

④ 인준 처리 기간의 장기화 최근 수년간 대통령의 인준 요청 기간과 상원의 인준 처리 기간이 동시에 길어지고 있는데, 인준 요청 기간이 길어질수록 상원의 인준 처리 기간이 장기화되는 경향을 나타내고 있다. 특히 대통령 소속 정당과 상원의 다수당이 같은 경우(레이건 집권 초기 및 클린턴 집권 초기)와 비교하여 소속 정당이 다른 시기에 상원의 인준처리 기간은 상대적으로 길어지고 있다.

3. 미국 인사청문회의 시사점

이상에서 미 상원에서 운영 중인 인사청문회를 살펴보았다. 이 청문회의 긍정적 측면으로는 비록 대다수의 추천 후보자들이 인준청문회를 통과하였지만, 이러한 인준청문회제도가 있다는 사실 자체만으로도 대단한 영향력을 발휘하고 있다 하겠다. 즉, 후보자의 인준이 상원에서 기각될 경우에 후보를 추천한 대통령은 대단히 곤혹스런 상황에 처할 것이다. 따라서 처음부터 해당 공직 적격자를 대통령이 추천함으로써 엽관제에 따른 공직 부적격자의 임용을 배제할 수 있는 등 공직에 유능하고 도덕성이 높은 인물을 발탁하면 된다.

한편, 인사청문회의 부정적 측면은 공직 후보자의 자질이나 도덕성 등 후보자의 공직 적합성 여부의 판단보다는 의회와 상반된 견해를 가진 후보자의 경우 이 견해 때문에 의회에서 곤혹을 치를 수 있고, 상당한 기간 동안 인준을 연기함으로써 정책 수행에 공백기를 초래할 수 있는 문제점도 있다. 특히 야당이 의회의 다수당일 경우 이러한 문제의 개연성은 더욱 짙어진다고 볼 수 있다.

또 하나의 문제점으로 생각할 수 있는 것은 공직 견해 차이나 능력보다는 개인의 인신

공격적 발언이나 사생활의 침해로 공직 수행에 어려움이 초래될 수 있으며, 이로 인해 능력 있는 인사의 공직 취임이 차단될 수도 있다.

자료 : 최연호·박종희(2000), "인사청문회법의 입법방향에 관한 고찰", 《의정연구》, 6(2), 한국의회발전연구회, pp. 122-146.

※ 이상에서 살펴본 바와 같이 공직인사에 대한 권력 간의 견제와 균형의 원리를 우리나라 공직인사제도에 도입하여 장관의 독단적인 인사와 줄대기 등의 폐해를 극복하고자 하는 것이 조정실장에게 인사심사권을 부여하는 방안이다. 이는 전통적인 왕권 견제 수단인 서경과 미국 대통령의 독단적 인사를 제한하여 유능한 인재를 공직에 임용하려는 인사청문회제도의 근본 취지를 우리나라 현실에 맞게 수정, 보완하여 전문화된 지식기반사회의 공직인사에 응용한 것이다.

장관급 이상 공직자 임명에 대한 인사청문회제도는 이미 우리나라에도 도입되었다. 그러나 인사청문회제도를 직업공무원들에게까지 확대할 수 없는 이유는 다음과 같다. 첫째, 3급(이사관) 이상 경력직 공무원이 1,500여 명, 4급(서기관) 이상이 무려 8,000여 명이나 되기 때문에 인사청문에 너무 많은 시간과 노력이 소요되어 비효율적이다. 둘째, 직업공무원 인사에 청문회제도가 도입된다면 정치색이 개입될 소지가 높다. 셋째, 직업공무원에 대한 인사청문회는 능력과 전문성보다는 흠집 없는 무능한 공무원을 양산하고 공무원의 복지부동을 더욱 조장할 가능성이 높다.

따라서 직업공무원으로서 고급공무원 인사에 대한 견제와 균형을 위해 선택 가능한 현실적인 대안은 조정실장에게 인사심사권을 부여하는 것이라고 할 수 있다.

교육훈련제도의 확충:
정부출연연구기관 활용

- 중앙공무원교육원의 물적 설비와 각 분야 정부출연연구기관의 고급인력을 연계한 연합 대학원 시스템을 편제 운영하여 고위공무원을 집중 교육한다.
  - 정부출연기관의 기능과 시스템을 개편하고(정책자문, 공무원 교육 및 대학과 연계), 학점은행제와 공동학위제 등을 운영하고, 정부출연연구기관의 고급인력 활용을 제고하고 (교수 임용 등), 정책관료에게는 전문석사, 전문관료에게는 박사학위를 수여한다.
- 정부출연연구기관의 고급인력을 활용한 직장교육 형태의 수시교육을 강화한다.
  - 부처별, 직무군별, 직급별로 다양한 고급 교육서비스를 제공한다.

교육훈련제도 개혁의 필요성

우리나라 공무원의 교육훈련은 행정안전부(종전 중앙인사위원회)를 중심으로 각 중앙행정기관과 중앙부처 소속 교육훈련기관 등에서 담당하고 있다. 각 중앙행정기관은 국가시책 및 현안과제에 대한 자체 직장교육을 담당하고, 다수 부처와 관련된 전문교육 과정을 운영 중에 있다. 공무원에 대한 교육훈련은 크게 중앙공무원교육원을 비롯한 중앙부처 소속 교육훈련기관(26곳), 광역지방자치단체교육원(15개) 등 교육훈련기관에서 이루어지는 국내 교육과, 공무원의 해외유학 등 국외 교육으로 분류될 수 있다. 그러나 교육훈련 운영체계 및 교과 내용 등에 대한 많은 문제점이 지적되고 있다.

우선 국내 교육의 경우, 중앙공무원교육원에서의 기본교육 과정과 전문교육 과정을 중심으로 운영되고 있다. 기본교육 과정은 행정부 소속 일반직 국가공무원을 대상으로 하고, 전문교육 과정은 5급 이상 대상 과정, 6급 이하 대상 과정, 특별교육 과정으로 나누어 실시되고 있다.

그러나 개인적 선택의 여지를 부여하지 않은 채 다양한 부처, 다양한 경력과 배경을 가진 공무원을 동시에 교육하고, 다양한 과목을 백화점식으로 나열하며, 모든 교과목에 대하여 강제적인 교육을 실시하는 경향이 지속되고 있다. 이러한 경향은 특히 기본교육과 공통 전문교육에서 강하게 나타나고 있다.[68]

또한 민간교육기관이 전문교육에 집중적으로 투자하고 있는 것에 비하여 공무원 교육훈련에서 전문교육이 차지하는 비중은 약 60%로 낮은 편이고,[69] 그것도 대부분 단편적인 강의를 외부 강사들에게 의뢰하는 식이어서 교육 효과가 의문시되고 있다. 행정수요의 다양성에 비해 직무 분야별로 선택 가능한 전문교육 과정이 덜 세분화되어 있으며, 교육 기간도 1주일 정도인 경우가 많아 비판이 제기되고 있다.[70] 게

---

[68] 하미승 외(2004), 《공무원 교육훈련시스템 재설계》, 한국행정연구원, p. 107.
[69] 박천오 외(2002), "한국 공무원 교육훈련의 효과성에 관한 실증조사: 공무원의 인식을 중심으로", 《한국행정논집》, 14(4), p. 944.
[70] 하미승 외(2004), 앞의 책, pp. 109-110.

다가 일방적인 강의 위주의 주입식 집합교육이어서 민간부문과 비교했을 때 실질적인 경쟁력이 떨어진다. 이는 주로 전문적인 교관의 미확보, 실용적인 정책 사례 위주의 교재 부족, 수강과목 수에 비해 과목당 강의 시간의 부족 등에 기인한 것이다.[71]

국방대학원이나 외교안보연구원의 교육 등과 국내 기관에의 위탁교육 역시 공직 수행에 필요한 전문지식과는 상관없는 내용들을 많이 포함하고 있으며, 교과 과정도 방만하게 운영되어 내실 있는 교육이 이루어지지 못하고 있는 실정이다. 공무원의 파트타임 등록이나 야간대학원 수학의 경우도 출석률이 저조하고 졸업 논문의 수준도 낮은 편이다. 현직에 종사하기 때문에 시간이 부족하여 어쩔 수 없는 점을 감안하더라도 이를 핑계로 학점을 부정 취득한다든지, 논문 작성을 타인에게 대행시키거나 표절하는 등[72] 공무원과 학계의 검은 유착은 특히 척결되어야 할 문제이다.

5급 이상 고급공무원의 관리능력개발을 위한 교육 내용이 부족하여 관리자로서 필요한 자질과 능력의 함양을 위한 교육보다는 일반적인 소양교육에 편중되어 있다는 비판도 받고 있다.[73] 신임관리자 과정의 경우, 현행 교육 과정에 명시된 교육 목표를 달성하고 충분한 효과를 얻기에는 교과목 수가 너무 많고, 상대적으로 교육 기간은 짧다는 지적이 많다. 또 교과 내용의 편성이 실제 업무를 수행하는 데 직접적으로 필요한 기본 사항들에 대한 이해와 지식을 제대로 반영하지 못하고

---

71 하태권 외(1999), "공무원 교육훈련 경쟁력 제고방안", 국제학술심포지엄 자료, p. 140.
72 "공공기관 민간위탁교육은 휴가?" 《세계일보》, 2007. 10. 15.
73 중앙공무원교육원(1999), 《1999년 교육운영계획》, p. 25.

있다는 평가도 있다.[74]

공무원의 국외 교육 역시 학위 취득(석·박사) 과정에 지나치게 편중되어 있어서 전문적인 직무 수행 향상에 도움이 될 수 있는 국제기구나 외국 정부기관 등에서의 교육훈련은 매우 미흡한 실정이다.[75] 그리하여 국외에 파견된 공무원들은 골프나 관광 등에 시간을 낭비하고 있으며,[76] 대외협상에서 쓰이는 전문영어나 기타 외국어에 대한 체계적이고 실무적인 교육이 아닌 일상적인 회화교육만 겨우 받고 돌아오는 결과를 초래하고 있다.

지식기반사회에서는 고위공무원에 대한 심층적인 전문교육의 필요성이 그 어느 때보다 절실히 요구되고 있다. 따라서 대학교수들의 안식년 제도와 유사한, 공직에 대한 본격적인 이모작 재교육이 요구된다.

실무행정 중심의 중견공직자에서 고위공직자로의 체계적인 변신은 정책·전문교육을 거쳐 이루어지게 된다. 이를 위해서는 먼저 Y형 경력발전제도에 따라 고위공직자에게 필요한 교육을 고위정책교육과 고위전문교육으로 나눌 필요가 있다. 고위정책교육은 지구촌 시대에 맞는 국제화된 시야와 국정 전반에 대한 비전을 배양할 수 있는 교육 내용을 포함해야 하고, 고위전문교육은 직무 분야에 대한 심도 깊은 전문성과 지식정보의 전문화, 그리고 박사학위 취득 같은 직무군·직무렬별로 전문적인 심층교육을 통해 공직 수행에서 규모의 경제를 달성할 수 있도록 해야 한다.

---

[74] 하미승 외(2004), 앞의 책, p. 106.
[75] 하태권 외(1999), 앞의 논문, p. 141.
[76] "공무원 해외연수 실태보고: 그들은 지금?", KBS 시사기획 〈쌈〉, 2007. 5. 15.

고위공무원 교육은 정부가 맞춤교육(custom-made education)을 해야 할 필요성이 크다. 학문적 목적의 국내외 대학 위탁교육은 행정학 등의 사회과학 중심의 소품종 대량생산의 포디즘(Fordism)적 교육을 실시하는 까닭에, 다양한 행정수요에 대한 적극적인 대응력은 미약할 수밖에 없다. 직무군·직무렬에 따른 한 맞춤형 전문교육은 행정서비스의 다양화를 가져와 교육의 적실성을 확보할 수 있는 제도적 기반 역할을 할 것이다. 그리고 정부출연연구기관이 참여하는 연합대학원 형태의 공직 전문교육기관 설립은 이러한 맞춤형 전문교육을 위한 적절한 대안이 될 수 있다. 정부출연연구기관들은 다양한 경험과 전문성, 전문 인력(연구원)을 확보하고 있기 때문에 기존의 대학과 연계하고, 또 여기에 중앙공무원교육원의 인프라와 교육 경험을 통합한다면 세계적 수준의 공직 전문교육기관을 설립할 수도 있을 것이다.

정부출연연구기관의 기능 조정

앞에서 설명한 바와 같이 우리나라는 정부출연연구소를 과학기술연구회 산하 연구소와 경제인문사회연구회 산하 연구기관으로 나누고 있다. 전자는 순수과학기술에 관한 연구를 수행하고, 후자는 국가정책의 전 분야를 다루고 있다.

연구회 체제는 1999년 1월 29일 정부출연연구소를 지원·육성하고 체계적으로 관리하기 위해 '정부출연연연구기관 등의 설립·운영 및 육성에 관한 법률'을 제정하고, 각 부처에 소속되어 있던 43개 연구기관

(1개 연구기관이 통폐합되어 현재는 42개)을 국무총리 산하로 일원화함으로써 출범하였다.

2005년 7월에는 경제사회분야와 인문사회분야의 정부출연연구소를 하나로 통합하여 경제인문사회연구회에 소속시킴으로써 새로운 통합 연구회 체제가 시작되었다. 지식기반사회에서 정부출연연구소가 국가적 싱크탱크의 역할을 다하기 위해서는 설립 목적에 부응하고, 변화하는 사회적 환경에 적응하며, 이를 이끌어갈 수 있는 역량이 강화되어야 한다.

국가적 아젠다를 개발하고 중장기적 관점에서의 정책 대안을 개발하는 데 있어 정부출연연구소들은 나름의 역할을 수행하고는 있지만 아직 기대에 못 미치고 있는 실정이다.

정부출연연구기관의 사기저하도 문제로 지적되고 있다. 연구원의 정년은 대학 교원보다 짧고 퇴직연금도 보장되지 않는다. 단기과제의 무차별적인 수주로 전문성도 상실되어, 연구원들은 기회만 있으면 대학으로의 이직을 희망한다. 특히 정부부처의 용역 과제를 수행하는 과정에서 공무원의 시녀 역할로 전락하면서 연구원들이 실망에 빠지는 경우도 허다하다.

정부출연연구기관의 성과가 하락하는 근본 원인은 생애주기(life-cycle) 문제라고 할 수 있다. 연구원의 연구 성과는 40대 후반을 기점으로 하락한다는 것이 일반적인 평가이다. 그러나 50대 이상 우수 연구원의 다양한 경험, 축적된 학식과 경륜을 교육에 활용하면 이들의 역량 또한 충분히 활용할 수 있을 것이다.

따라서 정부출연연구기관, 특히 경제인문사회연구회 소속의 연구기관을 관련 조정실장의 산하로 이관해야 하는 이유는 앞에서 살펴본 바와 같다. 정부출연연구기관에 정책조정 자문기능을 부여하고, 연구원들로 하여금 정부정책 연구 등의 기본 사업에 집중하도록 해야 할 것이다.

또한 연합대학원 설립이나 국내외 대학과의 연계도 가능한데, 직무군별로 학부를 형성하거나 직무렬별로 전공을 형성할 수도 있을 것이다. 10년 이상의 경력을 가진 우수 연구원에게 심사를 거쳐 교수 자격을 부여하거나 기존의 유명대학 겸임교수로 초빙 또는 겸직하게 할 수도 있다. 한편, 일부 학점은 학점교류협정을 체결한 대학에서 학점은행제를 통해 취득 가능하게 할 수 있으며, 강의실이나 연구실 등의 인프라는 중앙공무원교육원을 활용하고, 기본소양교육도 중앙공무원교육원의 경험과 역량을 활용하면 될 것이다.

정책관료에 대해서는 MPA(Master of Public Administration, 행정학 전문석사) 및 전문 박사학위 또는 비학위 과정을 운영하고, 해외기관 연수나 국내 공직 인턴을 강화하는 방안을 제시할 수 있다. 전문관료에 대해서는 전문 박사학위 과정, 국내외 대학 파견 또는 대학과 연계한 공동 학위 과정을 검토할 수 있을 것이다.

고위공무원에 대한 이러한 교육훈련은 프랑스의 국립행정학교(ENA, Ecole Nationale d'Administration) 사례를 참조하면 될 것이다.[77] 지식기반사회를 위한 한국형 고위정책전문대학원을 설립하여, 외국 공무원교육도 유치하며 세계화된 명문대학원으로 육성할 수도 있을 것이다.

---

[77] ENA에 대한 자세한 사항은 http://www.ena.fr를 참조할 것.

교육훈련제도의 개편

공무원 교육운영체계를 개선하기 위해 우선 여러 기관에 분산, 산재해 있는 교육제도를 한군데로 집중할 필요가 있다. 공직에 대한 이모작 교육을 고위공무원(정책관료, 전문관료) 교육으로 활용하기 위해 현재 유명무실하게 운영되고 있는 공무원의 정부출연연구기관 파견, 국방대학원이나 외교안보연구원 교육, 해외유학 등과 같은 인공위성 TO(Table of Organization)를 흡수하고, 박사학위의 수여가 가능하도록 하는 연합대학원 형태의 교육으로 전환해야 할 것이다.

연합대학원의 편제는 정부출연연구기관의 우수 연구원이 그 성격에 맞춰 하나의 학과 또는 전공을 담당하되, 기본소양교육과 교육에 필요한 시설과 기자재 등 인프라는 중앙공무원교육원이 맡아서 운용한다. 또한 각 직무군별 조정실장이 이사회의 구성원이 되며, 정부출연연구기관의 장이 학과장 내지 전공 주임교수를 맡을 수 있도록 한다.

기타 교육은 정부출연연구기관의 연구원에 의한 단기 수시교육을 실시한다. 연구원이 정부종합청사에 출강하여 시의적절한 교육을 하도록 함으로써 중앙공무원교육원 입소교육을 어렵게 하는 시간과 경제적 비용의 부담을 덜어주는 한편 자발적인 교육 과정 지원을 유도하고, 내실 있는 교육성과를 달성할 수 있을 것이다. 이러한 단기교육도 그 성취도를 평가하여 인사관리와 연계성을 강화해야 할 것이다.[78]

교육훈련은 보직관리와 경력발전과 연계될 때 비로소 그 효과가 발

---

[78] 하미승 외(2004), 앞의 책, p. 119.

생활 뿐 아니라 지속적으로 유지될 수 있다. 그리고 공직교육은 위와 같이 이모작의 집중교육과 단기 수시교육의 두 가지로 요약해야 할 것이다.

다음으로 교육 내용은 시대환경 변화에 부합하는 시사성 있는 내용을 중심으로 재편해야 할 것이다. 국제정세나 자유무역협정(FTA, Free Trade Agreement) 등의 국제 정치경제에 대한 이해와 에너지, 환경의 변화 등 다양한 주제로 강의를 실시하여 교육 후에 공무원이 다양한 행정서비스를 제공할 수 있는 지식 위주의 교육을 해야 할 것이다.

현재 백화점식으로 나열된 교과목 수도 축소하여 교육 범위를 내실화·구체화할 필요가 있다. 시대적 환경 인식, 이론적 지식, 구체적인 정책 사례, 향후 현실적인 활용 방안 등 하나의 교과가 깊이 있는 교육 내용을 제공하는 심화교육을 추진해야 할 것이다.

새로운 교육훈련제도의 기대효과

◎ 지식기반사회를 위한 고위공직자 양성

지식기반사회의 특징은 '무어의 법칙(Moore's Law)'과 '황의 법칙(Hwang's Law)'[79]이 대변하고 있다. 무어의 법칙은 인텔의 공동 설립자인 무어(Gorden Moore) 회장이 1965년에 한 연설에서 "마이크로칩의 처리 능력

---

[79] 황의 법칙은 삼성전자 반도체 총괄 사장인 황창규에 의해 제시되었다. 무어의 법칙과 달리 1년마다 반도체 용량이 두 배씩 증가한다는 이론으로, 황창규는 앞으로는 반도체의 메모리가 중요하다는 관점에서 2002년 ISSCC에서 '메모리 신성장론'을 발표하면서 이 이론을 제시하였다. 또한 그는 이에 맞는 제품을 개발하여 이론을 입증하는 데도 성공하였다.

은 18개월마다 두 배로 증대된다"고 한 데서 유래되었다. 이 법칙은 지난 40년 동안 착실히 진행되어 정보처리비용을 과거의 100만분의 1로 줄였다. "10년이면 강산도 변한다"는 말이 농업사회와 산업사회의 변화를 얘기한 것이라면, 무어의 법칙은 지식기반사회의 변화 속도를 단적으로 보여주는 표현이라 할 수 있다. 이처럼 빠른 속도의 변화는 공직에 대한 이모작 교육이 절실히 필요함을 보여준다.

새로운 교육훈련제도를 통한 이모작 교육을 하면 다음과 같은 성과를 거둘 수 있을 것이다. 먼저, 정책관료와 전문관료를 육성할 수 있도록 해줄 것이다. Y형 경력발전제도에 따른 교육을 할 수 있어 각각의 고위공직자에게 필요한 전문지식을 함양하고, 전문성 축적을 가능하게 할 것이다. 다음으로, 공급자 중심의 교육에서 탈피하여 수요자 중심의 교육으로의 전환과 일반소양교육에서 정책전문교육으로 전환을 가능하게 해줄 것이다. 다양한 공무원에 대한 획일적인 공동교육이 아닌 직무군별 전문교육을 통해 직무 수행과 직접적으로 연계되는 교육이 가능해질 것이다.

◉ 공직자와 연구원의 사기 앙양

정부출연연구기관을 공무원 교육기관으로 그 기능을 재편함으로써 전문성을 갖춘, 능력 있는 교수진에 의한 강의를 제공하여 교육의 내실화를 달성할 수 있을 것이다. 교육 내용의 내실화는 다음과 같이 피교육자인 공무원들의 교육 거부감이나 피로도를 줄여주는 한편, 교육자의 위상도 제고시켜 사기를 앙양시켜줄 것이다.

첫째, 박사학위 수여로 피교육자인 공직자의 사기를 앙양시킬 것이다. 집중교육 방식은 야간대학원이나 파트타임 학위 과정 중에 낭비되었던 금전과 시간을 절약시켜준다. 학위 취득만을 위한 부실교육에서 실효성 있는 전문교육으로의 전환은 재직 중에는 업무 효율을 향상시켜 직무만족도를 높일 것이고, 퇴직 후에는 학계, 연구계, 산업계로의 진출을 가능하게 해줄 것이다.

둘째, 정부출연연구기관 연구원들의 사기가 앙양될 것이다. 연합대학원으로의 개편을 통해 우수 연구원의 정년을 61세에서 교수 정년인 65세로 연장하고, 퇴직연금수급의 가능성을 열어서 복리후생의 개선을 가져올 것이다. 또한 정부출연기관이 교육기관화되고, 우수 연구원이 교수가 되기 때문에 대(對)부처 관계에서 연구원의 지위가 격상되어 공직자와 대등한 위상을 확보할 수 있다. 정부의 시녀 역할에서 탈피해 무차별적인 단기과제 수주에서도 벗어나게 될 것이다.

◎ 21세기형 공직교육의 역할모델 제시

지식기반사회를 선도하는 공직교육프로그램을 제공하여 공직에 대한 이모작을 가능하게 하고, 지식기반사회의 국제적인 표준을 제시할 수도 있을 것이다. 산업화의 후발주자인 우리나라는 선진 산업국가의 공무원 교육훈련프로그램을 벤치마킹하는 사례가 많았는데, 이제 지식기반사회의 선두주자로서의 위상에 걸맞은 공무원 교육훈련시스템을 자체적으로 구축하여 선진국으로의 도약을 기할 수 있을 것이다.

정부출연연구기관을 중심으로 한 연합대학원의 집중교육과 단기 수시교육의 병행은, 급격한 환경 변화라는 지식기반사회의 거대한 물결에 편승하여 전문성과 국제경쟁력을 갖춘 공직자를 양성하는 국제적인 모범 사례를 제시할 것이다. 지식정보화를 추구하는 많은 국가들에게 정부출연연구기관과 대학 간의 연계를 통한 공무원 교육훈련시스템을 하나의 역할모델로 제공하여 전 세계적인 공직 혁신 사례로서의 의미를 지니게 될 것이다.

전문인재 육성의 모범: 조선시대 사가독서제와 프랑스의 국립행정학교

휴식학습 : 사가독서제

급변하는 현대사회에서 경쟁력을 갖춘 전문인재를 육성하기 위해서는 일정 기간 학습과 자기개발에 몰두할 수 있는 기회를 마련해주는 것이 중요하다. 이러한 필요성을 반영한 가장 모범적인 사례가 조선시대 '사가독서제(賜暇讀書制)'이다.

유교정치의 이상을 수행하는 데 필요한 인재를 양성하고 학문의 기초를 연마할 목적으로 설치된 집현전에서는, 유학에 능통한 젊은 문사들을 뽑아 이들에게 사가독서라는 특전을 주어 학문과 연구 활동을 보장하는 제도가 있었다. 이는 그들의 학식과 교양을 함양시켜 후에 국가적으로 유효적절하게 사용하기 위한 의도에서 시작된 연구독서앙양(研究讀書昻揚) 정책의 일환이라 할 수 있는데, 세종 당대에 이루어진 각계각층의 많은 연구 성과는 이 같은 국비연구생제도라 할 수 있는 사가독서제에 힘입은 바가 크다.

사가독서제는 인재 양성을 목적으로 1442년(세종 8년)에 변계량의 주청으로 권채, 신석조, 남수문 등 3인을 대상으로 휴가를 주어 직무에서 벗어나 집에서 독서에 전념하게 했던 데서 시작되었다. 처음에는 집에서 독서하게 하였으나, 공무와 손님들의 내왕으로 독서에 전념하는 데 방해가 되자 뒤에는 한적한 절에 가서 독서하게 하였다. 이 사가독서제는 오늘날의 안식년과 거의 유사한 제도라고 할 수 있다.

사가독서제의 기본적인 운영 원칙을 살펴보면, 먼저 선발 대상은 젊고 총민한 중하위직 문신들과 문과 출신자로 한정하였으며, 1회에 약 12명을 선발하였다. 이렇게 선발된 인원들은 두 개의 번(番)으로 나누어 번갈아가며 독서하였다. 사가독서의 기한은 최단기의 경우 1~3개월, 최장기인 경우에는 달수로 나타내지 않고 장가(長暇)라고만 하였다. 일정한 기한을 표시하지 않은 것을 보면, 능력 여하에 따라 특별한 사명을 띤 자에게는 장기 휴가라는 특전을 베푼 것으로 생각된다. 이렇게 시작된 사가독서제는 세종에서 영조까지 약 340년간 존속했으며, 세종 9년에 3명을 뽑은 것을 비롯하여 그 후 1773년까지 48차에 걸쳐 320명이 선발되었고, 매년 5~6명 정도가 뽑혔다. 이와 같은 인재 양성의 방법은 다른 시대나 다른 나라에서 선례를 찾을 수 없는 고유한 제도였다.

사가독서제는 문신들의 전문성 함양을 위한 재교육을 통해 인재 양성의 기능을 담당하였고, 독서를 마친 문신들은 실제 여러 방면에서 조선사회의 발전에 기여하였다. 또한 제한된 형식에서 벗어나 융통성 있게 운영함으로써 휴가 기간 중 강독과 제술 같은 기본적인 활동 이외에도 다양한 활동을 할 수 있었다.

이와 같이 조선 초기 전문제도로서의 사가독서제는 조선 후기까지 명맥을 유지하며 인재 양성의 목적을 달성했다고 할 수 있다.

자료 : 신유근(2006), 《전통과 사람관리》, 서울대학교출판부, pp. 37-39.

※ 사가독서제의 아이디어를 오늘날 고위 공무원의 전문성 향상을 위한 이모작 교육으로 현실에 접목하고자 한 것이 우리가 주장하는 연합대학원 설립과 그에 따른 공무원 교육훈련제도의 개편이다. 그동안 여러 기관에 흩어져 유명무실하게 운영되어온 공무원 교육을 연합대학원으로 집중하여 수요자 중심의 내실 있는 교육을 실시하고, 공직의 이모작 교육을 통해 전문성을 갖춘 고위공무원을 양성하여, 미래 지향적이고 장기적인 국가정책을 실시하고 정부의 문제해결력을 증진시키면 궁극적으로 국민의 삶의 질을 향상시킬 수 있을 것이다.

프랑스 국립행정학교(ENA)

1. 설립 취지

프랑스의 국립행정학교(l'Ecole Nationale d'Administration, 이하 '행정학교(ENA)'로 칭함)는 프랑스의 고급행정관료를 양성하는 곳으로, 전 세계적으로 잘 알려져 있는 학교이다. 2차 세계대전이 끝난 후 드골 대통령은 나치에 협력하지 않은 유능한 관료가 절실히 필요했다. 드골은 행정개혁부 장관으로 미쉘 드브레(Debre, Michel)를 임명하고 전반적인 행정개혁을 시도하였는데, 바로 드브레에 의해 국립행정학교가 탄생하게 된다. 행정학교(ENA)의 설립은 다음과 같은 취지에 의해 이뤄졌다.

첫째, 고급공무원의 선발 및 교육훈련의 일원화이다. 종전에는 공무원단별로 각각 채용시험이 실시되어 지나친 전문화와 부처간 폐쇄주의라는 병폐를 낳았는데, 이를 극복하는 결과를 가져왔다.

둘째, 중립적 국가공무원의 양성이다. 특정한 정당이나 사회 세력의 이해에 부합하는 편파적인 공무원보다는 공익을 위해 봉사한다는 사명의식을 가진 행정전문인을 기른다.

셋째, 공무원 충원이 민주화이다. 즉, 고급공무원의 사회적·지리적 배경을 고르게 하기 위한 목적에서 이뤄졌다.

2. 입학시험(고시) 방식 : 응시 자격

학생들의 졸업 후 진출까지 고려한다면 행정학교(ENA) 입학시험은 우리나라의 행정고시와 외부고시를 합친 것에 해당한다고 할 수 있다. 응시 자격은 외부경쟁시험(concours externe)과 내부경쟁시험(concours interne)에 따라 각각 상이하다. 외부경쟁시험의 경우 연령과 학력 제한이라는 두 가지만 고려되는 데 비하여, 내부경쟁시험에서는 공무원 충원의 민주화라는 이유에서 학력 제한은 없고 나이 제한만 있다.

외부경쟁시험의 응시 자격은 그해 1월 1일 현재 25세 이하이고 대학교육 2기 이상의 학위증을 취득한 자에 한한다. 전공이 무엇인가는 상관하지 않는다. 그러나 일반대학 출신의 진출은 소수이고 이들 소수마저도 졸업 후 두각을 나타내는 경력을 쌓는 경우는 드문 편이다. 사실은 과거 고급 엘리트 양성 학교였던 파리정치대학(I.E.P. de Paris)이 일반대학 수준으로 그 위상이 낮아지지 않고, 오히려 행정학교 입학생의 약 80%를 배출하고 있다는 점에서, 교육체제 면에서 보면 행정학교(ENA)는 사실상 박사과정(제3기 과정)에 해당한다고 지적하는 사람도 있다.

내부경쟁시험에는 학력 제한 없이 연령 32세 이하로서 공공행정분야에서 적어도 5년 이상 근무한 자만 응시할 수 있다. 따라서 사회경제적 출신 배경 때문에 외부경쟁시험을 통하여 고급관리직에 오르지 못한 사람들에게 사회적 신분 상승의 기회를 제공한다는 의미에서 공무원 충원의 민주화에 기여하는 요소라고 하겠다.

그러나 내부경쟁시험에 응시를 희망하는 자는 소정의 준비 과정을 거쳐야 한다. 준비 과정에 들어가려면 행정학교 입학시험과 비슷한 시험을 통과해야 한다. 준비반의 정원은 전년도 내부경쟁시험의 정원의 3배 내지 6배이다. 따라서 매년 대략 50명을 충원 예정 인원으로 할 때 150명 내지 300명이 준비반 정원이다. 준비 과정에 들어가기 위한 시험에는 3번까지만 응시할 수 있다. 따라서 준비반 시험이 바로 행정학교에 들어가기 위한 1차 시험이라 해도 과언이 아니다. 행정학교의 입학시험은 일종의 고급공무원 임용시험이기 때문에 매년 각 부처(기관)의 공석이 생기는 것에 따라 정원이 결정된다.

입학생은 대체적으로 매년 100명 내외이며, 이와는 별도로 외국인 학생을 약 40명 선발한 후 프랑스 학생들과 동일한 내용의 교육을 시킨다. 외부충원의 경우 경쟁률은 91년에는 선발 인원 45명을 놓고 약 900여 명이 응시하여 20 대 1의 경쟁률을 보였다. 내부충원의 경우에도 준비반에 들어가기 위한 경쟁을 포함하면 경쟁률이 더 높아진다. 다른 선발 시험과 마찬가지로 행정학교의 시험은 1차 필기시험과 2차 구술시험이 있다. 이와 더불어 체육 측정과 외국어도 추가된다. 외부경쟁시험과 내부경쟁시험의 구성 과목은 거의 차이가 없다.

3. 행정학교의 교과 내용

(1) 교육훈련의 기본 방향

행정학교의 교육 과정은 첫째, 대부분의 입학생을 배출하는 파리정치대학의 교육과 차별성을 가져야 한다는 필요성과, 둘째, 다양한 지적 배경을 가진 학생들이 2년간의 교육 과정을 통하여 어떠한 공통분모를 갖게 해야 한다는 필요성을 고려하여 편성되었다. 교육 내용 및 방법의 특징은 다음의 세 가지로 요약할 수 있다.

첫째, 전문가가 아닌 일반가(generalist)를 양성한다. 이는 피상적이고 백과사전적 지식인을 양성하기보다는 어느 일이든지 맡기면 소화해낼 수 있는 능력을 기르는 것을 의미한다.

둘째, 실무수습과 집체교육을 밀접히 연계시킨다.

셋째, 일방적 강의에 의한 지식 함양보다는 학생들이 개인 또는 집단으로 문제해결책을 스스로 찾아내는 능력을 기르도록 한다.

원래 행정학교는 교육 기간을 3년으로 하고 3학년 초에 졸업성적등급을 부여한 후, 평가대상이 되지 않는 실무수습(기업체 등)과 일곱 가지 전공으로 나눈 전공교육을 3년차에 실시한다. 그러나 1956년부터 3년차를 없앰으로써 현재는 2년간의 교육 과정으로 이뤄져 있다. 2년의 교육 기간은 실무수습 1년과 집체교육 1년으로 구성되어 있다.

(2) 제1년차 : 실무수습

먼저 제1차 연도 교육 과정인 실무수습을 살펴보면 다음과 같다. 행정학교의 교육은 학생들이 학부출신학교와 준비반 과정을 통하여 공직에 필요한 기초이론은 알고 있다고 전제하고, 이를 실무에 얼마나 잘 적용하느냐 하는 실무능력을 배양하는 데 중점을 둔다. 따라서 전적으로 시험 공부를 한 학생들에게 절대적으로 필요한 행정실무에 대한 이해를 높이기 위한 실무수습을 제1차 연도에 실시한다.

학생들은 각 도에 소재한 국가행정기관인 도청을 비롯하여 지방자치단체, 해외공관, 국제기구 등 행정기관에서 약 6개월, 국공영기업에서 약 5개월 등 두 가지 종류의 기관에서 실무수습을 한다. 실무수습은 보통 해당 기관장의 직접적인 책임 하에 이뤄지기 때문에 조직 최고관리자와 밀접한 접촉을 하면서 실무를 익히는 좋은 기회가 된다. 특히 실무 세계를 아직 접한 경험이 없는 외부경쟁시험 출신자들은 2학년에 있을 집체교육 내용에 대비하여 현장감을 체득할 수 있게 해주는 장점이 있다. 학생들은 실질적인 과업이 주어지지 않고 관찰만 하는 것이 아니라 실무를 직접 담당한다.

(3) 제2년차 : 세미나식 수업 및 졸업성적 평가

행정학교는 매년 어느 행정기관의 업무에 연결된 중요한 주제를 한두 개 결정하고 이를 지도할 총책임 강사를 선정한다. 총책임 강사는 대주제를 중심으로 학생 소그룹들에게 부과할 하부 주제들을 정한다.

10여 개로 나뉘는 학생 소그룹은 각각 10여 명으로 구성되는데, 이들은 서로 동질적이면서 동시에 내부적으로는 이질적으로 편성한다. 즉, 각 그룹에는 문학, 사회과학, 자연과학, 외국인 등 다양한 지적 배경을 가진 학생들을 혼합시킴으로써 서로 다양한 시각에서 분석을 가능하게 하여 서로 서로에게서 배우도록 한다. 또한 그룹 간에 전공분포와 연령분포를 가급적 유사하게 함으로써 졸업시험시 그룹별로 평가를 하는 데 공정한 경쟁조건이 되도록 한다.

각 그룹은 한 사람의 담임강사에 의해서 지도된다. 소주제가 부과되면 담임강사와 학생들은 모여서 연구계획서를 작성하고 총책임 강사의 승인으로 이를 확정한다. 이후 각 그룹의 학생들은 독서, 자료조사, 세미나, 설문조사, 전문가와의 면접 등 모든 수단을 동원하여 필요한 정보와 지식을 습득한 후 토론을 거쳐 약 5개월 후에는 그룹별로 최고 50페이지 분량의 보고서를 제출한다.

이와 비슷한 방법으로 수업을 진행하는 것이 사회문제 과목이다. 조별로 구체적인 사례를 정하여 현장조사를 한 후 각종 자료를 통하여 분석하는 훈련을 한다. 사회문제 과목은 세미나 과목과 같은 보고서 작성을 요구하지는 않지만, 졸업 구술시험 때 개인별 평가를 받는다. 공공행정의 주된 내용을 다루는 것은 재정학, 경제학, 법조문 작성법, 국제문제, 경영관리학 등 5개 과목인데, 지식 전달을 위한 강의식 방법보다는 강사들의 자유로운 사례 선정과 학생들의 참여에 의한 분석능력 및 의사결정능력 함양이 주된 교육목적이 된다.

행정학교의 교육 내용은 응용학문을 가르치는 다른 그랑제꼴과는 달리 어떤 지식의 전달보다는 지식을 얻는 방법, 문제해결방법, 업무수행기법 등을 스스로 터득하게 한다는 특징이 있다.

졸업시 평가도 배운 것을 실제에 활용할 수 있는 능력을 평가하는 데 중점을 두고 있다. 이러한 목적 하에 모든 필기시험은 일정한 자료를 제시하여 이를 바탕으로 분석하는 것이나 사례를 주고 이를 분석하게 하는 방법으로 이뤄지고, 구술시험은 학생들이 추상적 이론보다는 강의 과목에서 직접 연구한 내용을 중심으로 이루어지고 있다.

4. 강사진

다른 교육기관과 달리 행정학교에는 전임교수진이 없다는 특징이 있다. 실무능력을 배양하는 데 중점을 두는 교육 목표에다 연구 기능이 없기 때문에 전임교수가 필요 없다는 것이다.

물론 1968년 이전에는 파리정치대학을 모방하여 법학 및 행정학을 비롯한 몇 가지 분야에서 전임교수를 확보하고 있었다. 그러나 1971년에 학교개혁안에 의한 새로운 학사운영체제가 시작됨에 따라 세미나의 주제가 매년 바뀌면서 더 이상 전임강사진을 확보할 필요가 없는 상황이 되었다.

세미나 강사는 대체로 행정학교 졸업생 중 세미나 주제에 정통한 50세 이하의 인사를 초빙한다. 예컨대 사회보장문제가 그해의 세미나 주제로 채택되었다면, 정부의 사회부에서 사회보장을 담당하는 40세 정도의 고급공무원 중 이 분야에 유명한 보고서나 저서를 낸 사람 등 이론을 겸비한 사람을 선택한다. 이외에도 국회의원, 기업가, 언론인, 노조지도자, 시장 등 어느 분야든 주제에 정통한 인사이면, 맡을 있을 세미나를 지도할 것을 본인이 승낙할 경우 자유롭게 초빙한다. 또한 정규 세미나 강사 이외에도 몇 시간짜리 특강을 마련하여 사계의 권위자를 초빙하기도 한다.

학무과의 대표적인 업무는 그때그때 적합한 강사를 초빙해오는 일이다. 학무과장 자리는 전통적으로 대학교수에게 맡겨져왔다. 행정학교에는 여러 가지 과정이 있으므로 약 300여 명의 필요한 강사 자리에 적임자를 고르고 그들과 교섭하여 초빙하는 일은 많은 시간을 요한다.

자료 : 임도빈(2002), 《프랑스의 정치행정체제》, pp. 244-251 ; 임도빈(1995), "프랑스식 행정엘리트 양성: 국립행정학교(ENA)의 신화와 실제", 《한국행정학보》, 29(1), pp. 303-318.

※ 프랑스의 국립행정학교(ENA)는 우리나라의 공무원 교육을 위해 설립하고자 하는 연합대학원과 많은 유사점을 가지고 있다.

우선 설립 취지 측면에서 행정학교가 제2차 세계대전으로 폐허가 된 프랑스를 선진강대국으로 도약시키기 위한 고급공무원 교육기관이라면, 연합대학원은 한국을 지식기반사회의 선진국으로 도약시키기 위한 고급공무원 교육기관이다. 교육 수준도 같은 대학원 과정이며, 교육 내용도 이론보다는 공직 현장에서 직접 활용할 수 있는 실무 위주 교육이라는 공통점이 있다. 운영에 있어서도 일반대학의 전임교수체제보다 외부에서 석학 및 전문가로 구성된 최고의 강사진을 초빙하여 활용하는 점이 같다. 또 외국 공무원들에게도 문호를 개방함으로써 안으로는 공무원 교육을 국제화하고, 밖으로는 국위 선양을 지향한다는 점도 같다.

그러나 행정학교와 연합대학원 간의 가장 큰 차이점은 행정학교가 신입 고급공무원 채용을 위한 교육기관인 데 반해, 연합대학원은 기존의 고급공무원을 고위정책관료 및 전문관료로 육성하기 위한 재교육(이모작) 기관이라는 점이다. 또한 행정학교가 한 번 우수한 관료로 교육되면 그 지식과 역량을 공직에서 평생 활용할 수 있는 산업사회의 모델이라면, 연합대학원은 급변하는 시대상황 변화에 능동적으로 대처하기 위해서 고급공무원을 지식기반사회의 고위관료로 재교육하는 미래 지향적 교육모델이라 할 수 있다.

미래형 공직 인사개혁이 가져올 선진적 변화

이 책에서 제시한 21세기 지식기반사회의 공직 인사개혁을 위한 새로운 제도들이 우리나라 공직사회의 문제점을 해결하는 데 과연 어떤 기여를 할 수 있는지에 대해 구체적으로 기술하면 다음과 같다.[80]

공무원의 전문성 부족과 자질 시비 극복

◎ 시대환경 변화에 따른 부적응을 해결하는 제도

"격동의 장(turbulent field)"이라고 불리는 급격한 환경 변화에 대한 적응력을 향상시키는 제도로 '직무군의 재분류', '국정과제위원회에서 조

---

[80] 여기서 문제해결에 기여할 것으로 제시하는 새로운 제도들은 한정적 열거가 아닌 예시적으로 나열한 것임을 밝혀둔다. 즉, 하나의 문제를 해결하는 새로운 제도들이 여기서 열거한 것들만이 기여하는 것이 아니라 그 외의 제도들도 기여할 수 있으나, 대표적인 몇 가지만을 서술한 것이다.

정실장으로의 기능 이관', '정책관료', '전문관료', '고위공무원을 위한 전문교육'을 들 수 있다. 이러한 제도들을 도입하면 공무원들은 시대환경 변화에 대해 능동적이고 유연하게 적응할 수 있게 된다. 따라서 환경 변화에 대한 부적응 문제는 확실하게 해결될 것으로 기대된다.

'직무군의 재분류'는 기존의 Z형 순환보직의 문제를 해결함으로써 직무군에 속하는 해당 전문 분야의 업무를 지속적으로 담당하게 되어 업무에 대한 적응력과 숙련도를 충분히 향상시킬 수 있다. 업무에 대한 적응력과 숙련도의 향상은 행정능력 중 지적 능력, 특히 창의성의 향상과 전문지식의 축적을 가능하게 한다. 그럼으로써 새로운 정책문제의 출현에 대한 예측력과 대응력을 높이고, 유연하고 능동적인 문제해결을 가능하게 해준다.

'국정과제위원회의 조정실장으로의 이관'은 여러 부처가 관련된 과제와 미래사회에 대비하기 위한 국가적 과제를 정통 관료가 추진하게 함으로써 공무원들이 범부처적인 거시적 시각을 갖도록 할 것이다. 거시적 시각은 기존의 한 부처 내에만 국한된 미시적 시각으로는 해결할 수 없었던 문제에 대해 다각적이고 네트워크적인 사고와 해법을 가져다줄 것이다. 나아가 이러한 사고는 정책문제의 선제적 해결과 적극적 치유를 가능하게 해줄 것이다.

'정책관료'는 부처를 막론하고 해당 직무군에 속하는 업무를 순환하며 맡아 한다. 이를 통해 공무원은 국정 전반에 대한 폭넓은 시각을 가지게 되고, 다양한 경험을 함으로써 시대환경 변화에 발 빠르게 대응할 수 있는 순발력과 판단력을 갖출 수 있을 것이다.

'전문관료'는 공무원이 해당 직무렬에서 장기간의 숙련 기간을 통해 전문성을 축적할 수 있게 하는 제도이다. 따라서 전문임용제에 의해 양성된 전문관료는 그들이 가진 전문지식과 기술을 바탕으로 시대 환경의 변화에 능동적으로 대응할 수 있을 것이다.

'고위공무원을 위한 전문교육'은 각 직무군·직무렬 교육제도의 도입으로 이전보다 전문성이 한층 강화된 교육훈련을 실시하게 된다. 이는 행정서비스를 제공하는 공무원, 즉 공급자 중심의 공무원 교육이 아닌 행정서비스의 사용자인 국민, 즉 수요자 중심의 공무원 교육으로, 공무원의 전문성을 확충하여 시대환경 변화에 대한 예지력과 학습능력 및 대응력을 향상시킬 것이다.

◎ 창의성 부족을 해결하는 제도

창의성 또는 창의력은 새로운 것을 만들어내는 능력으로, 과거에 없었던 새로운 미래 상태를 달성할 수 있는 능력이다. 창의성의 부족은 여러 가지 원인에 의해 발생하지만, 새로운 제도인 '전문관료제도'는 공무원의 창의성을 향상시킬 수 있는 제도이므로 상당한 수준으로 해결되리라 기대된다.

'전문관료'는 전문임용제에 의해 양성되어 선례 답습식의 문제해결보다는 한 가지 전문 업무를 장기간 담당함으로써 노하우를 습득하고, 실험적인 사고력을 배양하여 상상력, 직관력, 예측력 등의 능력을 발휘하게 해줄 것이다. 창의성을 대표하는 인물인 발명왕 에디슨은 창의적 발명의 99%가 땀과 노력의 결과라고 정의하였다. 이는 정부의 정책이나 행정에 있어서도 해당 업무를 장기간 담당하여 전문가가 되고, 또 끊임없이 땀 흘리고 노력해야만 비로소 해당 업무에서 창의성을 발휘할 수 있다고도 해석될 수 있다.

　공무원이 담당 업무 파악이 겨우 끝나갈 때쯤 또 다른 보직으로 이동하게 되는 현행 순환보직체제 하에서 공무원에게 창의성을 기대하는 것은 허황된 신기루에 지나지 않는다. 비록 우수한 기본 자질을 갖춘 공무원이 꿈을 가지고 의욕에 불타 업무를 추진하더라도 그에 대한 전문성과 지속적인 노력 없이 섣불리 새로운 시도를 하면, 이는 곧 "선무당이 사람 잡는" 재앙이 되고 말 것이다.

　공무원들 중에는 인기영합적인 정치인의 눈치를 보거나 상관의 비위를 맞추기 위해 이벤트성 정책을 남발하는 이도 허다하지만, 설령 의욕적으로 소신 있는 행정을 추구하더라도 전문성과 경험의 부족으로 말미암아 이벤트성 정책과 같은 결과로 이어지는 경우도 있다. 따라서 직무군보다 더 세분화된 직무렬 내 보직에서 장기간 공직을 수행하면서 전문성을 쌓는 전문관료제도는 공직사회가 창의성을 발휘하는 원동력 역할을 하게 될 것이다.

◎ 좁은 시야와 짧은 시계를 해결하는 제도

정책문제에 대해 미봉책을 양산하는 좁은 시야와 짧은 시계 문제는 공무원들이 부처의 벽을 넘어서는 넓은 시야와 먼 미래를 바라볼 수 있는 비전을 가져야만 해결될 수 있다. 이를 위해 '직무군의 재분류', '조정실장의 인사심사권', '국정과제위원회의 조정실장으로의 이관', '정책관료 및 전문관료제도', '출연연구기관의 교육기관으로서의 기능 확장' 등 새로운 제도를 도입하면 확실하게 해결할 수 있을 것이다.

　'직무군의 재분류'는 하나의 부처 내에서만 업무를 수행하던 방식에서 같은 직무군에 속하는 유사 또는 관련 업무를 여러 부처를 이동해가며 수행함으로써, 자기 소속부처에만 국한되었던 시야를 확장시켜 범정부적인 시야를 가질 수 있게 해준다.

'조정실장의 인사심사권'도 해당 직무군별로 전 부처를 대상으로 순환보직을 가능하게 해주기 때문에 소속부처의 이해관계에 맹목적으로 충성하는 공무원의 부처이기주의를 극복할 수 있게 해준다.

'국정과제위원회의 조정실장으로의 이관' 역시 여러 부처와 관련된 범부처적인 국정과제를 조정실 소속 공무원들이 수행하게 함으로써, 조정실장의 정책조정 업무와 시너지 효과를 발휘하게 되어 기존 공직사회의 칸막이식 부처할거주의에 의한 좁은 시야와 짧은 시계를 극복할 수 있게 해준다.

'정책관료제도와 전문관료제도'를 통해 정책관료는 범부처적인 순환을 통해 체득한 넓은 시각으로 정책 업무를 담당하고, 전문관료는 안정된 신분보장을 바탕으로 먼 미래를 준비하는 전문적이고 미래 지향적인 업무를 추진하게 된다.

'출연연구기관의 교육기관으로서의 기능 확장'은 출연연구소의 연구원과 교수들의 이론을 고위직 공무원들에게 교육하여 실무경험과 정책이론을 접목함으로써 창의적이고 실용적인 정책을 산출할 수 있게 해준다.

◎ **연공서열식 승진 문제를 해결하는 제도**

공무원의 전문성을 약화시키는 요인으로 지적되고 있는 연공서열식 승진 방식을 극복하여 시대가 요구하는 전문적 역량을 확실하게 기를 수 있도록 해주는 새로운 제도로는 '직무군의 재분류', '조정실장에 의한 정책영향평가와 정책실명제', '정책관료 및 전문관료제도'를 들 수 있다.

'직무군의 재분류'는 능력과 성과에 따른 승진을 가능하게 해준다. 부처 내에서 인사권자가 서로 다른 성격의 업무를 담당한 승진 대상자들의 성과를 비교 평가하여 승진을 결정하는 것은 사과와 오렌지를 비교하는 것처럼 자의적인 평가가 될 수밖에 없다. 그러나 직무군제도 하에서는 소속부처를 가리지 않고 유사 업무끼리 묶인 직무군 내에서 업무성과를 비교 평가하여 승진을 결정하므로, 사과는 사과끼리 비교 평가하고, 오렌지는 오렌지끼리 비교 평가하듯 능력과 성과에 따른 공정한 성과평가를 가능하게 할 것이다.

'조정실장에 의한 정책영향평가와 정책실명제'는 소속부처에 따라 승진 기간의 차이가 존재하였던 것을 해소하고, 인기부처와 비인기부처 간의 형평성을 달성하게 해줄 것이다. 범부처적인 직무군별 승진 형평성은 승진 소요 기간의 형평뿐만 아니라 능력과 실적이라는 객관적 승진 기준을 확보할 수 있게 해준다. 이를 기준으로 조정실장이 범부처의 해당 직무군 내 공무원들에 대하여 단기적인 성과평가와 장기적인 정책영향평가를 하고, 여기에 책임의 소재를 명확히 기록으로 남기는 정책실명제를 실시하면 명실상부한 실적주의 방식에 의한 승진이 가능해질 것이다.

'정책관료제도'는 여러 분야의 다양한 경험을 통해 담당 업무를 분석·수행할 수 있는 전문성을 겸비한 일반관리자, 이른바 전문화된 일반행정가 양성을 위한 속진임용제와 유사한 제도이다. 또 '전문관료제도'는 전문인력을 양성하는 전문임용제를 바탕으로 하는 제도이다. 이 두 제도를 혼합하여 시너지 효과를 얻게 되면 연공서열식 승진 관행을 극복하고, 전문성에 입각한 능력과 실적에 바탕을 둔 승진이 가능해질 것이다.

◎ 순환보직으로 인한 폐해를 해결하는 제도

다양한 경험을 한 공무원은 많지만 특정 영역의 전문성이 없는 '무능한 만능인'을 만들어내는 순환보직의 폐해는 '직무군의 재분류', '정책관료 및 전문관료제도'를 통해 확실히 극복할 수 있을 것이다.

'직무군의 재분류'는 기존의 Z형 보직경로를 타파하여 비록 보직이 바뀐다 하더라도 기존의 순환보직과는 달리 같은 종류의 전문적인 업무를 계속 담당하게 하여 업무의 연속성을 확보할 수 있고, 적응 시간 또한 줄일 수 있다.

'정책관료 및 전문관료제도'에 따르면, Y형 경력발전제도를 기본 골격으로 하여 급속한 시대환경 변화에 적응하기 위해 고급공무원의 공직발전경로를 부처 내에서 순환하는 중견간부(사무관급)와 직무군 내에서 범부처적으로 순환하는 고위관료(서기관, 이사관)급으로 나눈다. 고위관료는 직무군 내에서 넓게 순환하는 정책관료와 직무렬 내에서 좁게 순환하는 전문관료로 양분되어 해당 직무군과 직무렬에서 요구하는 전문성을 축적할 수 있도록 한다. 그러면 앞서 설명한 연공서열식 승진 문제를 해결하는 것과 같은 방법으로 순환보직의 문제도 대부분 해결할 수 있을 것이다.

◉ 후진적인 교육시스템을 해결하는 제도

공직자에 대한 장기교육이 해외유학, 국방대학원, 중앙공무원교육원 교육 과정 등 직급별로 무질서하게 나뉘어 있던 것을 '고위관료'가 되기 위한 심층교육으로 일원화함으로써 교육 효과를 극대화할 수 있다. 이는 중견실무행정관료가 정책관료나 전문관료로 도약하기 위한 소양과 전문성을 확보함과 동시에, 급속한 시대환경 변화에 대처하기 위한 지식기반사회 공무원 교육의 중추적 역할을 하게 될 것이다.

'직무군의 재분류'는 직무군·직무렬로 전문화된 교육훈련 과정을 통하여 전문성을 갖춘 미래형 공무원을 키워낼 수 있는 토대를 제공함으로써 과거의 직급별 공무원교육이 일반 소양교육 수준에 머물 수밖에 없었던 한계를 극복하게 할 것이다.

'정책관료'에 대한 교육훈련은 재직자 훈련을 강화함으로써 시야를 넓히고, 직무적응능력을 향상시키며, 정책 및 행정이론을 실무에 직접 응용할 수 있도록 하는 효과를 거둘 수 있다. '전문관료'에 대한 교육 훈련은 전문 분야에 대한 심층교육과 훈련을 통하여 첨단과학기술과 지식에 관한 미래 지향적 비전을 제공한다.

이러한 교육은 출연연구기관들이 공동으로 설립한 연합대학원 형태의 전문교육기관에서 시행함으로써 교육훈련의 전문성을 강화하고, 교육훈련 성과에 대한 평가를 공정히 하며, 공직교육에 적합한 맞춤교육을 가능하게 한다. 또한 연합대학원이 국내외 대학과 연계하여 공동 학위제 등을 운영함으로써 교육의 학문적 수준도 높이고, 학점은행제를 도입하여 국내외 유명대학에서 선택적으로 강의를 수강할 수 있도록 하여 교육 성과와 비용절감 효과도 기대할 수 있다.

이외에도 필요에 따라 정부출연연구소 또는 연합대학원이 부처별, 직무군별, 직급별로 다양한 주제의 단기교육을 수시로 제공함으로써 공무원이 현직에서 즉시 활용할 수 있는 지식과 정보를 시의적절하게 습득할 수 있게 한다.

이상에서 살펴본 새로운 제도들은 후진적인 공무원 교육훈련시스템을 확실하게 극복하여 지식기반사회에 적합한 교육훈련을 실현할 수 있게 할 것이다.

신나게 일할 수 있는 여건 조성

◎ 정책실명제의 부재를 해결하는 제도

공무원들이 정책을 추진함에 있어서 책임감이 결여되는 결과를 초래하는 원인으로 지적되고 있는 정책실명제의 부재를 해결해줄 수 있는 제도로는 '조정실장에 의한 정책실명제', '정책영향평가', '인사심사'를 들 수 있다. 이와 같은 제도들은 정책의 책임성을 엄격하게 확보하여 확실한 기대효과를 가져올 것이다.

'조정실장에 의한 정책실명제'는 기존의 단순한 기록관리 수준에 불과하던 제도를 정책집행부서(해당 부처)와 기록부서(조정실장)를 분리하여 정책의 입안과 기획, 정책결정, 정책집행 등을 단계별로 나누어서 정책에 관여한 주창자의 이름을 정책에 대한 찬반 여부와 함께 기록하고, 이를 바탕으로 직무성과계약제와 연계하여 성과관리를 하도록 함으로써 보다 객관적인 평가와 책임행정을 추구한다.

'정책영향평가'는 단기성과평가의 반영을 통해 현 세대에 대한 책임은 물론이거니와 장기적인 정책영향도 동시에 평가할 수 있도록 하여 역사와 미래 세대에 대한 책임을 강조하게 된다.

그리고 '조정실장에 의한 인사심사'는 위의 정책실명제와 정책영향평가의 결과를 직무군별로 취합하여 조정실장이 4급 이상의 정책관료와 전문관료에 대한 승진 후보자 명부를 작성하여 승진, 보직, 발탁 등에 관한 인사심사권을 행사할 때 활용한다. 이를 통해 책임행정과 인적자원관리의 조화를 이룰 수 있을 것이다.

◉ **부처간, 조직간 집단이기주의와 갈등을 해결하는 제도**

정부 내 정책혼선의 원인으로 작용하는 부처간, 조직간 집단이기주의와 갈등을 극복하는 제도로는 '직무군의 재분류', '조정실장에 의한 정책 조정', '조정실장에 의한 인사심사', '정책관료제'를 들 수 있다. 이러한 새로운 제도들의 도입으로 순조로운 정책 조율이 가능할 것이다.

'직무군의 재분류'는 공무원이 현재의 소속부처에만 머무는 것이 아니라 해당 직무군 내에서 전 부처를 순환하게 하는 제도이다. 따라서 특정 부처의 이익만을 맹목적으로 추종하는 것이 아니라 범부처적인 공익을 고려하여 일할 수 있도록 해준다. 더구나 부처간 갈등의 소지가 있는 유사 또는 관련 업무는 결국 동일 직무군 소속 공직자의 담당 업무가 될 것이기 때문에 직무군 내 인사교류는 부처이기주의에 따른 갈등을 근본적으로 해결하는 제도적 장치가 될 것이다.

'조정실장에 의한 정책 조정'은 해당 직무군별로 신설되는 조정실장이 범부처적으로 전문성에 바탕을 둔 정책 조정을 수행하기 때문에 갈등 당사자들의 조정 결과에 대한 승복을 훨씬 용이하게 해준다. '조정실장에 의한 인사심사'도 직무군에 소속된 공무원들이 조정실장의 정책 조정에 승복하게 하는 시너지 효과를 발휘하게 될 것이다.

'정책관료제'는 직무군으로 전문화된 범위 내에서 정책을 분석·평가할 수 있는 능력에 더하여, 거시적 시각으로 범부처적으로 순환하며 관련 정책을 기획·조정할 수 있는 경험과 능력을 가진 정책관료를 중심축으로 하여 개별 부처 차원을 넘어서는 합리적인 정책 추진을 가능하게 해줄 것이다.

◎ **개인의 목표와 조직의 목표 간의 불일치를 해결하는 제도**
직무몰입을 낮게 하는 요인인 개인의 목표와 조직의 목표 간의 불일치를 해결하는 제도로는 '조정실장에 의한 정책영향평가'를 들 수 있다. 하지만 이 제도만으로는 개인적 특성이나 욕구에 의해 비롯되는 문제를 치유할 수 없다. 개인의 목표와 조직의 목표 간 불일치는 어느 정도 수준에서만 해결 가능하다.

'조정실장에 의한 정책영향평가'는 직무성과계약제와 정책실명제를 결합한 새로운 제도로서 성과평가를 포함하고 있는데, 공무원이 상향식으로 설정된 전략적 목표를 자신의 이름을 내걸고 입안·시행하고, 그 결과를 평가하여 이를 성과급, 승진, 전보 등에 반영하도록 하는 것이다. 상향식으로 목표를 설정하기 때문에 개인의 목표가 조직의 목표설정 단계에서 반영되고, 그 평가 결과를 성과급과 승진 등 인적자원관리와 연계하기 때문에 조직의 목표에 충실하게 봉사할 수 있는 유인으로 작용한다.

◎ 형식주의와 절차중심주의를 해결하는 제도

관료들이 필요한 정도를 넘어서 법규적 요청을 하는 과잉동조현상과 목표와 수단의 대치현상을 초래하는 요인으로 지적되는 형식주의와 절차중심주의를 해결하는 제도로는 '조정실장에 의한 정책영향평가', '정책관료 및 전문관료제도'를 들 수 있다.

'조정실장에 의한 정책영향평가'는 현재의 법규에 지나치게 집착했을 때 발생할 수 있는 단기적인 형식주의와 절차중심주의를 제한하고 보다 장기적인 정책영향을 고려할 수 있도록 해준다. 궁극적인 행정의 목표인 국민의 삶의 질을 높일 수 있도록 해줄 것이다. 국민의 삶의 질은 단기적인 정책보다는 장기적인 전략적 정책에 의해 좌우되는 면이 크므로 정책영향평가에 의해 보다 바람직한 미래사회를 이룩할 수 있을 것이다.

'정책관료 및 전문관료제도'는 국정 전반에 대한 거시적인 전문적 식견을 높이고, 이를 바탕으로 정책의 기획과 조정을 가능하게 한다. 국정운영의 전반적인 질을 향상시키는 정책관료와 오랫동안 한 종류의 업무를 담당해서 그 누구보다도 해당 업무에 대해 잘 알고 있는 전문관료가 상호 보완적으로 작용하는 제도이기 때문이다. 따라서 이를 통해 보다 대응성 높은 정책을 추진할 수 있고, 지식과 전문성을 바탕으로 올바른 정책 방향을 제시할 수 있을 것이다. 사실 형식주의나 절차중심주의에 집착하는 고급공무원은 담당 업무에 대한 전문성이 부족하여 효율적인 정책 추진을 할 자신이 없는 경우가 대부분이기 때문에, 공직 전문성을 확보하면 이 문제는 자연스럽게 해소될 것이다.

후진적인 행정관행과 문화 극복

◎ 한건주의를 해결하는 제도

단기성과와 이벤트 중심의 행정을 초래하는 근본적인 뿌리로 지적되고 있는 한건주의를 확실하게 해결하는 제도로는 '조정실장에 의한 정책영향평가', '정책실명제', '전문관료제'를 들 수 있다.

'조정실장에 의한 정책영향평가'는 이벤트성 정책에 의한 단기적인 성과가 아닌 그 정책에 의해 초래되는 미래 상태의 변화라는 장기적인 영향을 평가하기 때문에 인기영합적인 정책보다는 근본적인 해결책을 제시하게 해준다.

'정책실명제'는 정책과정에 대한 철저한 기록을 통해 공직생활 전 기간 중에, 그리고 퇴임 후에도 공직자로서의 명예에 대한 책임을 물을 수 있게 된다. 따라서 정책의 책임성과 함께 정책과정의 신중성을 확보하여 단기적인 정치권의 영향이나 일회성 승진보다는 공직자로서 자신의 소신과 명예를 더욱 중시하게 될 것이다.

'전문관료제'는 지식과 정보, 기술이 화폐와 같은 역할을 하는 지식정보사회에서 행정경험과 지식 등 업무에 대한 전문성을 확보하고 정년과 신분을 보장하기 때문에 정치권이나 상사가 전문관료에게 불합리한 이벤트성 정책을 강요할 수 없게 될 것이다.

◎ 혁신과 변화에 대한 저항을 해결하는 제도

관료제 조직의 병리현상으로 오랫동안 지적되어온 변화에 대한 저항은 '직무군의 재분류', '정책관료제'의 도입을 통해 확실하게 해소될 수 있을 것이다.

'직무군의 재분류'는 정부부처의 통폐합이나 축소 같은 조직 개편시 자리가 보장되지 않는 것에 저항해온 공무원들에게 위협적인 요소를 포함하고 있지 않아서 변화에 대한 수용성을 높일 수 있다. 조직 개편으로 부처가 없어지더라도 해당 직무군별로 전 부처를 순환보직하게 하는 새로운 제도는 신분보장에 큰 위협이 되지 않기 때문이다.

'정책관료제'는 속진임용제와 유사한 제도로서 인적자원의 범부처적 이동 폭을 확대시키는 것이다. 기존의 관료조직에서와 같이 한 부처 내에서의 자리나 정년이 보장되는 것이 아니라, 신분보장이 완화되고 전 부처를 대상으로 이동하기 때문에 이를 통해 공무원은 변화에 익숙하게 된다. 따라서 새로운 상황에 대한 불안감이 감소하므로 공공개혁에 대한 저항도 줄어들게 될 것이다.

◎ 공무원의 국민에 대한 권위주의를 해결하는 제도

공무원이 자신의 권위에 근거하여 국민의 의지나 공익과는 상관없이 자신의 의사를 관철시키고자 행동하던 권위주의는 '직무군의 재분류', '전문관료제'를 통해 해결할 수 있다. 지식기반사회에서는 '전문성'이 의사소통의 도구 역할을 하기 때문에 새로운 제도를 통해 전문성을 배양하게 되면 공직자들의 권위주의 행태는 확실하게 해결될 수 있을 것이다.

'직무군의 재분류'에 따르면 해당 직무군 내에서만 순환보직이 이루어지기 때문에 전문성을 축적할 수 있게 된다. 이러한 전문성의 축적은 공무원의 전문성이 부족할수록 권위주의가 심각해지는 문제를 해결할 수 있다.

'전문관료제' 역시 자신의 직무군 내 해당 직무렬에서 오랜 기간 근무하며 해당 분야의 전문성을 가지게 되는 관료를 말한다. 이들은 퇴임 후 해당 분야의 학계, 연구계, 산업계 등에서의 활동이 기대된다. 따라서 전문관료는 과거 지위와 직책을 무기로 명령·통제 방식으로 정책을 추진하던 권위주의보다는 전문성을 기반으로 민원인과 함께 합리적인 정책을 이끌어낼 수 있게 될 것이다.

◎ **공무원의 자율성 부족과 책임 회피를 해결하는 제도**

무사안일 또는 복지부동을 야기하는 것으로 지적되는 공무원의 자율성 부족과 책임 회피는 '조정실장에 의한 정책영향평가', '정책실명제', '정책관료 및 전문관료제도'를 통해 해결할 수 있을 것이다.

'조정실장에 의한 정책영향평가'는 장기적인 정책영향을 평가하기 때문에 세월이 흘러 유야무야되기를 기다리며 시간만 지연시키던 행태를 교정해줄 것이다. 단기성과평가에서는 단기간의 반짝효과만 중시하기 때문에 우선 소나기만 피하는 식이었으나, 장기적인 정책영향 평가를 하게 되면 정책의 전 과정에 대한 철저한 준비를 중요시하게 될 것이다.

'정책실명제'에 따라 정책의 입안과 기획, 정책결정, 정책집행 등을 단계별로 나누어서 정책에 관여한 주창자의 이름과 찬반 의견을 기록·보존한다면, 객관적 기초 자료에 의한 장기적이고 연속적인 직무성과평가가 이루어져서 정책에 대한 책임행정을 구현할 수 있을 것이다.

'정책관료 및 전문관료제도'는 무사안일을 야기하는 신분보장이 완화되고, 업무수행성과를 보수와 승진체계에 객관적이고 신속하게 반영하여 책임성을 확보할 수 있을 뿐 아니라, 전문지식을 바탕으로 한 자율적인 업무 수행이 가능해질 것이다.

◎ 비밀주의를 해결하는 제도

국민들이 국가 정보에 대해 의존적일수록 공무원의 권한이 강화된다고 생각하여 정보 공개를 꺼렸던 비밀주의와 부처이기주의에 의한 부처간 비밀주의는 '조정실장에 의한 정책 조정', '정책실명제'를 통해 해소될 수 있을 것이다. 이러한 제도들은 특히 정책문제 해결과정에서 발생하는 문제를 숨겨서 인사상 피해를 입지 않으려던 관행을 확실하게 개선시킬 것이다. 새로운 제도를 통해 전문성이 배양되면 공무원은 문제에 대한 해결책과 방어책을 자신이 가지고 있기 때문에 굳이 숨기려 들지 않을 것이기 때문이다.

'조정실장에 의한 정책 조정'은 우선 자기 부처의 정책과 관련된 정보를 다른 부처에 공개하지 않던 비밀주의를 해소시킬 것이다. 현재 소속부처가 다르지만 직무군을 같이하는 공무원들끼리는 서로 인사가 교류될 것이기 때문에, 전 부처적인 공익을 위해 서로 의사를 전달하고 정보를 교류하게 되어 비밀주의를 극복할 수 있을 것이다.

'정책실명제'는 현재와 같은 기록관리 수준을 뛰어넘어 정책에 대한 관련 인사의 찬반 의견 등을 기록하여 이를 국민에게 공개한다면 행정 정보의 대국민 비밀주의를 해소시켜줄 것이다.

◉ 연고주의와 온정주의를 해결하는 제도

공직사회에 줄대기와 파벌주의란 폐해를 가져온 연고주의와 온정주의를 해결하는 제도로서 '직무군의 재분류', '조정실장에 의한 정책영향평가', '정책실명제', '정책관료 및 전문관료제도'를 들 수 있다. 다만 연고주의와 온정주의는 행정문화이며, 행정문화는 일반 사회문화의 하위문화의 성격을 띠고 있어서 단시일 내에 해결되기는 어렵다.

연고주의와 온정주의는 기본적으로 공직자의 능력, 전문성, 직무성과 등을 비교 평가할 수 없는 기존의 공직인사제도 때문에 생긴 폐해라고 할 수 있다. 기존의 Z형 보직경로에 의한 순환보직으로 인하여 부처 내에서 서로 다른 성격의 보직에 대한 직무성과를 공정하게 비교 평가할 수 없었기 때문에 학연, 지연 등의 파벌이나 청탁에 의한 줄대기가 공직사회의 생존수단이 되어버린 것이다. '직무군의 재분류'에 의해 전문성에 근거한 유사 보직별 직무군 내에서 인사가 이루어지면 공무원의 능력과 직무성과에 대한 공정한 비교 평가가 가능해져서 연고주의나 온정주의에 의한 인사가 어렵게 될 것이다.

'조정실장에 의한 정책영향평가'와 '정책실명제'는 직무성과에 대한 엄정한 평가와 공직 전반에 걸친 평생 직무성과가 인사에 반영되기 때문에 파벌, 연고, 온정 등에 의한 파행인사가 발붙일 근거를 상실하게 될 것이다.

'정책관료제'는 고위관료 교육성적과 직급정년제에 의해 능력과 자질이 가장 우수한 공직자 외에는 최고위직 승진 대상에서 미리 제외하거나 퇴출하여, 무능한 공직자가 고위층이나 정치권에 줄대기를 할 여지를 없애게 된다.

'전문관료제'를 실시하면 전문관료의 정년이 보장되고, 직무렬 내 보직이 보장되며, 퇴직 후에도 전문가로서 민간에서 활동할 수 있으므로 파벌이나 연고에 편승하지 않아도 불이익을 받지 않게 될 것이다.

◎ 성과평가에 대한 저항을 해결하는 제도

공공부문의 성과평가가 불합리하거나 불확실하여 공무원들이 이에 저항해온 문제는 '직무군의 재분류', '조정실장에 의한 정책영향평가', '정책실명제'를 통해 해결할 수 있을 것이다. 이와 같은 새로운 제도를 통해 성과평가의 공정성과 객관성을 담보하여 성과평가에 대한 저항을 확실하게 극복할 수 있을 것이다.

'직무군의 재분류'는 인적자원관리의 기초로서 전 부처의 공무원이 수행하는 직무를 분석하여 해당 직무의 필수적인 능력과 자질, 평가 요소 등을 산출해내기 때문에, 합리적이고 공정하게 비교 가능한 성과 평가의 기준을 마련하게 해줄 것이다.

'조정실장에 의한 정책영향평가'는 공공부문의 성과가 장기에 걸쳐 나타난다는 점을 반영하여, 단기성과와 더불어 장기에 걸쳐 나타나는 정책영향을 제도적으로 평가하기 때문에 기존 제도와는 달리 성과평가의 불확실성으로 인한 공무원들의 저항을 줄일 수 있을 것이다.

'정책실명제'는 정책의 입안과 기획, 정책결정, 정책집행 등을 단계별로 나누어서 정책에 관여한 주창자들의 찬반 의견을 정확하고 객관적으로 기록해두기 때문에 시간이 흐른 뒤에도 책임 소재를 파악할 수 있고, 성과에 대한 귀속주체가 누구인지를 평가할 수 있게 해줄 것이다.

안정적인 자기개발 여건 제공

◎ 경력발전제도 미비를 해결하는 제도

현행 Z형 보직경로는 공무원 경력발전제도의 부재를 의미한다고 해도 과언이 아니다. 공직의 전문성을 확보하기 위한 공무원 경력발전제도의 필요성이 절실함에도 불구하고, 아직 제도적으로 추진되지 못한 것은 '직무군의 재분류', '정책관료제도와 전문관료제도'를 통해 확실하게 해결할 수 있을 것이다.

'직무군의 재분류'는 정부 보직별 직무에 대한 직무 분석을 통해 개인의 역량과 적성을 반영하여 직무와 사람을 연결시켜주기 때문에, 공무원 개인의 장기적인 생애에 걸친 전문직업으로서 공직경력을 관리할 수 있도록 하여 전문성과 업무의 몰입도를 높여줄 것이다.

'정책관료제도와 전문관료제도'는 Y형 경력발전제도를 기본 골격으로 하며, 급변하는 시대환경 변화에 적응하기 위해 고급공직자의 공직발전경로를 부처 내에서 순환하는 초급간부(사무관급)와 직무군 내에서 범부처적으로 순환하는 중견 및 고위관료(서기관급 이상 관리관)로 나누어 이모작을 시도하는 것이다. 그리고 중견 및 고위관료를 정책관료와 전문관료로 나누어 각가 직무군과 직무렬 내에서 보직을 순환하며 경력을 쌓도록 하는 것이다. 이러한 두 가지 보직경로는 공무원 개인의 자발적인 선택에 따라 이루어지는 것으로, 자신의 장기적인 경력관리를 스스로 결정할 수 있도록 해줄 것이다.

◎ 공직의 사회적 이동성 부족을 해결하는 제도

우리나라 공직시스템의 폐쇄적인 구조로 인해 공공부문과 민간부문 간에는 물론 부처간에도 사회적 이동성의 부족이라는 병폐를 낳았는데, 이는 '직무군의 재분류', '전문관료제'를 통해 해소할 수 있을 것이다.

'직무군의 재분류'는 공무원이 기존의 부처 내에서 순환하던 것을 벗어나서 해당 직무군 내의 전 부처를 대상으로 순환하면서 업무를 담당하게 되므로 부처간 이동성을 보장하게 될 것이다. 또한 직무 분석의 결과로 해당 직위에서 요구하는 능력과 자질을 가진 인사는 정부 내외를 막론하고 영입하도록 하여, 공공부문과 민간부문의 경계를 극복하는 효과도 기대할 수 있을 것이다.

'전문관료제'는 공무원이 명예퇴직을 할 때 해당 민간 분야로의 전직을 허용하기 때문에 공공부문에서 축적한 높은 전문성을 민간부문에도 활용 가능하도록 하여 공직의 사회적 이동성을 확대해줄 것이다.

위와 같은 제도를 통해 정부부처 내에서의 이동성 부족은 확실히 해결될 수 있으나, 정부부문과 민간부문 간의 이동성은 정부 업무의 특수성으로 인해 민간부문에서 수요가 적은 업무들이 있으므로 한계가 있다.

◎ 퇴임 후 전문성 활용의 기회 부족을 해결하는 제도

세계적으로 빠른 고령화 현상을 보이고 있는 우리나라의 경우에 공무원의 퇴직관리는 퇴직 후의 생활지원 차원에서도 중요하지만, 공무원의 축적된 경험과 경륜을 퇴직과 함께 사장시키지 않고 사회에 환원할 수 있도록 하는 데 더 큰 의의가 있다. 이러한 문제는 공무원들이 퇴직 이후에도 자신의 전문성을 활용하여 사회에 기여할 기회를 제공하면 해소 가능한데, 이러한 효과를 가져오는 확실한 해결장치로서 '직무군의 재분류', '전문관료제'를 들 수 있다.

'직무군의 재분류'는 직무 분석을 통해 공무원이 동일 직무군에 해당하는 보직 내에서 선발, 배치, 교육훈련, 보직, 근무성적평정, 승진 등을 하게 되므로 해당 직무군에 대한 전문성을 충실히 배양할 수 있게 된다. 이렇게 배양한 전문성은 공무원이 퇴직 이후에 제2의 직업생활을 하는 데 있어 경쟁력 있는 인적자원으로 활용될 수 있도록 해줄 것이다.

'전문관료제' 하에서는 해당 분야의 박사학위 등 민간의 전문성과 비교하여도 뒤떨어지지 않는 전문성을 확보할 수 있도록 제도적으로 지원하기 때문에 공직 내외를 막론하고 전문관료의 능력을 활용할 수 있는 일자리는 존재하게 된다. 이러한 전문성을 바탕으로 한 탁월한 문제해결력 때문에 공공부문이든 민간부문이든 이들의 능력을 활용하기 위해 기꺼이 자리를 제공할 것이다.

공무원, 그 안에 잠든 **거인**을 깨우자

공무원,
그 안에 잠든 거인을 깨우자

이 책을 통해 필자는 평생의 연구 화두로 삼아온 '국가 발전'을 위한 정책방안 중에서도 최우선 선결 과제라 할 수 있는 정부혁신의 실천적 방안, 즉 공직인사제도 및 정부조직의 개혁안을 제시하였다. 이 제안이 과거 수없이 반복되어온 '정부실패'를 미연에 방지할 수 있을 것으로 확신한다. 물론 필자의 제안이 현실화되기 위해서는 앞으로 무수히 많은 산을 넘어야 할 것이다. 그러나 이 책이 발간됨으로써 범사회적인 공감대를 형성하기 위한 대장정(大長程)의 첫걸음을 내디디게 된 것 같아 어린아이처럼 들뜬 기분이 드는 것도 사실이다.

이 책에 제시된 공직인사제도 개혁안이 과거 새 정부가 들어설 때마다 시도되었으나 성공하지 못한 기존의 많은 개혁안들과 과연 실질적으로 어떤 차별성이 있는지 다시 한 번 확인하고 싶은 독자도 있을 것이다. 그리고 이 개혁안에 의해 변화된 정부가 실제로 얼마나 성공적으로 국정을 수행할 수 있을지 알고 싶은 이들도 있을 것이다. 이러한 기대에 필자도 적극 공감하는 바이며, 실제 사례를 담은 구체적 설명으로 독자들의 이해를 돕고, 이 개혁안의 당위성을 설득할 책임이 있다고 생각한다. 그래서 이 개혁안이 성공하는 정부를 만들 수 있다는 사실을 논증하기 위해, 새로운 공직인사제도를 통해 얻을 수 있는 효과를 다양한 정부실패 사례를 들어 설명하고자 한다.

필자가 이 책을 통해 제안하고 있는 공직인사제도가 만약 이전부터 시행되고 있었더라면 과연 정부실패를 줄일 수 있었을까? '비싼 수업료'라는 구차한 변명으로 얼버무리기에는 너무나 막대한, 천문학적인 숫자의 사회적 비용을 아낄 수 있었을까? 이러한 의문에 신뢰성 있게 답하기 위해 필자는 지난 10년간(1997~2007년) 해마다 주요 일간지[1]가 선정한 국내 10대 뉴스 중에서 정부실패라 이름붙일 수 있는 사회 현안들을 뽑고, 그 발생과 해결 과정에서 지적된 정부의 문제점을 사설을 통해 살펴보았다. 그리고 새로운 공직인사제도가 이미 시행되고 있었다면 그러한 현안들이 어떻게 해결되었을지를 추론해보았다.

필자는 정책을 연구하는 학자로서 비판을 위한 맹목적인 비판을 꺼린다. 무책임한 비판이 문제 해결에 도움을 주기보다는 혼란을 조성해 문제를 더욱 악화시키는 경우가 비일비재하기 때문이다. 명색이 전문가요, 학자라면 심층 연구와 객관적 사실에 근거한 대안을 가지고 비판을 해야 할 것이다. 그러한 비판만이 국가와 사회에 기여하는 건설적인 비판으로 인정받을 수 있을 것이다.

이제부터 거론하게 될 사회 현안들은 과거 주요 일간지가 10대 뉴스

---

[1] 〈조선일보〉, 〈동아일보〉, 〈한겨레신문〉, 〈경향신문〉을 대상으로 하였다.

로 선정한 중차대한 문제들이다. 그리고 그 규모나 복잡성은 물론 국가나 사회에 미친 영향을 감안할 때, 필자를 포함해 그 누구도 제한된 지식과 정보를 가지고 단기간에 옳고 그름을 규명하거나 결과를 평가하기는 사실상 불가능한 것들이다. 때로는 옳고 그름 자체가 존재하지 않는 경우도 있다. 비근한 예로 개발론자와 보존론자 간의 상반된 주장은 개개인의 주관적 철학일 뿐, 객관적으로 비교 평가할 수 있는 대상이 결코 아니다.

따라서 여기서는 사회 현안에 관한 필자의 개인적 의견이나 주관적 평가를 일절 배제하고, 우리 사회의 여론을 선도하는 주요 일간지의 사설을 중심으로 언론 보도 내용을 인용 또는 차용하였다. 그리고 필자가 제안하는 새로운 공직인사제도가 얼마나 문제를 잘 해결할 수 있는지, 또 예상되는 문제점을 미연에 방지할 수 있을지 논증해보고자 하였다. 예시된 현안에 대해 이 글에서 차용하고 있는 언론의 시각에 동의하지 않는 독자들, 또는 관련 당사자들에게 이해를 구하는 바이다.

'각개약진(各個躍進)이 빚은 누더기 개발'[2] 새만금사업

대규모 국책사업의 대표적인 사례인 새만금사업은 전라북도 군산, 김제, 부안에 총길이 33km의 방조제를 축조해 총면적 4만 100ha의 토지를 조성하는 간척사업으로, 1991년부터 본격적으로 시작되었다.[3] 그러나 새만금사업은 쌀 공급 부족 해소라는 당초의 사업목적부터 논란의 대상이 되었으며, 환경문제, 사업비용,[4] 사업의 타당성 여부 등 끊임없

---

2 "시화호 실패와 새만금사업", 《한겨레신문》, 2001. 2. 13.
3 새만금사업단 홈페이지 http://www.isaemangeum.co.kr.

는 문제 제기와 갈등으로 공사가 중단되기도 했다. 현재 새만금사업은 2011년 완공을 목표로 무려 21년에 걸친 우여곡절의 여정을 끝낼 것으로 기대되고 있다.

국책사업 시행에서 사회적 비용을 포함한 모든 국가적 비용을 최소화하는 것이 정부의 책무일 것이다. 그럼에도 불구하고 새만금사업은 나날이 늘어가는 사업비용과 사업 타당성 논란으로 계속 표류해왔다. 더욱이 2008년 8월 국토연구원이 '새만금 토지이용 구상안' 연구에서 발표한 바로는 배후 단지 조성 및 환경 관련 시설 마련에 따라 사업비가 9조 5,000억 원에서 18조 9,000억 원으로 증가할 것으로 추정되었다. 당초 방조제와 배후 농지만을 개발할 때는 9조 5,000억 원 정도였으나, 여러 이익단체와 환경단체의 요구, 그리고 사회경제적 환경의 변화로 인해 사업 방향 자체가 변경되면서 경제성과 환경성을 동시에 추구하려 하다 보니 사업비가 당초 추정액의 두 배로 증가한 것이다.

결국 1991년도에 식량자원 확보를 목표로 시작한 새만금사업은 본래의 목적을 상실한 채 사업성과 환경성 문제로 표류를 거듭하다, 현 정부에 들어와서야 결론을 맺을 것으로 보인다. 그리고 그사이 약 10조 원의 재원이 추가로 투입되어야 하는 사업으로 변경되었다. 언론에서는 정부의 합리적인 정책결정능력이 부족해 이와 같은 결과가 초래되었다고 하며, 주된 원인으로 정부 부처의 이기주의, 그리고 부처간 정책조정능력의 부재를 꼽고 있다.

---

4 방조제 공사에만 2007년 말까지 대략 2조 3,000억 원이 투입되었으며, 향후 약 1조 6,000억 원이 추가로 투입될 예정이다(새만금사업단 홈페이지).

정부 내에서도 환경부는 만경강 수질개선에 막대한 예산을 들여도 담수호의 수질이 확보된다는 보장이 없다고 했고, 해양수산부는 갯벌소실과 해양생태계 파괴로 인한 피해가 더 크다고 보았다. 하지만 사업추진부서는 간척지 토지가격과 쌀 생산 수입을 이중으로 계산하고 '식량안보' 가치를 과다 계산하는 식으로 비용·효과 분석을 해서 사업성이 충분하다고 주장했다.

— "'새만금' 계속한다고는 하나", 《조선일보》, 2001. 5. 27.

우선 정부 내 관련 부처의 견해가 엇갈리고 있다. 주무 부처인 농림부는 전라북도와 함께 사업 강행의 타당성을 강조하고 있는 반면 환경부와 해양수산부는 사실상 사업 추진 반대 의사를 표시하고 있다.

— "새만금 밀어붙이기는 안 된다", 《동아일보》, 2001. 3. 7.

이 사업과 관련된 정부 부처들도 이기주의에서 벗어나 '전체'를 바라보는 안목을 가져야 한다.   — "새만금 해법 찾기", 《동아일보》, 1999. 1. 13.

환경부가 바닷물을 유통시켜 갯펄을 살리고 수질을 보장하는 개발이어야 한다고 주장하고 있지만, 정부의 다른 부처에 밀려 무기력한 모습만 보이고 있다.

— "이런 '새만금특위' 왜 만들었나", 《한겨레신문》, 2003. 7. 1.

게다가 농림부와 전북도는 신기획단을 사업 추진의 장으로 삼는 반면에 환경부와 환경단체는 중단하기 위한 기구로 여기는 등 서로 엇갈리고 있다.

— "새만금, 집단행동 안 된다", 《경향신문》, 2003. 6. 3.

이상에서 살펴본 언론의 시각은 환경보존론을 지지하는 것도 개발경제론을 지지하는 것도 아니다. 새만금사업의 실패는 사업 진행 중에 정부 부처간 의견이 계속 엇갈렸고, 이를 조정하고 통합하는 기제마저 제대로 작동하지 않았기 때문이라는 것이다.

환경부와 농림부가 각자의 주장을 내세우며 계속 대립했던 이유가 부처의 설립 목적이나 추구하는 가치관이 서로 달랐기 때문만은 아니다. 규제 부처로서 환경부는 환경보존의 가치를 추구하고, 사업 부처로서 농림부는 식량 확보를 원활하게 하는 역할을 한다. 이처럼 서로 지향점이 다른 규제 부처와 사업 부처가 정부 내에 공존하는 것은 서로 다투고 대립하기 위한 것이 아니라, 국익을 극대화할 수 있는 선에서 서로 양보하고 타협하여 최선의 조정안을 도출하기 위한 것이다.

그런데 공무원이 하나의 부처에 소속되어 순환보직을 하고 있는 현 체제하에서는, 실무담당자가 원활한 사업 추진을 위해 부처의 이해를 양보하는 게 사실상 매우 어렵다. 어차피 순환보직 과정에서 돌아가며 맡는 일인데 하필 자기가 맡은 기간에 부처 이익에 반하는 결정을 하는 것이 신상에 이로울 리 없기 때문이다. 게다가 평생 하나의 부처에만 소속되어 여러 종류의 보직을 순환하다 보면 직무에 대한 전문성도 없고 타 부처의 입장을 알고 이해할 기회조차 없으니 합의점을 찾기가 더 어려운 것이다.

이제 필자가 제안한 바와 같이 공무원이 직무군에 소속되어 다양한 부처를 두루 경험하게 된다고 가정해보자. 이 경우, 이해가 상충되는 환경부와 농림부의 실무담당자는 서로가 선임자와 후임자 사이일 수도 있고, 과거 함께 근무했거나 앞으로 같은 곳에서 동료로 일하게 될 수도 있다. 그러면 서로 상대방의 입장을 십분 이해하고 양보하게 될 것이고, 부처이기주의에 집착하여 사업을 왜곡시키는 일은 없을 것이다. 그리고 새만금사업이 본인이 공무원으로 평생 소속하게 될 직무군(렬)의 사업이 될 것이므로 전문성과 주인의식을 가지고 발전적인 방향으로 문제를 해결해나가게 될 것이다.

그러나 이해 당사자들끼리 모든 문제를 해결할 수는 없다. 부처간에 첨예하게 대립되는 사안의 경우 국익 차원에서 합리적인 결정을 유도하기 위한 공식적인 정책조정기구가 필요하다. 따라서 필자는 조정실장제도를 제안하였다. 우선, 조정실장은 해당 직무군(렬) 소속 공무원에 대한 인사심사권을 가지게 된다. 새만금사업과 관련된 환경부와 농림부의 모든 실무담당자가 같은 조정실장의 인사심사권 아래 있는 것은 조정실장의 타협안을 받아들이도록 하는 무언의 압력이 될 것이다. 둘째로, 조정실장은 국책연구기관인 정부출연연구원(소)을 지휘·감독하게 된다. 따라서 한경정책평가원과 농촌경제연구원의 학지와 연구원의 도움을 받아 새만금사업에 관해 양 부처가 용납할 수 있을 만한 공정하고 전문적인 대안을 제시하게 될 것이다. 셋째로, 조정실장이 사업의 성공과 실패의 전 과정을 영원히 기록으로 남기는 정책실명제를 주관하게 된다. 따라서 양 부처 담당자가 사업 실패의 원인 제공자로 기록되지 않기 위해서라도 최선의 타협안을 도출하려 할 것이다.

이상에서 살펴본 바와 같이 직무군(렬) 제도와 조정실장제도가 도입되었더라면 17년째 표류하며 10조 원의 예산이 추가 투입되는 새만금사업의 난맥상은 피할 수 있었을 것이다.

공직사회의 문제점을 총체적으로 드러낸 외환위기

동아시아 각국의 외환위기가 잇따르고 있던 1997년 10월, 위기설이 떠돌던 국내 주식시장에서 외국인이 1조 원을 순매도하는 사태가 벌어지며 결국 1997년 11월 21일 한국정부는 IMF(국제통화기금)에 구제금융을 신청하게 되었다.[5] 갑작스런 외환위기로 인해 과거 7%를 넘는 고도성장을 구가해왔던 한국경제가 1998년 경제 성장률이 –6.8%로 떨어지는 등 최악의 불황을 겪게 된 것이다.[6] 당시 우리 경제에 대한 불안조짐은 정부가 IMF에 구제금융을 신청하기 전부터 있어왔고, 그때마다 정부의 안일한 상황인식과 허술한 대응을 질책하는 언론의 목소리가 높았다.

> 경제가 이처럼 파국으로 치닫는데도 수수방관하는 정부의 태도는 무책임 수준을 넘어섰다. – "위기경제 방관 안 된다", 《동아일보》, 1997. 7. 25.

> 정부는 아직도 한국 관료들이 관치의 연장선상에서 금융 정보를 대외 기밀로 여기는 후진적 관행에서 벗어나지 못하고 있다는 비판을 겸손하게 수용할 필요가 있다. – "외환시장의 '9월 위기설'", 《경향신문》, 1997. 8. 18.

이런 상황 속에서도 국민은 지난 40여 년 동안 전 세계적으로 유례가 없는 경제성장을 일궈낸 관료집단에 대한 믿음으로 정부의 대응을 바라보고 있었다. 우리나라의 경우, 정부가 주도한 성장 위주의 경제정책으로 소득 불균형, 노사문제 등의 크고 작은 많은 문제가 노출되

---

5 황인성 외(2007. 11. 14), "외환위기 10년의 평가와 과제", CEO Information, 제629호, 삼성경제연구소.
6 이창용(2007), "외환위기 10년: 재정정책의 역할과 과제", 《경제학연구》, 55(4), 한국경제학회.

었지만, 경제개발 초기에 행해졌던 정부 주도의 개발전략이 상당히 능률적이고 효과적이었다는 것을 부인할 수는 없었기 때문이다.[7]

그러나 우리 정부가 IMF에 구제금융을 신청하는 그 순간, 국민들은 최고의 엘리트라고 믿었던 관료집단에 배신감을 느끼고 정부의 전문성에 의심을 갖게 되었다. 외환위기가 현실화되고, 구제금융 절차가 이루어지는 과정에서 정부의 전문성은 끊임없이 도마 위에 오르게 된다.

> 문제는 경제정책팀의 오만함에도 있다는 지적이다. 엊그제까지도 '해외신용도가 회복 추세이고 자금 외환시장이 안정을 되찾아가고 있다'던 경제 관료들이 발등에 불이 떨어져서야 불 끄기에 나서는 등 정책 대응에 실패를 거듭하고 있다.
> – "금융위기 발등의 불", 《동아일보》, 1997. 8. 21.

> 외환시장에 불안 조짐이 본격화했을 때 정부가 나서서 강력히 다잡았더라면 외환위기의 위험도기 한결 덜했을 것이디. 그러니 때늦어서 약효가 못 미치는 단기처방을 남발한 끝에 시장의 내성만 키운 결과를 낳았다.
> – "외환대책, 허둥대지 마라", 《한겨레신문》, 1997. 11. 12.

> 경제가 회생은커녕 갈수록 수렁으로 빠져드는 것은 정부이 조정 기능 실종과 리더십 부재 때문이다. 지금의 경제팀은 경제난의 본질을 제대로 진단하지 못해 주요 정책에서 실패를 거듭했다.
> – "이 위기경제 어쩌나", 《동아일보》, 1997. 11. 19.

---

[7] 송낙선(2006), "제3, 4공화국의 경제성장 동력을 위한 정부 역학구도의 분석", 《한국행정사학회》, 제19호.

캉드쉬 IMF총재가 '열흘 뒤엔 외환이 고갈된다면서 IMF지원을 요청하는 정부는 처음 봤다'고 우리 정부의 늑장 대응을 꼬집은 것도, 따지고 보면 재경원이라는 거대조직의 기능적 한계를 증명해준 셈이다. [중략]

오늘의 경제위기는 한보 기아사태 등 실물경제의 위기에서 촉발되어 금융위기로 번져갔고, 금융위기가 대외 신인도 추락으로 이어져 외환위기가 확산됐는데도 그때그때 적절한 대응을 못한 재경원 등 경제 부처의 실정은 지탄받아 마땅하다.

– "국민은 책임을 묻고 있다", 《조선일보》, 1997. 12. 6.

IMF 경제위기는 그 경위와 책임소재가 분명히 가려져야 한다. [중략]
특히 국가의 주요 직책에 앉아 국정을 운영해왔던 공직자들은 이번 외환위기의 경우와 같이 정책실패로 인해 개인적 불명예를 겪을 수 있다는 사실을 교훈으로 남기는 것도 있을 수 있는 일이다.

– "정책실패를 사법처리?", 《조선일보》, 1998. 4. 11.

외환위기의 발발을 전적으로 정부의 책임으로 돌릴 수는 없다. 대기업 부실 등의 대내적 요인[8]과 동남아 외환위기라는 대외적 요인[9]이 결합하여 외환위기의 불씨를 제공했다면, 정부의 안일한 상황인식과 허술한 대응[10]이 그 불씨를 키웠다고 보는 것이 타당할 것이다.[11] 요컨대

---

[8] 전영재 외(2003. 5. 14.), "한국경제의 위기극복 과정과 교훈", CEO Information, 제400호, 삼성경제연구소. 이 보고서에 따르면, 구소련 해체, 중국 부상으로 글로벌 경쟁이 가속되고 개방화가 급진전되었으나 새로운 경제시스템으로의 전환이 지연되고 있었다고 한다. 세계화 추진, OECD 가입 등 표면적 변화 노력은 있었지만 경쟁력 강화, 시스템 개혁 등 근본적 대책이 미흡한 상태였다.
[9] 위의 글. 이런 상황에서 1997년 하반기 태국 등 동남아에서 발생한 외환위기가 전염되었고 정권 말기의 정책혼선, 상황 오판, 리더십 약화로 위기가 증폭되었다.
[10] 위의 글. 명목상 1997년 11월 외환보유고는 244억 달러였으나 무리한 환율방어, 은행·종금사 지원 등으로 외환을 소진하여 실제 가용분은 62억 달러 정도였다.

공직자의 전문성도 대내적, 대외적 환경이 변해가는 속도에 맞추어 발전해야 했는데, 과거의 성과에 대한 우쭐함에 안주하고 있었던 것이다. 결국 상황을 오판한 허술한 대응이 국가경제를 부실하게 만들고 국민을 심각한 경제난에 허덕이게 했다. 반세기 만에 이뤄진 정권교체도 결코 이와 무관하지만은 않을 것이다.

우리는 이 책의 1부에서 기존 공무원 인사제도의 폐해에 대해서 살펴보았다. 기존의 제도하에서는, 한 부처 내에서 전문성이 전혀 반영되지 않은 Z형 무차별 순환보직에 따라 인사가 행해졌고 그나마 평균 재임기간도 1년 남짓했다. 또한 교육훈련이 매우 부실하여 유능한 엘리트 공무원에게도 미래를 준비하기 위한 재충전과 능력향상의 기회가 제공되지 않았다. 애당초 이런 제도하에서 근무하고 있던 공무원에게 자신의 능력을 백분 발휘하여 대내외적인 상황변화를 정확히 파악하기를 기대한 것이 잘못이었는지도 모른다.

필자가 제안하는 Y형 경력발전제도는 이러한 상황변화에 능동적으로 대처할 수 있는 고위 공무원을 양성할 수 있도록 만들어진 제도이다. 환경변화에 대응하기 위해서는 공무원을 미래 지향적 전문가로 육성하고 그에 걸맞은 권한을 부여하여야 한다. 직무렬 내의 보직경로를 통해 전문성을 확보한 '전문관료'와 직무군 내의 범 부처적 승진 전보 과정을 통해 다양한 경험을 쌓은 '정책관료'는 급변하는 시대환경을 정확히 분석하고 대안을 제시할 수 있을 것이다.

필자는 앞에서 정책관료의 이모작(二毛作) 교육기간을 최대 3년으로

---

11 외환위기의 근본 원인에 대해서는 상이한 시각이 존재하지만, 이러한 서술은 대체로 상황의 객관성에 근거한 것이라 볼 수 있다.

제시하였다. 혹자는 기간이 너무 길다고 느낄지도 모른다. 하지만 10년 이상 중견간부로 공무에 파묻혀 있던 공무원이 재충전할 기회를 갖고, 고위 정책관료 및 전문관료에 걸맞은 지식을 습득하며 선진국 및 국제기구에서 견문을 넓히기 위해서는 결코 긴 기간이 아니다. 요컨대 경제직무군에 소속된 정책관료와 금융직무열에 소속된 전문관료가 교육기간을 통해 선진 국제금융이론에 대한 광범위한 이론과 실제를 채득(採得)하고 국제적 감각을 익힐 수 있었다면 외환위기 때와 같이 우왕좌왕하지는 않았을 것이다.

한편, 경제위기가 현실화되고 있다는 대내외의 목소리에도 불구하고 우리 경제가 괜찮다는 입장을 고수했던 공직자들을 '관료적 오만함'으로만 탓할 수는 없다. 외환위기가 발발하게 된 배경이 국제적 투기 세력의 의도적 공격이라고 보는 견해도 있기 때문이다. 이러한 주장을 그대로 받아들일 수는 없지만 당시의 정황으로는 어느 정도 일리가 있는 얘기다. 그러나 굳이 국제적 투기 세력의 존재를 인정하지 않더라도 공무원들이 당시의 혼란한 대내외적 여건 속에서 올바른 판단으로 적절히 대처하지 못한 것은 시대가 요구하는 전문성을 확보하지 못했기 때문이다. 이는 공무원들이 수십 년 전 고시 과목으로 공부했던 수준의 경제학적 지식을 급변하는 시대 환경 변화에 대응할 만한 수준의 전문성으로 발전시킬 수 있는 제도적 장치가 없었기 때문이다.

경제직무군에 속한 고위 정책관료와 금융직무열에 속해 있는 전문관료에게 공직 이모작 교육을 통해 국제기구와 선진국에서 경험을 쌓고 심층 연구할 기회가 주어졌더라면 이 같은 위기 상황을 미연에 방지할 수 있었을지도 모른다. 설혹 외부에서 불가항력적인 경제 충격이 발생하더라도 정부가 할 수 있는 모든 최선의 대책을 강구할 수 있었을 것이다.

최근 미국 내의 주택가격 하락과 2006년 이후 대출금 상환 연체율의 급격한 상승으로 촉발된 서브프라임 모기지 사태는 미국 2위의 서브프라임 모기지 대출회사인 뉴 센트리 파이낸셜(New Century Financial)의 파산신청(2007년 4월 2일)을 시발점으로 하여 현재의 글로벌 경제위기로 확산되고 있다.[12] 제2의 세계 대공항이라는 말이 나오는 상황 속에서 글로벌 신용경색이 우려가 아닌 현실이 되고 있다. 이러한 세계 금융시장의 불안 요소들은 우리 금융시장에도 영향을 미쳐 주가가 급락하고 환율은 급상승하여 물가 상승과 채산성 악화 등 실물 부문에도 악영향을 미치고 있다. 선진 각국을 포함한 세계 경제가 다 함께 직면한 이 같은 금융위기에 대해 한국 정부와 공무원의 책임부터 논하는 것은 백해무익(百害無益)한 일이다. 그러나 10여 년 전 국난(國難) 수준의 외환위기를 이미 경험하고도 정부에 국제금융 분야의 전문지식과 국제 경험을 두루 갖춘 전문관료를 육성할 수 있는 제도적 장치가 마련되어 있지 않은 것은 백 번 지탄받아 마땅한 일이다. 이제부터라도 Y형 경력발전제도에 따라 공직 이모작 심층 교육훈련을 통해 고위 경제정책관료와 금융전문관료를 육성해야 할 것이다. 이것이야말로 21세기 국제화 시대에 국가경제와 국민의 행복을 지켜줄 국제금융 10만 양병론[13] 이 아닐까 싶다.

---

[12] 권순우·전영재 외(2008), 《SERI 전망 2009》, 삼성경제연구소. 미국 금융당국은 위기해결을 위해 전례가 없었던 비정상적인 조치들을 취하고 있다.
[13] 임진왜란이 발발하기 전에 율곡(栗谷) 이이(李珥) 선생이 일본의 침략에 대비해 10만 군사를 길러야 한다고 주장했던 10만 양병설을 말한다.

정부불신을 조장한 한일어업협정과 한중마늘협상

1998년 11월에 체결된 한일어업협정과 2000년 6월에 있었던 한중마늘협상은 대표적인 대외협상 실패 사례로 꼽히고 있다. 결과적으로 한일어업협정은 일본과의 독도 영유권 분쟁에서 우리에게 불리한 상황을 초래했고,[14] 한중마늘협상은 이면합의(裏面合議)가 이뤄졌음이 밝혀지면서[15] 농민을 비롯한 온 국민을 비밀주의 행정에 격노케 만들었다. 정부가 이솝우화에 나오는 양치기 소년이 되고 만 것이다. 이후 한·칠레 FTA(자유무역협정), 한미 FTA 등 주요 국제 협상이 추진될 때마다 이익보다 손해가 더 많을 것이라는 비판적 시각에 대해 결코 그렇지 않다는 정부의 주장은 설득력을 잃었고 국민은 불안에 떨 수밖에 없었다. 협상의 성패는 역사적 심판에 맡긴다 하더라도, 협상이 있을 때마다 국민의 지지보다는 불신 여론이 팽배했던 점은 기존 공직사회가 가진 근본적인 문제임을 인정할 수밖에 없다. 주요 일간지의 사설은 한일어업협정과 한중마늘파동의 문제점을 주로 다음과 같이 지적하고 있다.

> 해양수산부 관계자들은 당초 어민들이 쌍끌이 조업을 중국 경제수역에서만 하는 것으로 잘못 알고 협상에 임했다. 기본적인 현황 파악도 제대로 못한 채 협상을 한 것이다. ― "새 장관이 재협상하라", 《동아일보》, 1999. 3. 3.

> 한일어업협정 실무협상에서 해양수산부가 쌍끌이 선단 조업문제 등을 누락시켜 어민들에게 큰 피해를 안긴 것도 정부의 무지와 안일에서 비롯한 부실협상이었다

---
[14] "한일어협, 독도영유권 분쟁 빌미 제공", 《동아일보》, 1999. 10. 23.
[15] "경제수석·농림차관 경질", 《서울신문》, 2002. 7. 20.

는 점에서 부실사업과 본질은 비슷하다.
- "不實, 과거정권 탓이 아니다", 《동아일보》, 1999. 3. 2.

수산 관련 부처와 공무원이라면 당연히 파악하고 있어야 할 정확한 기초 데이터조차 없었냐는 보도다. 어민들의 신고 자료만 들고 협상한 뒤 쌍끌이가 빠졌다는 비난이 일자 "어선협회에 보고하라고 한 게 언젠데"라며 오히려 화를 내는 식이었다고 한다. 해양수산부의 현장 실사나 검증은 아예 없었고, 조업 위치나 어획량 같은 기본 통계치도 어민들에게 미룰 뿐이다. 어민의 재산과 생존권을 지키는 주무 부처, 그 공무원들이라고 믿기 어려운 자세다.
- "'낮은 데' 더 누비라", 《동아일보》, 1999. 3. 17.

한중마늘분쟁에서 망신을 당했고 한창 진행 중인 하이닉스반도체 문제에 이어 자동차와 조선 등 수출 주력부문에서 통상 분쟁이 기다리고 있는데 여기까지 오도록 통상교섭본부가 제구실을 다했다는 인상을 주지는 못한다. 통상교섭본부 출범 당시의 주무 인력이 인사 때마다 자리를 떠나 전문성이 약해진 것도 문제지만 관계 부처와 협조 분위기를 이끌어내지 못하고 있는 고압적 업무 처리 자세도 비판의 대상이다.
- "'반도체' 적지 내고 철강수출 막히고", 《동아일보》, 2001. 10. 24.

이 외에도 일반적으로 대외적인 협상 실패의 원인으로 지적되고 있는 사항들을 보면, 협상 수석대표가 협상이 진행되는 와중에 교체된다든지, 전문성을 바탕으로 협상에 임해야 할 실무진이 1년도 안 되어 바뀐다든지, 또 부처간 이견(異見)으로 빚어진 갈등과 이기주의가 협상의

'발목'을 잡는다고 주장하고 있다.[16]

한·칠레 FTA 협상의 수석대표 자리는 협상이 진행되는 와중에 두 번, 전체 협상 기간 중에 네 번이나 교체됐다. 심지어 상대국 협상대표가 불만[17]을 토로할 정도였다. 협상대표의 평균 재임기간이 한일어업협정은 9.3개월, 한중어업협정은 11.3개월, 한중마늘협상은 1개월[18]에 불과했던 것도 부실 협상의 원인으로 지적됐다.

전문지식과 누적된 자료를 가지고 협상을 탄탄하게 뒷받침해야 할 국·과장급 이하 실무진 교체 실태는 더욱 심각한데, 직급이 내려갈수록 보직 변경이 더욱 잦았다.[19] 이로써 국제 협상 업무의 연속성과 전문성이 보장되지 못함은 물론, 상대국 협상단과의 신뢰조차도 상실한 것으로 평가되었다.

관련 부처간 이견으로 빚어진 갈등과 이기주의 역시 한국의 대외 협상력을 약화시키는 주범으로 지적되었다. 2002년 불거진 한중마늘협상 이면합의 파문은 정부 부처간 '소통 부재'가 어떻게 국민을 '기만'했는지를[20] 보여주는 대표적 사례다. 2년 전 협상 당시 외교통상부가 작성을 담당한 합의문 부속서의 '세이프가드 조치 연장 불가'를 합의하는 문구를 두고 외교통상부와 농림부가 부딪치는 일도 있었다.[21]

[16] "탐사보도-한국 최근 10년 대외협상력 리포트", 《세계일보》, 2007. 2. 6.
[17] 마리오 마투스 칠레 외교부 양자통상국장은 협상이 끝난 2003년 11월 일부 언론과의 인터뷰에서 "한국 측은 협상 파트너를 너무 자주 교체하는 문제점을 보였다. 협상에서 가장 중요한 것은 상호 신뢰와 이해인데, 파트너가 너무 자주 교체돼 이를 재구축하는 데 시간이 많이 걸렸다."고 밝힌 바 있다.
[18] 김성호 의원, "마늘부실협상 원인은 대표단 잦은 교체 때문", 《동아일보》, 2002. 7. 22.
[19] 협정 체결 이후 양국간 어획 쿼터 조정을 위해 매년 열리는 한일어업협상을 담당한 해양수산부는 1999년부터 2006년까지 8년간 국장 4명, 과장 9명이 자리를 옮겼다("탐사보도-한국 최근 10년 대외협상력 리포트", 《세계일보》, 2007. 2. 6.).
[20] "탐사보도-한국 최근 10년 대외협상력 리포트 ② 겉도는 참여채널", 《세계일보》, 2007. 2. 6.
[21] 외교통상부는 부처간 합의를 거친 사항이라고 발표했으나 농림부는 그 문구의 의미를 몰랐다며 외교통상부가 이를 사전에 알려주지 않았다고 맞섰다.

앞서 열거한 지적들은 일견 적절한 원인 분석으로 보인다. 외국과의 국제협상에서 수석대표와 실무자의 잦은 교체가 협상에 매우 불리하게 작용할 것은 뻔한 사실이다. 수석대표가 자주 교체된 사실은 해당 국제협상을 총괄 지휘할 적임자가 없었음을 의미한다. 또 실무자가 자주 교체된 것은 협상을 뒷받침할 세부 전문가조차 없었음을 보여주는 증거이다. 수석대표와 실무자가 모두 적임자도 전문가도 아닌데 그나마 협상 과정에서 여러 번 교체되기까지 하였으니 협상 결과가 우리에게 불리해지는 것은 어쩌면 당연한 결과인지도 모른다. 게다가 관련 부처간 소통 부재로 인한 불협화음은 상황을 더욱 악화시킬 수밖에 없다.

한일어업협정[22]과 한중마늘협상[23]의 경우 모두 외교통상부의 고위직 공직자가 협상의 수석대표를 맡으면서 이들의 경력관리 한계로 인해 주로 '의전형' 협상단을 구성하여 의전외교에 치중하는 경향을 보였다는 비판도 제기되었다. 이렇게 전문성보다는 의전에 치우친 협상대표들이 협상 전반을 주도한 것이 '쌍끌이 어업'이 누락되는 등의 실무적 한계를 드러낸 원인으로 지적되고 있다.

한편, 한일어업협정 체결 이후 양국간 어획 쿼터 조정을 위해 매년 열리는 한일어업협상에서 '쌍끌이' 협상을 주도했던 해양수산부의 차

---

[22] 한일어업협정 체결 당시(96년 5월에서 98년 9월까지) 수석대표의 보직경로를 살펴보면 대부분 외무고시를 합격하여 외교통상부 내에서만 보직경로를 거친 인사들이었다. 두 번째 수석대표는 주요 국가의 대사관을 거쳐 대통령 비서실 행정관을 역임하고 외무부 아주국 동북아 2과장과 외교통상부 아시아·태평양국 제1심의관으로서 협상을 이끌었다. 그의 뒤를 이은 세 번째 수석대표는 주요 국가의 영사와 공사참사관을 거쳤고 외교안보연구원 연구관을 역임한 후 외교통상부 아시아·태평양국 제2심의관으로 협상을 주도했다.
[23] 한중마늘협상(2000년 4월에서 7월까지)의 경우 수석대표는 외교통상부의 고위직 공무원들이 담당하였는데, 처음 대표는 주요 국가 대사관과 참사관, 외교안보연구원 연구관을 거쳐 외교통상부 통상교섭본부 제1심의관으로서 협상을 이끌었다. 그 다음으로 두 번째 대표는 주요국가 대사관과 참사관을 거쳐 국무총리실 의전비서관과 외무부 동남아과장, 총무과장 등을 역임한 후 외교통상부 통상교섭본부 지역통상국 국장으로 협상을 주도했다.

관보[24] 또한, 해양수산부 내의 협소한 보직경로를 따라 일반행정가로 양성되었기 때문에 외교적인 전략을 제대로 갖추지 못한 것으로 보인다. 우리나라와는 대조적으로 일본 협상단의 경우 외교적인 수사와 실리외교를 동시에 추진하였다고 한다.[25] 우리나라 해양수산부의 고위 공무원의 경우, 외교적 제스처나 수사를 학습할 기회가 애초부터 주어지지 않는 경력 관리와 부처간 역할 분담에 의한 협력체제의 미비가 문제였다고 할 수 있다.

이와 같이 외교통상부와 해양수산부 또는 외교통상부와 농림수산식품부 등이 보여준 부처간 협조체제 미비와 전문성 부족은 대부분 기존의 단일 부처 내의 Z형 순환보직제도 때문에 발생한 것이다. 직무군에 소속된 고위 정책관료가 양 부처를 넘나들며 협조체제를 구축하고, 직무렬에 소속된 전문관료가 전문성을 제공하도록 하는 Y형 경력발전제도가 이러한 문제의 근본적인 해결책이 될 수 있다. 이 책에 제시한 새로운 공직인사제도는 직무군 내에서 여러 부처를 순환하는 고위 정책관료에게 넓은 시야와 장기적인 시계를 형성할 수 있게 하고, 직무렬에 정착한 전문관료에게는 업무에 전문성을 갖게 함으로써, 대외적인 협상에서 '전략형 외교'와 '전문성의 확보'라는 두 마리 토끼를 한꺼

---

[24] 제8회 기술고시에 합격하여 수산청의 주요 보직과 국제협력관, 해수부 국제협력관을 거쳐 제2차관보로서 1999년 말 '쌍끌이 파동'으로 야기된 협상 책임자로 임명되어 협상을 주도했다("○○○, 40대에 차관보 고속 승진, 그는 누구인가", 《한국일보》, 1999. 4. 27.).

[25] 정치인 출신인 농수산상은 "한일 관계가 쌍끌이 조업문제로 훼손돼서는 안 될 것"이라며 최대한 협조하겠다는 외교적인 제스처를 취했지만 실무 협상에서 일본 측은 강경했다. 일본 어민들의 입장을 대변하는 나카스 이사오(中須勇雄) 수산청장은 "쌍끌이 조업을 허용할 테니 반대급부를 내놓으라."고 줄기차게 요구했다. 일본 측 협상 실무진들은 한국의 쌍끌이 조업을 허용할 경우 어장이 황폐화될 것이라는 일본어민들의 우려를 이용, 최대한 양보를 얻어내겠다는 작전을 세웠고 실제 성공했다는 것이다("완패한 한일어협 무얼 남겼나", 《문화일보》, 1999. 3. 18.).

번에 잡을 수 있는 방안이 될 것이다. 국가정책 전반에 대한 폭넓은 이해와 실리 추구, 외교적 수사와 전략의 적절한 조합은 국제협상에서 국익을 극대화하고 국민의 신뢰를 얻을 수 있는 발판이 되어줄 것이다.

같은 실패의 반복, 아직도 끝나지 않은 방폐장 건설

지난 2003년 12월, 6개월간 계속되던 부안의 혼란은 결국 정부의 후퇴로 일단락되었다. 부안 방사성 폐기물 처리장 유치 철회결정은 이전 17년간 있어왔던 사업 실패의 연장선상에서 보면 결코 새로운 일이 아니다. 이는 안면도와 굴업도에서 있었던 주민 갈등의 반복이었고, 정책 추진의 미숙함을 그대로 답습하는 일련의 과정이었다. 17년간 실패를 반복했다는 일관성도 놀랍지만, 이러한 실패 과정에서 정부가 보여준 모습이 더욱 놀랍다[26]는 평가도 있다.

1986년부터 시작된 핵폐기장 부지 선정은 핵폐기물 처분가능 지역을 비밀리에 물색하다가 비공개 부지조사 정보가 해낭 시역으로 흘러 들어가면서 세부조사 자체가 중단되는 과정을 반복해왔다.[27] 1990년도에 들어와서는 안면도를 후보지로 선정하고 주민의 의사를 모으는 데 실패했고, 다시 1994년 굴업도 핵폐기장 부지 지정 고시와 철회를 거치게 된다. 이러한 과정을 되돌아보면 정부가 핵폐기장 부지 선정 과정의 초기 단계에서부터 주민의 의사를 모으는 절차를 생략하고 사업을 추진하다가 주민들의 반발에 부딪혀 사업에 차질을 빚은 것으로 보인다.

핵폐기물 처리장 입지 선정의 반복된 실패로 인해 지원 금액은 계속

---

[26] 김홍회(2008), "협동 거버넌스 모형의 적용-부안 방폐장 선정 과정 사례 분석", 《한국행정논집》.
[27] 차성수·민은주(2006), "방폐장 부지선정을 둘러싼 갈등과 민주주의", 《환경사회학 연구 ECO》, 10(1).

적으로 증가하였다. 안면도에서 다시 실패하자 1994년 11월 국무총리를 위원장으로 하는 범정부 차원의 '방사성폐기물관리사업 추진위원회'를 발족하여 새로운 후보지역을 물색하게 되었다. 이 과정에서 2003년에는 지역지원금이 3,000억 원으로 불어났다. 당시의 핵폐기물 저장 현황을 보면 2008년이면 원자력 발전소에 핵폐기물을 더 이상 보관할 수 없는 것으로 되어 있다.[28]

방폐장 건설을 10년 가까이 차일피일 미루던 정부는 결국 폐기물 임시저장능력이 한계에 다다르자 2003년 '포화론'을 명분으로[29] 급히 부안에 방폐장 유치를 다시 시도하게 되었다. 그러나 지역주민의 격렬한 반대 시위로 부안 유치계획은 취소될 수밖에 없었다. 2004년 12월 제253차 원자력위원회에서는 중·저준위와 고준위 핵폐기물을 분리하여 처분하겠다는 계획을 확정하였고 2005년 방폐장지원특별법이 국회 산업자원위원회를 통과함으로써 중·저준위 폐기물 처리장을 경주에 건립하기로 최종 확정하였다. 산업자원부는 방폐장 입지 선정에 앞서 8조 원 상당[30]의 사업을 지역에 유치하겠다고 발표했고,[31] 결국 주민투표 끝에 압도적인 지지로 경주 방폐장 유치가 결정되었다. 이렇게 천문학적 규모로 상승한 지원규모는 당시의 절박한 상황을 반영하는 것으로 보인다.

28 표 원전 부지별 사용후연료 저장 현황(2006년 12월 말 기준) (단위: 톤)

구분	저장용량	누계 발생량	예상포화연도
고리	2,253.1	1,562	2016
월성	5,980.2	4,697	2009
영광	2,218.3	1,357	2008
울진	1,642	1,054	2008
계	12,093	8,670	-

자료: 한국원자력문화재단 홈페이지 http://www.knef.or.kr/know

29 석광훈(2005), "정부 방폐장 추진정책의 문제와 지속가능한 대안", 《사회연구》, 제2호.

안면도 주민들의 반발이 예상외로 거세지자 당황한 정부는 사실이 와전됐다며 해명에 급급하다. 안면도에 계획 중인 것은 서해과학산업단지지 결코 핵폐기물 처리장은 아니라고 했다가 다시 방사성물질 처리 연구를 위한 임시 폐기물 저장관리장이라는 등 과기처의 해명은 왔다갔다하고 있다.

– "왜 하필 안면도인가", 《경향신문》, 1990. 11. 8.

핵폐기장을 둘러싼 그간의 진통과 사업의 중요성, 사안의 민감성에 비출 때 어느 지역이 되었건 그곳을 부지로 선정 발표하려면 마땅히 지질부터 정밀조사 했어야 한다. 그러나 정부는 굴업도의 주민이 적어 반대를 무마하기 쉽고 정치적 부담이 적다는 속셈만으로 정밀조사도 없이 굴업도 핵폐기장 건립계획을 기습적으로 발표했다. – "핵폐기물 정책 한심하다", 《동아일보》, 1995. 10. 10.

방폐장 부지 결정에 19년이나 걸릴 정도로 대형 국책사업 추진이 어려운 것은 공무원들이 몸을 사리기 때문이라는 것이다.

– "제 임기엔 아무 일도 안 하려는 공무원", 《조선일보》, 2006. 5. 19.

30 경주 MBC의 2007년 3월 16일 보도에 의하면 주민투표 이전인 2005년 8월 10일 경주시청에서 있었던 경북지역 간담회에서 이희범 당시 산업자원부 장관이 산업자원부의 가용재원 6조 2,000억 원을 언급하면서 산업자원부의 가용재원 및 지원사업을 모두 경북 및 경주 지역에 투자돼야 하는 것처럼 언급하였고, 이에 경주시는 이를 토대로 118개 사업(사업비 8조 8,526억 원)을 신청하였으나, 현재 6개 사업 3,512억 원만 승인되었고 62건은 조건부 수용, 전체 신청액의 64%에 해당하는 5조 6,648억 원은 지원사업에서 제외되었다고 한다 (2007년 3월 16일 포항 MBC 〈시사 일레븐〉 방송 내용, http://www.phmbc.co.kr/TV/tv-007Special.htm).
31 황성춘 경주대 교수, "방폐장 지원약속 지켜라", 《경향신문》. 2008. 8. 21. 한편, 정부는 당시 장관의 언급은 단순한 현황을 보고한 것이지 정부의 공식적인 입장은 아니라는 태도를 보이고 있다("포항 MBC 〈시사일레븐〉보도에 대한 산자부 입장표명", 《경주 타임즈》, 2007. 3. 31.). 이에 경주시의회와 시민단체들이 방폐장 유치지역지원사업과 관련해 대책 마련에 들어감에 따라 앞으로 반발은 더욱 확산될 전망이다("방폐장 지원사업 '미흡' 경주 시민 반발", 《동아일보》, 2007. 1. 18.).

중심을 잃고 표류한 중구난방식 아마추어 행정이 빚은 참담한 실패다. 정부와 부안군은 주민설득 과정 없이 덜컥 후보지 신청을 발표해 외부 세력과 연계한 주민의 집단 반발에 속수무책이었다.

- "아마추어 행정이 빚은 '부안 실패'", 《동아일보》, 2003. 12. 11.

원전 수거물 관리시설 입지는 산업자원부 소관으로 행자부 장관이 단독으로 주민투표를 언급할 사안이 아니다. 같은 날 산자부 장관은 주민을 설득해 강행하겠다는 뜻을 밝혔으니 장관들끼리 손발도 맞지 않은 셈이다. 정부 안의 의견통일조차 제대로 안 돼서야 어떻게 주민의 이해를 구할 수 있겠는가.

- "부안군 주민투표 문제 있다", 《동아일보》, 2003. 8. 1.

정부 원자력위원회가 방사성폐기물 처분장을 중·저준위 폐기물 처분장과 고준위 폐기물 중간저장시설로 나눠 우선 중·저준위 처분장부터 건설하기로 결정했다. 중·저준위 폐기물이란 원전 종사자들이 썼던 작업복과 장갑, 휴지, 교체부품 등을 말하며 원전 1기(基)당 한 해 40t 정도가 나온다. 고준위 폐기물은 사용하고 난 우라늄 연료로 한 해 20t씩 배출된다. 고준위 폐기물의 방사선량은 같은 무게의 중·저준위 폐기물의 100억 배에 달한다. 중·저준위 폐기물 처분장을 먼저 만든다고 하더라도 결국 원전에서 나오는 전체 폐기물 방사선량의 50억분의 1밖에 처리하지 못하는 것이다. 정부가 우선 중·저준위 처분장부터 짓자는 것은 원자력발전소의 중·저준위 관리시설이 2008년에 먼저 포화상태가 되기 때문이다. 그러나 고준위 폐기물도 현재의 임시저장 용량으로는 2016년까지 버틸 수 있을 뿐이다. [중략] 그런데 이번에는 중·저준위 처분장만 따로 짓더라도 그 3,000억 원을 그대로 지원하겠다는 것이다. 그렇다면 고준위 폐기물 관리시설을 지을 때는 또

무슨 돈을 얼마나 내놓겠다고 할 것인가. 결국 정부의 고준위와 중·저준위 폐기물 시설의 분리건설 방침은 문제를 해결하겠다는 것이 아니라 문제를 다음 정권에 떠넘기겠다는 것에 불과할 따름이다.

　　- "방사성 폐기물 처분장, 다음 정권에 넘기는가", 《조선일보》, 2004. 12. 20.

왜 정부는 우왕좌왕 손발이 맞지 않는 아마추어라는 평가를 자주 듣는 것일까? 이 의문은 1부에서 설명했던 공무원의 비밀주의와 한건주의, 그리고 전문성 부족 문제를 떠올리면 쉽게 풀린다.

방폐장 설치와 관련된 일련의 사태에서 정부는 우선 "내 임기 내에 해결하겠다"는 식의 '한건주의'적 사고방식하에 졸속으로 문제를 해결하려 했다. 그리고 나서는 한동안 그와 반대로, 힘든 일은 일단 후임자에게 미루는 무책임한 태도로 세월을 허송했다. 그리고 핵폐기물 임시저장능력이 포화되기에 이르자 막판에 몰린 정부는 훗날의 부담은 생각지 않고 국민의 혈세를 퍼부어 문제를 해결하는 위험한 선례를 남기게 된다. 그것도 방폐장의 핵심인 고준위 핵폐기물 처리는 뒤로 슬쩍 미루고 저준위 폐기물만 처리장을 건설함으로써 방사성 폐기물 처리장 문제는 여전히 심각한 사회적 갈등의 표출을 예고하고 있다.

방폐장을 건설하는 데 가장 중요한 요소는 정부와 주민 간의 신뢰이다. 정부가 안전한 방폐장을 건설하고 주민들이 입게 될 피해에 대해 정당한 보상이 돌아갈 것이라는 신뢰가 정부와 주민 사이에 있었다면 이런 사태는 발생하지 않았을 것이다.

과거의 시행착오로부터 우리가 터득해야 할 교훈은, 이 같은 정책실패와 갈등이 다시 반복되어서는 안 된다는 것이다. 그러기 위해서는 정책을 추진하는 공무원들의 전문성과 책임감이 담보되어야 한다. 방폐장 문제에도 에너지 분야의 고위 정책관료 또는 방폐장 관련 전문관료가 육성되었더라면 전문성과 책임의식을 가지고 미리 대안을 마련하였을 것이다. 그러나 동력자원부가 상공부와 통합되고 산업자원부가 다시 확대 개편된 지식경제부 체제하에서, 에너지 분야 전문공무원이 육성되는 것을 기대하기는 더욱 어려워졌다. 최근 중앙공무원교육원에 '기후변화 대응과 에너지·자원 확보'라는 전문교육과정이 처음으로 개설되었다는 소식이 전해졌다.[32] 뒤집어 보면 이제까지 이 분야에 관한 공무원 교육과정이 없었다는 얘기니 답답한 노릇이다.

그렇다면 앞으로 고준위 방사성 폐기물 처리장을 건설해야 하는데 과거의 실패가 다시금 반복될 가능성은 없는가? 불행히도 그 가능성은 매우 높다. 지금도 정부와 공무원의 인사제도가 별반 달라진 것이 없기 때문이다. 전국의 원자력 발전소에 고준위 폐기물이 쌓이면서 정부는 2016년까지 고준위 방폐장 입지를 선정하지 않을 수 없는 절박한 상황에 처해 있다. 이를 유치하게 될 지방자치단체는 분명 경주 방폐장 유치 사례를 벤치마킹할 것이다.[33] 고준위 폐기물과 저준위 폐기물의 위험도 차이와 더 높은 보상에 대한 기대심리가 상승작용을 하여 더 천문학적인 규모의 지원금과 지원정책을 요구하게 될 것이다. 결국 방폐장 설치 업무에 대해 주인의식과 전문성을 가지고 지속적으로 이 분야에 종사해온 공무원이 없다는 사실은 새 정부에 또다시 엄청난 부담을 안겨주게 될 것이 분명하다.

[32] 행정안전부(2008), "'기후변화 대응과 에너지·자원 확보' 전문교육 시행", 5월 28일 보도자료.
[33] "탐사특집 경주에선…", 《경향신문》, 2008. 8. 22.

이제 목전에 닥친 고준위 방폐장 입지 선정에도 공무원의 전문성과 책임감뿐만 아니라 관련 부처간 협력이 필수적으로 요구되고 있다. 교육과학기술부, 산업자원부, 환경부, 행정안전부, 그리고 지방자치단체의 협조문제 등 다양한 부처들의 지원이 수반되어야 한다. 그러나 앞에서 보았던 사례에서처럼 부처간의 유기적인 협조도 당장은 기대하기 어려워 보인다. 공무원이 한 부처에 소속되어 순환보직 하는 현 체제하에서 고준위 방폐장 건설 문제가 또다시 어떤 우여곡절을 겪을지, 몇 년을 표류할지 알 수 없는 일이다.

그러나 필자가 제안하는 직무군·직무렬제도를 근간으로 하는 새로운 공직인사제도가 제대로 실행된다면 과거와는 근본적으로 다른 결과를 예견해볼 수 있다. 예컨대 공무원이 부처가 아닌 직무군(렬)에 소속되어, 안면도 방폐장 유치사업을 담당했던 사무관이 서기관으로 승진하여 굴업도 유치사업을 담당했더라면 방폐장 유치에 관한 한 최고의 전문가가 되었을 것이다. 그리고 다시 이사관이 되어 부안 유치사업을 담당하게 되었더라면 그렇게 참담한 실패는 없었을 것이다. 또 방폐장 관련 직무군(렬)에 소속된 공무원들은 방폐장 문제 해결에 주인의식과 사명감을 갖게 되어 핵폐기물의 임시저장능력이 포화될 때까지 10년 가까이 일을 지연시키지도 않았을 것이다. 그리고 더 위험하고 더 처리하기 힘든 고준위 핵폐기물 처리에 대한 책임을 회피하고 중·저준위 폐기물 처리장만 먼저 설치함으로써 승진 또는 영전해 떠나고, 다음 사람, 다음 정부에 큰 부담을 미루는 무책임한 일[34]도 없었

---

34 "방사성 폐기물 처분장, 다음 정권에 넘기는가", 《조선일보》, 2004. 12. 20.

을 것이다. 또 방폐장 관련 직무군(렬)에 소속된 공무원이 지식경제부에서 환경부, 외교통상부, 건설교통부의 관련 보직에 순환하게 되었더라면 방폐장 관련 부처간 협조체제도 더욱 원활했을 것이다. 게다가 사업부처와는 별도의 중립적 기관인 조정실장실에 의한 정책실명제가 시행되었다면, 명예와 실적을 생명처럼 소중히 여기는 공직자들이 고준위 방사성 폐기물 처리장 사업을 다음 정부에 떠넘기는 일은 꿈도 꿀 수 없었을 것이다.

이제까지 정부가 우왕좌왕하고 아마추어적인 모습을 보인 것은 공무원이 아마추어였기 때문인데, 이는 공무원 개개인의 잘못이 아니라 공무원 인사제도가 잘못되었기 때문이다. 이는 굳이 제도론(制度論), 생태론(生態論), 신제도주의(新制度主義) 등 관련 행정학 이론을 자세히 설명하지 않아도 지성인이라면 누구나 쉽게 유추할 수 있는 사실일 것이다. 공무원 인사제도가 선진화되고 진정 프로를 양성할 수 있는 제도가 도입된다면 전문성을 갖춘 공무원이 프로답게 업무를 추진할 것이다. 이는 정무직 장관의 부담을 덜고, 정부와 대통령의 부담을 덜 뿐만 아니라 궁극적으로 국가와 국민의 부담을 덜어주는 일이다. 새로운 공직인사제도를 바탕으로 직무군·직무렬제도, 정책실명제 등이 시행된다면 방사성 폐기물 처리장과 관련된 우여곡절의 긴 역사도 과거사의 한 부분으로 잊혀져가게 될 것이다.

국가경쟁력의 발목 잡는 '정부 효율성'

스위스 국제경영개발원(IMD)은 해마다 세계 각국의 국가경쟁력[35]을 종합 평가하여 순위를 발표한다.[36] 경제 성과, 정부 효율성, 기업 효율성,

사회적 생산기반 구축 등 4개 부문에 걸쳐 각 나라를 평가하고 그 결과를 합산해 순위를 매기는 것이다.

우리나라는 매년 2~3위 정도의 변동은 있지만 대체로 30위대 후반에 머물고 있다. 국가경쟁력을 경제력만으로 따질 수는 없지만, 우리나라의 경제력(GDP, 외환보유고 등) 순위가 10위 안팎[37]인 점을 고려하면 의외의 결과로 비추어진다. 그러나 여기에는 정부의 낮은 효율성이 한몫하고 있다.[38] 이 때문에 순위가 발표될 때마다 정부의 비효율성이 국가 경쟁력의 하락을 초래한다는 비판이 제기되고 있다.

'정부 효율성'이란 곧 공무원의 능력에 대한 척도이다. 지금껏 정권이 바뀔 때마다 정부와 공직사회에 대한 개혁이 단 한 번의 예외도 없이 계속 시도되어왔지만, 정부의 효율성은 여전히 국가경쟁력 순위의 발목을 잡고 있다. 이는 정부 규모 축소라는 외형에 초점을 맞춘 기존의 정부 개혁 처방이 효과가 없었음을 의미한다. 즉, 이제 공무원 개개인의 능력 향상과 같이 좀 더 본질적인 부분으로 개혁 처방의 초점이 옮겨져야 한다는 뜻이다. 이슈가 될 만큼 여파가 큰 특정 사회현안이 대두되지 않아도 주요 일간지의 사설은 정부 부문의 고질적인 문제점으로 순환보직에 의한 전문성의 상실과 함께 시대환경 변화에 적응하지 못하고 민간보다도 뒤떨어진 공무원의 경쟁력을 지속적으로 지적

---

[35] IMD는 국가경쟁력을 '자국 내 기업이 가치를 창조하고 국민은 더 번영할 수 있도록 각종 환경을 만들고 유지하는 국가의 능력'으로 정의하고 있다.
[36] 필자 개인적으로는 순위의 객관성을 절대적으로 신뢰하지는 않지만, 국가경쟁력지수로서 더 나은 대안이 뚜렷하지 않다는 점과 실제로 국가경쟁력지수가 대외신인도 평가에 영향을 미치고 해외 투자자 및 기업 등이 이 지표에 주목하고 있다는 점에서 이 순위에 우리나라가 좀 민감해질 필요가 있다고 생각한다.
[37] IMF의 조사에 따르면, 우리나라의 2007년 GDP는 세계 13위이며 외환보유고는 세계 6위이다.
[38] 2006년 발표된 IMD 국가경쟁력 평가에서 우리나라의 정부 효율성은 61개국 중 47위를 기록했다.

하고 있다. 언론들은 기존의 땜질식 처방이 아니라 공직인사제도를 보다 근본적으로 개혁해야 함을 강력하게 시사하고 있다.

무리한 순환보직으로 공무원들이 전문성을 축적할 틈이 없다 보니 환경 변화를 못 따라가 정책 수요자인 민간보다 뒤지는 게 가장 큰 원인이다. 한곳에서 오래 근무하는 데 따른 침체를 막고 창의적 직무 수행을 유도한다는 취지의 순환보직제가 결국 정부 경쟁력 저하의 한 요인이 되는 것이다. 선진국 정부들이 국가경쟁력 제고에 안간힘을 쓸 때 우리 공무원들은 인사이동과 업무 파악에 시간을 허비한다.
― "잦은 순환人事, 정부 전문성 떨어뜨린다", 《동아일보》, 2008. 2. 23.

정부 각 부처들은 대부분 감사관이나 연구직들에 대한 개방만을 수용하고 정책 담당 부서 등에 대해서는 절대 불가의 입장을 보이고 있다고 한다. 전문성이 요구된다거나, 민감한 현안을 검증되지 않은 민간인에게 맡길 수 없다는 게 그들이 내세우는 개방불가의 명분이다. 관료사회의 이기주의와 병폐를 그대로 드러내는 행태다.
― "'개방형 임용제' 물건너가나", 《경향신문》, 1999. 11. 15.

당부하고 싶은 것은 공무원 인사제도를 근본적으로 뜯어고치라는 것이다. 두루 알다시피 우리나라의 공무원 인사제도는 매우 폐쇄적이다. 고등고시를 거친 몇몇 엘리트들이 특정 부처에 뿌리박고, 부처이기주의에 매몰돼 기득권 유지에 급급한 게 현실이다. 그러다 보니 중요한 국가적 현안들이 부처별 이해관계나 영향력의 크기에 따라 변질되는 사례가 종종 있어왔다.
― "공무원 인사제도 혁신해야", 《한겨레》, 2004. 1. 7.

이상에서 살펴본 언론의 시각은 환경보존론을 지지하는 것도 개발경제론을 지지하는 것도 아니다. 새만금사업의 실패는 사업 진행 중에 정부 부처간 의견이 계속 엇갈렸고, 이를 조정하고 통합하는 기제마저 제대로 작동하지 않았기 때문이라는 것이다.

환경부와 농림부가 각자의 주장을 내세우며 계속 대립했던 이유가 부처의 설립 목적이나 추구하는 가치관이 서로 달랐기 때문만은 아니다. 규제 부처로서 환경부는 환경보존의 가치를 추구하고, 사업 부처로서 농림부는 식량 확보를 원활하게 하는 역할을 한다. 이처럼 서로 지향점이 다른 규제 부처와 사업 부처가 정부 내에 공존하는 것은 서로 다투고 대립하기 위한 것이 아니라, 국익을 극대화할 수 있는 선에서 서로 양보하고 타협하여 최선의 조정안을 도출하기 위한 것이다.

그런데 공무원이 하나의 부처에 소속되어 순환보직을 하고 있는 현 체제하에서는, 실무담당자가 원활한 사업 추진을 위해 부처의 이해를 양보하는 게 사실상 매우 어렵다. 어차피 순환보직 과정에서 돌아가며 맡는 일인데 하필 자기가 맡은 기간에 부처 이익에 반하는 결정을 하는 것이 신상에 이로울 리 없기 때문이다. 게다가 평생 하나의 부처에만 소속되어 여러 종류의 보직을 순환하다 보면 직무에 대한 전문성도 없고 타 부처의 입장을 알고 이해할 기회조차 없으니 합의점을 찾기가 더 어려운 것이다.

이제 필자가 제안한 바와 같이 공무원이 직무군에 소속되어 다양한 부처를 두루 경험하게 된다고 가정해보자. 이 경우, 이해가 상충되는 환경부와 농림부의 실무담당자는 서로가 선임자와 후임자 사이일 수도 있고, 과거 함께 근무했거나 앞으로 같은 곳에서 동료로 일하게 될 정부 내에서도 환경부는 만경강 수질개선에 막대한 예산을 들여도 담수호의 수질이 확보된다는 보장이 없다고 했고, 해양수산부는 갯벌소실과 해양생태계 파괴로 인한 피해가 더 크다고 보았다. 하지만 사업추진부서는 간척지 토지가격과 쌀 생산 수입을 이중으로 계산하고 '식량안보' 가치를 과다 계산하는 식으로 비용·효과 분석을 해서 사업성이 충분하다고 주장했다.

— "'새만금' 계속한다고는 하나", 《조선일보》, 2001. 5. 27.

우선 정부 내 관련 부처의 견해가 엇갈리고 있다. 주무 부처인 농림부는 전라북도와 함께 사업 강행의 타당성을 강조하고 있는 반면 환경부와 해양수산부는 사실상 사업 추진 반대 의사를 표시하고 있다.

— "새만금 밀어붙이기는 안 된다", 《동아일보》, 2001. 3. 7.

이 사업과 관련된 정부 부처들도 이기주의에서 벗어나 '전체'를 바라보는 안목을 가져야 한다. — "새만금 해법 찾기", 《동아일보》, 1999. 1. 13.

환경부가 바닷물을 유통시켜 개펄을 살리고 수질을 보장하는 개발이어야 한다고 주장하고 있지만, 정부의 다른 부처에 밀려 무기력한 모습만 보이고 있다.

— "이런 '새만금특위' 왜 만들었나", 《한겨레신문》, 2003. 7. 1.

게다가 농림부와 전북도는 신기획단을 사업 추진의 장으로 삼는 반면에 환경부와 환경단체는 중단하기 위한 기구로 여기는 등 서로 엇갈리고 있다.

— "새만금, 집단행동 안 된다", 《경향신문》, 2003. 6. 3.

이희범 무역협회장이 서울대 행정대학원 특강에서 "공무원에게는 자신의 임기 중 아무것도 안 하려고 하는 '님트(NIMT, Not In My Term)' 병이 있다."고 했다. [중략] 스위스 국제경영개발원(IMD) 국가경쟁력 평가에서 한국의 '정부행정효율'이 61개국 중 47위의 낙제점을 받은 이유가 무엇인지 알 만하다.
- "제 임기엔 아무 일도 안 하려는 공무원", 《조선일보》, 2006. 5. 18.

건국 이래 고급공무원이 되기 위한 '고시'는 우수한 젊은이라면 누구나 한 번쯤 꿈꾸어봤을 입신양명(立身揚名)의 등용문이었고, 공무원은 단연 우리 사회 최고 엘리트 집단이었다. 최근 한국고용정보원의 대졸자 직업이동 경로조사[39]에 따르면, 우리나라 대학생 네 명 중 한 명은 재학 중에 공무원 시험 준비를 했던 것으로 조사되어 공무원에 대한 선호는 여전한 것으로 밝혀졌다. 또한 결혼정보회사의 배우자 선호도에서도 공무원이 1위를 차지했다.[40]

그런데 민간 대기업과 정부의 업무 효율성을 비교한다면 어느 쪽이 국민 대중에게 더 높은 평가를 받고 있을까? 철밥통에 복지부동이라는 비난의 대상인 공무원 집단의 업무 효율을 더 높이 평가하는 경우는 신문, TV, 인터넷에 이르기까지 그 어느 곳에서도 찾아볼 수 없다. 이제 공무원들의 연중무휴의 강행군과 늦은 밤까지 불 밝힌 정부종합청사의 모습이 희생과 봉사의 모습으로 칭송되기보다는 규제의 상징이요 개혁의 대상으로 비판받고 있다.

세계의 석학들은, 제2차 세계대전이 끝난 후 전 세계의 가장 가난하

---

39 http://survey.keis.or.kr 를 참조.
40 "'1등 신부감' 교사 위에 공무원", 《경향신문》, 2007. 10. 9.

고 낙후된 후진국에서 선진국 대열 진입을 목전에 둔 신흥 공업국으로 최단기간에 한국을 발전시킨 주역으로 엘리트 공무원을 꼽기에 주저하지 않는다. 실제로 이들은 우리 사회에서 역대 가장 우수한 엘리트 집단이 아니었던가. 그런데 대한민국에서 가장 우수한 사람들이 공무원이 되었고, 또 국가발전에 혁혁한 공훈을 세웠음에도 불구하고 이제 새 정부가 들어설 때마다 개혁과 사정의 대상으로 전락하게 된 원인은 과연 무엇인가. 이처럼 난해한 질문에 대한 대답은 의외로 간단하다. 필자가 이 책에서 누차 언급한 바와 같이 이는 결코 공무원 개개인의 문제가 아니라 잘못된 공직인사제도의 문제인 것이다.

시대환경은 급변하는데 공무원들은 아직도 십수 년 전에 고시준비를 위해 암기한 해묵은 지식의 한계를 벗어나지 못하고 있다. 문제의 원인은 청운의 뜻을 품고 공무원의 길을 선택한 인재들에게 전문성을 확보하고 능력을 향상시킬 기회를 주지 않는 제도에 있다. 이른바 엘리트 공무원이라면 야근과 휴일 반납이 일상화될 지경이니 자기 계발과 능력 향상을 위해 할애할 여유 시간이 있을 리 없다. 업무 중에도 일에 파묻혀, 그것도 부처 내 순환보직으로 한 해가 멀다 하고 이 일 저 일 옮겨 다니다 보면 고위 관료로 도약하기 위한 소양도 지식도 갖출 겨를이 없다. 그런데 기본자질이 우수한 공무원은 능력향상의 기회를 주지 않아 무능한 공무원으로 전락시키고 민간에서 우수한 전문가와 능력자를 영입하겠다는 것이 바로 개방형 임용제로부터 고위공무원단 제도에 이르기까지 줄곧 왜곡되어온 기존의 공무원 인사 개혁 방향이다. 이처럼 잘못된 개혁이 결국 유명무실한 제도로 전락하게 된 것은 어쩌면 당연한 결과인지도 모른다.

이 책에서 필자가 제안하고 있는 공직 이모작 교육은 장기간에 걸친 심층교육으로서, 중견 실무관료가 유능한 고위 관료로 도약할 수 있도록 능력을 배양시키는 것이다. 그리고 급변하는 세계정세 변화에 발맞추고 미래에 대한 비전과 지식을 두루 갖춘 고위 정책관료와 전문성으로 무장한 전문관료로 거듭나게 하는 것이다. 따라서 실무에 숙달된 중견 관료를 고위 관료로 재교육하는 공직 이모작 교육은 정부의 효율성을 근본적으로 개선하여 결국 국가경쟁력을 획기적으로 향상시키는 결과를 가져올 것이다.

공무원, 그 안에 잠든 거인 깨우기

국가 발전과 국민복지 증진에 심각한 피해를 입힌 수많은 정책실패들을 돌이켜볼 때, 이를 미연에 방지하거나 적절히 대응하지 못한 근본 원인은 결국 잘못된 공무원 인사제도로부터 초래된 것임을 알 수 있다. 시대환경은 근대화 시대에서 신진화 시대로, 그리고 지식정보시대로 변화무쌍하게 발전해가는데, 우리나라 공무원 인사제도는 아직도 40여 년 전 근대화 시절에 제3공화국이 정착시킨 인사제도의 기본 틀을 벗어나지 못하고 있다. 그리고 그동안 정권이 바뀔 때마다 예외 없이 개혁과 혁신이라는 이름 아래 많은 변화를 시도했지만 한 번도 제대로 성공하지 못했다. 그 이유는 우선 기존의 정부개혁이 정부의 규모, 즉 공무원의 숫자나 부처 조직의 크기 같은 양적 하드웨어 개편에 초점을 맞춰 진행됐기 때문이다. 그에 따라 공무원 인사제도와 같이 중요한 질적 소프트웨어 개혁은 소홀히했던 것이다. 하지만 이보다 더 근본적인 원인은 우리 정부와 공직사회의 현실에 대한 깊은 고뇌와 성찰 없이 서구 선진국 제도를 맹목적으로 우리 정부에 이식해보려고 하는 이벤트성 개혁이었다는 사실에 있을 것이다.

필자가 제안하는 미래 지향적 정부혁신 방안은 공무원 인사제도를 개혁함으로써 공무원을 개혁하고, 바뀐 공무원이 정부를 개혁하게 하는 것이다. 즉, 소프트웨어 개혁을 통한 하드웨어 개혁이라고 할 수 있다. 이는 정부의 겉모습만 바꾸는 미봉책이 아니라 새로운 공무원 인사제도를 통해서 정부의 유전자를 바꾸는 근본적인 개혁이다. 지금까지 잠재되어 발현되지 않은 엘리트 공무원의 거대한 능력을 깨운다면 정부는 지금까지와는 전혀 다른 새로운 모습으로 거듭날 것이다.

유전자, 곧 DNA는 네 가지 염기성 화학물질로 구성되어 있다. 이들 네 가지 염기의 조합에 따라서 생명체의 형태와 기능이 결정되는 것이다. 어떤 조합은 눈에도 보이지 않는 아메바와 같은 단세포 미물을 만들고, 또 어떤 조합은 거대한 공룡을 만든다. 유전자 치료는 불치의 병을 미연에 방지한다. 유전자를 바꾸어 초인적인 능력을 갖는 것도 더 이상 먼 미래의 이야기가 아니다.

정부의 능력을 결정하는 유전자의 네 가지 염기가 바로 공무원의 '소속', '경력발전경로', '평가 및 인사' 그리고 '교육훈련'이다. '공무원의 소속을 부처에서 직무로 바꾸는 직무군(렬)제도', 'Z형 무차별 순환보직에서 Y형 경력발전제도로의 변경', '조정실장에 의한 객관적 평가와 인사 추천', 그리고 고급 공무원을 혹사시키기만 하는 현 체제로부터 '중견 실무관료를 고위 정책관료 및 전문관료로 거듭나게 하는 공직 이모작 교육훈련', 이상이 바로 정부의 유전자 치료이다. 공무원 인사제도의 이러한 네 가지 근본적인 변화는 복지부동하는 무능한 철밥통을 대한민국의 선진국 도약을 선도하는 유능하고 충실한 국민의 공복으로 바꾸어놓을 것이다. 더 이상 한국 최고의 엘리트 집단인 대한민국의 고급 공무원을 낙후된 정부조직과 후진적인 공직인사제도의 희생양으로 만들어선 안 될 것이다.

자, 이제 정부의 유전자를 바꾸자. 그래서 그 속에 잠든 거인을 깨우자. 알라딘의 램프처럼 낡은 제도의 틀에 갇혀 기나긴 잠에 빠진 엘리트 공무원들에게 활력을 불어넣자. 그리고 국민을 주인으로 받들어 21세기 선진국 대한민국을 실현시킬 거인으로 거듭나게 하자. 이것이 바로 필자가 이 책에서 제안하고 있는 공무원 인사제도를 기본 골격으로 하는 정부개혁이다.

부록

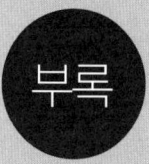

부록1 미래형 공직인사제도에 대한 Q&A

부록2 직무군·직무렬 분류체계 예시

부록3 연구기관과 유관부처의 업무연계 분석

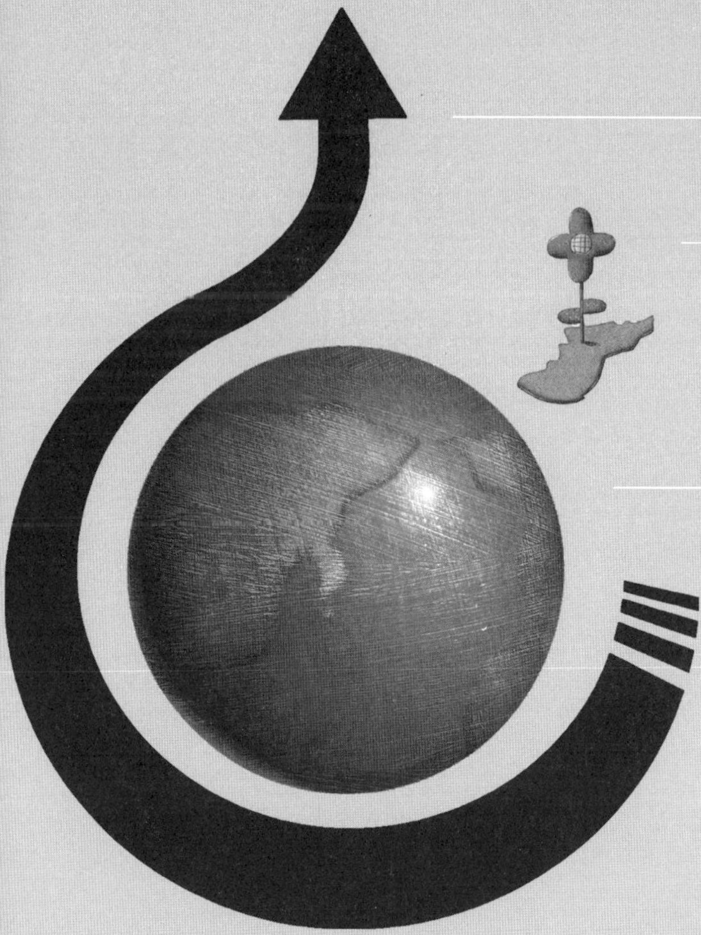

부록1 미래형 공직인사제도에 대한 Q & A

> 이 책은 정책 제안서의 성격이 강하기 때문에 독자들에게 많은 의문을 갖게 하였으리라 생각된다. 그래서 국내의 저명 인사행정학자들과 행정부 내 인사전문가의 검토 과정에서 나온 질문들을 토대로 다음의 Q & A를 작성해보았다. 이를 통해 책을 읽으면서 가졌던 의문점들을 어느 정도 해소할 수 있기를 기대한다.

Q 이 책에서 제시한 새로운 공직분류체계 개편 예시안 및 제도들은 앞으로 학계와 관계전문가의 공청 과정을 거쳐야 하지 않을까?

A 이 책의 내용과 이론은 국내의 저명한 인사행정학자, 전직 또는 현직 인사행정관료 등 여러 사람의 전수검증을 거쳤으며, 그 외 많은 학계 전문가와 공직자들의 검토를 받아가며 수정, 보완 작업을 마쳤다. 다만, 세부적인 시행안과 시기는 전 정부 차원의 태스크포스팀을 구성하여 법 규정에 맞게 실무 검증 과정을 거쳐 최종 결정되어야 한다. 더불어 학계와 전문가, 그리고 공무원들의 충분한 의견 수렴과 공청 과정을 거쳐야 할 것이다.

Q 통상적으로 부처마다 위상이 다른데, 전보 및 승진 인사가 어떻게 범부처적으로 원만하게 이루어질 수 있는가?

A 현실적으로 부처의 위상이 존재하는 것은 사실이다. 이 책에서 설명하였듯이, 시험성적과 연수성적만으로 공무원이 평생 재직할 부처를 결정하는 현 제도는 분명 문제가 있다. 예를 들어 예산이나 정부조직을 관장하는 부처의 위상이 상대적으로 높기 때문에 개개인의 적성과 무관하게 성적순으

로 평생직장인 소무부처가 결정되는 등, 그로 인해 만만치 않은 문제가 발생하는 예 또한 앞에서 지적하였다. 따라서 직무군 내에서 범부처적으로 인사교류를 하면 부처간 입장과 이해의 폭을 넓힐 수 있기 때문에 이러한 문제점도 자연스럽게 해소되는 부수적인 효과를 얻을 수 있을 것이다.

모든 사람이 직무군 내 부처간 인사교류에 만족할 수는 없겠지만, 다음 인사에서 원하는 부처, 원하는 보직으로 옮길 수 있는 기회가 열려 있기 때문에 현 제도에서처럼 원하지 않는 부처에 평생 소속되는 것보다 훨씬 더 원만한 인사가 가능할 것이다.

Q 본인의 의사에 반하여 인사가 이루어질 때 사기저하와 비능률이 발생할 가능성이 있지는 않은가?

A 직무군 분류는 부처보다 훨씬 큰 분류이기 때문에 오히려 현 제도보다 본인의 의사에 부합하는 보직으로 옮겨갈 수 있는 기회가 많다. 행정적으로도 부처 내에서보다 직무군 내에서 개인의 의사를 인사에 반영하기가 더욱 용이하다. 게다가 객관적인 성과평가에 의해 인사가 이루어질 것이기 때문에, 윗사람에게 잘 보이려는 행태와 파벌 및 연고인사가 없어져 오히려 공무원의 사기가 앙양되고 직무 능률이 높아질 것이다.

무엇보다도 직무군제도하에서는 인사가 예측 가능하게 이루어질 것이기 때문에 비록 본인이 만족하지 못하는 경우에도 사기가 저하하거나 업무의 능률이 떨어지는 것을 최소화할 수 있을 것이다.

Q 직무군별 인사담당기관(조정실장)이 직무군별 인사 기능을 통해 특정 부처의 고위직 인사에 관여할 경우 부처장관의 인사권을 제약하게 되어 부처장관의

위상 저하, 업무 추진력 저하, 통솔력 약화를 가져올 가능성이 있지는 않은가?

A 부처장관이 인사평정권을 갖고 있기 때문에 조정실이 인사에 관여하더라도 장관의 인사권을 마음대로 침해할 수 없으며, 이것은 제도적으로도 보장할 수 있다. 장관이 소속 고위관료에 대한 인사권을 전담하는 현 제도와, 별도의 인사담당기관의 관여를 인정하는 새로운 제도는 인사 기능의 공정, 객관성, 전문성뿐만 아니라 당해 부처가 수행하는 정책의 전문성, 효율성 측면에서 각각의 장단점이 있다. 그것은 제도가 지향하는 바에 따라 선택할 수 있는 문제라고 하겠다.

현재 시행 중인 고위공무원단의 경우에도 인사권은 부처장관이 갖되, 행정안전부(종전 중앙인사위원회)가 일정 부분 관여(승진심사, 역량 평가 등)하도록 하면서 각각의 장점을 살리려고 하고 있다. 그러나 현행 제도의 문제점은 행정안전부가 인사 업무에 있어서는 전문성을 가지고 있지만, 각 직무군별 전문성은 없기 때문에 인사의 객관성과 전문성을 확보하기 위해서 새로운 조정실을 설치하자는 것이다.

더욱이 현재와 같이 부처장관이 독자적으로 부처 내 인사를 담당하는 경우 나타날 수 있는, 외압에 의한 인사청탁 또는 줄대기 등의 부정적 관행은 부처장관과 조정실장이 인사 업무를 분장하면 상호 견제에 의해 줄어들게 될 것이다. 즉, 장관에게 인사청탁이나 줄대기를 시도하면 조정실장의 견제에 의해 이것이 어려워지며, 조정실장에게 인사청탁이나 줄대기를 시도하면 부처장관의 견제에 의해 어려워지게 될 것이다.

또한 인사권자들의 입장에서도 내키지 않는 외압에 직면했을 때 이러한 상호 견제 메커니즘을 이유로 거절하기도 용이해질 것이다. 이와 비슷한 메커니즘으로, 같은 관료제 조직이며 부대 통솔력이 더욱 중요한 군대에서는 보병, 포병, 공병 등의 병과별로 군본부에서 인사를 총괄하고 있지만, 그것이 극한 상황인 전시에서조차도 단위부대 지휘관의 통솔력에 전혀 손상을 끼치지 않음을 수많은 선진국 사례를 통하여 증명된 바 있다.

Q 정부부문은 전문가의 활용 소지가 민간부문에 비하여 적은 편이다. 우수한 전문인력은 민간부문에서 기량을 발휘함이 원칙이다. 우수인문인력이 법조계에 쏠리거나 우수기술인력이 정부부문에 몰리는 것이 국가 전체로 보아서 바람직한 일인가?

A 민간부문의 발전을 정부가 주도하는 시대는 벗어났다. 그러나 민간부문의 발전을 보조하고 지원하기 위해서 정부부문 또한 그에 걸맞은 역량을 갖추어야 한다. 이 책에서 제시하고 있는 새로운 제도들은 민간부문의 우수한 인재들을 모두 공직으로 유인하고자 하는 것이 아니라, 공직인사제도를 개선하여 정부시스템 내에서 우수한 공무원을 육성하고자 하는 것이다.

Q 고위공무원을 정책직(정책관료)과 전문직(전문관료)으로 구분했을 때 양자의 비율은 어떻게 할 것인가? 그리고 단순히 당사자의 희망에 따라 구분되는 것인가?

A 정책관료와 전문관료의 비율은 직무 분석의 결과에 따라 결정해야 할 것이다. 현재 정부의 직무 상황은 물론 지식기반사회의 미래 행정 수요도 함께 감안해야 할 것이다. 그리고 직무 분석 결과에 따라 복합적인 성격을 가진 직책의 경우 정책관료와 전문관료의 복수직위도 허용할 수 있다.

일정 기간마다 직무 분석을 일부 또는 전부 시행하여 환경 변화에 따른 업무 내용의 변화에 발맞추어 직무군·직무렬 분류를 주기적으로 조정해나가야 할 것이다.

Q 정책관료와 전문관료를 너무 이상적인 관료체제 형태로 그리고 있는 것은 아닌가? 자칫하면 현재 실패한 제도라고 평가받고 있는 고위공무원단제도와 유사한 모형이 되는 것 아닌가?

A 정책관료제도가 지향하는 목표는 적재적소에 적임자를 보임할 수 있도록 문호를 개방한다는 측면에서 고위공무원단제도와 일맥상통하지만, 실제 운영에 있어서는 다음과 같은 근본적인 차이가 있다.

첫째, 고위공무원단제도는 정부 전 부처의 고위공무원을 대상으로 직위별로 적임자를 찾아 보임하는 것이다. 그런데, 현재와 같이 비정상적인 Z형 순환보직체제 하에서는 해당 보직에 걸맞은 전문성을 갖출 수 있는 인사제도가 없기 때문에 적임자가 육성되지 않았다. 따라서 고위공무원단제도는 처음부터 이상론에 치우친 유명무실한 제도로 전락할 가능성이 농후했다. 그러나 정책관료제도 하에서는 직무군별로 보직경로가 전문화되어 있기 때문에 보직별로 적임자가 정부 내에 육성되어서 제도가 지향하는 목표를 충분히 달성할 수 있을 것으로 기대된다.

둘째, 고위공무원단제도는 전 부처 모든 고위공무원 및 민간전문가를 대상으로 해당 보직의 적임자를 찾으려 하기 때문에 소속부처 및 경력이 서로 다르고 경쟁 대상자가 너무 많아서 공정한 심사가 불가능하다. 그러다 보니 정치권의 영향력이 작용하거나, 능력과 실적보다는 흠집을 찾는 네거티브 심사로 흐르는 폐단이 있다. 정책관료는 일단 고위공무원의 범위를 해당 경력을 갖추고, 공직 이모작 교육으로 능력을 배양하고, 적응 훈련까지 마친 공무원을 대상으로 한정되기 때문에 실적과 능력에 따른 공정하고 능률적인 인사가 가능해진다.

Q 모든 공무원이 고등고시를 통해 공직에 입문하는 것이 아니고, 9급 또는 7급으로 시작해서 사무관으로 승진하는 공무원도 많이 있다. 이 경우에는 새로운 Y형 보직경로제도를 어떻게 적용하는가?

A Y형 경력발전제도 하에서는 하위직(5급 미만)에서 승진한 공무원을 위한 특별한 보직경로를 만들 필요가 없다. 최근 이들의 평균 학력이 매우 높아져서 5급으로 채용된 공무원과도 능력에서 큰 차이가 없는 것으로 예상된다. 다만, 공직경력과 나이 등을 고려해서 공직 이모작 교육에 입교할 수 있는 자격 및 선발에서 사무관 이전의 경력도 일부 인정하는 등의 융통성을 발휘할 수 있을 것이다.

Q 공무원제도에는 기본적으로 폐쇄형계급제와 개방형직위분류제가 존재한다. 이제까지 우리나라가 채택해온 계급제를 폐지하자는 것인가? 또 직위분류제를 도입하면 모든 문제가 해결된다고 주장하는 사람도 있는데, 과연 새로운 제도가 필요한가?

A 이 책에서 주장하고 있는 것은 계급제와 직위분류제 중 어느 한 가지 제도를 폐지하고 다른 하나를 도입하자는 것이 아니다. 다만, 기존의 계급제와 직위분류제가 공통적으로 가지고 있는 문제를 해결하기 위해 공직분류

체계의 근본적인 개선을 통해 기존의 계급제 하에서든 새로운 직위분류제 하에서든 공직인사제도가 원활하게 작동하게 하는 것을 목표로 한다. 즉, 어느 제도를 선택하든 관계없이 공직분류체계를 개혁하여 공무원을 직무군으로 분류함으로써 공무원의 전문성을 높이고자 하는 것이다.

직위분류제하에서 본 인사제도를 시행하는 경우에는 개별 직위마다 정부와 민간을 막론하고 무조건 최적임자를 물색한다는 비현실적인 이상론이 아니라, 직무군과 직무열을 통해 경력을 쌓고 전문적인 교육을 받은 공무원 중에서 대상자를 선별하므로 선발비용과 시간을 줄일 수 있다.

이론적으로 직위분류제가 매우 이상적이기는 하나, 우리의 행정문화와 역사적 전통에서는 현실성이 부족하다. 직위분류제는 서구 선진국의 경우처럼 민간과 공직 간의 교류가 원활하여 공직 직위별로 전국에서 민관을 가리지 않고 적임자를 물색할 수 있는 경우에만 효과적으로 운영될 수 있는 제도이다. 우리나라처럼 직업공무원제도가 경직적으로 운영되는 관행과 문화적 전통 하에서는 이를 선언적으로 도입하는 것이 사실상 불가능하다.

직업공무원 입장에서 보면, 현 공무원 인사제도 하에서는 본인이 희망하는 직위의 적임자가 되기 위한 경력 관리나 능력 향상 기회에 대한 선택권이 당사자에게 주어져 있지 않다. 더욱이 유능한 민간전문가의 경우 현직을 버리고 경제적 보상이 낮은 해당 공직에 올 이유가 없고, 해당 공직에 온다 한들 그 이후 공직 및 민간에서 다음 보직으로 진출할 수 있는 경로가 사실상 막혀 있기 때문에 공직 진출의 유인이 없다.

Q 정책관료를 육성하기 위한, 약 3년의 교육 기간은 너무 길지 않은가?

A 약 3년의 교육 기간이 긴 기간임에는 틀림없다. 그러나 현재 교육의 효과 측면에서 문제가 제기되고 있거나 유명무실하게 운영되고 있는 교육, 훈련, 파견 등의 소위 인공위성 TO[1]와 기간을 합치면 약 3년의 교육 기간이 정부 업무에 지장을 초래하지는 않을 것이다.

무보직자나 무능한 공무원을 교육 또는 파견의 대상으로 운영하고 있는 현 관행 하에서 유능한 공무원은 현업에서 시달리기만 하다가 능력 향상의 기회조차 박탈당하고 무능한 공무원으로 전락하는 경우가 부지기수이다. 따라서 미래 지향적 고위공직교육을 위해 전문대학원 과정 기간에 준하는 3년은 결코 길지 않은 기간이며, 이는 30년간 공직 근무 기간의 10% 정도로, 매 7년마다 있는 대학교수의 안식년에 비해서도 결코 길다고 할 수 없다.

Q 공직의 이모작과 정책관료 및 전문관료의 분류가 신분의 이원화, 즉 새로운 공직 카스트제도를 도입하게 될 가능성은 없는가?

A 공직을 사무관급과 부처 서기관 또는 팀장급 이상으로 수직 이원화하는 것은, 모든 고급공무원들이 다 거쳐야 할 공직발전경로일 뿐 신분의 이원화 논란과는 전혀 무관하다.

정책관료와 전문관료의 분류에 대해 신분의 이원화를 우려하는 지적도 있지만, 이는 능력 차이에 따른 분류가 아니고 업무의 성격 내지는 전문성의 차이에 따른 분류이며, 먼저 본인의 선택에 의해 이루어지기 때문에 신분

---

[1] 2006년 12월 31일 기준으로 교육·해외 파견·국내연구개발기관 파견 등 일반직 파견공무원의 수는 모두 2,720명으로 조사되었다(자료 : 중앙인사위원회 인사통계 홈페이지 참조).

의 이원화에 의한 공직 카스트제도로 전락하지는 않을 것이다.

물론 출세 지향적인 공무원의 사고와 우리 사회의 통념 때문에 고위직으로 고속 승진이 가능한 정책관료를 선호할 것이라는 예상을 할 수는 있다. 그러나 정책관료는 직위 또는 직급정년 때문에 퇴출 위험이 높아 정년이 보장되지 않는다. 반면에 전문관료는 정년이 보장되고, 퇴임 후 민간에서 활동할 수 있는 기회가 더 많이 제공될 것이기 때문에 전문관료에 대한 공무원들의 선호도가 낮을 것이라고만 예상할 수는 없다. 그리고 미래 지식기반사회에서는 정책관료보다 전문관료에 대한 선호도가 더욱 증가하게 될 것이다.

Q 정책의 통합과 조정은 복잡한 정치과정 속에서 일어난다. 예컨대 부총리제, 총리, 청와대, 위원회제도 등 정책을 조정할 수 있는 여러 시스템이 존재하는데, 조정실장제도와 이러한 기존 시스템과의 차별성은 무엇인가?

A 국무총리가 국무조정실을 통하여 정책을 조정할 때 생기는 기능의 한계는 이 책 3부의 "04 정책조정 메커니즘의 도입: 조정실장제도"에서 충분히 지적하였다. 또 국정과제위원회의 문제점과 한계도 설명하였다.

기존의 부총리제도 또한 정책 조정 기능을 염두에 두고 만든 제도이다. 재경부총리는 경제장관회의, 교육부총리는 교육 관련 장관회의, 과기부총리는 과기 관련 장관회의 등을 통하여 정책을 조정해왔다. 그러나 이러한 관계장관회의는 순수 협의체제적 성격을 가지고 있고, 강제적인 결정권이 없기 때문에 첨예하게 대립하는 사안에 대해서는 그 기능을 제대로 발휘할 수 없었다. 소위 힘 있는 부총리가 주재하는 관계장관회의가 아닐 때는 출석률이 매우 저조하거나 직급이 상대적으로 매우 낮은 관료가 대리 참석하여 유명무실한 회의로 전락하는 경우도 많았다.

반면, 조정실장제도는 부처간 정책 조정을 직무군별 인사심사권과 연계시켜 제도화함으로써 실질적인 정책 조정이 가능하도록 만든 제도이다. 특히 대통령과 청와대 비서실의 정책 조정 기능은 여타의 조정기구가 해결할 수 없는 심각한 문제가 발생하였을 때를 대비하여 정책 조정의 마지막 보루로 남겨두는 것이 현명한 선택일 것이다.

Q 현재의 정부출연연구소는 연구 성과보다 프로젝트 수주에 바쁘고, 또한 소속부처의 입장을 대변하는 보고서를 다량으로 양산하고 있다. 이러한 환경 속에서 출연연구소가 공무원 교육 기능을 담당할 만큼 능력이 있을까?

A 정부출연연구소가 가지고 있는 세 가지 가장 큰 문제점은 다음과 같다.

첫째, 연구 성과가 기대에 못 미친다.

연구원의 연구 성과는 40대 후반을 전후해서 급격히 하락하는 것이 국내외를 막론하고 일반적인 현상이다. 이는 연구자 일생의 연구 주기에 근거한 통계로서, 개인차는 있지만 연구 집단의 평균 성과로는 예외 없는 사실이다.

따라서 지식과 경험을 갖춘 연구자를 점차 연구에서뿐 아니라 교육에 활용한다면 이러한 문제를 원천적으로 해결할 수 있을 것이다. 30~40대 연구원은 연구에 전념하도록 하고, 50대 이상 연구원은 누적된 연구 경험을 교육에 활용하도록 하는 것이다. 우수한 연구원을 선별하여 공직 전문 연합대학원 교수 요원으로, 그 밖의 연구원은 공무원 단기 수시교육 요원으로 활용하는 것이다.

둘째, PBS 제도 때문이다.

출연연구소의 인건비 중 정부가 지원하지 않는 부분을 보충하기 위해 연구원들이 프로젝트 수주에 전념하다 보니, 출연연구소 고유의 연구 사업이 부실해지고 있다. 더욱이 출연연구소가 해서는 안 될 단기 컨설팅이나 이익집단을 대변하는 용역 등을 대거 수주해서 연구 내용은 부실해지고, 연구원의 연구 역량이 축적되지 않으며, 전문성까지 상실하고 있다.

결국 출연연구소가 대학 또는 민간연구소 연구와의 차별성을 상실하고, 출연연구소들 사이에서조차 일부 기능과 역할이 중복되어 정부출연연구소로서의 설립 취지를 상실하는 현상까지 나타나고 있다. 따라서 출연연구소의 소속을 조정실장 산하로 옮겨서 출연연구소 고유의 연구 사업에 충실하도록 하고, PBS 대신 중진급 이상 연구원이 연합대학원 또는 공무원 수시교육을 하며 부족한 인건비를 충당하도록 하면 PBS 제도 때문에 발생하는 문제점들이 대부분 해소될 것이다.

셋째, 출연연구소가 발주처의 시녀로 전락한다.

출연연구소가 이익집단의 시녀로 전락하는 것은 있을 수 없는 일이다. PBS를 공무원 교육으로 대체하면 이러한 문제도 해소될 것이다. 현행 제도 하에서는 연구 사업의 대부분을 발주하는 관련부처의 대변인 역할을 피할 수 없었던 것이 출연연구소의 심각한 문제였다. 그러나 출연연구소의 소속을 조정실장 산하로 옮기면 이러한 문제가 근본적으로 해소된다. 왜냐하면 출연연구소가 인사심사권 및 정책조정권을 갖고 있는 조정실장의 자문 역할을 할 것이며, 또 공무원 교육과 교육성과 평정권을 갖게 되기 때문에 관련부처 공무원과 출연연구소 연구원과의 관계가 갑과 을의 일방적인 관계에서 대등한 관계로 바뀌게 될 것이기 때문이다.

Q 대통령의 통치이념에 따라 국정운영시스템은 크게 변화한다. 예컨대 총리와 대통령의 관계를 살펴보면, 어떤 대통령은 권력을 집중해서 중요한 정책 사항을 청와대가 결정하고 조정하였으며, 또 어떤 대통령은 책임총리제와 국정과제위원회를 통하여 자신의 통치이념을 추구하였다. 이렇듯 통치자의 성향에 따라 제도가 변화되기도 하는데, 조정실장제도에서는 이러한 국정운영시스템상의 문제는 없는가?

A 현행 대통령중심제 하에서는 대통령이 대통령과 총리와의 관계를 임의로 설정할 권한을 갖고 있다. 대통령-(총리)-장관으로 이어지는 정책기획 및 추진체계와 대통령-(총리)-조정실장으로 이어지는 인사 및 정책조정체계의 상호 균형과 보완을 통하여 대통령은 국정 총괄 권한을 더욱 공고히 함과 동시에 국정을 균형 있게 추진할 수 있다. 한편, 대통령이 책임 총리에게 국정을 일부 분담시키기를 원할 경우에는 정책추진체계와 인사·조정체계를 나누어 한시적으로 이원집정제 형식으로 국정을 분담할 수도 있다. 이렇듯 조정실장제도는 대통령에게 효율적인 국정관리체계에 관한 선택권과 추진 방안을 제공할 것이다.

Q 정부조직의 형태가 차이가 나는 경우에도 조정실장제도를 적용할 수 있는가? 예를 들어, 정부부처의 수가 많은 대부처주의 또는 부처 수가 적은 소부처주의일 때에도 적용이 가능한가?

A 조정실장은 부처간 정책 조정 역할만을 수행하는 것이 아니다. 조정실장은 정책조정권, 정책관료와 전문관료에 대한 인사심사권, 정책실명제와 공무원 성과평가, 정책영향평가 등 다양한 업무와 권한을 수행한다. 따라

서 정부부처의 수와 관계없이 조정실장 고유 업무의 필요성이 상존한다.

예를 들어, 대부처주의를 택하여 부처를 통합할 경우 통합 전의 부처간 조정업무가 통합 후에는 부처 내 업무 조정으로 내부화되어 조정실장의 정책 조정 업무가 일부 경감될 수 있다. 또 인사와 정책평가 관련 업무는 직무군별 특성에 따라 1개 부처에 해당 직무군이 집중되어 있는가, 아니면 여러 부처에 분산되어 있는가에 따라 조정실장의 역할에 약간의 차이가 있을 수 있다.

따라서 조정실장의 정부 내 위상은 정부조직 형태나 대통령의 국정운영 방침에 따라 부총리급에서부터 조정관(1급)까지 다양하게 설정할 수 있다.

Q 법률과 규정에 따라 공무를 집행하는 공무원에게 박사학위가 필요한가? 필요하다면 국내외 대학에서도 학위 취득이 가능한데, 꼭 연합대학원을 만들어야 하는가? 또한 실무교육은 현직공무원이, 이론교육은 대학교수가 전문성을 가지고 있지 않은가?

A 근대화, 개발연대시대의 행정공무원은 박사학위가 필요 없었다. 그러나 지식기반사회의 공직사회는 전문화된 일반관리자와 전문관리자를 모두 필요로 한다.

국내외 대학의 학위 과정은 학과 또는 전공의 범위가 학술적인 기준에 맞추어져 있기 때문에 해당 공무원에게 필요한 고위공직자로서의 전문성 확보와 능력 향상을 위한 교육 과정으로는 적합하지 않다. 따라서 공무원이 학위 취득을 위해서 본인이 필요로 하는 부분 외에 불필요한 부분의 연구와 교육에 노력을 낭비하게 되며, 공직 실무에도 크게 도움이 되지 않는다는 것이 실제 학위를 취득한 공무원들의 중론이다.

공직 전문 연합대학원은 해당 공무원이 꼭 필요로 하는 내용만 골라서 맞춤교육을 할 수 있다. 출연연구소, 중앙공무원교육원, 대학이 연계하여 설립한 연합대학원은 국제적 수준의 최고급 공무원 전문교육기관으로 충분히 육성될 수 있다. 현직 공무원은 실무경험은 있는데 이론과 연구 실적이 없으며, 대학교수는 이론과 연구실적은 있는데 실무에 어두운 경향이 있다. 이론과 실무를 연계한 연합대학원의 교육은 가장 합리적이고 효율적인 고위공무원을 배출하기 위한 맞춤교육이 될 것이다.

Q 일본의 경우 고시제도를 폐지하였고, 우리의 경우도 고시제도를 폐지하자는 주장이 강하게 제시되고 있다. 고시제도를 통해 입직한 공무원을 대상으로 하고 있는 정책관료제도와 전문관료제도가 고시제도 폐지 후에도 운영이 가능할까?

A 고시제도를 폐지하여 폐쇄적인 공직문화를 개선하자는 주장이 여기저기서 제기되고 있다. 고시제도를 폐지하자는 주장의 핵심은 필기시험 위주의 공개경쟁채용시험인 고시제도로 인하여 연공이 서열화되어 운영되는 공직사회의 문제점과, 고시 합격 이후에는 사실상 정년이 보장되는 현행 인사제도 및 선발제도의 문제점을 해소하는 것이다. 학위 소지자나 자격증 소지자 등 사무관을 전문가 중심으로 선별해서 해당 직위에 보다 근접한 인재를 채용하겠다는 것이다. 그러므로 우리가 제안하는 제도를 적용하는 데는 전혀 문제가 없다.

현행 고시제도는 1차로 PSAT(공직적성시험)를 속독능력 검사하듯 치르고, 2차 시험으로는 5일에서 1주일에 걸쳐 행정학, 경제학 등 암기 위주의 논술형 시험을 보고, 3차 면접시험은 하루 동안의 첫인상만으로 판단하는 고시제도가 운영되고 있다.

응시자의 적성이나 전공지식과는 관계없이 과거의 일반관리직 공무원을 뽑던 시험이 그대로 이어져 내려오고 있는 것이다. 시험성적이 우수하다 하여 재직 기간 동안 우수한 능력을 보여준다는 보장은 없다. 그러나 직무군·직무렬을 토대로 각 직무군별 지식을 기준으로 한 새로운 시험제도를 도입하면, 공개경쟁채용시험제도를 적용하든, 아니면 특별채용 방식을 적용하든 새로운 선발제도의 타당성은 더욱 높아질 것이다.

연공서열화에 따른 문제와 정년보장 문제도 정책관료제도를 통해서 해소될 것이다. 정책관료는 연공서열에 관계없이 능력을 기반으로 하여 빠른 승진을 하기 때문에 공직사회에서 고시기수를 기준으로 이루어졌던 승진 관행이 사라지게 될 것이다. 정년보장의 문제도 계급정년 및 성과평가에 따른 퇴출제도로 자연스럽게 해소될 것이다.

모든 공무원이 동일한 책임과 권한을 가지고 근무할 수는 없다. 어떤 공무원은 일선 행정기관에서 민원서류를 발급해야 하고, 어떤 공무원은 중앙부처에서 전 국민의 생활을 편안하게 만들어줄 정책을 수립해야 한다. 고위 공무원이라고 해서 특혜나 특권의식이 주어져서는 안 된다. 그들의 능력과 중요성을 간과하지 말고, 올바르게 정책을 결정하고 수립할 수 있도록 제도적인 여건을 조성하는 것이 더욱 중요하다.

Q 지방자치단체에도 많은 공무원이 근무하고 있는데, 그들에게도 새로운 인사제도를 적용할 수 있는가?

A 지방자치가 시행된 이후 계속적으로 제기되어온 문제가 지방공무원의 자질 문제와 자치단체장에게 과도하게 집중된 인사권이다. 이러한 문제를

해결하기 위해서 지방자치단체에서도 새로운 인사제도를 시행해야 한다. 단, 지방자치단체의 특수성을 감안하여 중앙공무원과는 다른 직무군·직무렬을 구성해야 하며, 정책관료와 전문관료의 경력관리도 중앙공무원과 다르게 설계해야 할 것이다.

새로운 제도 도입의 필요성은 모두 인식하고 있으나, 이 책의 연구 범위에는 물리적 한계가 존재하기 때문에 지방자치단체를 대상으로 새로운 인사제도를 도입하려면 별도의 태스크포스팀을 구성하여 실무 추진 방안을 수립해야 할 것이다. 지방화·분권화 시대에 걸맞은 지방자치단체 고유의 직무군·직무렬을 구성할 수도 있다. 중요한 것은 공직분류체계의 개선, 새로운 경력개발제도의 기본 취지를 반영하여 해당 지방자치단체의 여건과 특성에 맞는 새로운 제도를 설계해야 한다는 점이다. 만일 본 제도의 도입으로 지자체간 유사직무군끼리 인사교류가 가능해진다면 지방정부(지자체) 개혁에 새로운 돌파구를 마련할 수 있을 것이다. 그리고 한 걸음 더 나아가 중앙정부와 지자체 간의 공무원 인사교류의 가능성도 타진해볼 필요가 있다.

Q 정부조직은 시대적 환경 변화에 대응하여 계속 변화한다. 이러한 환경 변화 속에서 이러한 새로운 인사제도는 계속적으로 적합성을 가질 수 있겠는가?

A 정부조직 개편은 조직의 구조라는 하드웨어를 바꾸는 작업이다. 때로는 수직적이고 기계적인 구조를 수평적이고 유기적인 구조로 바꾸기도 하고, 때로는 정부조직 도표상의 BOX를 이리저리 붙였다 떼었다를 반복하는 과정이다.[2]

환경 변화에 조직이 살아남는 방식은 구조를 바꾸는 것도 중요하지만, 그 구조 내에서 구성원들이 어떻게 조합을 이루고 어떻게 일의 흐름을 바꾸어나가는가 하는 것이 더욱 중요하다. 새로운 인사제도는 구성원들을 조합하고 이들이 하는 일의 흐름을 변화시키고자 하는 시도로서, 조직의 구조를 어떻게 설계하든 구애됨이 없이 적용 가능하다. 건축물의 구조나 거푸집의 모양이 바뀌더라도 그 안에 들어가는 시멘트와 모래, 자갈, 철근의 비율은 일정하게 유지되어야 건축물이 무너지지 않고 튼튼히 세워질 수 있는 것과 같은 원리이다.

새로운 인사제도는 현행 제도의 문제점을 해소할 뿐만 아니라 미래 지식기반사회가 요구하는 지식관료의 육성을 목표로 연구되고 제안된 제도이니만큼, 시대환경의 지속적인 변화에도 불구하고 앞으로 상당 기간 동안 공직인사의 대원칙과 추진체제의 기본 골격이 될 수 있을 것이다.

---

2 Osborne, David and Gaebler, Ted(1993), *Reinventing government: how the entrepreneurial spirit is transforming the public sector*, New York, N.Y. : Plume.

부록 2 직무군·직무렬 분류체계 예시

이 책에서 제안하는 직무군·직무렬 분류체계는 독자들에게 비교적 생소한 것이기 때문에, 여기 예시된 분류체계는, 다음과 같이 직무군·직무렬을 분류하는 것이 현실적으로 가능하다는 사실을 보이고자 시도해본 예시를 위한 '예시'에 지나지 않는다. 비록 행정전문가들에게 의뢰하여 만들어본 것이기는 하나 단기간에, 다양한 실무 경험자들의 도움 없이 이론적으로 예시를 위해 만들어본 분류체계이므로 예시된 직무군·직무렬, 담당업무 등의 숫자, 명칭, 소속 등에 결코 연연하지 말 것을 부탁한다. 이 책에서 누차 언급한 바와 같이 본 제도를 실제 적용하기 위해서는 정부 차원의 태스크포스팀을 만들어서 담당업무별 직무분석으로부터 직무렬·직무군까지 근본적인 상향식 조사, 분석, 연구가 선행될 것이기 때문이다.

일반행정 직무군

직무군	직무렬	담당 업무
일반행정	행정	행자-부내혁신전략팀
		행자-성과관리팀
		행자-부내정보화팀
		행자-고객만족행정팀
		행자-혁신전략팀
		행자-혁신평가팀
		행자-지식행정팀
		행자-제도혁신팀
		행자-조직기획팀
		행자-성과조직팀
		행자-컨설팅기획팀
		행자-컨설팀운영팀
		행자-균형발전총괄팀
		행자-지역발전정책팀
		행자-지방혁신전략팀
		행자-지방혁신관리팀
		행자-새주소정책팀
		인사-성과관리담당관
		기획-업무성과관리팀

직무군	직무렬	담당 업무
일반행정	행정	기획–전략기획팀 기획–정책총괄팀 기획–제도혁신팀 기획–평가분석팀 기획–혁신관리팀 기획–성과관리제도팀 정통–혁신기획관 정통–성과관리팀 정통–협력기획팀 산자–혁신기획팀 산자–성과관리고객만족팀 과기–혁신기획관 건교–혁신팀 건교–정책조정팀 건교–제도개혁팀 환경–혁신인사기획관 법무–성과관리팀 법무–고객만족팀 법무–혁신인사기획관 노동–혁신성과관리단 보건–전략조정팀 보건–성과조직팀 보건–통계팀 보건–혁신인사팀 여성–혁신인사기획팀 여성–성과간리팀 해양–혁신인사기획관 문광–혁신인사기획팀 문광–정책총괄팀 문광–성과관리팀 농림–혁신인사기획관 국방–정책관리팀 국방–혁신기획팀 국방–기획총괄팀

직무군	직무렬	담당 업무
일반행정	행정	국방-조직관리팀
		국방-민정협력팀
		국방-성과관리팀
		국방-운영평가팀
		행자-의정팀
		행자-상훈팀
		행자-운영지원팀
		기획-업무지원과
		재경-총무과
		과기-총무과
		정통-총무팀
		산자-총무팀
		건교-기획총괄팀
		건교-총무팀
		환경-총무과
		법무-총무과
		법무-시설관리담당관
		노동-총무과
		보건-총무팀
		여성-행정지원팀
		해양-총무팀
		문광-행정지원팀
		농림-총무과
		교육-운영지원팀
	인사	인사-인사심사과
		인사-역량평가과
		인사-인재조사과
		인사-인재관리과
		인사-인사정보화과
		기획-혁신인사기획관
		기획-인재경영팀
		기획-공무원단체협력팀
		재경-혁신인사기획관
	감사	행자-중앙진단팀

직무군	직무렬	담당 업무
일반행정	감사	행자-지방진단팀 행자-공직윤리팀 환경-감사담당관 인사-감사반 기획-재정감사기획관 정통-감사관 산자-감사윤리팀 재경-감사담당관 과기-감사관 건교-감사관 법무-감찰관 외교-감사관 노동-감사관 보건-감사관 해양-감사관 문광-감사관 농림-감사관 교육-감사관
	지방자치	행자-주민참여팀 행자-주민제도팀 행자-자치분권제도팀 행자-지방인사여성제도팀 행자-지방조직발전팀 행자-자치행정팀 행자-살기좋은지역기획팀 인사 총무과 기획-균형발전정책팀 기획-균형발전협력팀 기획-민관협력팀 정통-지역협력팀 산자-균형발전정책팀 산자-지역산업팀 산자-입지총괄팀 산자-지역투자팀

직무군	직무렬	담당 업무
일반행정	지방자치	재경–지역경제정책과
		건교–토지관리팀
		건교–토지정책팀
		건교–부동산평가팀
		건교–국토정보기획팀
		건교–국토정책팀
		건교–수도권정책팀
		건교–지역발전정책팀
		건교–산업입지정책팀
		건교–복합도시기획팀
		건교–복합도시개발팀
		보건–생명과학단지팀
		보건–국책기관이전팀
	법무지원	법무지원행자–법무행정팀
		기획–법령분석과
		정통–법무팀
		산자–법무행정팀
		과기–기획법무팀
		건교–법무지원팀
		환경–법무담당관
		노동–법무행정팀
		보건–법무팀
		해양–행정법무팀
		문광–법무팀
		농림–행정법무팀
		교육–법무규제개혁팀

산업·IT 직무군

직무군	직무렬	담당 업무
산업·IT	응용과학	과기–기초연구정책과
		과기–기초연구지원과
		과기–원천기술개발과
		과기–핵융합지원과

직무군	직무렬	담당 업무
산업·IT	응용과학	과가–우주개발정책과
		과가–우주기술개발과
		과가–우주기술협력팀
		과가–원자력정책과
		과가–원자력협력과
		과가–원자력안전과
		과가–방사선안전과
		과가–원자력방재과
		과가–원자력통제팀
		과가–핵상황대응팀
		과가–과학기술진흥과
		과가–과학기술문화과
		과가–과학기술인육성과
		과가–연구실안전과
		과가–연구개발인력교육팀
		과가–미주기술협력과
		과가–구주기술협력과
		과가–동북아기술협력과
		과가–전략기술통제팀
	에너지	산자–방사성폐기물팀
		산자–에너지환경팀
		산자–에너지자원정책팀
		산자–에너지관리팀
		산자–에너지기술팀
		산자–에너지안전팀
		산자–석유산업팀
		산자–가스산업팀
		산자–전략산업팀
		산자–석탄산업팀
		산자–자원개발총괄팀
		산자–유전개발팀
		산자–광물자원팀
		산자–신재생에너지팀
	기계소재	정통–중소기업지원팀

직무군	직무렬	담당 업무
산업·IT	기계소재	정통–산업기술팀
		산자–산업기술개발팀
		산자–산업기술인력팀
		산자–기술사업화팀
		재경–산업경제과
		재경–서비스경제과
		해양–해양정책팀
		산자–유통물류팀
		해양–해양개발팀
		산자–철강화학팀
		해양–연안계획팀
		해양–해사기술팀
		산자–표준품질팀
		산자–부품소재총괄팀
		산자–섬유생활팀
		산자–기계항공팀
		산자–자동차조선팀
	전자바이오	산자–바이오나노램
		산자–로봇팀
		산자–반도체디스플레이팀
		산자–원자력산업팀
		재경–정책조정총괄과
		재경–기술정보과
	1차 산업	해양–수산정책과
		해양–유통정책과
		해양–어촌어항과
		해양–수산경영과
		해양–품질위생팀
		해양–어업정책과
		해양–어업교섭과
		해양–어업지도과
		해양–양식개발과
		해양–자원회복과
		해양–유어내수면팀

직무군	직무렬	담당 업무
산업·IT	1차 산업	농림-구조정책과
		농림-경영인력과
		농림-농지과
		농림-협동조합과
		농림-여성정책과
		농림-맞춤형농정팀
		농림-유통정책과
		농림-소비안전과
		농림-식품산업과
		농림-채소특작과
		농림-과수화훼과
		농림-축산정책과
		농림-축산경영과
		농림-축산자원순환과
		농림-축산물위생과
		농림-가축방역과
		농림-농산경영과
		농림-농생명산업정책과
		농림-친환경농업정책과
	전자정부지원	행자-전자정부전략기획팀
		행자-전자정부제도정책팀
		행자-전자정부행정 정보화팀
		행자-서비스정보화팀
		행자-표준화팀
		행자-정보자원관리팀
		행자-노인관리딤
		행자-전자정부교육기획팀
		행자-전자정부교육운영팀
		기획-지식정보화과
		기획-디지털예산기획총괄팀
		기획-디지털예산재정제도팀
		정통-정보보호정책팀
		정통-정보윤리팀
		정통-개인정보보호팀

직무군	직무렬	담당 업무
산업·IT	전자정부지원	정통—정보문화팀
		산자—정보화기획팀
		건교—정보화기획팀
		법무—정보화담당관
		외교—정보화담당관
		노동—정보화담당관
		여성—정보화전략팀
		해양—정보화팀
		문광—정보전략팀
		농림—정보화기획팀
		국방—정보화정책팀
		교육—지식정보기반과
		교육—지식정보정책과
		교육—교육행정 정보화팀
	정보통신	정통—기획총괄팀
		정통—미래전략기획팀
		정통—유비쿼터스정책팀
		정통—인터넷정책팀
		정통—정보통신인프라정책팀
		정통—통신방송정책총괄팀
		정통—융합전략팀
		정통—통신경쟁정책팀
		정통—통신이용제도팀
		정통—통신지원정책팀
		정통—정책총괄팀
		정통—기술정책팀
		정통—전파방송정책팀
		정통—지식정보산업팀
		정통—전파방송산업팀
		정통—방송위성팀
		정통—주파수정책팀
		정통—SW정책팀
		정통—전략SW팀
		정통—SW협력진흥팀
		정통—SW기술혁신팀

◆ 외교·국방 직무군

직무군	직무렬	담당 업무
외교·국방	통일	통일–통일사료관리팀 통일–정책의제관리팀 통일–개성공단 지원총관팀 통일–개성공단 운영지원팀 통일–개성공단 투자지원팀 통일–개성공단 건설지원팀 통일–개성공단 개발기획팀 통일–개성공단 법제지원팀 통일–정책총괄팀 통일–정책기획팀 통일–평화체제구축팀 통일–국제협력팀 통일–정책고객팀 통일–홍보기획팀 통일–홍보협력팀 통일–공보지원팀 통일–남북경협총괄팀 통일–남북교역물류팀 통일–남북산업협력팀 통일–남북기반협력팀 통일–남북기술협력팀 통일–사회문화총괄팀 통일–문화교류팀 통일–인도협력기획팀 통일–지원협력팀 통일–이산가족팀 통일–정착지원팀 통일–분석총괄팀 통일–정세분석팀 통일–정치사회분석팀 통일–경제분석팀
	국제협력	행자–국제협력팀 정통–국제기구팀

직무군	직무렬	담당 업무
외교·국방	국제협력	건교—국제협력팀 환경—국제협력관 환경—해외협력담당관 환경—지구환경담당관 법무—출입국기획과 법무—출입국심사과 법무—체류정책과 법무—조사집행과 법무—국적난민과 법무—사회통합과 법무—외국적동포과 법무—국제이민협력과 법무—정책기획평가과 법무—정보분석과 노동—국제노동정책팀 노동—국제협상팀 보건—국제협력과 여성—국제협력팀 해양—국제협력팀 농림—국제협력과 국방—국제정책팀 국방—미국정책팀 국방—동북아정책팀 국방—국제군축팀 교육—국제교육협력과 교육—재외동포교육과
	국제외교	국제외교의 경우 외교관의 특수성으로 인하여 제외하는 것이 바람직하다고 사료됨
	국방	국방—정책기획팀 국방—기본정책팀 국방—북한정책팀 국방—군비통제정책팀 국방—공보팀

직무군	직무렬	담당 업무
외교·국방	국방	국방–정책홍보팀 국방–정훈팀 국방–문화팀 국방–인사기획관 국방–동원기획관 국방–보건복지관 국방–군수관리관 국방–군사시설기획관 국방–정보화기획관 국방–전력정책관 국방–국방개혁실

국토·환경 직무군

직무군	직무렬	담당 업무
국토·환경	건설토목	건교–기반시설기획팀 건교–철도건설팀 건교–민자사업팀 건교–남북교통팀 건교–건설경제팀 건교–해외건설팀 건교–중도·플랜트건설팀 건교–건설지원팀 건교–기술정책팀 건교–건설환경팀 건교–인진기획팀 건교–건설관리팀 건교–연구개발총괄팀 건교–기획조정팀 건교–건설제도개혁팀 건교–혁신사업지원팀 건교–건축문화혁신팀
	교통물류	건교–종합교통기획팀 건교–물류정책팀

직무군	직무렬	담당 업무
국토·환경	교통물류	건교-물류시설정보팀
		건교-물류산업팀
		건교-철도정책팀
		건교-철도안전팀
		건교-철도산업팀
		건교-고속철도팀
		건교-항공정책팀
		건교-공항개발팀
		건교-국제항공팀
		건교-도로정책팀
		건교-도로건설팀
		건교-도로관리팀
		건교-도로환경팀
		건교-광역교통정책팀
		건교-광역도로팀
		건교-광역철도팀
		건교-도시철도팀
		해양-항행안전정보팀
		해양-해양교통시설팀
		해양-국제해사팀
		해양-해운정책팀
		해양-연안해운팀
		해양-선원노정팀
		해양-항만운영팀
		해양-물류기획팀
		해양-물류제도팀
		해양-물류협력팀
		해양-항만정책과
		해양-항만건설과
		해양-항만개발과
		해양-민가계획과
		해양-기술안전과
	환경	건교-도시정책팀
		건교-도시환경팀

직무군	직무렬	담당 업무
국토·환경	환경	건교-도시계획팀 건교-건축기획팀 환경-자원순환정책과 환경-생활폐기물과 환경-산업폐기물과 환경-자원재활용과 환경-상하수도국 환경-수도정책과 환경-물산업육성과 건교-수자원정책팀 건교-수자원개발팀 건교-하천환경팀 건교-하천관리팀 환경-생활하수과 환경-토양지하수과 환경-수질보전국 환경-수질정책과 환경-유역총량제도과 환경-수생태보전과 환경-산업수질관리과 환경-대기정책과 환경-대기총량제도과 환경-대기관리과 환경-교통환경기획과 환경-교통환경관리과 환경 생활공해과 환경-자연보전국 환경-자연정책과 환경-자연자원과 환경-국토환경정책과 환경-국토환경보전과 환경-환경평가과 환경-환경정책실 환경-정책총괄과

직무군	직무렬	담당 업무
국토·환경	환경	환경–환경경제과 환경–민간환경협력과 환경–환경기술과 환경–환경보건정책과 환경–화학물질안전과 환경–유해물질과 해양–해양환경정책팀 해양–해양보전팀 해양–해양생태팀

예산·경제 직무군

직무군	직무렬	담당 업무
예산·경제	국민경제	기획–성장전략팀 산자–산업정책팀 산자–지식서비스팀 산자–상생협력팀 산자–산업환경팀 산자–디지털혁신팀 산자–산업구조팀 산자–산업기술정책팀 재경–종합정책과 재경–경제분석과 재경–인력개발과 재경–소비자정책과 재경–생활경제과 재경–복지경제과 행자–살기좋은지역기획팀 행자–지역경제팀 행자–지방공기업팀
	금융	재경–금융정책과 재경–은행제도과 재경–증권제도과 재경–보험제도과

직무군	직무렬	담당 업무
예산·경제	금융	재경-금융허브기획과
		재경-금융허브협력과
		재경-중소서민금융과
		재경-국제금융과
		재경-외화자금과
		재경-외환제도혁신팀
		재경-금융협력과
		재경-국제기구과
	통상	정통-통상협상팀
		산자-투자정책팀
		산자-투자유치팀
		산자-자유무역협정팀
		산자-무역정책팀
		산자-국제무역전략팀
		산자-수출입팀
		산자-전략물자관리팀
		산자-남북산업자원총괄팀
		산자-통상협력정책팀
		산자-구미협력팀
		산자-미주협력팀
		산자-중국협력팀
		산자-전략경제협력팀
		재경-경협총괄과
		재경-국제경제과
		재경-통상조정과
		새성-통상기획과
		재경-개별협력과
		재경-남북경협과
		재경-개발전략과
		재경-DDA대책과
		재경-자유무역협정대책본부
		외교-통상교섭본부 18개과
		해양-무역진흥팀
		해양-원양어업팀

직무군	직무렬	담당 업무
예산·경제	통상	해양-통상협력팀 해양-자유무역대책팀 농림-통상협력과 농림-농업협상과 농림-자유무역협정과 농림-자유무역협정2과 외교-FTA정책기획과 외교-FTA교섭총괄과 외교-FTA이행과 외교-FTA상품양허교섭과 외교-FTA상품무역규범과 외교-FTA서비스투자과 외교-FTA신무역규범과 외교-세계무역기구과 외교-다자통상협력과 외교-지역협력과 외교-통상정책총괄과 외교-통상투자진흥과 외교-동아시아통상과 외교-북미통상과 외교-유럽연합통상과 외교-경제협력과 외교-경제안보과 외교-환경협력과
	재정	행자-재정기획관 인사-재정기획관 기획-재정정책과 기획-재정분석과 기획-재원기획과 기획-재정총괄과 기획-중기재정계획과 기획-기금운용계획과 기획-재정기준과 기획-재정운용협력과

직무군	직무렬	담당 업무
예산·경제	재정	기획-민간투자제도팀
		기획-민자사업관리팀
		기획-민자사업지원팀
		기획-재정집행관리팀
		기획-총사업비관리팀
		기획-경영지원1팀
		기획-경영지원2팀
		기획-경영지원3팀
		기획-경영지원4팀
		기획-기금제도기획관실
		기획-자산운용팀
		기획-복지재정과
		기획-노동여성재정과
		기획-교육문화재정과
		기획-산업정보재정과
		기획-건설교통재정과
		기획-농림해양재정과
		기획-과학환경재정과
		기획-국방재정과
		기획-법사행정재정과
		기획-일반행정재정과
		기획-경제행정재정과
		정통-재정팀
		산자-재정기획팀
		재경-국고과
		재경-국채과
		재경-재정기획과
		재경-국유재산과
		재경-출자관리과
		재경-회계제도과
		재경-재정정보과
		과가-재정기획관
		건교-재정기획관
		환경-재정기획관

직무군	직무렬	담당 업무
예산·경제	재정	환경–재정운용과
		외교–재정기획관
		노동–재정기획관
		보건–재정기획관
		여성–재정기획팀
		해양–재정기획팀
		문광–재정기획관
		농림–재정기획관
		농림–재정평가팀
		국방–재정계획팀
		국방–인력운영예산팀
		국방–전력유지예산팀
		국방–예산운영팀
		국방–회계관리팀
		국방–재정정보팀
		국방–민간투자팀
		교육–재정총괄팀
		교육–지방교육재정담당관
		교육–디지털지방교육재정팀
		교육–시설기획담당관
	세제	재경–조세정책과
		재경–조세지출예산과
		재경–소득세제과
		재경–법인세제과
		재경–조세분석과
		재경–국제조사과
		재경–재산세제과
		재경–부가가치세제과
		재경–소비세제과
		재경–관세제도과
		재경–산업관세과
		재경–다자관세협력과
		재경–양자관세협력과
		행자–교부세팀

직무군	직무렬	담당 업무
예산·경제	세제	행자–지적팀 행자–지방세제팀 행자–지방세정팀 행자–지방세심사팀 행자–부동산정보관리센터

사회복지 직무군

직무군	직무렬	담당 업무
사회복지	국민복지	기획–복지전략팀 기획–소득분배개선팀 기획–계층이동촉진팀 건교–주택정책팀 건교–주택기금팀 건교–부동산정보분석팀 건교–주택건설기획팀 건교–주택공급팀 건교–주거환경팀 건교–택지기획팀 건교–신도시기획팀 건교–신도시개발팀 건교–주거복지기획팀 건교–국민임대기획팀 건교–국민임대관리팀 건교–비축임대주택팀 건교–도시정책교통정책팀 건교–대중교통팀 건교–교통안전팀 건교–교통복지기획팀 건교–교통정보기획팀 건교–자동차팀 건교–자동차관리팀 노동–고용보험정책팀

직무군	직무렬	담당 업무
사회복지	국민복지	노동–산재보험혁신팀
		노동–보험운영지원팀
		노동–여성고용팀
		노동–장애인고용팀
		노동–고령자고용팀
		노동–안전보건정책팀
		노동–산업안전팀
		노동–산업보건환경팀
		보건–사회정책팀
		보건–기초생활보장팀
		보건–기초의료보장팀
		보건–복지지원팀
		보건–보건복지콜센터
		보건–장애인정책팀
		보건–재활지원팀
		보건–장애인소득보장팀
		보건–사회서비스기획팀
		보건–사회서비스개발팀
		보건–사회서비스기반전략팀
		보건–자립지원투자팀
		보건–보험정책팀
		보건–보험급여팀
		보건–보험평가팀
		보건–보험약제팀
		보건–보험권리구제팀
		보건–연금정책팀
		보건–연금재정팀
		보건–연금급여팀
		보건–기획총괄팀
		보건–저출산대책팀
		보건–노후생활팀
		보건–인력경제팀
		보건–고령친화산업팀
		보건–노후생활팀

직무군	직무렬	담당 업무
사회복지	국민복지	보건-노인정책팀
		보건-노인지원팀
		보건-노인요양제도팀
		보건-노인요양운영팀
		보건-인구여성정책팀
		보건-출산지원팀
		보건-아동권리팀
		보건-아동복지팀
		여성-여성정책기획평가팀
		여성-양성평등문화팀
		여성-협력지원팀
		여성-가족정책팀
		여성-가족지원팀
		여성-가족문화팀
		여성-보육정책팀
		여성-보육재정팀
		여성-보육지원팀
		여성-권익기획팀
		여성-인권보호팀
		여성-복지지원팀
		해양-해사안전정책팀
		농림-농촌정책과
		농림-농촌지역개발과
		농림-정주지원과
		농림-농촌사회과
		농림-기반정비과
		농림-시설관리과
		농림-소득정책과
		농림-소득관리과
		농림-식량정책과
	노동	기획-일자리창출지원팀
		기획-사회서비스사업조정팀
		기획-사회서비스기반조성팀
		노동-고용정책팀

직무군	직무렬	담당 업무
사회복지	노동	노동–사회서비스일자리정책팀
		노동–청년고용팀
		노동–외국인력고용팀
		노동–직업능력정책팀
		노동–재직자능력개발팀
		노동–구직자능력개발팀
		노동–자격정책팀
		노동–노사정책팀
		노동–노사관계법제팀
		노동–노사관계조정팀
		노동–노사협력복지팀
		노동–공공노사관계팀
		노동–근로기준팀
		노동–임금근로시간정책팀
		노동–비정규직대책팀
		노동–퇴직급여보장팀
		여성–인력개발기획팀
		여성–인력개발지원팀
		교육–평생학습정책과
		교육–전문대학정책과
		교육–여성교육정책과
		교육–직업교육진흥팀
		교육–인적자원정책본부
		교육–정책총괄팀
		교육–정책조정팀
		교육–대외협력팀
		교육–평가정책팀
		교육–조사분석팀
		교육–인력수급팀
		교육–산학연계팀
		교육–통계정보팀
	보건	보건–한방정책팀
		보건–한방산업팀
		보건–의료정책팀

직무군	직무렬	담당 업무
사회복지	보건	보건-의료자원팀 보건-식품정책팀 보건-의약품정책팀 보건-공공의료팀 보건-생명지원팀 보건-건강투자기획팀 보건-질병정책팀 보건-암정책팀 보건-정신건강팀 보건-건강생활팀 보건-생활위생팀 보건-보건산업정책팀 보건-보건산업기술팀 보건-생명윤리안전팀 보건-보건의료정보팀

과학·교육·문화 직무군

직무군	직무렬	담당 업무
과학·교육·문화	기초과학	과기-연구개발조정관 과기-연구조정총괄담당과 과기-연구개발예산담당관 과기-정보전자심의관 과기-생명해양심의관 과기-기계소재심의관 과기-에너지환경심의관 과기-종합기획과 과기-기술혁신제도과 과기-과학기술정보과 과기-인력기획조정과 과기-평가정책과 과기-조사평가과 과기-성과관리과

직무군	직무렬	담당 업무
과학·교육·문화	기초과학	과기–과학기술연구개발조정관 과기–총괄담당 과기–예산담당 과기–종합기획과
	문화	문화–종무담당관 문화–문화산업정책팀 문화–콘텐츠진흥팀 문화–저작권정책팀 문화–저작권산업팀 문화–영상산업팀 문화–게임산업팀 문화–문화기술인력팀 문화–미디어정책팀 문화–방송광고팀 문화–출판산업팀 문화–뉴미디어산업팀 문화–관광정책팀 문화–관광자원팀 문화–관광산업팀 문화–국제관광팀 문화–관광레저기획팀 문화–관광레저시설팀 문화–투자지원팀 문화–대외협력팀 문화–문화정책팀 문화–국어민족문화팀 문화–지역문화팀 문화–국제문화협력팀 문화–공간문화팀 문화–예술정책팀 문화–공연예술팀 문화–전통예술팀 문화–예술교육팀 문화–체육정책팀

직무군	직무렬	담당 업무
과학·교육·문화	문화	문화-생활체육팀
		문화-스포츠산업팀
		문화-국제체육팀
		문화-장애인체육팀
		문화-기획총괄팀
		문화-콘텐츠개발팀
		문화-투자산업팀
		문화-교류협력팀
		문화-전당기획팀
		문화-시설설비팀
		문화-문화지구조성팀
		문화-도서관정책기획팀
		문화-도서관제도개선팀
		문화-도서관정책조정팀
		국방-군종정책팀
	홍보	행자-홍보관리팀
		행자-기획홍보팀
		인사-홍보협력담당관
		기획-홍보관리관실
		기획-홍보기획팀
		정통-홍보팀
		산자-홍보기획팀
		산자-홍보지원팀
		재경-정책상황팀
		재경-홍보관리팀
		재경 종합민원실
		재경-홍보기획팀
		재경-교육홍보팀
		재경-외신대변인
		과가-정책홍보담당관
		과가-홍보관리단
		건교-홍보기획팀
		건교-홍보지원팀
		환경-정책홍보관리실

직무군	직무렬	담당 업무
과학·교육·문화	홍보	환경—홍보관리관 환경—정책홍보담당관 법무—정책홍보담당관 외교—홍보관리관 노동—홍보관리관 보건—홍보관리관 여성—홍보관리관 해양—홍보관리관 문광—정책홍보팀 농림—홍보관리관 교육—홍보관리관
	교육	교육—학교정책실 교육—초중등교육정책과 교육—학교폭력대책팀 교육—교원정책과 교육—교원양성연수과 교육—교육단체지원과 교육—교육과정기획과 교육—편수팀 교육—동북아역사문제대책팀 교육—과학산업교육정책과 교육—방과후학교정책과 교육—지방교육혁신과 교육—교육복지정책과 교육—유아교육지원과 교육—특수교육정책과 교육—학교체육보건급식과 교육—대학정책과 교육—대학학무과 교육—사립대학지원과 교육—학술진흥과 교육—대학재정복지팀

부록3 연구기관과 유관부처의 업무연계 분석

제시된 정부부처와 관련 출연연구소 간의 업무연계 분석은 경제·인문·사회계 출연연구원들이 소속되어 있는 경제인문사회연구회 사무국에서 각 정부출연연구소에 직접 문의 확인하여 작성한 것이다. 그러나 업무 연계성은 객관적, 계량적으로 척도될 수는 없는 사항이므로 문의하는 형태나 답변하는 사람의 경험과 주관에 상당 부분 좌우될 수밖에 없다. 따라서 이 표가 출연연구소를 직무군별로 나누어 소속시킬 수 있는 가능성을 타진하는 목적 외에 다른 용도로 사용 또는 인용되지 않기 바란다.

연구기관과 유관부처의 업무연계 분석

부처명	한국개발연구원	대외경제정책연구원	한국조세연구원	산업연구원	한국농촌경제연구원
합계	100.0%	100.0%	100.0%	100.0%	100.0%
국무총리실	4.3	0.1	–	2.9	5.0
기획재정부	68.3	33.1	86.0	3.7	4.0
교육과학기술부	0.9	0.1	–	–	–
외교통상부	–	39.1	–	1.9	2.0
통일부	2.6	1.3	–	1.9	5.0
법무부	–	–	–	–	–
행정안전부	–	0.3	–	–	–
농림수산식품부	–	0.8	–	–	60.0
지식경제부	3.4	18.2	2.0	82.8	3.0
보건복지가족부	7.6	0.5	4.0	1.0	3.0
환경부	–	0.7	4.0	2.8	3.0
노동부	6.8	0.1	–	–	–
여성부	–	–	–	–	2.0
국토해양부	1.7	5.6	2.0	1.0	5.0
법제처	–	–	–	–	–
방송통신위원회	–	–	–	–	–
농촌진흥청	–	–	2.0	–	5.0

부처명	한국개발 연구원	대외경제정책 연구원	한국조세 연구원	산업연구원	한국농촌경제 연구원
국가보훈처	0.9	–	–	–	–
공정거래위원회	0.9	–	–	–	–
금융위원회	2.6	–	–	–	–
국민권익보호위원회	–	–	–	–	–
조달청	–	0.1	–	1.0	–
통계청	–	–	–	1.0	3.0

부처명	국토 연구원	에너지경제 연구원	정보통신 정책 연구원	한국교통 연구원	한국해양 수산개발원	한국환경정책 평가연구원
합계	100.0%	100.0%	100.0%	100.0%	100.0%	100.0%
국무총리실	5.9	15.0	5.0	9.0	–	0.8
기획재정부	10.0	10.0	5.0	4.5	–	–
교육과학기술부	5.4	1.0	–	–	–	3.2
외교통상부	–	8.0	–	–	5.0	1.7
통일부	3.2	5.0	–	4.5	5.0	1.7
법무부	–	–	–	–	–	–
행정안전부	0.9	–	10.0	–	–	0.8
농림수산식품부	2.3	–	–	–	30.0	1.7
지식경제부	4.0	51.0	10.0	–	–	1.7
보건복지가족부	–	–	–	4.5	–	2.5
환경부	26.2	8.0	–	4.5	5.0	78.4
노동부	–	–	–	–	–	–
여성부	–	–	–	–	–	–
국토해양부	41.2	–	–	73.0	55.0	5.8
법제처	–	–	–	–	–	1.7
방송통신위원회	–	–	70.0	–	–	–
농촌진흥청	–	–	–	–	–	–
국가보훈처	–	–	–	–	–	–
공정거래위원회	–	–	–	–	–	–
금융위원회	–	–	–	–	–	–

부처명	국토연구원	에너지경제연구원	정보통신정책연구원	한국교통연구원	한국해양수산개발원	한국환경정책평가연구원
국민권익보호위원회	–	–	–	–	–	–
조달청	–	–	–	–	–	–
통계청	0.9	2.0	–	–	–	–

부처명	한국교육개발원	한국교육과정평가원	한국노동연구원	한국보건사회연구원	한국여성정책연구원	한국직업능력개발원	한국청소년정책연구원
합계	100.0%	100.0%	100.0%	100.0%	100.0%	100.0%	100.0%
국무총리실	10.0	1.0	5	1.0	–	5.0	5.0
기획재정부	10.0	–	5	2.0	11.1	5.0	–
교육과학기술부	56.0	93.0	–	–	4.4	39.7	10.0
외교통상부	–	–	–	–	–	1.0	–
통일부	3.0	–	–	–	–	3.0	–
법무부	–	1.5	–	–	6.7	–	–
행정안전부	5.0	–	–	–	2.3	–	–
농림수산식품부	–	–	–	–	4.4	0.5	–
지식경제부	–	0.5	–	–	4.4	5.0	7.0
보건복지가족부	3.0	–	10	91.0	15.6	1.0	60.0
환경부	–	1.5	–	–	–	–	–
노동부	–	–	75	1.0	11.1	30.4	8.0
여성부	3.0	2.5	5	1.0	40.0	4.0	–
국토해양부	–	–	–	–	–	–	–
법제처	–	–	–	–	–	–	–
방송통신위원회	–	–	–	–	–	–	–
농촌진흥청	–	–	–	–	–	–	5.0
국가보훈처	–	–	–	1.0	–	0.4	–
공정거래위원회	–	–	–	–	–	–	–
금융위원회	–	–	–	–	–	–	–
국민권익보호위원회	–	–	–	1.0	–	–	–
조달청	–	–	–	–	–	–	–
통계청	10.0	–	–	2.0	–	5.0	5.0

부처명	과학기술연구원	통일연구원	한국법제연구원	한국행정연구원	한국행사정책연구원
합계	100.0%	100.0%	100.0%	100.0%	100.0%
국무총리실	2.1	8.0	20.0	40.0	4.3
기획재정부	-	2.0	20.0	10.0	-
교육과학기술부	65.6	2.0	-	-	14.9
외교통상부	3.2	30.0	-	-	2.0
통일부	3.1	50.0	-	-	-
법무부	-	1.0	-	-	48.9
행정안전부	-	1.0	-	40.0	4.3
농림수산식품부	-	-	-	-	-
지식경제부	16.7	1.0	-	-	-
보건복지가족부	1.0	1.0	-	-	14.9
환경부	-	1.0	-	-	-
노동부	1.0	1.0	-	-	-
여성부	-	-	-	-	4.3
국토해양부	7.3	-	-	-	-
법제처	-	1.0	40.0	-	-
방송통신위원회	-	-	-	-	-
농촌진흥청	-	-	-	-	-
국가보훈처	-	-	-	-	-
공정거래위원회	-	-	-	5.0	-
금융위원회	-	-	-	-	-
국민권익보호위원회	-	-	20.0	5.0	6.4
조달청	-	-	-	-	-
통계청	-	1.0	-	-	-

| 참고문헌 |

- 강성철·이종수 외(2007), 《새인사행정론》, 서울 : 대영문화사.
- 강은숙(2004), "정부업무평가제도와 MBO의 연계방안", 《한국행정연구》, 13(2), 한국행정연구원.
- 강인재·이달곤 외(1998), 《한국행정론》, 서울 : 법문사.
- 경제인문사회연구회(2006), 《연구기관 발전을 위한 정책과제와 개선방향》.
- 공보경(1995), "베버의 지도자 민주주의 개념의 분석적 재검토", 《부산정치학회보》, 제5집, 21세기정치학회.
- 국가과학기술위원회(2003), 《이공계 전공자 공직진출 확대방안》.
- 권경득·김판석·박경원·오성호(2003), "이공계 출신자의 공직임용 확대를 위한 제도 개선방안", 《한국행정연구》, 12(2), 한국행정연구원.
- 권한용(2007), "부패의 세계화 지향과 한국의 반부패법에 대한 OECD의 평가", 《경영법률》, 17(3), 한국경영법률학회.
- 김경한(2004), "목표관리제의 운영실태 및 효과성 평가연구", 《한국정책학회보》, 13(1), 한국정책학회.
- 김광웅(1994), 《우리는 신이 아니다》, 서울 : 서울대학교출판부.
- _____(2003), 《바람직한 정부》, 서울 : 박영사.
- 김규정(1998), 《행정학원론》, 서울 : 법문사.
- 김근세(2000), "국정관리체계의 갈등 : 관리 개혁을 중심으로", 《하계학술대회 발표논문집》, 한국행정학회.
- 김만기(1998), 《2000년대에 대비한 정부조직의 혁신》, 서울 : 대영문화사.

- 김병섭(1994),《현대조직의 이해》, 영남대학교출판부.
- _____(2000), "정부조직 개혁의 방향과 과제",《추계학술대회논문집》, 한국행정학회.
- 김병섭 외(1998), "정부조직 개혁의 방향 및 과제",《2000년대에 대비한 정부조직의 혁신》, 김만기 편, 서울 : 대영문화사.
- 김병섭·김근세·이창원·조경호(1997), "정부조직개혁의 방향 및 과제",《하계학술대회논문집》, 한국행정학회.
- 김병섭·양재진(2003), "직공무원의 퇴직관리에 관한 인식 분석",《행정논총》, 41(2).
- 김상묵·남궁근(2005), "북유럽국가 정부인사개혁전략의 특징과 결과",《한국행정학보》, 39(3), 한국행정학회.
- 김영규(2005), "공무원 인사도 적재적소의 시대",《인사행정》, 11월호, 중앙인사위원회.
- 김영우(2002), "프랑스 공무원제도의 경직성과 유연성 : 주변국과의 비교연구",《한국행정학보》, 36(1), 한국행정학회.
- 김정길(1998),《공무원은 상전이 아니다》, 서울 : 베스트셀러.
- 김중양(2004),《한국인사행정론》, 서울 : 법문사.
- 김철회·조만형·김용훈(2006), "정부부처에 대한 BSC 적용사례와 시사점 : 비판적 검토를 중심으로",《한국사회와 행정연구》, 16(4), 서울행정학회.
- 김판석·권경득(1999), "지방자치단체의 인사제도 개혁",《한국행정학보》, 33(1), 한국행정학회.
- 김판석·오성호·이선우(2000), "업적평가체계로서의 다면평가제도 도입과 추진방법에 관한 사례연구",《한국행정학보》, 34(4), 한국행정학회.

- 김판석·이선우(1998), "고위공무원단제도 도입과 활용방안 모색-중앙정부 관리자들의 고위공무원단제도에 대한 의식조사를 중심으로",《한국행정연구》, 7(4), 한국행정연구원.
- 김현구(2006), "정부업무평가 기본법의 논리와 과제 : 평가성공의 제도적 요인 분석",《추계학술대회논문집》, 한국행정학회.
- 김호섭(2004), "국정과제위원회 : 실태, 미지의 성과, 그리고 과제",《한국조직학회보》, 1(2), 한국조직학회.
- 김호정(1996),《새조직 행태론》, 서울 : 대명문화사.
- 남궁근 외(2004), "보직 및 경력관리시스템 개선방안",《동계학술대회논문집》, 한국행정학회.
- 남궁근·류임철(2004), "공직전문성 제고를 위한 보직관리시스템 개선방안",《인사행정학회보》, 2(1).
- 남궁근·서원석(2005), "팀제와 참여정부 인사개혁의 정합성 검토 : 팀제, 고위공무원단, 총액인건비, 전보제한 및 경력개발프로그램을 중심으로",《행정논총》, 43(4).
- 남궁근·하태권·박천오·김영우(2005), "고위공무원단 도입에 따른 문제점 분석과 개선방안 연구 : 주요국가 사례연구",《KIPA 연구보고》, 한국행정연구원.
- 노화준(2007),《정책학원론》, 서울 : 박영사.
- 로버트 푸트남(2000),《사회적 자본과 민주주의 : 이탈리아 지방자치와 시민적 전통》, 안청시 역, 서울 : 박영사.
- 마틴 A. 레빈, 메리 B. 생거(2000),《선진행정의 길 : 공공적 책임을 효율적으로 달성하는 행정》, 삼성경제연구소 역, 서울 : 삼성경제연구소.

- 막스 베버(1991),《막스 베버 선집》, 임영일 외 편역, 서울 : 까치.
- 박경효(1999), "공무원의 삶의 질 : 의의, 실태 및 개선방향",《한국행정학보》, 33(4), 한국행정학회.
- 박재희(2004),《중앙행정부처의 갈등관리 방안》, 서울 : 한국행정연구원.
- 박천오 외(1999),《비교행정론》, 서울 : 법문사, 2판.
- 박천오 외(2002), "한국 공무원 교육훈련의 효과성에 관한 실증조사 ; 공무원의 인식을 중심으로",《한국행정논집》, 14(4), 한국정부학회.
- 박천오 외(2007),《현대인사행정론》, 서울 : 법문사.
- 박천오·이춘해(2006), "팀제 도입효과에 관한 탐색적 연구-중앙부처 공무원들을 중심으로",《한국행정논집》, 18(4), 한국정부학회.
- 배임태(1999), "정책실명제의 주요내용",《자치행정》, 제135호, 자치행정연구소.
- 부패방지위원회(2002), "정부출연기관 운영의 문제점 및 개선방안",《부방위보고서》, 제42집.
- 서균석(2007), "고령사회를 대비한 고령자 고용촉진방안",《인적자원관리연구》, 14(2), 한국인적자원관리학회.
- 서원석(2003), "참여정부의 인사시스템 개혁방안",《추계학술대회 발표논문집》, 한국행정학회.
- 신문주(2007), 제24회 공학한림원 심포지엄 자료집.
- 신병대 외(2007), "제도변화분석", 정부혁신지방분권위원회 제도변화 TF팀.
- 신유근(2006),《전통과 사람관리》, 서울 : 서울대학교출판부.
- 어수영(2004), "가치변화와 민주주의 공고화 : 1990~2001년간의 변화 비교연구",《한국정치학회보》, 38(1), 한국정치학회.

- 오석홍(1998),《인사행정론》, 서울 : 박영사, 신정판.
- _____(2006),《행정개혁론》, 서울 : 박영사.
- 오성호(1997), "공무원의 능력발전 진흥방안 : 행정개혁을 전제로 한 근무평정과 교육훈련제도의 개선",《하계학술대회논문집》, 한국행정학회.
- _____(1999), "중앙인사위원회의 설치와 기능에 관한 고찰",《1999년도 특별세미나 발표논문집》, 한국행정학회.
- _____(2000), "인사개혁의 목표와 대안",《추계학술대회논문집》, 한국행정학회.
- 오연천·이달곤 외(2004),《세계화시대의 국가정책》, 서울 : 박영사.
- 유민봉(1997),《인사행정론》, 서울 : 문영사.
- _____(2001), "팀제 조직관리 도입의 실효성 분석과 효과성 제고방안연구",《한국행정학보》, 35(4), 한국행정학회.
- 이광희(2006),《공공부문의 성과평가》, 서울 : 대영문화사.
- 이도형(2007),《정부의 전략적 인적자원 관리 : 나시노 공무원 만들기》, 서울 : 북코리아.
- 이두원(1999), "국제협상 커뮤니케이션 문제의 탐색연구 : 한-일 어업협상 신문기사 내용을 중심으로",《한국커뮤니케이션학》, 제7호.
- 이선우(1997), "인사제도와 가치시슬의 형성",《한국정책학회보》, 6(1), 한국정책학회.
- 이선우·오성호(2003),《인사행정론》, 서울 : 방송통신대학교 출판부.
- 이은영·박원순(2002),《부패추방 어떻게 하나》, 서울 : 나남출판.
- 이재은(1998), "한국 공무원 부패발생 배경에 관한 연구 : 정치경제학적 맥락을 중심으로",《하계학술대회 발표논문집》, 한국행정학회.

- 이종범 외(2000), 《지식정부를 위한 고시제도 개혁》, 서울 : 나남출판.
- 이종수(2000), 《행정학사전》, 서울 : 대영문화사.
- _____(2006), 《정부혁신과 인사행정》, 서울 : 다산출판사.
- 이종수·윤영진 외(2005), 《새행정학》, 서울 : 대영문화사.
- 이창원 외(1998), "정부혁신의 기본 방안 및 과제", 《2000년대에 대비한 정부조직의 혁신》, 김만기 편, 서울 : 대영문화사.
- 임도빈(1995), "프랑스식 행정엘리트 양성 : 국립행정학교(ENA)의 신화와 실제", 《한국행정학보》, 29(1).
- _____(2002), 《프랑스의 정치행정체제》, 서울 : 법문사, pp. 244-251.
- 임도빈·유민봉(2007), 《인사행정론》, 개정판, 서울 : 박영사.
- 임의영(2005), "Weber의 관료제에 대한 전망의 행정철학적 재구성", 《한국행정학보》, 39(2), 한국행정학회.
- 전영한(2004), "공공조직의 목표모호성 : 개념, 측정 그리고 타당화", 《한국행정학보》, 38(5), 한국행정학회.
- 정광호·조경호(2003), "목표관리제의 주요 쟁점과 과제 : Robert Behn의 공공관리 주요 질문들을 중심으로", 《행정논총》, 41(3), 서울대학교 행정대학원 한국행정연구소.
- 정부혁신지방분권위원회(2007), 《제도변화로 본 한국의 정부혁신》, 서울 : 대통령자문 정부혁신지방분권위원회.
- 정정길(1999), "신국정관리와 인사개혁의 방향-21세기의 지식혁명시대에 대비하여", 《중앙인사위원회 창립기념 한국행정학회 특별세미나 발표논문집》, 한국행정학회.
- _____(2003), 《행정학의 새로운 이해》, 서울 : 대명출판사, 증보판.

- _____(2003),《정책학원론》, 서울 : 대명출판사.
- _____(2005),《행정의 시차적 접근》, 서울 : 박영사.
- 정준금(2003), "시차이론과 제도변화 : 개방형직위 임용제도를 중심으로", 《한국사회와 행정연구》, 14(2), 서울행정학회.
- 조경호(2007), "팀제도입의 성과분석과 개선방안 모색",《하계학술대회 발표논문집》, 한국정책학회.
- 조계표(2004),《신행정학》, 개정판, 서울 : 대영문화사.
- 조석준(1997),《한국행정조직론》, 서울 : 법문사.
- 조성대(2003),《정보사회의 인간관계》, 서울 : 박영사.
- 조창현(2003), "정부인사개혁 추진과제와 향후전망",《동계학술대회논문집》, 한국정책학회.
- 중앙공무원교육원(1999),《1999년 교육운영계획》.
- 중앙인사위원회(2002),《공무원인사개혁백서》.
- _____(2004),《공무원인사개혁백서》.
- _____(2007),《'07년 주요 정책 상반기 점검결과》.
- _____(2007),《참여정부공무원인사개혁백서》, 서울 : 중앙인사위원회.
- 진재구 외(1993),《행정의 전문성 제고를 위한 공무원 임용체계 개선》, 서울 : 한국행정연구원 연구보고서.
- 진종순·이화진·김용우(2005), "고위공무원단 후보자 양성 교육훈련에 관한 연구",《KIPA 연구보고》, 한국행정연구원.
- 최병대·김상묵(1999), "공직사회 경쟁력 제고를 위한 실적주의 인사행정 기능의 강화",《한국행정학보》, 33(4), 한국행정학회.

- 최병선(2004),《정부규제론 - 규제와 규제완화의 정치경제》, 서울 : 법문사.
- 최순영(2005), "정부와 민간부문 인사교류 활성화 방안",《춘계학술대회 논문집》, 한국행정학회.
- 최연호, 박종희(2000), "인사청문회법의 입법방향에 관한 고찰",《의정연구》, 6(2), 한국의회발전연구회.
- 최장집(2005),《민주화 이후의 민주주의》, 서울 : 후마니타스.
- 하미승 외(2004),《공무원 교육훈련시스템 재설계》, 서울 : 한국행정연구원.
- 하태권 외(1999), "공무원 교육훈련 경쟁력 제고방안", 국제학술심포지엄 자료, 한국행정학회.
- 함성득(2000), "행정학 교육 및 연구 Workshop/행정고시제도 개편방향(1) : PSAT - 강화된 면접제도",《2000년도 Workshop 발표논문집》, 한국행정학회.
- 행정개혁위원회(1989),《행정개혁에 관한 건의》.
- 행정자치부(2003),《2003년도 목표관리제 운영 지침》.
- _____(2005),《팀제 운영매뉴얼》.
- _____(2007),《행정자치백서》.
- 황성원(2003), "공공조직의 성과급제에 대한 소고",《한국행정연구》, 12(4), 한국행정연구원.
- 황진영·정군오(2007), "부패의 치유는 진행되고 있는가",《산업경제연구》, 20(2), 한국산업경제학회.

- Berman, E. M., Bowman, J. S., West, J. P. and Van Wart, M.(2001), *Human Resource Management in Public Service*, Thousand Oaks, CA : Sage.
- Blau, P. M.(1968), "The Hierarchy of Authority in Organization", *American*

Journal of Sociology, 73(4), pp. 453-467.
- Chivenato, Idalberto(2001), "Advances and Challenges in Human Resource Management in the New Millenium", *Public Personnel Management*, 30(1).
- Cohen·March·Olsen(1972), "A Garbage Can Model of Organizational Choice", *Administrative Science Quarterly*, Vol. 17, No. 1.
- Condrey, S.(ed.)(2005), *Handbook of Human Resource Management In Government*, San Francisco : Jossey-Bass.
- Daft, Richard L.(2004), *Organization Theory and Design*, Mason, Ohio : Thomson/South-Western.
- Denhart, Robert B. & Grubbs, J. W.(2003), *Public Administration : An Action Orientation*, California : Wadsworth/Thomson Learning.
- Denhart, Robert B.(2003), *Theories of Public Organization*, Monterey, CA : Brooks/Cole Publishing Co.
- Dresang, Dennis L.(1991), *Public Personnel Management and Public Policy*, New York : Longman.
- Goodsell, Charles T.(2004), "The Case for Bureaucracy : A Public Administration Polemic", CQ press.
- Gore, Albert(1994), *Creating a Government That Works Better & Costs Less: Status Report*, Washington, DC : National Performance Review.
- Hays, Steven W. & Kearney, Richard C.(1983), *Public Personnel Administration : Problems and Prospects*, Prentice-Hall.
- Hofstede, G.(1980), *Culture's Consequences : International Differences in Work Related Values*, Thousand Oaks, CA : Sage.

- Huddleston, Mark W.(1992), "To the Threshold of Reform : The Senior Executive Service and America's Search for a Higher Civil Service", In Patricia W. Ingraham and David H. Rosenbloom(eds), *The Promise and Paradox of Civil Service Reform*, pp. 165-198.
- Kaufman, Herbert(1977), *Red Tape, Its Origins, Uses and Abuses*, Washington, DC : Brookings Institution.
- Knott, Jack H. & Miller, Gary J.(1987), *Reforming Bureaucracy : the Politics of Institutional Choice*, Prentice-Hall.
- Nigro, Felix A. & Nigro, Lloyd G.(1986), *The New Public Personnel Administration*, Itasca, IL : F.E. Peacock Publishers.
- OECD(2006), *Modernizing Government*, OECD.
- Osborne, David and Gaebler, Ted(1993), *Reinventing Government : How the Entrepreneurial Spirit is Transforming the Public Sector*, New York, N.Y. : Plume.
- Osborne, David(1999), *Banishing Bureaucracy*, New York, N.Y. : Plume.
- Pynes, Joan E. and Shrader, Alan(1997), *Human Resources Management for Public and Nonprofit Organizations*, San Francisco, CA : Jossey-Bass.
- Rainey, Hal G.(2003), *Understanding and Managing Public Organizations*, San Francisco, CA : Jossey-Bass.
- Robert D. Lee, Jr. *Public Personnel Systems*, Gaithersberg, MI : An Aspen Publication.
- Sayre, W.(1958), "Promises of Public Administration", *Public Administration Review*, 18.

- Shafritz, Jay M., Hyde, Albert C., Parkes, Sandra J.(2004), *Classics of Public Administration*, California : Wadsworth/Thomson Learning.
- Shafritz, Jay M., Riccucci, Norma M., Rosenbloom David H. Hyde, Albert C.(1992), *Personnel Management in Government*, New York : Marcel Dekker, Inc.
- Stahl, O. Glenn(1983), *Public Personnel Administration*, Cambridge : Harper & Row.
- Sylvia, Ronald D., Meyer, C. Kenneth(2002), *Public Personnel Administration*, Harcourt College Publishe`rs.
- Tompkins, J.(2002), "Strategic Human Resource Management in Government : Unsolved Issues", *Public Personnel Management*, 31(1), pp. 95-110.

- 국가청렴위원회 홈페이지(www.kicac.go.kr)
- 중앙인사위원회 홈페이지(www.csc.go.kr)
- 프랑스 행정대학원 홈페이지(http://www.ena.fr)
- 한국 브리태니커 학습백과사전(http://www.britannica.co.kr)
- 행정자치부 홈페이지(http://mogaha.go.kr)